Monika Löhle

Wie Kinder ticken

Vom Verstehen zum Erziehen

Verlag Hans Huber

Adresse der Autorin:
Monika Löhle
Postfach
D-88213 Ravensburg
Monika.Loehle@gmx.net

Die Illustrationen im Buch stammen von:
Rainer Weishaupt
d-werk gmbh
Seestraße 35
D-88214 Ravensburg
E-Mail: weishaupt@d-werk.com
Umschlagabbildung: Getty Images, Kollektion: Iconica,
Fotograf: Camille Tokerud, Bildtitel: Girl Making Funny Face

Lektorat: Monika Eginger, Susann Seinig
Herstellung: Daniel Berger
Druckvorstufe: Claudia Wild, Stuttgart
Umschlag: Atelier Mühlberg, Basel
Druck und buchbinderische Verarbeitung: Hubert & Co., Göttingen
Printed in Germany

Bibliografische Information der Deutschen Bibliothek
Die Deutsche Bibliothek verzeichnet diese Publikation in der Deutschen Nationalbibliografie;
detaillierte bibliografische Daten sind im Internet über
http://dnb.d-nb.de abrufbar.

Anregungen und Zuschriften bitte an:
Verlag Hans Huber
Hogrefe AG
Länggass-Strasse 76
CH-3000 Bern 9
Tel: 0041 (0)31 300 45 00
Fax: 0041 (0)31 300 45 93

1. Auflage 2007
© 2007 by Verlag Hans Huber, Hogrefe AG, Bern
ISBN 978-3-456-84496-1

Inhaltsverzeichnis

Vorwort

Erziehung ist zu einem in allen Medien präsenten Thema geworden. Alle paar Wochen erscheint ein Magazin mit einem Titelthema aus dem Bereich der Erziehung. Leider bleiben die Leser nach der Lektüre oft hilfloser und verunsicherter zurück, als sie es vorher ohnehin schon waren. Die Ratschläge widersprechen sich, sogar wenn sie sich auf wissenschaftliche Studien beziehen oder von prominenten Personen verbreitet werden. Allerdings lässt sich eine häufige Gemeinsamkeit aller Veröffentlichungen feststellen: die Elternschelte. So titelte der Spiegel (Nr. 29, 2005): «Die Erziehung der Eltern. Wie Mütter und Väter um ihre Autorität kämpfen». Behauptet wird, dass sich viele Eltern heutzutage nicht mehr gegen ihre Sprösslinge durchsetzen können.

Dass Erziehen schwierig sein kann, wussten schon Generationen vor uns. Das lässt sich bis in das klassische Altertum zurück verfolgen. Aber dass sich Ratlosigkeit als Massenphänomen zeigt, das ist neu, genauso wie die Neugestaltung unserer gesamten Medienlandschaft durch das Fernsehen, den Computer, das Internet und das Handy. Dadurch hat sich die Schar konkurrierender Miterzieher enorm vergrößert. Richtig genutzt liegen jedoch in den gleichen Medien, die einerseits Probleme verursachen können, andererseits auch wieder große Chancen. Die bekannte Entwicklungspsychologin Eleanor Maccoby von der kalifornischen Stanford Universität rückt den elterlichen Einfluss bei der Erziehung zurecht: «Heute sehen wir Erziehung weniger als einen schlichten Eltern-Kind-Einfluss, sondern eher als ein ganzes Set verflochtener Vorgänge, wobei Eltern und Kinder einander von Geburt an beeinflussen», (Kucklick, 2002).

Wie sehr die Menschen in Deutschland verunsichert sind, zeigt auch die demographische Entwicklung. Viele Erwachsene entschließen sich schon gar nicht mehr dazu Eltern zu werden, wodurch sie sich dem medien-verbreiteten Erziehungsstress erst gar nicht aussetzen. In einem Land mit mehr als vier Millionen Arbeitslosen und einer daraus resultierenden ständig gegenwärtigen Job-Verlust-Angst, einer Scheidungsrate von nahezu fünfzig Prozent, alltäglichem Beziehungsstress und bei mehrfach geschiedenen oder kinderlosen Regierungspolitikern mit Vorbildfunktion ist die Kinderverweigerung keine Überraschung mehr. Eine weitere Dokumentation und Verstärkung der pädagogischen Endzeitstimmung sind Bestseller mit den beunruhigenden Titeln: «Die Erziehungskatastrophe» und «Der Erziehungsnotstand».

Auch der Pisa-Schock hat zur allgemeinen Eltern-Verunsicherung beigetragen. Eltern machen sich berechtigte Sorgen um die Schulbildung und damit um die Zukunftsaussichten ihrer Kinder. Damit hat sich auch die Einstellung von Eltern und Schülern zur Bildung verändert. Schließlich zeigt fast jeder Blick in eine Tageszeitung, dass Arbeitsplätze ein immer rareres Gut werden. Mehr und mehr setzt sich die Ansicht durch, dass wir etwas ändern müssen. Gleichzeitig ist jedoch die Bereitschaft zur Anstrengung erkennbar.

Wegen der in den Vordergrund gestellten Negativnachrichten bleibt die positive Seite der Medaille oft unberücksichtigt. Doch es gibt für viele Menschen kaum eine größere Erfüllung als das Leben mit Kindern. Kinder sind die Erwachsenen von morgen und verkörpern so die Hoffnung auf eine gute Zukunft. Erwachsene werden mit ihren Kindern wieder jung und sehen das Leben häufig mit anderen Augen.

In der Regel werden die positiven Ergebnisse von Studien weniger verbreitet oder bekannt gemacht. So deckte die «Shell Jugendstudie 2000» auf, dass sich zwischen Jugendlichen und ihren Eltern heute weniger Konflikte zeigen als vor 20 Jahren. Die Mehrheit der Kinder gibt an, dass sie später ihren eigenen Nachwuchs weitgehend genauso erziehen will, wie sie selbst erzogen wurde. Offenbar wächst der Großteil der deutschen Kinder, mindestens 70 bis 80 Prozent, ohne gravierende, dauerhafte Probleme auf (Kucklick, 2002).

Für eine gute Erziehung bedarf es aber mehr als nur der Liebe zu dem kleinen Wesen. Ein Kind ist kein Erwachsener! Mit Kindern muss man kindgemäß umgehen. Sie müssen ihrem Alter, ihrem Geschlecht und ihrem Wesen entsprechend behandelt werden. Vieles davon wissen Mütter und Väter seit Jahrhunderten intuitiv. Da sich aber unsere Lebensbedingungen schneller verändert haben als unsere Intuition, muss auch das eigene Wissen über eine gute Erziehung den Verhältnissen angepasst werden.

Der Umgang mit Kindern beeinflusst das Verhalten von Erwachsenen grundlegend. Man braucht nur einmal zu beobachten, wie Menschen ihre Mimik, ihre Stimme und ihre Haltung verändern, wenn sie mit kleinen Kindern umgehen. Viele verbessern ihre Selbstdisziplin, weil sie sich ihrer Vorbildfunktion und ihrer Verantwortung bewusst sind. Sie wollen mit Zuversicht für die Zukunft ihrer Kinder arbeiten. Oft fallen Ärger und Anspannung ganz schnell von den Eltern ab, wenn sie vor dem Kinderbettchen stehen. Der bloße Anblick ihres schlafenden Kindes lässt sie alle Mühe vergessen. Dennoch schieben sich immer wieder sorgenvolle Gedanken in den Vordergrund.

Erziehe ich mein Kind richtig? Bin ich zu lasch oder zu streng? Soll ich mein Kind zu dieser Party mitnehmen oder doch lieber gut betreut von einem Babysitter zu Hause lassen? Sind das die richtigen Freunde für mein Kind, oder sollte ich ihnen lieber das Haus verbieten?

Uns ist in Deutschland das wichtigste Gut verloren gegangen: das Vertrauen. Das Vertrauen in die Politik, in die Wirtschaft, in die Zukunft und in uns selbst. Um dieses Vertrauen zurück zu erobern, gibt es nur einen Weg. Wir müssen bei uns selbst beginnen. Wir müssen unsere eigenen Kräfte mobilisieren. Dazu möchte dieses Buch beitragen. Es möchte Ihnen bei Ihrer täglichen Erziehungsarbeit helfen, den heutigen Stand des Wissens über Entwicklungsphasen, Umwelteinflüsse und Fähigkeiten von Kindern vermitteln und Ihnen mit bewährten und gut begründeten Tipps den Familienalltag erleichtern. Es möchte einen gangbaren Weg durch die widersprüchlichen Erziehungstipps weisen, um Ihnen die Gelassenheit beim Erziehen zu schenken, die Ihr Leben leichter und Ihre Kinder fröhlicher macht.

Vorbemerkungen zum folgenden Text:

Damit das Buch möglichst einfach zu lesen ist, habe ich nicht nach Geschlecht differenziert. Schüler steht für ‹Schülerin und Schüler›, Lehrer für ‹Lehrerin und Lehrer› und Erziehungsberechtigter für ‹Erziehungsberechtigte und Erziehungsberechtigter› usw. Ich bitte dafür um Verständnis.

Leider verärgert der Begriff ‹Eltern› manchmal Alleinerziehende, weil sie sich in ihrer Situation nicht für voll genommen oder nicht persönlich angesprochen fühlen. In meinem Buch möchte ich Sie, die Sie dieses Buch lesen, persönlich ansprechen. Deshalb verstehe ich unter «Eltern» einen Sammelbegriff für Vater, Mutter, Elternpaar bestehend aus Vater und Mutter, Erziehungsberechtigte, Erziehungsberechtigter, Alleinerziehende oder Alleinerziehender. Diesem Wortgebrauch liegt keinerlei Wertung zugrunde. Lesen Sie das Buch einfach aus Ihrer persönlichen Perspektive und fühlen Sie sich durch den Begriff Eltern angesprochen. Diese Vereinfachung dient der Leserlichkeit.

Alle in den Fallbeispielen genannten Namen sind geändert.

Teil 1
Gehirn und Emotionen

Vielleicht wundern Sie sich, dass ein Buch über Erziehung mit dem Thema «Gehirn und Emotionen» beginnt. Aber da das Werden des Menschen, ganz besonders die Entwicklung vom Baby über das Kleinkind bis zum Schulkind sehr viel mit Lernen zu tun hat und der Wissenszweig, der sich am meisten mit dem Lernen beschäftigt, die Neurobiologie bzw. die Hirnforschung ist, können Eltern mit diesem Grundlagenwissen ihr Kind besser verstehen und somit auch besser erziehen.

Jeder gesunde Mensch lernt, von Anfang an, ob er will oder nicht, ob er sich dessen bewusst ist oder nicht. Das meiste von dem, was wir wissen, können oder tun, haben wir irgendwann einmal gelernt. Oft können wir uns nicht mehr an diesen Lernvorgang erinnern. Das Schöne und Spannende an der Kindererziehung ist aber genau das: Das Miterleben des Neuanfangs. Alle Eltern sind fasziniert von den Entwicklungsschritten ihrer Kinder. Sie erzählen vom ersten Lächeln, vom Beginn des Krabbelns, von den ersten Sitzversuchen und dem ersten Aufrechtstehen ihres Kindes. Alle diese Dinge werden von den Eltern sehr genau beobachtet. Beim ersten Kind schwingt oft eine große Portion Unsicherheit und Angst mit. Verläuft die Entwicklung meines Kindes normal? Kann es alles, was es in diesem Alter können muss? Gehe ich richtig mit meinem Baby um? Schläft es lange genug?

Um ein Kind richtig und gut zu erziehen und seine Entwicklung zu verstehen, beschäftigen wir uns zuerst mit der Gehirnentwicklung bei Babys und Kleinkindern. Dadurch verstehen wir besser, wie ein Baby lernt und wie man seine Reaktionen einzuordnen hat.

Seit Jahrhunderten wissen die Menschen, dass Bildung ein sehr wichtiges Gut ist. Für ein erfülltes Leben sind eine gute Ausbildung und die Entfaltung der eigenen Begabungen grundlegende Vorbedingungen. Nicht nur für unsere eigene Lebensqualität, sondern auch für unser Überleben als Gesellschaft. Das ist u. a. der Grund für die Aufregung nach dem Bekanntwerden der schlechten Ergebnisse von deutschen Schülern beim internationalen Pisa-Test. Leider wird dabei das Lernen oft als eine Tätigkeit angesehen, die erst nach der Pubertät einsetzt.

Tatsächlich lernt der Mensch von Anfang an. Und er lernt immer, auch dann, wenn es sich nicht um erkennbare Lernsituationen handelt.

Das Erziehen hat viel mit Lernen, und damit mit dem Gehirn, zu tun. Wenn Sie Ihr Kind erziehen, möchten Sie, dass es bestimmte Verhaltensweisen einübt und lernt. Es ist also für Eltern nützlich und wertvoll über die Gehirnentwicklung des Menschen Bescheid zu wissen. Sie sind dann besser in der Lage, Verhaltensweisen ihres Kindes zu verstehen und das eigene Verhalten darauf abzustimmen. Wichtig ist mir dabei immer, Eltern die Angst vor der Erziehung zu nehmen. Eltern können helfen und unterstützen. Aber es gibt Grenzen, denn das Kind ist bereits vor der Geburt durch Gene definiert und kommt deshalb nicht als «tabula rasa» auf die Welt.

Das Beste ist es für ein Kind, in den Eltern ein gutes Vorbild zu haben. Wie Sie das erreichen und was Sie sonst noch alles beachten und bei Ihrer Erziehungsarbeit tun können, wird nun Kapitel für Kapitel gezeigt.

1.1
Die Gehirnentwicklung
beim Neugeborenen

Das Gehirn besteht aus der komplexesten und kompliziertesten Materie im Universum. Obwohl sich die moderne Forschung und Wissenschaft intensiv damit befasst, gelingt es uns erst in kleinen Schritten, dieses unbekannte Organ und seine Wirkungsweise zu begreifen.

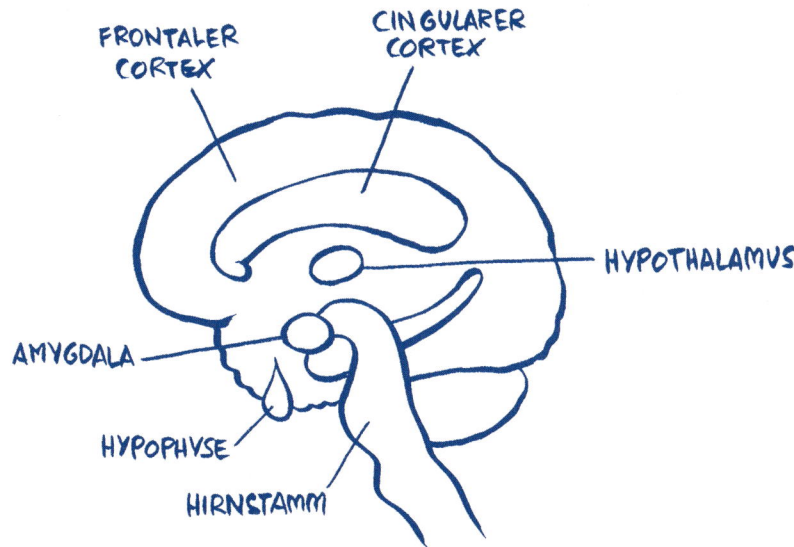

Zur Abbildung: Das limbische System (Amygdala, Hippocampus, cingulärer Cortex) bestimmt das Wohlbefinden des Menschen. Hypophyse und Hypothalamus regeln die Ausschüttung von Stresshormonen im Gehirn.

Die Reifung der wichtigsten Hirnzentren Hypothalamus (übergeordnetes Regelzentrum im Zwischenhirn) und Amygdala (Mandelkern, weist emotionale Werte zu) beginnen sich bereits in der fünften Schwangerschaftswoche herauszubilden. Im dritten Schwangerschaftsmonat können die verschiedenen amygdalären Kerne unterschieden werden. Das limbische System ist vor allem an emotionalen, triebhaften und intellektuellen Leistungen des Menschen beteiligt. Die wichtigsten limbischen Zentren und Verbindungstrakte sind schon lange vor der Geburt vorhanden (Roth, 2001). In den letzten Monaten vor der Geburt kann das Ungeborene bereits hören, sehen, schmecken und riechen. Es beginnt sogar seinen Körper zu entdecken.

Bereits in der ersten Hälfte der Schwangerschaft wird die Mehrzahl der Gehirnzellen, die ein erwachsener Mensch braucht, angelegt. In der 19. Woche sind alle wichtigen Hirnstrukturen schon anatomisch erkennbar angelegt, erfahren wir von Judith Rauch in dem Artikel «Startschuss im Gehirn» (Bild der Wissenschaft, 02/2006). Die Produktionsrate ist atemberaubend. Mehr als eine halbe Million Neuronen werden in einer einzigen Minute gebildet! Wissenschaftler konnten nachweisen, dass sich Babys manches eingeprägt hatten, was sie in den letzten Schwangerschaftswochen gehört hatten. Sie erkannten zum Beispiel die Stimme ihrer Mutter wieder. Säuglinge hörten auf zu weinen, wenn im Fernsehen die Erkennungsmelodie einer Seifenoper ertönte, die ihre Mutter in der Schwangerschaft regelmäßig angesehen hatte. Der Göttinger Neurobiologe Gerald Hüther ist überzeugt, dass Kinder bereits lange vor der Geburt in der Lage sind zu lernen und Erfahrungen über die Beschaffenheit ihrer Lebenswelt sammeln. Alles, was ein neugeborenes Kind an Fähigkeiten und Fertigkeiten mit auf die Welt bringt, hat es im Mutterleib bereits kennen gelernt.

Das Gehirn des Neugeborenen besitzt alle Furchen und Windungen des ausgereiften Gehirns, es wiegt zwischen 300 und 400 Gramm und enthält bereits die endgültige Zahl von Neuronen (Gehirnzellen), die allerdings noch relativ unreif sind. Mit der Geburt setzt eine dynamische Gehirnentwicklung ein. Die Massenzunahme des Gehirns auf durchschnittlich 1400 Gramm geht hauptsächlich auf das Längenwachstum der Dendriten (Fortsätze von Gehirnzellen) und die Myelinisierung (eine Art «Ummantelung») der Axone (faserartiger Fortsatz einer Nervenzelle) zurück, also auf die «Verdrahtung» der Neuronen. Die Sinnesorgane können nun Signale aus der Umwelt wahrnehmen. Alles, was jetzt auf das Baby einwirkt, nimmt Einfluss auf seine weitere Entwicklung. Besonders über das Anfassen und Begreifen wird gelernt.

> **Die entscheidenden Entwicklungsjahre des Gehirns sind die ersten fünf Lebensjahre eines Menschen. In dieser Zeit lernt ein Kind zu sitzen, zu stehen, zu gehen und sich zu bewegen. Es lernt zu sprechen, zu spielen und Erfahrungen zu machen. Diese Anfangsjahre und die auf die Welt mitgebrachten Gene sind bestimmend für das Potenzial des menschlichen Gehirns.**

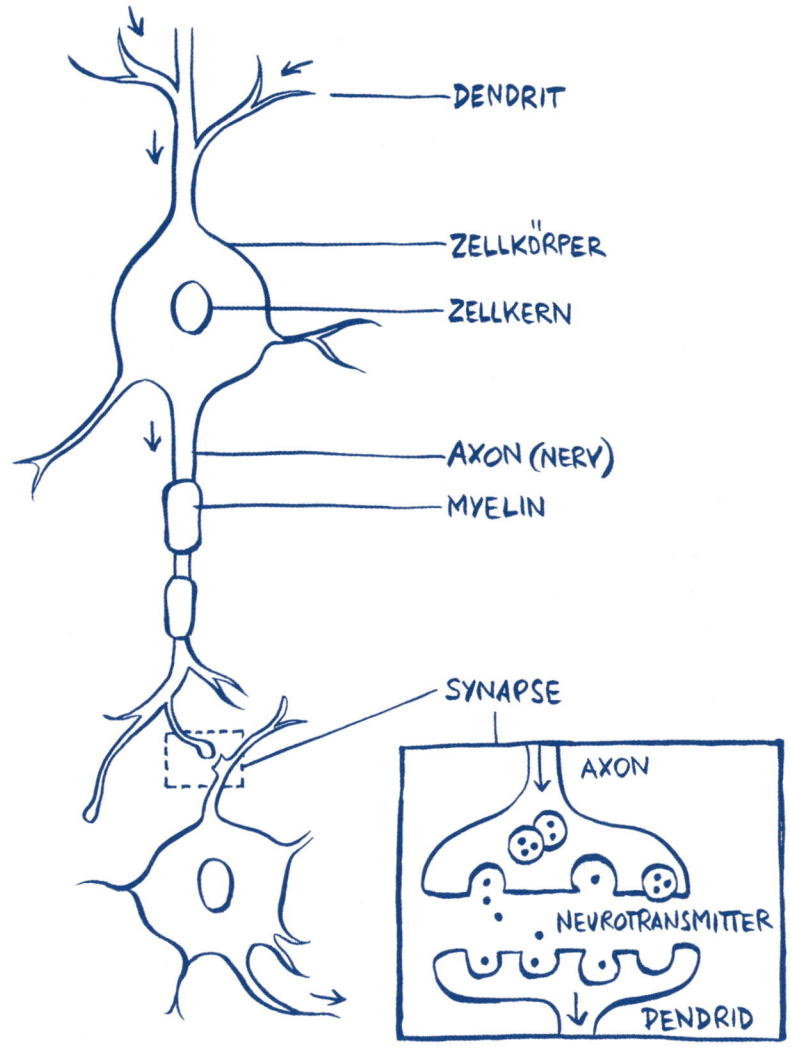

Beim Neugeborenen liegt schon eine grundsätzliche Verdrahtungsstruktur des Gehirns vor. Das zentrale Nervensystem ist, was die Anzahl der Nervenzellen betrifft, komplett. Erstaunlich ist, dass ein Baby bereits mit etwa 100 Milliarden Neuronen auf die Welt kommt, das ist ungefähr die gleiche Anzahl, die auch ein Erwachsener hat und entspricht der Anzahl der Sterne in der Milchstraße. Der Unterschied liegt in der Größe und in der Vernetzung. In bestimmten Bereichen, zum Beispiel in der Großhirnrinde, sind die Nervenzellen noch nicht verbunden. Viele Verbindungen bilden sich erst jetzt heraus, werden aber weiterhin ständig umgebaut. Zur Vernetzung tragen die Synapsen bei.

Synapsen sind die Kontaktstellen zwischen den Neuronen. Sie nehmen in den ersten drei Jahren so rasant zu, dass ein zweijähriges Kind etwa die gleiche Anzahl und ein dreijähriges Kind mit 200 Billionen sogar etwa die doppelte Anzahl an Synapsen hat, die ein erwachsener Mensch aufweist. Diese Anzahl ändert sich im Kindesalter kaum. Erst in der Pubertät wird die Hälfte der Synapsen wieder abgebaut. Die hohe Anzahl von Synapsen bei einem Dreijährigen erklärt auch, dass der Glukoseverbrauch fast doppelt so hoch ist wie der eines Erwachsenen. Das Vorhandensein der immensen Anzahl an Synapsen erklärt u. a. das enorme Lernpotenzial eines Kindes. Überproduktion von Synapsen mit anschließender drastischer Reduzierung ist ein universelles Mittel, um im Gehirn ein Höchstmaß an geregelter Verknüpfung zu erreichen.

Bildhaft kann man sich diese Lernfähigkeit wie den Weg durch einen Dschungel vorstellen. Zuerst ist da ein total undurchdringlicher Urwald. Dann wollen Menschen ihn durchqueren und suchen sich verschiedene Wege, um zum Beispiel an eine Wasserstelle zu kommen. Mit der Zeit gehen sie immer wieder den gleichen Weg. Dieser Weg wird gebahnt und bleibt sichtbar, die anderen ungenutzten Wege werden vom Dschungel überwuchert. Nur diese eine Verbindung zur Wasserstelle bleibt bestehen.

Es gibt auf der Erde etwa 8000 Sprachen, die jeweils aus nicht mehr als 70 kleinsten lautlichen Einheiten, den Phonemen, gebildet werden (Spitzer, 2002). Deutsch besteht zum Beispiel aus 40 Phonemen, Englisch aus 44 Phonemen.

Übertragbar ist das Bild vom Weg durch den Dschungel auf den Spracherwerb. Das Neugeborene ist anfangs zum Lernen jeder Sprache befähigt. Es nimmt zuerst bestimmte Laute auf, ohne die Bedeutung von Wörtern zu kennen, dann einzelne Worte, dann Zwei-Wort-Sätze und später Sätze.

Es kann, ohne je etwas über Grammatik gehört zu haben, grammatikalisch richtig sprechen. Die Regeln der universellen Grammatik ermöglichen einem Kind, sich die besonderen Regeln der Grammatik für eine oder mehrere in seiner Umgebung gesprochenen Sprachen anzueignen. Diese Tatsache kann man nur unter der Annahme erklären, dass von Individuen stark restriktive Prinzipien angewendet werden, die die Grammatik regulieren. Laut Chomsky (1977) sind diese Prinzipien ein genetisch festgelegter Teil der kognitiven Struktur eines Kindes. Ohne sie wäre der Spracherwerb nicht möglich. Diese besonderen Regeln wendet das Kind beim Lernen der Sprache, beim Verstehen und beim Sprechen der Sprache an. Überspitzt gesagt lernen Kinder eine Sprache nicht, weil man sie ihnen beibringt oder weil sie so klug sind oder weil die Sprache so nützlich ist, sondern weil sie sich einfach nicht dagegen wehren können, wenn sie dieser Sprache nur lange genug ausgesetzt sind.

Entsprechend ist auch das «Sehen lernen» universell. Man weiß seit längerer Zeit, dass Neugeborene bereits auf Gesichter reagieren. Ohne die angeborenen

Regeln des universellen Sehens könnten Kinder nicht die Fähigkeit zu sehen erwerben (Hoffman, 2001). Die angeborenen Regeln des universellen Sehens gehören zur biologischen Ausstattung des Kindes und ermöglichen ihm, durch visuelle Erfahrungen, die sich von Kultur zu Kultur unterscheiden können, die Regeln der visuellen Verarbeitung zu erwerben. Zu den erstaunlichsten Aspekten des Sehens gehört die Tatsache, dass Kinder ihre Begabung zum Sehen vollkommen ausgebildet haben, bevor sie gehen können. Sie können sich bereits eine dreidimensionale Welt konstruieren, wenn sie noch kein Jahr alt sind. Sie finden sich zielstrebig auf allen Vieren zurecht. Sie können Objekte ergreifen, in sie beißen und sie erkennen. Mit ungefähr einem Monat blinzeln Babys, wenn sich ein Objekt auf sie zubewegt. Im Alter von vier Monaten konstruieren sie dreidimensionale Formen von Objekten auf der Grundlage von Bewegung und Stereosehen. Mit sieben Monaten sind sie in der Lage Tiefe und Form zu konstruieren. Ab einem Jahr können sie Namen für die von ihnen konstruierten Objekte, Handlungen und Beziehungen lernen. Mit achtzehn Jahren verfügen sie in der Regel über rund sechzigtausend Wörter. Kindern muss man das Sehen nicht beibringen. Es hat den Anschein, als würde jedes Kind auf genau die gleiche Weise die Fähigkeit erwerben, visuelle Tiefe, Form, Farben, Objekte und Handlungen zu konstruieren. Jedes Kind konstruiert eine visuelle Welt mit drei räumlichen Dimensionen – Höhe, Breite und Tiefe.

Dass es sich beim Sehen um Konstruktionen des Gehirns handelt, kann man beim Betrachten von dreidimensionalen Projektionen auf zweidimensionalem Papier nachweisen. Kinder aus verschiedenen Kulturkreisen interpretieren ihnen unbekannte Bilder unterschiedlich.

Ein weiterer Beweis dafür, dass es sich beim Sehen um Konstruktionen des Gehirns handelt, gelang 1728 dem englischen Chirurgen Chelselden. Er operierte einen vierzehnjährigen Jungen erfolgreich, von dem nicht klar ist, ob er blind geboren wurde oder ob er sein Sehvermögen so früh verloren hatte, dass er sich nicht erinnerte, jemals gesehen zu haben. Als er nach der Operation zum ersten Mal sah, war ihm jede Einschätzung von Entfernungen so fremd, dass er meinte, alle Objekte würden seine Augen berühren. Er konnte Hund und Katze nur durch Berühren unterscheiden. Es dauerte zwei Monate, bis er plötzlich entdeckte, dass er räumliche Körper sehen konnte. Bis dahin nahm er nur in verschiedene Farben unterteilte Ebenen wahr, die er als Flächen ansah, welche durch eine Vielfalt an Farben gegliedert waren.

Beim Sprachen lernen und beim Sehen lernen bilden sich im Gehirn kleiner Kinder Strukturen heraus, die man sich wie die Wege durch den Dschungel vorstellen kann. Die Optionen für andere Sprachen nehmen nun ab und die eigene Sprache bleibt durch die ständige Wiederholung im Gedächtnis.

Kinder brauchen also eine anregende Umgebung und Menschen, die sie liebevoll fördern und fordern.

Es gibt noch viele offene Fragen über Sehen und Sprache und die Verknüpfung von beidem. Dabei stehen sich zwei Theorien gegenüber. Die eine besagt, dass mit der Sprache nur ausgedrückt wird, was das Gehirn wahrnimmt. Die andere nimmt an, dass die Sprache unsere Wahrnehmung aktiv beeinflusst. Mit dem später verfilmten Roman «Fräulein Smillas Gespür für Schnee» von Peter Høeg ist die Begriffsvielfalt der Grönländer für ihren allgegenwärtigen Niederschlag bekannt geworden. Die Hauptdarstellerin kannte Dutzende von Namen für das einfache Wort «Schnee». Andererseits gibt es bei Sprachen, die in den Tropen gesprochen werden, wie zum Beispiel die Berinmo in Papua-Neuguinea keine zwei verschiedenen Worte für die Begriffe «blau» und «grün» (www.zeit.de/2003/10/N-Farbwahrnehmung). Daran knüpft sich die Frage: Nehmen Menschen, welche diese Sprachen sprechen «blau» und «grün» anders wahr als Europäer und Nordamerikaner? Widersprüchliche Studienergebnisse brachten den Wissenschaftler Paul Kay auf den Gedanken, dass möglicherweise beide Theorien wahr sind, weil nur das, was von der linken Hirnhälfte wahrgenommen wird, durch die Sprache beeinflusst wird.

Lise Eliot, Assistant Professor für Neurologie an der Chicago Medical School und Bestsellerautorin (Eliot, 2001) plädiert vehement für das Bewegen, Wiegen und Schaukeln von Babys und das Hopsen und Springen von Kleinkindern. Alle Eltern merken schnell, wie gerne sich ihr Baby herumtragen lässt, im Kinderwagen gefahren wird oder im Auto mitfährt. Es ist auffallend, wie schnell diese Dinge ein Baby beruhigen und einschlafen lassen. Kleine Kinder lieben alle Arten von Bewegungen. Aus diesem Grund findet man auf jedem Spielplatz eine Kinderschaukel. Auch in vielen Kinderliedern und -spielen kann man diese Freude an der eigenen Bewegung erkennen. Man denke nur an den Spaß, wenn ein Erwachsener mit einem Kind «Hoppe, hoppe Reiter» spielt. Das Kind kann oft nicht genug davon bekommen. Eliot erklärt diese wissenschaftlich erhärteten Erkenntnisse mit dem Vestibular-Apparat, also dem Gleichgewichtsorgan, das aus einem Labyrinth von Kammern und Gefäßen im Innenohr besteht, das jede Bewegung wahrnimmt. Er ist verantwortlich für viele Reflexe und für unseren Gleichgewichtssinn und ist mit vielen Gehirnbereichen eng vernetzt. Viele Wissenschaftler sind überzeugt, dass Bewegung und vestibuläre Stimulierung entscheidend für eine gesunde motorische und geistige Entwicklung sind. Bewusst wird uns unser Gleichgewichtsorgan nur dann, wenn es versagt, wie zum Beispiel bei Schwindelanfällen, bei Höhenangst oder Seekrankheit. Da das Gleichgewichtsorgan beim Menschen früher reift als die anderen Sinnesorgane, abgesehen vom Tastsinn, ist es besonders wichtig, dieses zu trainieren, am besten zwischen dem sechsten und dem zwölften Lebensmonat. Bewegung ist der Motor jeder Entwicklung.

Tipp: Achten Sie darauf, dass ihr Kind von klein an genügend Bewegung, Bewegungsspielraum und Bewegungsmöglichkeiten hat. Berücksichtigen Sie das auch bei der Wahl des Kindergartens.

Spiegelneuronen

Wie wichtig das Vorbild für Babys ist, zeigt eine neue Forschungsrichtung auf. Der amerikanische Neurologe Vilayanur Ramachandran gilt als einer der einflussreichen Vordenker der Neurowissenschaften. In zahlreichen Büchern erklärt der Arzt und Psychologe von der Univerity of California in San Diego die Rätsel des menschlichen Gehirns und Bewusstseins. Er erklärte vor Jahren die Entdeckung der sogenannten Spiegelneuronen im Gehirn zur Grundlage der Psychologie und wurde zunächst von seinen Kollegen nicht ernst genommen. Inzwischen zählt das Studium dieser wundersamen Zellen zu den aufregendsten Gebieten der Hirnforschung. Ramachandran erklärt in einem Interview für wie bedeutsam er die Nachahmung hält (Spiegel 10/2006). Die Fähigkeit zur Imitation ist die Basis der Kultur. «Und Kultur ist wiederum das, was uns Menschen so einzigartig macht. Wir sind der kultivierte Affe. Ich erkläre Ihnen, was ich damit meine: Nehmen Sie zum Beispiel den Eisbären. Der hat durch die natürliche Selektion Millionen Jahre gebraucht, um sein Fell zu entwickeln. Nun kommt ein Mensch, sieht ihn, tötet ihn und hüllt sich in seinen Pelz. Sohn und Tochter gucken ihm zu, Spiegelzellen feuern, sie machen's später genauso. So ist der Mensch in einer einzigen Generation statt in Jahrmillionen zu einem Fell gekommen. Die Botschaft verbreitet sich im Nu durch die Bevölkerung – das ist Kultur.

Auf die Frage, ob wir ohne Spiegelzellen überleben könnten, antwortet Ramachandran, dass es zwar möglich wäre, aber wir wären nicht mehr menschlich. Wenn unsere Spiegelzellen schlechter arbeiten würden, dann wären wir Autisten. «Diese Einsamkeit, das komplette Fehlen von Einfühlungsvermögen, das ist das Hauptsymptom. Autistische Kinder zeigen auch repetitive Bewegungen, sie können sehr schlecht imitieren, ihre Sprache ist oft verarmt, sie verstehen keine Metaphern.» Natürlich sind mit dieser Theorie noch nicht alle Fragen geklärt, die Forschung steht da erst am Anfang. Aber es gibt Hoffnung und es scheinen sich mit der neuen Theorie spezifische Symptome erklären zu lassen.

1.1.1

Berührung

Unter dem Titel: «Das Verlangen nach Berührung» hat das Magazin GEO über das Phänomen Berührung berichtet (GEO, 06, 2004). Neugeborene haben in ihren ersten Lebenswochen die Hände meistens geschlossen. Sobald etwas ihre Hand berührt, greifen sie reflexartig zu. Etwa mit drei Monaten entdeckt ein Baby, dass es mit seinen eigenen Händen spielen kann. Mit drei bis vier Monaten entwickelt sich beim Baby die Fähigkeit räumlich zu sehen und damit die Fertigkeit, gezielt nach einem Gegenstand zu greifen. Unübersehbar verfügen Babys über einen Greifreflex, der sie fast zwanghaft alles Erreichbare anfassen lässt.

Erst seit kurzem beginnen Forscher zu entschlüsseln, was der menschliche Tastsinn alles vermag und warum er für unsere Wahrnehmung und Erfahrung von elementarer Bedeutung ist. Interessant ist die Beobachtung an Frühgeborenen, welche sich im Brutkasten schneller entwickeln, wenn sie dreimal am Tag gestreichelt werden. Therapeuten am «Touch Research Institute» in Florida haben herausgefunden, dass gestreichelte frühgeborene Babys das Krankenhaus bis zu sechs Tage früher verlassen dürfen als ungestreichelte Babys. Dies ist ein für dieses Alter geradezu unglaublicher Fortschritt in der Entwicklung. Die Psychologin Tiffany Field hat das «Touch Research Institute (TRI)» 1992 gegründet. Dort hat sie die Babymassage entwickelt und standardisiert. Daher weiß sie, dass Babys durch die Massage bei gleicher Kost schneller zunehmen, aktiver und ausgeglichener sind, wacher auf ihre Umgebung reagieren, seltener weinen und besser schlafen.

Unsere Wahrnehmung beginnt mit unserem Sinn für Berührung, wir verfügen über fünf bis 20 Millionen Sensoren in der Haut, genau wurde die Anzahl noch nicht bestimmt. Wir registrieren, ob etwas heiß, kalt, spitz, stumpf, rau, glatt, schmerzhaft oder weich ist. Harlow und Zimmermann konnten bereits 1958 zeigen, dass Berührungen lebenswichtig sein können. Sie führten Experimente mit Affenbabys durch, welche bei einem Mangel an Berührungen Depressionen, Krankheiten und sogar den Tod zur Folge hatten. Ähnliche Beobachtungen machte man auch bei vernachlässigten Babys in Kinderheimen.

Wir wissen und spüren, dass Berührungen Gefühle erzeugen. Man kann nachweisen, dass der Körper auf Massagen mit der Ausschüttung von Hormonen reagiert. Bei Schwangeren bauen sie das durch Stress erzeugte Cortisol ab und reduzieren so die Wahrscheinlichkeit einer Frühgeburt. Unser Tastsinn ist ununterbrochen aktiv, auch im Schlaf. Es ist unser einziger Sinn, der sich nie abschalten lässt. Wir können die Augen schließen, die Ohren zuhalten, die Nase verstopfen, der Zunge nichts zum Schmecken geben, aber unser Tastsinn ist immer auf Empfang. Die Tastrezeptoren sind auf unserem Körper aber sehr ungleichmäßig verteilt. So sind Druckpunkte auf dem Rücken so weit auseinander, dass man bei gleichzeitigem Drücken von zwei Punkten, welche weniger als 70 Millimeter auseinander liegen, nur einen einzigen spürt. Dagegen befinden sich etwa 2000 Rezeptoren an jeder Fingerspitze, es sind die Stellen feinsten Fühlens. Nun leuchtet es uns ein, weshalb unsere Sprache so viele Begriffe (auch der Begriff «Begriff» kommt von «begreifen») hat, welche mit dem Fühlen und Spüren zu tun haben, wie zum Beispiel: berührt, gerührt, fassungslos, empfindlich, gefasst, verletzt und ergriffen sein. Wir haben es gerne, wenn jemand, den wir lieben unsere Hand hält. Diese Geste kann uns trösten und Kraft geben, Schmerzen lindern, Angst nehmen und die Atmung beruhigen.

Babys müssen getragen werden. Es ist absolut notwendig, dass sich das Kind angenommen fühlt.

All das wissen Eltern intuitiv, wenn sie ihr Baby oder ihr Kind in den Arm nehmen, streicheln und liebkosen. Sie tun damit sich selbst und dem Kind etwas Gutes und sie beugen damit einigen möglichen psychischen Defekten vor.

Es gibt wohl keine stärkeren Beziehungsbande als die zwischen Eltern und ihren Kindern. Wenn Eltern nicht in der Lage sind, ihren Kindern von klein auf genügend liebevolle Fürsorge zu geben, so werden die meisten dieser Kinder lebenslang emotionale Probleme haben. Die Verhaltensforschung an Tieren konnte zeigen, dass Tierkinder, die von ihren Müttern oft berührt und geleckt wurden, ihr Leben lang emotional stabiler und weniger ängstlich waren als Junge, welche lieblos behandelt wurden. Die zärtlich gepflegten Tiere entwickelten dann später ihrerseits ein fürsorgliches Verhalten. Liebende Fürsorge hat also Wirkungen, die über Generationen anhalten, genauso wie liebloses Verhalten. Kinder, die nicht zuverlässig und dauerhaft geliebt wurden, haben als Erwachsene selbst Schwierigkeiten zu lieben. Karin und Klaus Grossmann von der Universität Regensburg haben in Langzeituntersuchungen gezeigt, dass Kinder, mit denen ihr Vater oft gespielt hat, mehr Zuversicht in ihren zukünftigen Freundschaften entwickelten.

Liebevolle Fürsorge ist eine gute Basis für eine lebenslange optimistische Grundhaltung.

1.2

Die Gehirnentwicklung vom Babyalter bis zur Pubertät

Beim Kleinkind haben sich die oft gebrauchten Leitungsbahnen noch nicht deutlich herausgebildet, weshalb das Gehirn noch nicht so effektiv arbeiten kann. Mit der Zeit müssen die nicht gebrauchten Leitungsbahnen absterben um die Leistungsfähigkeit zu erhöhen.

Ein Neuron kann man sich bildhaft und sehr stark vergrößert wie einen Tintenfisch mit einem Zentralkörper und Tausenden von Tentakeln vorstellen. Die Tentakeln gleichen Ästen, die vom Zellkern ausstrahlen, man nennt sie Dendriten, was so viel bedeutet wie «baumartige Struktur». Die besonders großen und langen Äste werden Axon genannt und haben eine Reichweite von 1 mm bis zu 1500 mm. An diesen Axonen befinden sich kleine Höcker bzw. präsynaptische Endungen. Diese lassen bei elektronenmikroskopischer Betrachtung eine Membran erkennen, die in winzigen Bläschen Transmitter (Überträgerstoffe) enthält. Transmitter sind die wichtigsten Informationsträger im menschlichen Denkprozess. Eine Synapse wird durch die präsynaptische Kontaktstelle einer Gehirnzelle mit der postsynaptischen Membran einer anderen Gehirnzelle gebildet. Wenn ein elektrischer Impuls eine Gehirnzelle durchzuckt, werden Transmitter durch den winzigen mit Flüssigkeit gefüllten Zwischenraum zwischen beiden übertragen. Die Transmitter erzeugen auf der nächsten Membran einen Impuls, der somit die Gehirnzelle erregt und weitergeleitet wird. Dieser Prozess des Verstärkens von oft benötigten Synapsen und des Eliminierens von nicht gebrauchten Synapsen setzt sich das ganze Leben über fort. Erst seit kurzem wissen wir, dass im Gehirn auch im höheren Alter noch neue Neuronen und Synapsen entstehen können.

Die Verstärkung und Eliminierung von Synapsen geschieht in verschiedenen Gehirnteilen zu verschiedenen Zeiten und unterschiedlich schnell. Lernen bedeutet langfristig die Änderung kortikaler Repräsentationen (plastische Veränderung der Hirnrinde). In diesem Zusammenhang wird dann über Zeitfenster (siehe Kap. 1.3) gesprochen, in denen das Gehirn für bestimmte Lernerfahrungen besonders empfänglich ist. In dieser Zeit werden die notwendigen Leitungsbahnen verstärkt und strukturiert. Zum Beispiel sollte eine Sprache grundlegend bis zum 10. Lebensjahr erlernt sein. Danach kann eine Sprache meist nicht mehr perfekt erlernt werden. Die Lernfähigkeit darf dennoch nicht unterschätzt werden, denn es können auch weitere Sprachen, dann eben mit leichtem Akzent, dazu gelernt werden.

Seitdem bekannt wurde, dass sich in den ersten Lebensjahren besonders viele Synapsen bilden, ziehen manche Pädagogen und Psychologen weitgehende Schlüsse daraus und raten Eltern ihren Kindern möglichst viele Anregungen und Eindrücke zu verschaffen. Doch die Bildungsforscherin Elsbeth Stern warnt davor, Kinder in den ersten drei Jahren ständig mit Musik zu beschallen oder ihnen immer wieder neue visuelle Eindrücke zu vermitteln, die sie nicht selbst steuern können (Sonnenmoser, 2004). Die Synapsendichte sagt zunächst nichts über die Lernfähigkeit aus. Die Synapsenbildung im frühen Kindesalter ist ein interner, genetisch angelegter Mechanismus, der weitgehend von selbst abläuft. Meines Erachtens liegt darin eine nicht geringe Gefahr, das kleine Kind zu überfordern und zu verwirren. Man muss kleine Kinder so gut wie möglich vor negativen Erlebnissen schützen, bis ihr Gehirn soweit entwickelt ist, dass sie die Wirklichkeit richtig interpretieren können. Man kann kleine Kinder nicht dadurch auf die Schattenseiten des Lebens vorbereiten, in dem man sie bewusst negative Erfahrungen machen lässt.

Beim Studieren vieler Biographien herausragender Menschen mit einem besonderen Augenmerk auf deren Kindheit, fällt auf, dass diese sich mit sehr viel Ruhe und Ausdauer einem Gegenstand widmen konnten.

> **Erst mit drei oder vier Jahren bildet sich das Gedächtnis des Menschen. Erlebnisse aus den ersten Jahren können noch nicht im Langzeitgedächtnis abgelegt und später wieder abgerufen werden. Es gibt also noch keine Erinnerungen an die ersten Lebensjahre und nur spärliche an das 5. und 6. Lebensjahr.**

Der bekannte Hirnforscher Manfred Spitzer nennt das menschliche Gehirn «Informationsstaubsauger». Es könne nicht anders als immerwährend alles Wichtige um uns herum in sich aufzunehmen und auf effektive Weise zu verarbeiten. Babys bewiesen, dass der Mensch zum Lernen geboren sei, denn sie könnten dies am besten. Er hält es für einen weitverbreiteten Unfug zu glauben, man könne seine Zeit in Perioden des Lernens und Perioden der Freizeit einteilen. Da spiele unser Gehirn einfach nicht mit: Es lerne sowieso immer (Spitzer, 2002).

Im Alter von vier Jahren beginnen die beiden Hirnhälften zusammen zu arbeiten. Das Kind beginnt nun zwischen Schein und Wirklichkeit zu unterscheiden. Es wirkt intelligenter und fängt an, Fragen zu stellen.

Die zunehmende Ausreifung der Stirnlappen ermöglicht es einem sechsjährigen Kind, immer mehr logisch zu denken, zu urteilen und zu rechnen. Es sollte in diesem Alter gelernt haben, Bedürfnisse hinaus zu schieben und sich bei seinem Spiel zu konzentrieren.

1.3.
Die Evolution des Gehirns

Um den grundlegenden Unterschied zwischen Mensch und Tier zu verstehen, werfen wir einen kurzen Blick auf die Gehirnentwicklung. Die Einzigartigkeit der menschlichen Evolutionsgeschichte besteht darin, dass sich der Prozess der Gehirnentwicklung beim Menschen von der Gehirnentwicklung anderer Säugetiere unterscheidet.

In der vergleichenden Verhaltensforschung gelten die Menschenaffen seit langem als sehr hochentwickelt. Beim Vergleich der Entwicklung des Schimpansengehirns mit dem des Menschen fällt auf, dass beide Gehirne bei der Geburt mit 350 ccm etwa gleich groß sind. Das Schimpansengehirn hat aber bereits nach einem Jahr die endgültige Größe von 450 ccm erreicht. Bei einem vierjährigen Kind hat sich das Gehirnvolumen auf etwa das Vierfache vergrößert und es wächst noch bis zur Pubertät weiter. Auffallend ist auch, dass beim Menschen der größte Teil der Gehirnentwicklung außerhalb des Uterus und nicht wie bei den anderen Säugetieren im Mutterleib geschieht. Dadurch wird das menschliche Gehirn durch unzählige Sinnesreize stimuliert.

Die kulturelle Umgebung kann also auf eine Weise auf die Entwicklung des menschlichen Gehirns einwirken, wie es bei keinem anderen Lebewesen möglich ist. Reize werden vom Gehirn aufgenommen und verarbeitet und bei dieser Verarbeitung werden neue Reize geschaffen.

Ein weiteres Unterscheidungsmerkmal beim Grad der Gehirnevolution ist das Größenverhältnis zwischen Gehirn und Körper. Menschen haben ein dreimal so großes Gehirn, wie es ein durchschnittlicher Primat hat. Wir Menschen können auch mehr Informationseinheiten aus der Umwelt selektieren und wir sind in der Lage, diese Informationen willkürlich auszublenden, können die Umwelt also sogar ignorieren. Des weiteren ist es uns möglich, uns auf willentlich ausgesuchte Umweltfaktoren zu konzentrieren.

Im menschlichen Gehirn und Rückenmark eines Erwachsenen befinden sich mindestens 100 Milliarden Neuronen, von denen nur etwa 5 Millionen Informationen von den Sinnesorganen zum Zentralnervensystem melden.

Die meisten sind mit der internen Informationsverarbeitung beschäftigt. Bei den Ratten ist das Verhältnis äußerer Reiz zur inneren Information 1:20, bei den Menschen 1:20 000. Auch das ist ein wesentlicher Unterschied beim Vergleich der Gehirne von Säugetieren.

Die Verknüpfung von Emotionen mit dem Gedächtnis ist ebenfalls ein Ergebnis der Evolution. Der Bielefelder Neuropsychologe Hans Markowitsch beschäftigt sich mit diesem Zusammenhang und bemerkt, dass Kindern der Lernstoff geradezu zufliegt, wenn sie sich für etwas wirklich interessieren. Wenn ein Mensch etwas lernen will, dann wird ein breiteres Nervenzellen-Netzwerk aktiviert. Die Informationen gelangen so nicht nur in ein Wissenssystem, sondern werden im episodischen Gedächtnis gespeichert. Allerdings wirkt sich die aktuelle Laune verschieden auf die Aufmerksamkeit aus. Joe Forgas, Psychologieprofessor an der Universität New South Wales in Australien, ließ Versuchspersonen, die er zuerst in eine positive bzw. negative Stimmung versetzt hatte, eine inszenierte Szene, zum Beispiel einen Handtaschenraub, miterleben und untersuchte anschließend ihr Erinnerungsvermögen. Tatsächlich konnten sich die schlecht gelaunten Versuchspersonen deutlich genauer erinnern als die gut gelaunten. Möglicherweise hat sich im Verlauf der Evolution die Haltung entwickelt, dass bei guter Laune die Umgebung friedlich und nicht bedrohlich wahrgenommen wird, und man deshalb frühere schlechte Erfahrungen ausblendet und eine hohe Aufmerksamkeit nicht notwendig ist, während man in einer schlechten Stimmung eher eine Gefahrensituation vermutet und man aufmerksamer und kritischer Einzelheiten beachtet. Schlechte Laune kann also vorsichtige Denkstrategien begünstigen.

Das Gehirn des Menschen will lernen und überwindet fast jedes Hindernis, das sich ihm bei der Verfolgung dieses Zieles in den Weg stellt. Denn Lernen ist die Zweckbestimmung des Gehirns.

1.4
Zeitfenster

Immer mehr setzt sich die Vorstellung von vorgegebenen Zeitfenstern durch, in denen bestimmte Dinge gelernt werden müssen, weil in der Zeit davor oder danach die Bereitschaft des Gehirns, genau diese Dinge perfekt zu lernen, nicht mehr oder nur noch sehr begrenzt zur Verfügung steht. Bei vernachlässigten Waisenkindern konnte man auf der ganzen Welt immer wieder diese Beobachtung machen. Aus verpassten Lerngelegenheiten resultieren lebenslange Verhaltensstörungen und bleibende geistige Schwächen. Verschiedene Bereiche der Hirnrinde entwickeln sich mit unterschiedlicher Geschwindigkeit und in verschiedenen Zeitepochen.

In der von Konrad Lorenz entwickelten Verhaltensbiologie sind diese Entwicklungsstufen längst bekannt. Tiere, welchen man in der Zeit der Sehentwicklung die Augen verbunden hatte, konnten später nicht mehr sehen lernen, sie blieben blind, obwohl die Augen und das Gehirn dieser Tiere ansonsten gesund und funktionsfähig waren.

Entstanden ist die Idee von Zeitfenstern durch eine Beobachtung in der Klinik (Singer, 2001). Früher litten einige Neugeborene an Augeninfektionen, die sie sich beim Geburtsvorgang zugezogen hatten. Als Folge davon blieben Hornhauttrübungen oder Linsentrübungen, die zur Erblindung führten. Die Kinder konnten nur noch schwach Helligkeitsschwankungen wahrnehmen. Mit der Möglichkeit der Transplantation von Hornhaut und Linse erhofften sich die Ärzte, die Sehfähigkeit wieder herstellen zu können. Groß war die Enttäuschung, als sie feststellen mussten, dass die Patienten blind blieben. Ihre Augen waren funktionsfähig, aber ihr Gehirn konnte damit nichts anfangen. Der Grund dafür war, dass die visuellen Signale in der dafür vorgesehenen Entwicklungsphase nach der Geburt ausgeblieben waren und damit die wichtigen Neuronenverbindungen vom Gehirn nicht genutzt und damit deren Anlage unumkehrbar vernichtet worden war.

Festzuhalten bleibt also, dass es für ein Kind von bedeutender Wichtigkeit ist, dass es bestimmte Lernerfahrungen in den dafür bestimmten empfänglichen Phasen machen darf. Verstreicht diese Zeit ungenutzt, so ist das Kind im jeweiligen Bereich später kaum mehr fähig, in diesem Gebiet große Leistungen zu erzielen.

Der 1927 in Connecticut geborene Musikpädagoge und Musikpsychologe Edwin Elias Gordon ist seit 1958 an verschiedenen Universitäten tätig. Er ist einer der einflussreichsten Forscher auf dem Gebiet der musikalischen Begabungsforschung. 25 Jahre lang unterrichtete er kleine Kinder. Mit seiner «Music Learning Theory» leistet er einen großen Beitrag zum heutigen Wissen über die kindliche Lernwelt der Musik. Er hat Phasen festgestellt, die ein Kind im Lernprozess durchläuft (spielen und lernen, 08/05). So nimmt das Kind die Laute seiner Umgebung zuerst passiv wahr (= Akkulturation). Die erste Stufe wacher und bewusster Aufnahme hat begonnen, wenn Kinder anfangen gebannt zu lauschen. Danach folgt die Imitations-Phase, in der Kinder versuchen, Bewegungsmuster, einzelne Töne und Tonfolgen zu imitieren, und dabei viele Möglichkeiten ihrer Stimme und ihres Körpers ausprobieren. Die dritte Phase ist die Assimilations-Phase, wenn Kinder durch ihr erworbenes Hörvokabular beginnen, Rhythmen und Tonfolgen zu modellieren und zu erzeugen. Gordon hat sein Leben der Entfaltung der musikalischen Fähigkeiten eines Menschen gewidmet. In einigen Städten können Kinder nach seinen Prinzipien unterrichtet werden (siehe auch: www.gordon-gesellschaft.de).

Ein weiteres Beispiel für ein Zeitfenster ist der Spracherwerb, denn er muss möglichst bis zum 10. Lebensjahr abgeschlossen sein. Als Baby ist ein Mensch in der Lage, alle Laute jeder Sprache dieser Welt zu unterscheiden. Ein Kleinkind kann alle Phoneme korrekt nachsprechen. Danach werden innerhalb weniger Jahre diejenigen Synapsen eliminiert, welche diese Leistung hervorbringen können, aber nicht gebraucht wurden, da die meisten Kinder nur eine einzige Sprache, nämlich ihre Muttersprache, mit den dafür typischen Phonemen, in der frühen Kindheit erlernen.

Die neuropsychologische Forschung beschäftigt sich zur Zeit mit der Erforschung der sensiblen Phasen für eine Reihe von Fähigkeiten oder «Intelligenzen». Durch neue Techniken ist es heute möglich, Veränderungen in der Großhirnrinde nachzuweisen. Früher testeten Hirnforscher hirnverletzte Patienten. Heute kann man gesunden Versuchspersonen bestimmte Aufgaben stellen und feststellen, welche Hirnareale aktiv werden, während sie diese Aufgaben ausführen. Auf diese Art kann man Begabungsinseln und Ausfälle auf der Landkarte des Gehirns ausfindig machen. So wird man wohl eines Tages einen Fähigkeitenatlas des Gehirns zeichnen und unterschiedliche Funktionskreise mit ihren anatomischen Korrelaten voneinander abgrenzen können.

Einen Eindruck über den Spracherwerb und der Unmöglichkeit des Grammatiklernens gibt uns das entsetzliche Beispiel des amerikanischen Mädchens «Genie», das auf grausame Weise 12 Jahre lang ohne Ansprache von einem psychisch kranken Vater in einem Hinterzimmer eingesperrt leben musste (Butzkamm, 1999). Sie war eineinhalb Jahre alt, als ihr Martyrium begann. Mit dreizehneinhalb wurde sie befreit. Ihre geistige Reife entsprach bei ihrer Befreiung der eines einjährigen Kindes. Sie wurde von Wissenschaftlern untersucht, betreut und gefördert. Nach anfänglicher Stummheit begann sie zu sprechen und hatte nach einem Jahr das Zweiwortstadium erreicht. Doch auch nach weiteren drei Jahren intensiven Unterrichts kam sie nicht über diese Phase hinaus und war nicht mehr in der Lage, Grammatik zu lernen. Es scheint so, dass das mühelose Erlernen von Grammatikregeln nur bis zum Einsetzen der Pubertät möglich ist.

Die taubstumme und blinde Helen Keller lernte das Tastalphabet im Alter von sieben Jahren und hatte danach einen regelrechten Hunger nach Worten. Sie konnte die Sprache mit Worten und Grammatik noch lernen, allerdings in einer viel höheren Geschwindigkeit als kleine Kinder.

Auch der Gleichgewichtssinn eines Kindes muss in einem bestimmten Zeitrahmen geschult werden.

Bei Bewegungsauffälligkeiten liegen nicht selten Entwicklungsverzögerungen vor, die oft nur noch von Ergo- und Physiotherapeuten behoben oder verbessert werden können. «Der Gleichgewichtssinn ist der Basissinn, der alle Entwicklungsfortschritte beim Kind anregt», sagt Prof. Dr. Renate Zimmer, Sportwissenschaftlerin an der Universität Osnabrück, die sich auf die Bewegungsentwicklung und psychomotorische Förderung von Kindern spezialisiert hat. Lassen Sie ihr Kind möglichst unterschiedliche Bewegungsspiele und Sportarten ausprobieren. Kaufen Sie jedoch nicht gleich alles. Leihen Sie lieber Sportgerät aus und lassen sie ihr Kind zuerst in Vereinen schnuppern. Ein Kind schult bei Bewegungsspielen seine Körperwahrnehmung. Es gibt jede Menge Spielgeräte, welche die Körperbeherrschung eines Kindes fördern.

Stelzen: Kinder im Grundschulalter machen beim Stelzenlaufen eine gute Körpererfahrung. Man merkt sofort, wenn man aus dem Gleichgewicht gerät, steigt ab und beginnt wieder von vorne. Es geht nur mit viel Übung. Wer schon sicher damit läuft, kann versuchen, sich auf der Stelle umzudrehen oder ein paar Stufen zu gehen.

Trampolin: Trampolinhüpfen ist ein umfassendes Ganzkörpertraining. Dabei werden die Bewegungskoordination, das Rhythmusgefühl und die bewusste Körperbeherrschung geübt. Durch die Abwechslung von Absprung und

Schwerelosigkeit entsteht ein ständiger Druckwechsel, der letztlich jeden einzelnen Muskel trainiert. Die Versorgung der Zellen wird verbessert, Bindegewebe, Herz, Lunge, Nieren und Darm werden angeregt. Kinder sollten erst mit sechs Jahren damit beginnen, weil sie erst dann das Gleichgewicht halten können. Achten Sie darauf oder schärfen Sie ihrem Kind ein, dass sie niemals zu zweit auf dem Trampolin hüpfen dürfen, weil dadurch ein Kind durch die veränderte Sprungkraft über das Gerät hinaus geworfen werden könnte.

Einrad: Mit etwa acht Jahren kann ein Kind versuchen, sich mit dem Einrad vorwärts zu bewegen. Dies erfordert schon einen guten Gleichgewichtssinn. Da ein Lenker fehlt, müssen die Kinder mit den Armen rudern um im Gleichgewicht zu bleiben und vorwärts zu kommen. Wichtig ist dabei eine gute Schutzausrüstung.

Inliner: Kaum ein anderer Sport ist bei Familien so zum Modesport avanciert. Geteerte für den Straßenverkehr gesperrte Wege ohne Gefälle sind ideal für einen Familienausflug. Da bei diesem Sport der Körper eine andere Position als beim Sitzen oder Stehen auf einem Spielgerät einnehmen muss, ist es ein ideales Ausdauertrainingsgerät. Denken Sie auch an eine gute Schutzausrüstung mit Knieschonern, Helm und Reflektoren. Kinder können ab sechs Jahren damit beginnen.

Auch bei der Musik gibt es Beispiele über das Vorhandensein eines Zeitfensters für den rechtzeitigen Beginn des Lernens eines Musikinstrumentes. Weltklassegeiger sind ein eindrucksvolles Beispiel dafür. So ist kein Meister dieses Fachs bekannt, der später als mit fünf Jahren mit dem Geigenspiel begonnen hat. Es scheint, dass es auch durch unglaublich fleißiges Üben nicht mehr möglich ist, diesen Vorsprung aufzuholen.

Ähnliche Beispiele gibt es auch von den besten Wissenschaftlern, Artisten und Schachspielern der Welt. Die meisten später als Genie in ihrem Fach bekannt gewordenen Personen haben sich schon im Kindesalter intensiv mit ihrem Fach beschäftigt. Man weiß heute sehr genau, dass jeder Mensch ein eigenes «Paket» an Entwicklungsmöglichkeiten mitbringt. Vom genetisch fixierten Bauplan sind Rahmenbedingungen vorgegeben, innerhalb derer eine erfahrungsabhängige Entfaltung möglich ist.

Inzwischen ist die Theorie vom Lern-Zeitfenster so populär und bekannt geworden, dass sie durch Übertreibungen auch schon wieder negative Folgen erzeugt. Überall wird geraten, Kinder so früh wie möglich zu fördern. So werden sie schon im *Kleinkindalter* in die verschiedensten Einrichtungen geschickt, oft nacheinander in den Computer-, Englisch-, Sport und Musikunterricht. Dabei wird vergessen, wie wichtig für Kinder das Spielen ist. Sie können nicht mehr ohne vorgegebenes Ziel einfach nur für sich spielen. Manchen ehrgeizigen Eltern kommt dies wie verschwendete Zeit vor. Solche Kinder sind überfordert, wenn sie einmal Freizeit haben. Nur elektronische Medien können diese Lücke füllen. Sie brauchen ständig eine Anleitung durch andere Menschen. Mit diesen Übertreibungen wird die nützliche Erkenntnis der Lern-Zeitfenster ins Gegenteil pervertiert. Kinder werden um ihre Kindheit betrogen und sie lernen nicht, sich auf eine *einzige* Sache zu konzentrieren. Besonders schlimm wiegt, dass Kinder nicht lernen, selbständig mit ihrer freien Zeit etwas anzufangen. Eltern, die verstehen, dass die selbständige Beschäftigung ohne Kurs und Zwang ein für das ganze Leben wichtiges Lernen bedeutet, werden ihre Kinder nicht überfordern.

1.4.1.
Zahlen

Kinder aus dem westlichen und aus dem asiatischen Kulturkreis können im Alter von drei Jahren bis Neun oder Zehn zählen. In den folgenden beiden Lebensjahren gehen die Zähllleistungen aber stark auseinander. Die kleinen Asiaten können häufig schon bis 50 zählen, während europäische und amerikanische Kinder es im Durchschnitt bis 15 schaffen. Neue Ergebnisse aus der Hirnforschung belegen, dass Zahlwörter aus nur einen kurzen Silbe, wie sie im Chinesischen vorkommen, schneller gelernt werden, als die längeren, komplexeren in den europäischen Sprachen (GEHIRN & GEIST 11/2006).

Rechnen lernen ist ein anspruchsvoller Vorgang. Man weiß aus der Neurobiologie, dass Zahlen im Gehirn nicht nur an einer Stelle repräsentiert sind. Zahlen sind an Stellen im Gehirn verankert, in welcher auch die Sprache und das reine Faktenwissen repräsentiert ist. Rechenergebnisse wie 4 mal 9 oder 8 mal 7, die gelernt wurden und dann ohne nachzudenken nur noch abgerufen werden müssen, sind dort abgelegt. Bei Rechenoperationen, bei denen man nachdenken muss – wie zum Beispiel bei der Frage wie viel ist 2/3 von 87 – und bei denen man eine Überschlagsrechnung braucht, geht es nicht um eine sprachliche Übung. Hier werden die gleichen Areale aktiv, die bei der Raumvorstellung gebraucht werden und wenn Kinder anfangen mit den Fingern zu rechnen. Intuitive Zahlenvorstellungen von Kindern beginnen ebenso in diesen Gehirnbereichen. Evolutionsbiologisch kann man sich das so erklären, dass man den Weg zur Nahrung oder zur Behausung immer wieder finden musste. Der Erziehungswissenschaftler Dr. Gerhard Friedrich leitet seit 2003 das Forschungsprojekt «Komm ins Zahlenland», bei dem Vorschulkinder aus mehreren Kindergärten in Lahr spielerisch mit den Zahlen von eins bis zehn vertraut gemacht werden und ein Zahlenverständnis entwickeln, denn wenn Kinder die Zahlen nur herunterrattern können, bedeutet das noch nicht automatisch, dass sie ein Zahlenverständnis haben und rechnen können. Für Friedrich ist die Verknüpfung von Raumorientierung und episodischem

Gedächtnis etwas Zentrales beim Mathematiklernen. Früher haben Kinder mit Kreide Zahlenfelder auf die Straße gemalt und «Himmel und Hölle» gespielt. Heute versteht man, warum dieses Spiel mit Bewegung und Spaß im Freien das Zahlenlernen so wirksam unterstützt. Deshalb lässt Friedrich unter anderem Kinder auf einem «Zahlenweg» aus zehn nummerierten Matten gehen. Bei einem Schritt vorwärts erhöht sich die Zahl um eins, bei einem Schritt zurück nimmt die Zahl um eins ab. So lernen Kinder Zahlen spielerisch, anschaulich, durch Hören, Sehen und Fühlen kennen.

Kinder denken vernetzt. Sie knüpfen an Dingen an, die sie interessieren, und sie bauen ihr Wissen darüber aus. Friedrich sagt, dass das Gedächtnis assoziativ und nicht linear arbeitet. Wie eine Spinne ihr Netz in jede Richtung vergrößert, so baut das Gedächtnis immer wieder an einer Stelle einen neuen Baustein ein. Das Lerngesetz des Gehirns ist einfach: Aktivität fördert die Stabilität neuronaler Verbindungen. Die Erfahrung, schon etwas zu können, wirkt ausgesprochen lernmotivierend.

Das lineare Denken dient im Gegensatz zum assoziativen Denken dem Ordnen und dem Herausfiltern von logischen Zusammenhängen. Aus diesem Grund hat auch das lineare Denken seine Berechtigung und muss gefördert werden. Meiner Erfahrung nach ist es ein Fehler zu glauben, dass alle Menschen auf die gleiche Art und Weise lernen. Deshalb ist es so wichtig, Kindern die verschiedensten Möglichkeiten und Gelegenheiten zum Lernen anzubieten. Es gibt durchaus Kinder, die sehr früh anfangen analytisch und linear zu denken. Sie werden durch zu viel Vernetzung überfordert und verwirrt. Auch hier kann man durch Übertreibung des Guten ein Kind von seinen wichtigsten Erfolgserfahrungen fern halten.

1.5
Entstehung von Emotionen

Der Begriff Emotion ist vom Lateinischen «movere» (bewegen) abgeleitet und beinhaltet den Aspekt des Bewegt- und Ergriffenseins. Das deutsche Wort «Gefühl» kam im 17. Jahrhundert auf und knüpfte an die ganz ursprüngliche Bedeutung des Fühlens und Erlebens an. Man meinte damit einen Sinneseindruck, der allerdings einen stärkeren Erlebenscharakter hat als eine rein kognitive Wahrnehmung. Erinnerungen, Gedanken und Vorstellungen können ganz neutral sein und haben oft einen konkreten, benennbaren Inhalt. Gefühle sind dagegen typischerweise gegenstandsarm und unpräzise, es sind Signale, die uns sehr schnell mitteilen, ob wir etwas gut finden oder nicht, ob wir etwas meiden sollten oder nicht. Trotz dieses feinen Unterschiedes werden die beiden Begriffe Gefühl und Emotion in der Literatur meist synonym verwendet. Dass Menschen mitempfinden können, hängt mit den oben erwähnten Spiegelneuronen zusammen. Seit der Entdeckung der Spiegelneuronen durch die Forschergruppe um V. Gallese und Giacomo Rizzolatti 1991 von der Universität Parma in einem Versuchslabor hat sich unser Wissen über Emotionen sprunghaft weiter entwickelt. Sie hatten entdeckt, dass bei einem Affen bestimmte Hirnzellen nicht nur dann «feuerten», wenn er nach einer Nuss griff, sondern auch, wenn er nur *zusah*, dass ein Untersucher nach der Nuss griff. Spiegelzellen wurden inzwischen beim Menschen in allen Zentren des Gehirn gefunden, in denen Erleben und Verhalten gesteuert werden.

Diese Nervenzellen im Scheitellappen des Gehirns ermöglichen es uns, Wünsche und Absichten von anderen Menschen zu verstehen. Die Wirkungsweise der Spiegelneuronen kann man sehen, wenn man beobachtet, wie jemand gähnt oder weint. Man ist stark versucht, das gleiche zu tun. Wir imitieren unbewusst Stimmungen, Mimik und sogar die Körpersprache. Hirnzellen werden nicht nur bei dem aktiviert, der sich mit dem Hammer auf den Finger schlägt, sondern auch bei dem, der nur zuschaut.

Gerhard Roth, Professor für Verhaltensphysiologie an der Universität Bremen, ist überzeugt, dass die Zuordnung von Gefühlen zu bestimmten körperlichen Zuständen und Reaktionen weitgehend angeboren ist (Roth, 2001). Es ist für Gefühle geradezu charakteristisch, dass sie mit körperlichen Empfindungen einhergehen und dass sie das Verhalten beeinflussen. Diese Wahrheit hat längst Eingang in unsere Umgangssprache gefunden. So hüpft uns das Herz vor Freude, steht uns der Angstschweiß auf der Stirn, schlottern uns die Knie, lassen wir die Schultern hängen, sind wir kreidebleich vor Schreck usw. Selbstverständlich gibt es über den Kern angeborener emotionsbezogener körperlicher Reaktionen hinaus viele individuell oder sozial vermittelte Reaktionen. Emotionen greifen in die bewusste Verhaltensplanung ein, indem sie bei der Handlungsauswahl mitwirken und bestimmte Verhaltensweisen befördern. In diesem Falle spricht man von Motivation. Bei der Forschung in allen Kulturen fand man übereinstimmend fünf Emotionen: Freude, Wut, Angst, Traurigkeit und Ekel.

Entwicklungspsychologen konnten nachweisen, dass Babys schon mit wenigen Monaten auf die Emotionen anderer Kinder reagieren. Neugeborene reagieren auf den Kummer einer Person mit einem traurigen Gesicht oder mit Weinen. Ungeborene empfinden im Mutterleib mit, wenn die Mutter mit jemandem streitet. Mit einem Jahr beginnen Kleinkinder, ihren eigenen Kummer wahrzunehmen. Im zweiten Lebensjahr sind Kinder fähig, Leid lindern zu wollen. Sie streicheln, drücken sich an die Mama oder den Papa oder sie holen Hilfe. Sie unterscheiden aber noch nicht zwischen vertrauten Personen und Fremden.

Die Münchner Psychologie-Professorin Doris Bischof-Köhler erforschte den Zusammenhang zwischen Ich-Bewusstsein und Emotionen bei Kindern im Alter von 18 bis 24 Monaten (STERN 50/2005). Allen Kindern wurde ein blauer Fleck auf die Wange gemalt. Danach sollten sie in den Spiegel schauen. Kinder, die sich ins eigene Gesicht fassten, also erkannten, dass dort der Fleck war, reagierten gegenüber einer Person in einer Notlage mit ausgeprägtem Mitgefühl. Dagegen zeigten sich Kinder, die sich noch nicht erkannten, gegenüber einer notleidenden Person noch unbeteiligt. Es ist also eine Voraussetzung zu erkennen, dass man von der selben Art ist. Dann folgt der logische Schluss: Wer so aussieht wie ich, der empfindet auch wie ich. Ich kann mich dann mit ihm identifizieren und erlebe seine Situation, als sei es meine eigene. Eltern sollten ihre Kinder ermutigen, auf die eigenen Bedürfnisse zu achten und sie auf die Folgen ihres Handelns hinweisen, wenn sie anderen Kindern wehtun. Kleine Kinder können schon sehr gut trösten. Mitgefühl ist auch Erziehungssache.

Emotionen stehen in engem Zusammenhang mit dem Lernen. Neue Forschungen zeigen die Wechselwirkung zwischen Gedächtnis und Emotion auf. Man behält Informationen besser, welche einen überraschen, erstaunen oder erschrecken (Markowitsch, 1998). Die Teile des Gehirns, welche für die Wahrnehmung von Gefühlen verantwortlich sind, werden in der Wissenschaft mit einem Sammelbegriff als limbisches System bezeichnet. Es besorgt die Ausschüttung von Botenstoffen wie Dopamin, Serotonin, Noradrenalin oder Acetylcholin, welche im Gehirn entweder das Lustzentrum oder das Angstzentrum aktivieren.

Wird das Lustzentrum angeregt, so wird gleichzeitig ein Belohnungssystem eingeschaltet, das signalisiert: «Was du da gerade machst, macht dir Spaß, das machst du schon ganz gut, musst du aber verbessern, übe weiter, solange bis du es richtig kannst.» Wird aber das Angstzentrum angeregt, so setzt sich ein anderes System in Gang, das signalisiert: «Was du gerade tust, ist schlecht, setz dich keiner Gefahr aus, du musst fliehen oder angreifen. Bringe dich nicht noch einmal in eine solche Situation.» Gefühle sind also ursächlich an unseren Entscheidungen beteiligt. Gefühle wie Angst, Furcht und Enttäuschung entstehen vorwiegend im Mandelkern (Amygdala), Freude und Glücksgefühle in einem anderen Gebiet des limbischen Systems, im ventralen tegmentalen Areal und im Nucleus accumbens. Einzelheiten dieser leid- oder lustvollen Ereignisse werden allerdings nicht hier, sondern im deklarativen Gedächtnissystem der Großhirnrinde gespeichert. In Situationen, die Entscheidungen von uns verlangen, sucht unser Gehirn im emotionalen Gedächtnis nach Erfahrungen in vergleichbaren Situationen und überprüft, ob die früheren Erlebnisse positiv oder negativ für uns waren. Bei der Erinnerung an für uns schmerzhafte Geschehnisse versuchen wir solche Situationen zu vermeiden und reagieren entsprechend. Diese Bewertungsmöglichkeit ist Grundlage unserer Überlebensstrategie.

Unser Gehirn trifft alle bewussten und unbewussten Handlungsentscheidungen auf dem Hintergrund früherer Erfahrungen. Insofern ist es wichtig, etwas ältere Kinder in geschützter und überwachter Atmosphäre auch negative Erfahrungen machen zu lassen, um sie vor späteren schlimmeren Erfahrungen zu bewahren.

Es gibt noch keine Übereinstimmung unter den Wissenschaftlern über die Entwicklung von Gefühlen beim Menschen. Diskutiert werden u. a. lerntheoretische, verhaltenstheoretische und genetische Ansätze. Die Beobachtung zeigt jedoch, dass ein Neugeborenes auf jede Art von Unwohlsein mit Weinen reagiert. Nach einigen Monaten hat sich das Weinen verändert. Das Baby schreit anders, wenn es die Windeln voll hat oder wenn es Hunger oder Angst hat. Das Weinen hat sich zu einer gezielten Willensäußerung entwickelt. Aus einer anfänglich noch undifferenzierten Befindlichkeitskundgebung bilden sich mit der Zeit die zwei Grundbefindlichkeiten heraus: Lust oder Unlust. Nachdem das Baby gelernt hat vertraute und fremde Menschen zu erkennen, lernt es Gefühle wie Angst, Ekel, Wut oder Zorn zu unterscheiden. Positive Gefühle gibt das Baby durch ein Lächeln wieder, das durch Anschauen und Ansprechen hervorgerufen werden kann.

An den Gefühlsäußerungen Lächeln und Schreien zeigt sich der enorme Einfluss der Umgebung, insbesondere der Bezugspersonen, auf die Gefühlsentwicklung des Säuglings.

> **In fast allen Entwicklungstheorien wird die Wichtigkeit der frühen emotionalen Zuwendung für die spätere psychische Entwicklung betont. Eine oder mehrere feste Bezugspersonen gelten dabei als Voraussetzung für die Entfaltung von emotionalen und sozialen Fähigkeiten wie Vertrauen, Freundschaft, Liebe und Zuneigung.**

Bei einem zweijährigen Kind lassen sich schon Grundemotionen wie Interesse, Überraschung, Freude, Glück aber auch Widerwillen, Wut und Zorn beobachten. Während der Säugling auf eine angstauslösende Situation nur mit Schreien reagiert, sucht ein Kleinkind Schutz bei einer Vertrauensperson. Es lernt, welche Gefühle es in welcher Umgebung zeigen darf und welche nicht. So bietet die Umgebung des Kindes einen engen Entwicklungsrahmen für die Gefühlsentwicklung des Kindes. Hier liegen manchmal schon die Wurzeln für spätere Fehlentwicklungen wie Angst- oder Zwangstörungen.

Wahrscheinlich entwickeln sich die Gefühle von Menschen in jeder kulturellen Umgebung gleich, sie scheinen angeboren zu sein. Die Gefühlsäußerungen werden aber durch die jeweiligen Gepflogenheiten determiniert.

Zum Beispiel wird in asiatischen Ländern das Lächeln als Zeichen der Höflichkeit verstanden, während es in westlichen Ländern als Ausdruck eines glücklichen Befindens wahrgenommen wird.

Durch Nachahmung ihrer Bezugspersonen lernen Kinder ihre Emotionen auszudrücken. Durch Belohnung und Bestrafung werden emotionale Reaktionen verändert. Wenn ein Kind sich zum Beispiel über eine Einladung zu einem Verwandten freut, dann kann die Mutter diese Freude durch ihre Anteilnahme verstärken oder durch ihre Ablehnung dämpfen.

Kinder lernen den Gefühlsausdruck der Bezugspersonen zu deuten und in ihr Verhaltensrepertoire aufzunehmen. So kann ein entsetzter Gesichtsausdruck des Vaters an einer Kreuzung verhindern, dass das Kind über die Straße rennt, oder ein freudiger Gesichtsausdruck der Mutter beim Anblick eines Bekannten es veranlassen, ihn zu umarmen.

Auch durch Kommunikation lernen Kinder den Unterschied zwischen erwünschten und nicht erwünschten Gefühlen. Zum Beispiel zeigt ein Satz wie: «Man freut sich nicht, wenn sich ein anderes Kind verletzt» dem Kind, wie es mit den Gefühlen von anderen Kindern umgehen soll.

> **Kommunikation geschieht oft ohne Worte, durch Erheben des Zeigefingers, Kopfschütteln, Hochziehen einer Augenbraue oder Hochziehen von Schultern. Kinder lernen die Körpersprache ihrer Bezugsperson sehr früh zu deuten.**

Emotionen beeinflussen unsere Aufmerksamkeit, unsere Wahrnehmung und unsere Problemlösungsstrategien.

Antonio R. Damasio, Professor der Neurologie und Leiter des Department of Neurology an der University of Iowa, ist sich sicher, dass die menschliche Vernunft von unserer Fähigkeit abhängt, Gefühle zu empfinden (Damasio, 2002). Empfindungen sind seiner Meinung nach Wahrnehmungen des Körpers. Dass Körperfunktionen durch Signale aus dem Gehirn durch Emotionen beeinflussbar sind, lässt sich zuverlässig über eine Messung der Hautleitfähigkeit beweisen. Diese Wirkung tritt unbewusst auf.

Gefühle helfen Situationen zu bewerten und zweckmäßiges Handeln zu improvisieren. Noch bevor wir eine Situation verstandesmäßig analysieren, haben unsere Gefühle schon spontan Stellung bezogen. Gefühle sind auch Vor-Urteile, das heißt, sie beurteilen eine Situation, bevor wir gründlich darüber nachdenken. Angst zum Beispiel ist die innere Vorstellung, dass diese Lage für uns gefährlich ist und unser Körper bereitet sich in Bruchteilen von Sekunden auf Flucht oder Kampf vor.

Emotionen bestimmen unser Lebensgefühl. Unser Körper reagiert auf verschiedene Emotionen unterschiedlich. Glücksgefühle sind gleichzeitig Anreiz und Belohnung dafür, dass wir Dinge tun, die für uns evolutionsgeschichtlich überlebenswichtig sind, wie Essen oder Sex. Wenn wir uns dann fühlen wie im siebten Himmel, ist dies das Ergebnis von einem regen Informationsaustausch zwischen den Nervenzellen unseres Gehirns. Gute Gefühle bringen die innere Welt wieder in Ordnung, sie bringen uns innerlich wieder in Balance.

Positive Emotionen erweitern unseren Handlungsspielraum, sie mobilisieren unsere Fantasie, unsere Energie, unsere Unternehmungslust und machen uns anziehend. Sie machen uns offener und zugänglicher, freundlicher, versöhnlicher und attraktiver. Dadurch wird unsere Wahrnehmungsfähigkeit verbessert.

Negative Emotionen wie Neid, Hass, Ekel schränken unsere Denk- und Handlungsoptionen ein. Sie sollen uns helfen, uns aus misslichen Situationen zu befreien. So fliehen wir aus Angst, greifen an aus Wut, spucken aus vor Ekel und verstecken uns vor Scham.

Angst

Angst dient zunächst einmal dazu, Gefahren aus dem Wege zu gehen. Ihre hilfreiche Funktion besteht im angeborenen Schutzreflex gegenüber realer Bedrohung. Wenn sie zu übermächtig wird oder zu lange dauert, wirkt sie negativ und blockiert das Denken und Handeln. Kleinkinder entwickeln etwa zwischen dem achten und elften Monat Angst vor Fremden, sie «fremdeln» ohne einen erkennbaren Anlass. In diesem Lebensabschnitt werden bestimmte Hormone ausgeschüttet, welche zu diesem Zeitpunkt der Gehirnentwicklung für die Sensibilisierung auf Erlebnisse des Verlassenwerdens sorgen. Eine reale, länger anhaltende Erfahrung des Verlassenwerdens ist in diesem Lebensabschnitt besonders prägend und kann sich wie ein Schockerlebnis auswirken.

Bei Angst und Wut stellt der Körper durch erhöhten Herzschlag, größere Muskelanspannung und vermehrte Hormonausschüttung Energien für Flucht oder Angriff bereit. Ein Mensch, der Angst empfindet, kann gar nichts lernen. Angst lähmt das Denken. Stoiker empfahlen ganz allgemein die Unterdrückung der Emotionen, während Freud die Ursache vieler psychischer Störungen in unterdrückten Emotionen sah. In der Evolutionsgeschichte des Menschen waren bestimmte Dinge besonders gefährlich für das Überleben, zum Beispiel Schlangen, Spinnen oder große Höhen, was die große Zahl von Phobien in diesen Bereichen erklärt.

Kinder werden heute oft zu sehr überwacht und behütet. Gemeint ist hier natürlich nicht der sorgsame Umgang mit einem Baby. Das unbeaufsichtigte Liegenlassen auf dem Wickeltisch ist tatsächlich sehr fahrlässig. Kinderärzte müssen leider häufig Babys behandeln, die vom Wickeltisch gefallen sind.

Der Reformpädagoge und Kinderarzt Janusz Korczak warnte bereits vor 80 Jahren davor, die Kinder zu sehr zu behüten. Seiner Meinung nach raubt man ihnen damit ihre Lebensfreude, ihr Selbstbewusstsein und man nimmt ihnen die Chance, Krisen meistern zu lernen. Früher spielten Kinder den ganzen Nachmittag draußen und gingen auf Entdeckungsreise. Heute werden sie von ihren Eltern in ihr mit mehr oder weniger pädagogisch wertvollem Spielzeug vollgestopftes Kinderzimmer geschickt.

Kinder fürchten sich nicht nur, sondern sie lieben auch Gespenster- und Gruselgeschichten, die ihnen eine Gänsehaut über den Rücken laufen lassen. Sonst wäre auch das Harry-Potter-Phänomen nicht zu erklären. Sagen und Märchen beleben die Fantasie der Kinder, sie helfen ihnen eine Angstsituation zu durchleben und zu überstehen, und damit sind sie ein probates Mittel für die vorbeugende Angstbewältigung. Erzählen Sie Ihren Kindern deshalb Märchen!

Viele Ängste und Gefühle der Hilflosigkeit haben ihren Ursprung in der Kindheit. Eine frühkindliche Prägung kann darüber bestimmen, ob wir auf eine Situation hilflos oder handlungsfähig reagieren. Manche Menschen haben aus ihrem ersten Lebensabschnitt ein Angstprogramm verinnerlicht, das immer in vergleichbaren Situationen abläuft. Durch eine gezielte Verhaltenstherapie lassen sich solche Störungen heilen.

Wenn ein Kind von klein an lernt, seine Umwelt oder sein Umfeld als gefährlich wahrzunehmen, entwickelt es womöglich eine unangemessene Angst und Minderwertigkeitsgefühle. Dadurch kann es das notwendige Selbstvertrauen nicht aufbauen. Genauso schädlich und angststiftend sind völlig überzogene Erwartungen, wenn das Kind immer überdurchschnittliche Leistungen bringen soll, weil Eltern mit den Leistungen des Kindes prahlen wollen. Kinder können aus diesen Gründen sehr früh Versagensängste entwickeln und zu Verweigerern werden, mit der inneren Haltung: «Das kann ich niemals schaffen, deshalb versuche ich es lieber gleich gar nicht.»

Angst ist an sich schon ein mächtiges Gefühl, ganz besonders natürlich die Angst um das eigene Kind. Wenn Sie ständig Angst um Ihr Kind haben, können Sie das nicht sofort abstellen, aber Sie können sich dazu entschließen, diese Angst langsam aber sicher abzubauen. Dazu überlegen Sie sich am besten, in welchen Situationen Sie Ihrem Kind in kleinen Schritten immer mehr zutrauen können. Je offener Sie über Ihre Probleme mit anderen Erziehenden sprechen, umso mehr werden Sie feststellen, dass Sie nicht allein mit diesen Schwierigkeiten kämpfen. Dadurch bekommen Sie mehr Sicherheit in der Frage, welche Bedenken begründet sind und welche eher mit Ihrer eigenen Entwicklung zu tun haben. Wenn Ihr Kind zum Beispiel auf dem Spielplatz an einem Klettergerüst turnen möchte, lassen Sie es machen. Schauen Sie gelassen, aber aufmerksam zu, notfalls können Sie auch Hilfestellung geben, und Sie werden sehen, dass das Kind schafft, was es sich vorgenommen hat. Oft sind Kinder viel vorsichtiger als Erwachsene dies von ihnen erwarten würden. Wenn sich ein Kind selbst das Laufen, Treppensteigen, Dreirad fahren und das Klettern beigebracht hat, gewinnt es Sicherheit, Selbstvertrauen und ein gutes Körpergefühl, das sich auf sein gesamtes Verhalten positiv auswirkt. Sie können Ihr Kind nicht vor jeder kleinen Verletzung bewahren. Solche Missgeschicke gehören zu einer gesunden Entwicklung. Auch Erwachsene schneiden sich ab und zu in den Finger oder verbrennen sich mal am Bügeleisen. Das ist kein Drama.

Sie können einiges dazu tun, dass Ihr Kind nicht überängstlich wird.

Tipp: Es ist völlig normal, dass Eltern sich um ihre Kinder Sorgen machen, aber sprechen Sie nicht ständig mit Ihrem Kind über mögliche Gefahren. Ermahnen Sie nicht dauernd: «Sei vorsichtig, sonst passiert noch etwas», «das kannst du noch nicht, das ist zu gefährlich für dich» oder «dafür bist du noch viel zu klein.» Kontrollieren Sie, was Sie sagen. Überlegen Sie also immer zuerst einmal, ob ihre Warnung notwendig ist oder ob sie zur Floskel verkümmert.

Empathie

Unter Empathie (griechisch: mitfühlen) versteht man in der Psychologie die Fähigkeit eines Menschen, sich in einen anderen Menschen hineinversetzen zu können und seine Gefühle nachempfinden zu können.

Die Erforschung der menschlichen Empathie hat sich in den letzten Jahren sprunghaft weiter entwickelt. Zwischenmenschliche Beziehungen sind in das Blickfeld der Hirnforscher gerückt und haben uns dabei bahnbrechende Erkenntnisse über die Wechselwirkung von Körper und Geist gebracht. Zwischenmenschliche Beziehungen haben einen entscheidenden Einfluss auf die

Biologie des Gehirns (Bauer, 2005). Überall dort, wo einerseits zwischenmenschliche Beziehungen quantitativ und qualitativ abnehmen, nehmen andererseits die gesundheitlichen Störungen zu. Unsere Erfahrungen beeinflussen neuronale Schaltkreise. Die neurologische Basis unseres Seelenlebens unterliegt einem permanenten Wandel – abhängig davon, was wir erleben und was wir tun. Spiegelneuronen begünstigen eine Imitationstendenz. So sind Babys schon kurz nach der Geburt in der Lage, bestimmte Gesichtsausdrücke zu imitieren. Diese erste Form der Kommunikation und des sozialen Abgleichs ermöglicht es den Babys, einen Zugang zur Welt zu finden und später ein intuitives Gefühl der menschlichen Verbundenheit zu erzeugen. Angst und Stress deaktivieren die Spiegelzellen.

Für Eltern bedeutet dies, dass sie ihrem Kind empathische Anteilnahme und Zuwendung geben müssen, damit es seine «Spiegelsysteme» entwickeln kann.

> **Die Aufmerksamkeit, die ein Kind von seinen Bezugspersonen bekommt, ist weit mehr als eine Trainingseinheit für Empathie, sie ist eine wichtige Voraussetzung für seine spätere Selbst- und Identitätsfindung.**

Menschen mit einem Defizit im Einfühlungsvermögen für andere Menschen haben in der Regel auch Schwierigkeiten im Umgang mit ihren eigenen Gefühlen.

Eigene Ausgeglichenheit

Die beste Voraussetzung, um mit der nötigen Gelassenheit auf die Gefühlsausbrüche Ihres Kindes reagieren zu können, ist Ihre eigene Ausgeglichenheit. Ich will Ihnen das mit einem Szenario verdeutlichen. Wenn Sie nervlich angespannt von der Arbeit kommen und zu Hause kommt Ihnen Ihr nörgelndes, unzufriedenes oder trauriges Kind entgegen, dann reagieren Sie wahrscheinlich falsch. Sie fahren es an und machen die Sache noch schlimmer. Oder Sie ignorieren es, was auch nicht besser ist. Später bekommen Sie dann ein schlechtes Gewissen und behandeln ihr Kind wieder unangemessen, nur dieses Mal zu nachgiebig und zu freundlich. Aus der Sicht des Kindes sind Sie launenhaft und unberechenbar. Es lernt unnachgiebig auf seinem Wunsch zu beharren und ja nicht aufzugeben. Denn sobald es den ersten Ansturm und Widerstand seiner Eltern überstanden hat, was nicht ganz einfach ist, wird später die Erfüllung seiner Wünsche kommen. Für das Kind ist diese Beharrlichkeit ein Lerneffekt, der aus der beschriebenen Erfahrung resultiert. Für die Eltern sieht es oft so aus, als ob das Kind eine Riesenportion Sturheit mit in die Wiege gelegt bekommen hat. So ist es zu verstehen, dass manche Kinder unglaublich beharrlich und ohne aufzugeben immer wieder auf ihrer

Wunscherfüllung bestehen. Einem Erziehenden könnten dann folgende Gedanken durch den Kopf gehen: «Da hätte ich schon längst aufgegeben. Es muss doch wissen, dass es mit dieser Quengelei bei mir nie ans Ziel kommt. Ich bleibe da hart. Es kann machen, was es will.» Was er dabei längst vergessen hat, ist, dass das Kind tatsächlich schon erlebt und damit gelernt hat, dass es sich lohnt, immer wieder mit der selben Leier anzufangen. Längst vergessen hat der Erziehende auch, wie diese unglückselige Geschichte angefangen hat: mit strapazierten Nerven und einer eigenen Unausgeglichenheit.

Dem können Sie vorbeugen.

Vergessen Sie bei all Ihrer Arbeit und Ihrer Sorge um Ihr Kind nicht Ihre eigenen Bedürfnisse!

Versuchen Sie sich einen Abend pro Woche zu gönnen!

Sie können zum Beispiel, indem Sie sich einen Abend pro Woche für Ihren Lieblingssport reservieren, viel Gutes für sich und Ihre Familie tun. Überlassen Sie Ihrem Partner an diesem Abend das Kind. Im Gegenzug passen Sie an einem festen Abend pro Woche auf das Kind auf und lassen Ihren Partner zum Sport gehen. Falls Sie beide am selben Abend zum Sport gehen möchten, ist auch ein vertrauensvoller Babysitter eine gute Lösung für ein ausgeglichenes Familienleben.

1.6
Hormone

Am 20. Juni 1905 hielt der Arzt Ernest Starling in London eine Vorlesung über die chemische Kontrolle der Körperfunktionen durch «Hormone». Starlings Wortschöpfung (von gr. hormōn = antreibend, in Bewegung setzen) setzte sich für eine Klasse von etwa 100 körpereigenen Substanzen durch, deren chemische Struktur sehr uneinheitlich ist (GEO, 08/2005). Meist, aber nicht immer werden sie in Drüsen gebildet. Sie wirken nicht nur über das Blut, sondern auch über die Lymphe. Ihre Funktionen sind sehr vielfältig und reichen bis in das Ablesen der Gene hinein, ihr Zusammenspiel ist auch heute noch oft ein Rätsel. Doch stets entfalten schon geringste Spuren eine große Wirkung im Organismus.

Grundlegendes über Hormone und ihre Bedeutung für die menschliche Hirnchemie zu kennen, ist für jeden Menschen, der Kinder erzieht, wichtig. Mit diesem Wissen versteht man die eigene emotionale Befindlichkeit und die Reaktionen auf Herausforderungen und auf stressvolle Erziehungssituationen. Gleichzeitig kann man aber auch die erkennbaren Emotionen und Reaktionen eines Kindes besser einordnen. Die Wirksamkeit und Wichtigkeit von Bewegung und Sport wird plausibel und bestimmte Ernährungsgewohnheiten und Ernährungstipps (siehe auch Kapitel 2.8) gewinnen an Bedeutung. Der Ernährung kommt ein hoher Stellenwert in einer ganzheitlichen Erziehung zu.

Hormone sind biochemische Botenstoffe, die innerhalb des Körpers Informationen von einem Organ zum anderen übermitteln. Sie sind bereits in sehr geringer Konzentration wirksam. Gebildet werden sie im Gewebe oder in Hormondrüsen, die man auch endokrine Drüsen nennt. Hormondrüsen haben im Gegensatz zu anderen Drüsen keinen Ausgang, denn die Hormone werden direkt ins Blut abgegeben. Die Dauer von der Hormonausschüttung bis zur spürbaren Wirkung kann von Sekunden, über Minuten bis zu Stunden betragen. Hormondrüsen hat der Mensch im Gehirn, aber auch an vielen anderen Organen im Körper. Neurotransmitter sind im Gehirn vorkommende biochemische Stoffe, welche eine Information von einem Neuron zum anderen an den Synapsen weitergeben. Elektrische Impulse, welche an einer Synapse ankommen, veranlassen die Ausschüttung der chemischen Boten-stoffe aus ihren Speicherorten.

Dopamin

Der Neurotransmitter Dopamin spielt im Gehirn in verschiedenen Funktio-nen eine Rolle (Spitzer, 2002). Bekannt geworden ist er, als klar wurde, dass sein Fehlen mit der Parkinsonschen Krankheit, auch Schüttellähmung, zu tun hat. 1997 wurden Ergebnisse über die Wirkung von Kokain im Gehirn von Kokainsüchtigen im Entzug publiziert. Kokain hat für einen Kokainsüchtigen im Entzug etwa die gleiche Bedeutung wie Wasser für einen Verdurstenden, man kann es als maximal wirkendes Stimulans bezeichnen. Mittels PET (Posi-tronenemissionstomographie) wurde im Mittelhirn eine Region mit Nerven-zellen entdeckt, welche Dopamin erzeugen. Dieses Forschungsergebnis führt zu der Frage: Wozu braucht der Mensch dieses Hormon?

In der Lernforschung wurde die Funktion von Dopamin bei der körper-eigenen Belohnung und Motivation untersucht. Zuerst wurde das Dopamin-Belohnungssystem an Ratten erforscht. Später ist der Nachweis für das Beste-hen eines derartigen Systems auch beim Menschen gelungen und erbrachte als Ergebnis grob vereinfacht Folgendes: Die für Belohnung und Motivation zuständigen Neuronen sitzen mitten im Gehirn in der sogenannten Area A10, deren Fasern insbesondere zum frontalen Kortex oder zum ventralen Striatum in das Kerngebiet, den Nucleus accumbens, reichen.

Die Dopaminfreisetzung im zentralen Kortex kann zu einem klareren Den-ken führen. Im Nucleus accumbens dagegen aktiviert Dopamin über eine Ket-tenreaktion die Produktion eines opiatähnlichen Stoffes und das daraus resul-tierende gute Gefühl.

Dieses Gefühl ist so wohltuend, blendet Probleme so sehr aus dem Bewusst-sein aus, dass es den Menschen süchtig nach diesem Stoff macht. Bekannter-maßen stürzt sich ein Süchtiger mit seinem Suchtmittel durch Flucht aus der Wirklichkeit in noch größere Probleme. Im Hinblick auf das Lernen hat Dopamin einen «Türöffnungseffekt». Interessanterweise springt das körper-eigene Dopaminsystem nur bei Ereignissen und Verhaltenssequenzen an, die ein Resultat liefern, das besser als erwartet ausfällt. Das Dopaminsystem betei-ligt sich nicht an Bestrafung. Es ist allein an Belohnung beteiligt.

Es wurde deshalb als Substanz der Neugier und der Forschung bezeichnet. Ein Dopaminmangel im Belohnungssystem führt daher zu Interesse- und Lustlosigkeit, zu sozialem Rückzug. Er wird auch mit gedrückter Stimmung in Verbindung gebracht. Ein Mensch mit Dopaminmangel fühlt sich von den meisten normalen Alltagserfahrungen gelangweilt. Um dieser Langeweile zu entfliehen, könnte ein Suchtmittel eine verlockende Alternative sein. Mögli-

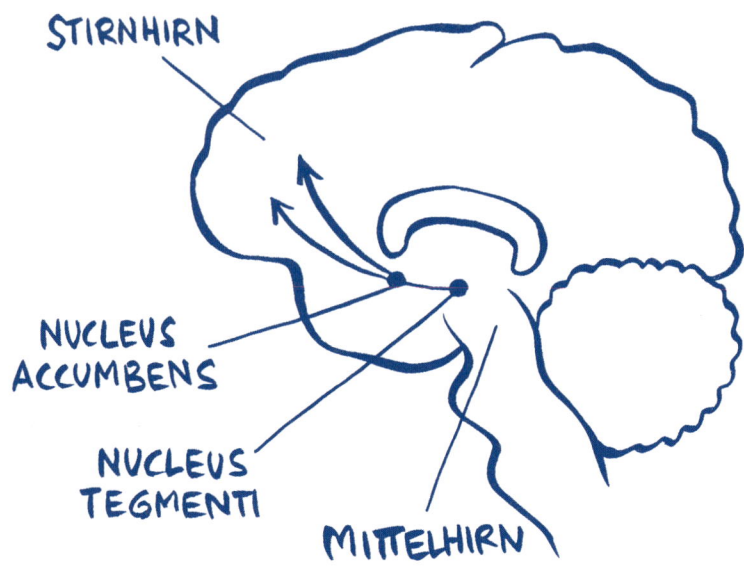

cherweise sind viele Formen der Sucht das Resultat eines eklatanten Dopaminmangels im Gehirn. Diskutiert wird in der Wissenschaft auch der Zusammenhang zwischen ADS (Aufmerksamkeits-Defizit-Syndrom) und ADHS (Aufmerksamkeits-Defizit-Hyperaktivitäts-Syndrom) und mangelhafter Dopamin-Produktion und Rezeption. Es gibt noch kein eindeutig wissenschaftlich begründetes abschließendes Ergebnis dazu.

Es ist vorteilhaft, früh zu Bett zu gehen, da das Gehirn in den zwei Stunden vor Mitternacht den größten Teil des Dopaminvorrats für den nächsten Tag erzeugt.

Ein Dopaminmangel wirkt sich bei Männern und Frauen verschieden aus (Gray, 2004). Jedes Mal, wenn ein Mann die Gelegenheit hat, jemanden zu beschützen, etwas zu tun oder etwas zu ändern, wird die Dopaminproduktion in seinem Gehirn angeregt. Er braucht ein gewisses Maß an Risiko, Herausforderungen und Wettbewerb, um seine Dopaminproduktion anzuregen. John Gray zählt zwölf Dopaminmangel-Symptome beim Mann auf: Energielosigkeit zu Hause, Mangel an Interesse und Leidenschaft, Unaufmerksamkeit und Ungeduld, Sprunghaftigkeit, Vergesslichkeit, lösungsorientiertes statt anteilnehmendes Zuhören, emotionale Abwesenheit, Tunnelblick, Langeweile und Suchtverhalten, Bedürfnis nach Abstand und Freiraum, Unbeständigkeit und Verlust der erotischen Anziehung.

Ein Zuviel dieses Hormons führt zu einer Überbewertung von belanglosen Ereignissen und weist irrelevanten Dingen eine ungeheure Bedeutung zu. So führt beides, zuviel und zuwenig Dopamin zu krankhaften psychischen Zuständen.

Für optimales Lernen ist nicht der Absolutwert der Belohnung von Bedeutung, sondern die Unerwartetheit des Ergebnisses. Das Lernen mittels Dopaminausschüttung funktioniert immer dann, wenn man eine bestimmte Erwartung hat und das Ergebnis des Lernens besser ausfällt als die Erwartung.

> **Dopamin hilft also dem Gehirn, das zu lernen, was gute Gefühle auslöst. Es fördert den Antrieb, die Neugier und die Belohnungserwartung.**

Serotonin

Serotonin ist eine chemische Substanz, die viele verschiedene Wirkungen hat. Wir interessieren uns hier speziell für die Auswirkungen auf die Chemie des Gehirns.

Beim Menschen wird das Serotonin aus der Aminosäure L-Tryptophan aufgebaut. L-Tryptophan ist eine essenzielle Aminosäure, das heißt, sie kann nicht vom menschlichen Körper gebildet werden und muss deshalb durch die Nahrung zugeführt werden. L-Tryptophan ist in vielen Lebensmitteln enthalten, wie zum Beispiel in Milch, Käse, Geflügel, Rindfleisch, Eiern, Erbsen, Nüssen und Kakaobohnen. Möglicherweise ist der hohe L-Tryptophangehalt für die schlaffördernde Wirkung der Milch verantwortlich.

Diese essenzielle Aminosäure, die Voraussetzung für die Erzeugung von Serotonin in der Nährflüssigkeit des Gehirns ist, ist nicht beliebig durch den Verzehr von besonders eiweißhaltiger Nahrung zu erreichen. Denn L-Tryptophan konkurriert mit allen anderen Aminosäuren an der Blut-Hirn-Schranke um das Eindringen in die Nährflüssigkeit des Gehirns.

Immer wieder hört man, dass Süßigkeiten helfen, einem Serotoninmangel vorzubeugen. Dem liegt folgender Wirkmechanismus zugrunde: Durch die Aufnahme von Zucker wird Insulin ins Blut ausgeschüttet. Insulin bewirkt nicht nur die Aufnahme des Zuckers in die Muskeln und in die Leber, sondern es steuert auch den Durchgang des L-Tryptophans durch die Blut-Hirn-Schranke. Allerdings ist es ein Irrtum zu glauben, dass man damit einen über das Normalmaß hohen Serotoninspiegel erreichen kann.

Bei einem Mangel an Serotonin im Gehirn kann der Mensch unter Depressionen und Angststörungen leiden. Festgestellt wurde eine Überaktivität des limbischen Systems, also des Teils des Gehirns, das die psychischen Zustände des Menschen steuert. Dabei kann der Serotoninspiegel bis zu 50 Prozent reduziert sein. L-Tryptophan benötigt bestimmte Bedingungen um die Blut-Hirn-Schranke zu passieren. Ein Mangel entsteht durch eine verminderte Verfügbarkeit an L-Tryptophan im Gehirn. Bei normalem L-Tryptophan-Spiegel steuert das Gehirn selbst die Produktion von Serotonin.

Ein Serotoninmangel wirkt sich bei Männern und Frauen verschieden aus (Gray, 2004). Bereits bei der Synthetisierung im Gehirn gibt es einen gravierenden Unterschied. Das männliche Gehirn stellt Serotonin um ungefähr 50 Prozent schneller her als das weibliche Gehirn und es kann außerdem noch doppelt so viel von dieser Substanz speichern. Das heißt ein Mann hat durchschnittlich seltener einen Mangel an dieser Substanz als eine Frau. Sie leidet unter gesundheitlichen Problemen, wenn in ihrem Gehirn Serotonin fehlt. Viele der folgenden Symptome kommen so häufig vor, dass viele Frauen sie für normal halten. Dazu gehören verschiedene Ausprägungen von PMS (prämenstruelles Syndrom), Überfordertsein, Übergewicht, Unzufriedenheit mit Beziehungen, Anfälle von Niedergeschlagenheit, das Gefühl, nicht genügend geliebt zu werden, Hitzewallungen. Des weiteren kann sie unter Esslust und Depression leiden. Eine andere Auswirkung kann das krankhafte Klammern an eine Beziehung sein. Es sieht so aus, als ob viele frauenspezifische Eigenschaften und Verhaltensweisen, die Männer so sehr frustrieren, durch eine zu geringe Serotoninproduktion intensiviert werden. Der Serotoninmangel ist bei Frauen weiter verbreitet als bei Männern.

Ein niedriger Serotonin-Spiegel wird bei Kindern mit Impulsivität, Aggressivität und Autoaggressivität in Verbindung gebracht. Außerdem wurde bei Kindern mit ADS-Syndrom beobachtet, dass sie oft einen zu geringen Dopamin- und Serotonin-Spiegel aufweisen. Bei jungen Mädchen wird ein depressiver Zustand manchmal übersehen, denn bei einer leichten Depression werden die Symptome als kooperatives, sehr angepasstes Verhalten falsch gedeutet. Serotoninmangel kann zu einem übertriebenen Verantwortungsgefühl gegenüber den Bedürfnissen anderer führen.

Bekannt geworden ist Serotonin unter der Bezeichnung Glückshormon, weil eine erhöhter Serotonin-Spiegel Zufriedenheit, Geborgenheit, Wohlbefinden, Entspannung, Optimismus und Glücksgefühle auslöst. Ein erhöhter Serotonin-Spiegel wurde auch bei Verliebten gemessen. Erhöht sich die Serotoninkonzentration, dann fühlt sich der Betroffene plötzlich ruhig, geborgen und zufrieden. Der wilde Ansturm negativer Gedanken wird abgeblockt und das neblige Gefühl von Einsamkeit verschwindet. Mit einem guten Serotonin-Spiegel kann der Mensch Vergangenes ruhen lassen, sich gelassen mit der Gegenwart beschäftigen und zuversichtlich in die Zukunft blicken. Kleine Geschenke machen, für andere da sein und für andere sorgen, ist ein Verhalten, welches die Produktion von Serotonin am meisten anregt. Biochemisch bewirkt die Art des absichtslosen Gebens auch noch die Steigerung des Wohlfühl-Hormons Oxytocin, wodurch wieder die Serotoninproduktion angeregt wird.

Die Epiphyse befindet sich im Gehirnzentrum und ist für die Produktion von Serotonin verantwortlich. Sie produziert in den ersten zwei Stunden nach Sonnenaufgang am meisten Serotonin. Diese Serotoninproduktion kann für den ganzen Tag genügen.

Das Serotonin sorgt also für die so wichtige Beruhigung bei Stresssituationen und die Bewältigung von Frustsituationen.

Melatonin

ist ein weiterer wichtiger und bekannter Neurotransmitter. Am Abend kann die Epiphyse das restliche Serotonin in Melatonin umwandeln und neues Melatonin produzieren. Ohne Melatonin ist ein tiefer Nachtschlaf kaum möglich. Studien haben belegt, dass der Serotonin-Spiegel durch Ausdauertraining ansteigt. Melatonin wird von der Zirbeldrüse bei Dunkelheit ausgeschüttet und führt zur Schläfrigkeit. Es ist ein übergeordnetes Steuerhormon für vegetative Regelkreise, für die biologische Uhr unseres Körpers und für unser Immunsystem. Ein starkes Immunsystem ist gewappnet gegen Krankheitserreger und gilt auch als Barriere gegen die Krebsentstehung. Melatonin wirkt auch gegen überschießende Entzündungen und Autoimmunreaktionen. Forscher der Universität von Texas in San Antonio fanden in Walnüssen gut verwertbares Melatonin. Es ist fettlöslich und kann deshalb durch Zellmembranen hindurchschlüpfen und auf diese Weise jedes Gewebe erreichen. In der Kindheit produziert der Körper am meisten Melatonin.

Die Melatoninproduktion ist ein weiteres Argument dafür, dass Kinder nachts lange genug schlafen sollten.

Endorphine

Sportler und Sportlehrer kennen und nützen die Wirkung der Endorphine, die nach einem Ausdauertraining ausgeschüttet werden. Endorphine sorgen für Schmerzunterdrückung in den strapazierten Muskeln und verursachen ein Glücksgefühl, das süchtig nach «mehr davon» machen kann. Es ist ein Belohnungssystem für teilweise übermenschliche Anstrengungen. Wenn ein Ausdauersportler aus irgendeinem Grund plötzlich nicht mehr trainieren kann, so stellen sich durch das Fehlen der Endorphinausschüttung regelrechte Entzugserscheinungen ein, ähnlich wie bei einem «Cold Turkey», wie man die Entzugserscheinungen bei einem unsubstituierten Drogenentzug nennt. Endorphine werden auch bei bestimmten Musikerlebnissen, beim Sex oder in Nahtoderlebnissen ausgeschüttet. Endorphine gehören zu den Substanzen, die am wirksamsten einen Schmerz unterdrücken. Sie helfen mit, Geburten erträglich zu machen und trotz starker Schmerzen sorgen sie dafür, dass das Geburtserlebnis zu den glücklichsten Momenten im Leben einer Frau gehört. Die Endorphine sind noch Tage nach der Geburt wirksam.

Endorphine wirken stark schmerzstillend, helfen bei der Regulierung der Körpertemperatur, sind an der Steuerung des Antriebs beteiligt, können für ein starkes Glücksgefühl sorgen und werden auch als «Glückshormone» bezeichnet.

Der erste Marathonläufer Pheidippides wollte der Sage nach vor rund 2500 Jahren seine Stadt vor den Persern retten und lief deshalb die angeblich 200 km lange Strecke in nur zwei Tagen. Er überlebte diese Überanstrengung nicht und brach nach dem Überbringen der Nachricht tot zusammen. Auch heute noch brechen Sportler im Ziel tot zusammen. Dafür sind auch die Stresshormone Adrenalin und Noradrenalin verantwortlich, deren Werte nach schwerster körperlicher Arbeit auf das Zehnfache hochschnellen und lebensgefährliche Herzrhythmusstörungen auslösen können. Nach einem längeren Lauf sollte man deshalb grundsätzlich einige hundert Meter gehen, um dem Risiko eines enormen Blutdruckabfalls zu entgehen.

Die stimmungsaufhellende Wirkung von Joggen ist erwiesen. Es baut Ängste wirksamer ab als Psychopharmaka und wirkt auch gut gegen Depressionen.

Neben den heute bekannten etwa 20 Neurotransmittern werden zur Zeit weitere 20 in Tierversuchen untersucht und Schätzungen gehen davon aus, dass es Hunderte noch unbekannte Neurotransmitter gibt.

1.7
Entstehung von Kreativität

«Das Gehirn ist eine Informationsmischmaschine», sagt der Tübinger Hirnforscher Valentin Braitenberg über das Kreativitätstriebwerk in unserem Kopf (GEO 01/2003).

Kreativität ist zum Allheilmittel geworden. Es soll alle Türen öffnen. Früher galten nur begnadete Künstler und Wissenschaftler als schöpferisch. Heute ist diese Eigenschaft vom Sockel der Unerreichbarkeit herunter geholt werden. Namhafte Psychologen sind sich sicher, dass jeder Mensch seine Anlage zur Kreativität weiter entwickeln kann. Kreativität verspricht Erfolg und ein sinnvolles Leben. Sie wird in Stellenanzeigen gefordert und bei Bewerbungen angepriesen. Wer sein schöpferisches Potenzial richtig nutzt, hat Erfolg in der Schule, im Job und im Leben. Unsere westliche Erziehung hat auf diese Erkenntnis immer noch nicht genügend reagiert. Auch heute noch setzt die Förderung der linken Gehirnhälfte, die für logische Überlegungen zuständig ist, früh ein. Das Training der rechten, kreativen und bildhaften Gehirnhälfte wird jedoch nicht so ernst genommen. Je mehr Eindrücke wir sammeln, desto eher können sich Gedankenverbindungen aufbauen und umso größer ist die Chance, aus diesem Wechselspiel heraus neue Ideen zu bilden.

Der amerikanische Psychologe Mihaly Csikszentmihalyi (2001) hat sich mit der Lebens- und Arbeitsweise von herausragenden Künstlern und Wissenschaftlern beschäftigt und dabei herausgearbeitet, was kreative Menschen auszeichnet.

Konzentration und Entspannung:

Kreative Menschen können ausdauernd konzentriert und hart arbeiten. Überraschenderweise wirken sie oft frisch und ausgeruht. Sie können in jeder Lebenslage ausruhen und loslassen. Dabei laden sie ihre inneren Batterien wieder auf und entspannen bei ihrem Hobby oder beim Nichtstun.

Flexibilität:

Kreative Menschen können sich leichter als andere Menschen zwischen verschiedenen gegensätzlichen Positionen hin- und herbewegen. Sie vereinen Sensibilität mit Entschiedenheit, können sich in geistigen Höhen bewegen, aber verlieren nicht die Bodenhaftung, können abschätzen, ob eine Idee realisierbar ist. Sie sind durchsetzungsfähig mit einem Hang zum Rebellischen, lieben den Fortschritt, aber geben das Bewährte nicht auf. Sie arbeiten mit Leidenschaft und versuchen dennoch immer wieder, ihre Arbeit aus der Distanz zu betrachten. Maria Montessori misst in ihren Schriften der «Vorbereiteten Umgebung» eine ganz besondere Funktion zu (Montessori, 1997). Sie ist überzeugt, dass man mit den Materialien, die man einem Kind an die Hand gibt, dessen Kreativität fördern kann und sollte.

Als Eltern können Sie die Kreativität ihres Kindes durch folgende Maßnahmen fördern:

- Gelegenheiten zur Konzentration geben und nicht unterbrechen. Stören Sie das Kind nicht beim konzentrierten Spiel, wenn Sie beispielsweise Besorgungen machen möchten, die aufschiebbar sind. Das konzentrierte Spiel ihres Kindes hat in diesem Fall Vorrang.

- Fördern Sie die Neugier ihres Kindes. Falls das Kind auf dem Spaziergang voller Neugier eine Naturbeobachtung macht, lassen Sie es schauen und beobachten, unterbrechen Sie es nicht. Geben Sie nicht zu schnell eine vollständige Antwort auf die Frage Ihres Kindes. Die Betonung liegt auf: vollständig. Die Antwort soll es nicht satt machen, sondern seinen Appetit anregen. Lassen Sie es selbst nachdenken oder ausprobieren.

- Fördern Sie das Staunen Ihres Kindes. Freuen Sie sich mit ihm über seine Entdeckung. Beurteilen Sie den Anlass des Staunens nicht. Lachen Sie Ihr Kind über sein Erstaunen nicht aus. Das Auslachen könnte seine Neugier und seine Fragen ein für allemal beenden. Kinder können dadurch abstumpfen. Für Kinder ist alles neu.

- Halten Sie sich an das Prinzip der Freiheit. Versuchen Sie mit möglichst wenigen Ge- und Verboten auszukommen.

- Stellen Sie eine Vielzahl von Spiel- und Bastelmaterial bereit. Es darf ruhig «unfertig» sein. Wenn die Materialien Möglichkeiten offen lassen und veränderbar sind, vielseitig verwendbar und die Fantasie anregen, vom Kind zweckentfremdet werden dürfen und frei zur Verfügung stehen, dann hat es gute Möglichkeiten seine Kreativität zu fördern.

- Geben Sie neue Ziele und Herausforderungen vor. Erhöhen Sie den Schwierigkeitsgrad der Spiele und Aufgaben, die Ihr Kind schon beherrscht. Legen

Sie die Messlatte behutsam immer wieder ein Stück höher, ohne Ihr Kind zu überfordern, aber doch immer so, dass es sich anstrengen muss.

- Versuchen Sie, es an ein ganz neues und anderes Hobby heranzuführen. Das kann Malen, Zeichnen, eine freie Sportart, Musizieren, ein Spiel oder eine andere Beschäftigung sein. Kreativität kann erst entstehen, wenn man über das Grundwissen bzw. die Grundfertigkeiten verfügt. Achten Sie aber darauf, dass sich das Kind nicht verzettelt. Es ist besser ein Musikinstrument gut als zwei Instrumente schlecht zu spielen. Wenn Sie sehen, dass es an einer Sache Feuer gefangen hat (gemeint ist zum Beispiel nicht das Dauerfernsehen) dann soll es besser dieses vervollkommnen als wieder etwas Neues anfangen.

- Bieten Sie Ihrem Kind ein breites Spektrum an Erfahrungsfeldern. Ein Maler bei der Arbeit, eine Ausstellung, eine Musikaufführung, eine Dichterlesung oder eine Sportveranstaltung. Besonders einprägsam ist natürlich das eigene Vorbild. Seien Sie selbst kreativ.

Alles Neue und Kreative, was vom Kind neu geschaffen wurde, verdient die Anerkennung seiner Eltern und einen geeigneten Platz in seiner Umgebung!

Hemmnisse bei der Entwicklung von Kreativität

Genauso wie Sie die Kreativität Ihres Kindes fördern können, können Sie die Entwicklung seiner Kreativität auch behindern, so dass ihm entweder das nötige Selbstvertrauen oder einfach die Lust zum Ausprobieren fehlt. In folgender Zusammenstellung finden Sie Punkte, welche der Kreativitätsentwicklung Ihres Kindes schaden:

- Das Kind wird mit seinen Arbeiten dauernd unter Zeitdruck gesetzt. Es soll in einer festgesetzten Zeit eine Menge Dinge erledigen. So fehlt die Zeit und die Ruhe, um nachzudenken und die Fantasie fließen zu lassen.

- Man interessiert sich nur für die Resultate seines Tuns, beachtet nicht seine Bemühungen, bis es am Ziel ist. Der Erfolg wird überbetont. So fühlt sich das Kind gezwungen, sich hauptsächlich nach der Meinung seiner Umgebung zu richten, statt sich auf die Entfaltung seiner Fantasie zu konzentrieren.

- Die Belohnungen stehen in keinem Verhältnis zum Aufwand und zu den Möglichkeiten des Kindes. Falls die Belohnung zu hoch angesetzt wird, das Kind dadurch stark angeregt wird, aber nicht in der Lage ist, diese Belohnung zu erhalten, ist das genauso schlimm, wie wenn die Belohnung niedriger ausfällt als versprochen und das Kind dadurch enttäuscht und demotiviert wird.

- Die Erziehungsstile wechseln ab. Mal wird autoritär und dann wieder lax erzogen. So kann das Kind keine Selbstsicherheit gewinnen. Das stark autoritäre Verhalten wirkt hemmend, da sich das Kind nicht traut, eigene Ideen umzusetzen. Dadurch sind die Eltern von seinen Leistungen enttäuscht und reagieren möglicherweise noch autoritärer um bessere Ergebnisse zu erzielen.

- Übertriebenes Streben nach Perfektion. Im Anfangsstadium ist eine kreative Arbeit selten perfekt. Deshalb muss man meist die Idee loben und nicht die momentane Ausführung. Erst danach ist die Umsetzung genau ins Auge zu fassen.

- Wenn ein Kind ständig dazu angehalten wird, es seinem Bruder oder seiner Schwester oder einem Kameraden gleich zu tun, kann es sich nicht auf sich selbst besinnen. Es spürt auch, dass seine Leistungen nie dem Anspruch seiner Eltern genügen. Es ist nun von sich selbst enttäuscht und traut sich nichts mehr zu.

- Fragen werden ständig nicht beantwortet oder als dumm abgetan. Noch schlimmer ist es, wenn es verboten ist, bestimmte Fragen zu stellen. Damit blockieren Sie Aktivitäten des Kindes. Es fühlt sich unverstanden und nicht für voll genommen.

- Spott über Zeichnungen, Basteleien oder sportliche Leistungen nimmt den Kindern sehr schnell die Freude an ihrem Tun.

- Kinder haben manchmal Angst vor einem Elternteil, ohne dass dieser davon weiß. Angst kann durch Drohungen ausgelöst werden: «Wenn du noch einmal mit solch einer schmutzigen Hose nach Hause kommst, dann …». Erreicht wird durch diese Drohung nicht unbedingt, dass das Kind Angst davor hat, sich noch einmal die Hose schmutzig zu machen, es entwickelt durch solche Drohungen Angst vor dem Erzieher. Es fühlt sich bedrückt, eingeengt und blockt ab. Angst kann jede Kreativität im Keim ersticken.

Fazit: Ein Kind muss neue Entdeckungen machen dürfen und dafür gelobt werden. Dazu trägt kreatives Spielzeug bei und eine freundliche, offene, autoritative Erziehung.

Zu welchen überraschenden Ergebnissen Kreativität führen kann, sei hier an ein paar Beispielen aufgezeigt:

- Isaac Newton, der aufgrund seiner Leistungen auf den Gebieten der Physik und Mathematik als einer der größten Wissenschaftler aller Zeiten gilt, saß einer Geschichte zufolge im Jahre 1665 in seinem Garten, als er einen Apfel vom Baum fallen sah. Daraufhin fragte er sich, ob die Kraft, die den Apfel auf den Boden zog, nicht die gleiche ist, die den Mond an die Erde fesselt. Danach erforschte er das nach ihm benannte Newtonsche Gravitationsgesetz.

■ Der französische Arzt René Laënnec hatte auch als Erwachsener nicht vergessen, wie er in der Kindheit per Klopfzeichen auf einen hohlen Ast sich mit seinen Freunden verständigt hat. Diese Erfahrung entwickelte er weiter und erfand dabei das auch heute noch gebräuchliche Stethoskop.

■ Clarence Birdseye sah in Kanada in Eisblöcke eingefrorene Fische, die dann zum Verzehr aufgetaut wurden. Er übernahm diese Idee und erfand die industriell gefertigte Tiefkühlkost.

■ Thomas Watson, Senior, wurde mit 40 Jahren Chef einer kleinen Firma, welche Fleischschneider, Stechuhren und einfache Lochkartenmaschinen herstellte. Er erkannte die Möglichkeiten einer Maschine für das Verarbeiten und Speichern von Informationen und nannte sein Unternehmen «International Business Machines Corporation». Von Anfang an ahnte er, dass IBM eine Weltfirma wird.

■ Der Chemie-Ingenieur Art Fry wollte vor mehr als 25 Jahren ein klebbares Lesezeichen entwickeln, welches ein Buch nicht beschädigen sollte. Gleichzeitig hatte sein Kollege Spencer Silver einen neuen Klebstoff entwickelt, der genau das nicht tat, was er sollte: dauernd kleben. Durch diesen Zufall entstand die Idee des Haftzettels. Nun lag zwar noch ein langer Weg vor den beiden, aber am Ende stand die Erfindung der post-it Blöcke, welche die Schreibtische der Welt eroberten.

■ Francis Crick und James Watson entdeckten 1953 das Geheimnis der DNA-Struktur – obwohl sie wenig Ahnung von Chemie hatten und nicht besonders fleißig waren. Dafür konnten sie mit den trockenen Daten ihrer Kollegen spielen, bis sie schließlich die geniale Lösung fanden.

Der Psychologe Dean Keith Simonton, Professor an der Untiversity of California in Davis, hat sich intensiv mit der Entstehung von Genialität beschäftigt (Paulus, 2005). Er kommt nach seinen Forschungen zu der provozierenden These, dass geniale Ideen schlicht ein Geschenk des Zufalls sind. Einige Voraussetzungen für Genialität konnte er allerdings herausfiltern und benennen.

■ Im Gehirn kreativer Menschen werden Ideen freier assoziiert als bei anderen Menschen.

■ Ohne Intelligenz keine Kreativität, aber besonders hohe Intelligenz führt nicht zu besonders vielen neuen Ideen.

■ Erfolgreiche Innovationen entstehen durch den Kontakt mit anderen Menschen.

Nachdem ein Wissenschaftler die Ideen seines Fachgebietes verinnerlicht hat, die aktuelle Faktenlage, die Forschungsmethoden und die offenen Fragen kennt, kommt die für Kreativität entscheidende Phase. Die verinnerlichten Ideen schwirren ihm im Kopf herum und werden wie in einem Kaleidoskop ständig neu kombiniert. So kann durch die richtige Kombination eine grandiose Idee entstehen. Es kann Jahre dauern, bis diese geniale Ideenverknüpfung entsteht und sie entsteht oft in entspannten Situationen, wie zum Beispiel auf einem Spaziergang oder im Schlaf.

Fast alle Erfindungen konnten sich nur deshalb durchsetzen, weil ein entschiedener Mensch hartnäckig an seine Vision glaubte. Sein Selbstvertrauen trug ihn über alle Hindernisse hinweg. Nach der Meinung Einsteins führt kein logischer Weg zu den großen Geheimnissen der Natur, sondern nur die sich auf Einfühlung und Erfahrung stützende Intuition.

In seinem Buch «Das Leonardo-Prinzip» beschäftigt sich Michael Gelb mit der Entstehung von Genialität. Durch intensive Beschäftigung mit Leonardo da Vinci fand er sieben Grundbedingungen heraus.

- Curiosità: Neugier, das Streben nach Wissen
- Dimostrazione: die Bereitschaft, aus Fehlern zu lernen
- Sensazione: das Schärfen der Sinne
- Sfumato: Aufgeschlossenheit gegenüber Paradoxien
- Arte/Scienza: Gleichgewicht zwischen Logik und Phantasie
- Corporalità: die Kultivierung von körperlicher Fitness
- Connessione: die Würdigung der inneren Verbundenheit aller Dinge

Für Eltern sind einige dieser Prinzipien besonders wertvoll. Sie können bei ihrem Kind von klein an darauf achten, dass diese Grundbedingungen der Entwicklung eingehalten werden. Unübersehbar ist bei einem kleinen Kind seine Neugier, sein Streben nach Erfahrung. Unermüdlich übt es Aufstehen und Hinsitzen oder Klötzchen auf Klötzchen zu setzen, bis der Turm umfällt. Bei diesem oft noch unbeholfenen Üben sollten Eltern sich sehr zurückhalten und das Kind die eigenen Erfahrungen machen lassen. Dann zeigt das Kind schon ganz von allein die Bereitschaft aus Fehlern zu lernen. Es entdeckt selbständig, wie es den Turm bauen muss, damit er stehen bleibt. Das Schärfen der Sinne können Eltern durch bestimmte Tätigkeiten fördern, indem sie beispielsweise mit dem Kind zusammen Bilderbücher anschauen und ihm die Darstellungen erklären, und dann fragen «Wo ist die Katze?», «Wo ist die Garage?» oder «Was macht die Frau?»

Das Hören von kindgerechter Musik schärft das Gehör. Unterstützend wirkt das Sprechen über die Lieder und anschließend das gemeinsame Singen. Das Spielen mit Bauklötzen fördert das dreidimensionale Sehen. Das Kind sollte zum ungestörten Spielen immer genügend Zeit haben und nicht alle paar Minuten gestört werden. Je konzentrierter es sich mit dem Spiel beschäftigen darf, umso besser kann es sich auch später konzentrieren.

Eine gute Grundlage für die spätere Kreativität ist die Förderung der Fantasie. Kinder denken sich gerne Geschichten aus, die sie dann mit Figuren nachspielen. Da sie es mögen, sich dabei in verschiedene Rollen zu versetzen, sind diese Spiele sehr sinnvoll. Geben Sie den Kindern durch die richtigen Rahmenbedingungen dazu den Anstoß und achten Sie darauf, dass sie nicht gleich wieder aufgeben und sich sofort vor das Fernsehgerät setzen. Nicht nur Erwachsene merken schnell, dass es bequemer ist, sich von dem Gerät unterhalten zu lassen als sich selbst zu beschäftigen. Zu viel fernsehen verhindert die eigene Fantasie, weil es fertige Geschichten liefert, die das Kind nicht selbst ausdenken oder verändern kann.

Fantasievolles Spielen war früher eine Zwangsläufigkeit, weil Kinder nicht die Ablenkungen von heute hatten. Vergleichen Sie einfach einmal die Kinderzimmer von vor fünfzig Jahren mit den Kinderzimmern von heute. Ältere Erwachsene erinnern sich gerne an ihre Kindheit mit all den erfundenen Spielen in den Gärten und auf der Straße und möchten sie nicht missen. Kindergärtnerinnen beobachten häufig, dass viele Kinder heute nicht mehr fantasievoll spielen können. Wenn sie beieinander sind, fällt ihnen einfach nichts ein, was sie spielen könnten, und die Spiele, die man ihnen anbietet, finden sie nach kurzer Zeit langweilig. Und das bei überquellenden Kinderzimmern! Dieses Unvermögen wirkt sich später in vielen Bereichen aus, in denen Fantasie gefordert wird. Solche Kinder haben oft Schwierigkeiten beim Lesen lernen, beim Aufsatz schreiben, beim Theater spielen und in Rollenspielen, wie sie im Sprachenunterricht eingesetzt werden.

Auch die körperliche Fitness kann schon beim kleinen Kind gefördert werden. Es gibt dazu viele Möglichkeiten. Wichtig ist, dass das Kind gefahrlos üben kann. Empfehlenswert ist zum Beispiel das Mutter-und-Kind-Turnen in Sporthallen. Dort gibt es eine gute Anleitung durch Trainer. Bodenmatten schützen vor Stürzen. Die Spiele machen Erwachsenen und Kindern Spaß und es wird eine gute Körperkoordination geübt. Ist es noch erstaunlich, dass Leonardo da Vinci, eines der größten Genies aller Zeiten, diese Bedingungen alle erfüllt hat? Wir können viel von ihm lernen.

Schöpferische Menschen gehen mit kindlicher Neugier an die Lösung ihrer Probleme heran. Sie probieren auch scheinbar unlogische Methoden aus. Der britische Kreativitätsforscher Edward de Bono spricht vom lateralen Denken, das sich von der Seite nähert, um die unterschiedlichsten Wahrnehmungen, Konzepte, Lösungsansätze und Perspektiven abzuwägen. Gold findet man

nicht, indem man ein altes Loch immer wieder zuschaufelt, um es neu aus-
zuheben. Man muss neue Löcher graben. Logisch. In vielen Lebensbereichen
ist es sinnvoller auf Anschaulichkeit und Intuition als auf Logik zu setzen.
Diese Sichtweise kann von klein an unterstützt und geschult werden. Ein
wichtiges Merkmal schöpferischen Denkens hat der ungarische Biochemiker
und Nobelpreisträger Albert von Szent-Györgyi so beschrieben: «Eine Entdeckung macht man, wenn man sieht, was jeder gesehen hat, und dabei denkt,
was noch niemand gedacht hat.»

Geben Sie Ihrem Kind die Möglichkeit, seine Fantasie zu schärfen. Lassen
Sie es Spaß haben bei verrückten Spielen. Loben Sie es für ungewöhnliche
Lösungen.

Kreative spüren immer, ganz gleich wie schwierig das Problem ist, dass es
noch einen anderen Lösungsweg geben muss. Stets haben sie Lust, eine neue
Idee auszuprobieren.

> **Damit Kinder die vielfachen Talente, die sie auf die Welt mitgebracht haben, auch
> entfalten können, sollten sie genügend Zeit und Gelegenheit zu schöpferischen Pro-
> zessen erhalten und dabei nicht abgelenkt werden, auch nicht durch den Überfluss
> an Unterhaltungsangeboten, welche das eigene Denken verhindern.**

Im Grunde entstehen alle neuen Erfindungen aus der Übernahme, Weiterentwicklung, Verbindung und Veränderung von bereits Bekanntem. Starre
Regeln behindern dieses Tun.

> **Weiterentwicklung ist nur durch Flexibilität im Denken und Handeln möglich. Flexibi-
> lität bedeutet, immer wieder neu zu justieren, Änderungen zuzulassen und das Ziel
> im Auge zu behalten. Lieber einen Umweg gehen als aufgeben.**

Die Apollo-Kapseln wichen auf ihren Flügen zwischen Erde und Mond 90
Prozent der Zeit vom Kurs ab, die Mannschaft musste die Flugbahn ständig
korrigieren. Doch das spielte überhaupt keine Rolle. Das Ziel wurde nicht
trotzdem, sondern genau deswegen erreicht.

Bis vor kurzem wurde Bildung und Lernen im Kindergarten als Zumutung
und Verlust der Kindheit verstanden, man wollte die Kinder beschützen und
ihnen nicht zu viel abverlangen, doch durch schlechte Ergebnisse bei internationalen Schulstudien, durch Fortschritte in der Hirnforschung und durch die
Berücksichtigung der Erfahrung anderer Länder hat sich diese Einstellung
plötzlich geändert. Heute gehört es zu den gesicherten Erkenntnissen, dass
Kleinkinder und sogar Babys bei allem, was sie tun, lernen. Mit ihrem angeborenen Forscherdrang erschließen sie sich die Welt. Dabei müssen Kinder reale
Erfahrungen mit der realen Welt machen. Kinderuniversitäten, Englisch im

Kindergarten und Zusatzkurse an Grundschulen für besonders Begabte zeigen der Öffentlichkeit drastisch, dass ein Umdenken stattfindet. Einmütigkeit herrscht in vielen Nationen über die Wichtigkeit frühkindlicher Erziehung. Die elementarpädagogische Praxis unterscheidet sich jedoch gravierend.

In Schweden zum Beispiel gibt es altersgemischte Kleingruppen. Eine Erzieherin ist für fünf Kinder zuständig, was für deutsche Erzieherinnen fast unvorstellbar ist. Sie wird von den Eltern sehr geachtet. In Frankreich werden Kinder im Regelfall mit drei Jahren in die «école maternelle» eingeschult. Sie dient der Vorbereitung auf die Schule, in der noch viel Frontalunterricht praktiziert wird.

1.8
Die Geschichte der Intelligenzmessung

Es gibt wenige Begriffe, die in unserem persönlichen Leben eine so gewichtige Rolle spielen wie der Begriff «Intelligenz». Er ist in fast allen unseren Lebensbereichen und in jedem Lebensalter von Bedeutung. Bei genauerem Hinsehen entpuppt sich dieser Begriff aber zu einer kontrovers diskutierten Vorstellung.

Die Wissenschaft hat sich bis heute nicht auf eine einheitliche Definition der Intelligenz einigen können. Eine große Übereinstimmung besteht darin, dass sie etwas mit Bewusstsein, Verstand und Problemlösefähigkeit zu tun hat. Viele Wissenschaftler sind der Meinung, dass es sich um eine Eigenschaft mit vielen Ausprägungen handelt, die untereinander stark miteinander korrelieren. Für sie sind die wichtigsten Intelligenzkomponenten: verbales Verständnis, Leichtigkeit der Wortfindung, logisches Denken, räumliches Vorstellungsvermögen, Gedächtnis, Zahlenverständnis und Auffassungsgeschwindigkeit.

Umso erstaunlicher ist es, dass sich die Intelligenzmessung in Forschung und Wissenschaft fest etabliert hat. Erstaunlich deshalb, weil wir überspitzt gesagt nicht genau wissen, was wir messen, aber das messen wir sehr genau. Mit dem Ergebnis einer Intelligenzmessung, dem IQ, werden auch heute noch weitreichende Aussagen getroffen. Zyniker definieren Intelligenz deshalb so: Intelligenz ist das, was Intelligenztests messen.

Geschichte des IQ

Vor etwa 100 Jahren, im Jahr 1905, nahm der Leiter des psychologischen Laboratoriums an der Sorbonne, Alfred Binet, den Auftrag des Pariser Unterrichtsministeriums an, ein Konzept für ein Nachhilfeprogramm für Kinder mit Lernschwierigkeiten zu entwickeln.

Um die Kinder zu bestimmen, die solchen Extraunterricht brauchten, begann Binet einen Test zu entwickeln, der den geistigen Bildungsstand der Kinder messen sollte. Binet ging bei seinem Testkonzept davon aus, das aktuelle Bildungsniveau der Kinder herauszufinden, um sie zu fördern. Er war nicht der Meinung, dass es sich um einen angeborenen IQ handelte.

Er wollte herausfinden, auf welchen Gebieten die Kinder einer Förderung bedurften, um Anschluss an ihre Altersgenossen zu finden. Er legte seiner Testkonstruktion kein theoretisches Konstrukt von Intelligenz zugrunde, sondern eine empirische Studie.

Binet präsentierte einer großen Zahl von Kindern verschiedener Altersstufen verschiedene Aufgaben und bestimmte so den Mittelwert, den Kinder eines jeden Alters erreichen. Diese Maßzahl nannte er Intelligenzalter (IA). Ein Kind konnte also ein Intelligenzalter von fünf und ein Lebensalter von sieben haben oder umgekehrt.

Er hielt diese «Intelligenz» nicht für angeboren oder unveränderbar, sondern im Gegenteil für erlernbar und förderbar.

Dieser Test wurde zur Grundlage einer Intelligenztestbewegung in den USA. Dort ließ man die Vorgabe der Erlernbarkeit weg und passte den Test auch zunächst nicht an das amerikanische Bildungssystem an. William Stern (1914) entwickelte das Konzept des Intelligenzquotienten (IQ). Demzufolge ist der IQ das Verhältnis des Intelligenzalters (IA) zum Lebensalter (LA) multipliziert mit 100. Nun begann der Intelligenztest zu einem Machtmittel zu werden, da der IQ als angeboren angesehen wurde und eng mit dem Rang eines Menschen in der Gesellschaft in Verbindung gebracht wurde.

Heute berechnet man den IQ als Abweichungsquotient. Die erzielten Leistungen werden verglichen mit einer Normtabelle und auf dieser Basis wird der IQ berechnet. Ein IQ von 100 besagt, dass 50 Prozent der Altersgenossen der Testperson schlechter abschneiden. 90 – 110 Testpunkte sind als «normal» zu interpretieren. Werte über 120 gelten als überdurchschnittlich und bei Werten unter 70 nimmt man eine geistige Behinderung an. Tatsächlich können die Tests einigermaßen zutreffend den Schulerfolg voraussagen, aber über außerschulische Leistungen haben sie eine geringe Aussagekraft.

1.9
Die Theorie
der vielfältigen Intelligenz

Über viele Jahrzehnte hinweg wurde die Intelligenzmessung zu einem Instrument der Bewerberauswahl an Hochschulen und in Betrieben, ohne dass jemand genau sagen konnte, was Intelligenz genau ist. Es ist eine universale Eigenschaft des Menschen Wörtern zu vertrauen, an die man sich gewöhnt hat. Intelligenz ist solch ein Wort. Man übersieht dabei, dass es sich um ein Etikett für eine komplexe Vielzahl von möglichen Eigenschaften handelt.

Die Situation soll an einem Beispiel verdeutlicht werden. Sie möchten für einen Freund, nennen wir ihn Olaf, eine CD kaufen. Sie wissen, dass Olaf klassische Musik liebt, aber das ist auch schon alles. Sie würden niemals eine CD kaufen, auf deren Hülle nur «Klassik» steht, denn Sie hätten keine Ahnung von welchem Komponisten und aus welcher Stilepoche das Werk stammt, und welches Stück von wem gespielt oder gesungen wird. Es könnte ein Sologesangsstück, eine Opernarie oder ein Chorwerk, ein Knabenchor oder vielleicht auch eine Symphonie sein. Das Merkmal: «Klassik» reicht also bei weitem nicht aus, um über die betreffende Musik eine Aussage machen zu können.

Die Beurteilung eines Menschen ist natürlich noch viel schwieriger. Wenn wir ihm nur ein einziges Merkmal zuordnen, zum Beispiel seinen IQ, dann werden wir seiner Persönlichkeit nicht gerecht, wir haben zu wenig von ihm erfasst.

Statt dieser eindimensionalen Betrachtung des Menschen hat Howard Gardner, Professor für Erziehungswissenschaften an der Harvard Graduate School of Education und außerordentlicher Professor für Psychologie an der Harvard University, die Theorie der vielfachen Intelligenzen aufgestellt (Gardner, 1994). Er machte sich auf die Suche nach relativ autonomen intellektuellen Kompetenzen. Dazu studierte er Wunderkinder, Begabte, Hirngeschädigte, normale Kinder und Erwachsene, Experten auf unterschiedlichen Gebieten und Angehörige verschiedener Kulturen. Er schränkte seine Erkenntnisse selbst ein mit der Behauptung, dass es einen allgemeinen Katalog der menschlichen Intelligenzen weder gibt noch je geben wird. Dennoch ist er überzeugt, dass wir eine bessere Klassifikation der menschlichen Kompetenzen brauchen. Besonders für Eltern ist es interessant und wichtig, ihre Kinder im Hinblick auf die verschiedenen Intelligenzen zu beobachten und zu fördern. Der erweiterte Blick auf menschliche Stärken erleichtert die Erziehungsarbeit und entlastet vom ständigen Druck auf schulische Leistung. Einige der hier aufgezählten Intelligenzen spielen in der Schule keine oder nur eine marginale Rolle. Wie man diese Intelligenzen gezielt fördern kann, finden Sie in den verschiedenen Kapiteln dieses Buches.

Es folgt nun eine kurze Beschreibung der von Howard Gardner herausgefilterten Kernintelligenzen.

Linguistische Intelligenz

Dichter und Redner verfügen in besonderem Maße über diese Intelligenz. Gekennzeichnet ist sie dadurch, dass die wahrgenommene Welt präzise durch die Sprache ausgedrückt werden kann und dass die Sprache so verstanden wird, wie sie gemeint ist. Sie ist erforderlich beim Lesen und Verstehen aller Arten von Literatur, bei der Gesprächsführung, beim Zuhören und beim Verfassen von Berichten und Schriftstücken.

Mathematische Intelligenz

Anzutreffen ist diese Intelligenz verstärkt bei Mathematikern, Philosophen und Wissenschaftlern.

Es ist die Fähigkeit zu strukturieren, abstrakte Relationen und Beweise zu verstehen, zu erfinden und zu benutzen, Entscheidungen mit Logik und Objektivität zu fällen.

Musikalische Intelligenz

Komponisten und Musiker verkörpern diese Intelligenz.

Keine der Gaben, über die ein Mensch verfügt, wird früher offenkundig als das musikalisches Talent.

Mit dieser Intelligenz ist der Mensch in der Lage Klang, Melodie und Rhythmus zu schaffen und verstehen.

Räumliche Intelligenz

Diese Intelligenz muss zum Beispiel bei Architekten, Bildhauern, Piloten und Chirurgen besonders ausgeprägt vorhanden sein.

Sie ermöglicht die korrekte räumliche Visualisierung von Gegenständen und deren mentale Drehung und Transformation.

Kinästhetische Intelligenz

Benötigt wird diese Intelligenz von Athleten, Tänzern und Chirurgen.

Sie drückt sich aus in einer kontrollierten Körperbeherrschung, einer präzisen Handhabung von Objekten, guten motorischen Fähigkeiten oder der Begabung, komplizierte mechanische Abläufe erklären zu können.

Interpersonale Intelligenz

Sie sollte besonders bei Lehrern, Eltern, Psychologen, Managern und Chefs vorhanden sein.

Wichtigstes Merkmal dieser Intelligenz ist die richtige Wahrnehmung von Gefühlen und Absichten.

Intrapersonale Intelligenz

Sie ist besonders für Lehrer, Eltern, Psychologen, Manager und Chefs wichtig. Menschen mit intrapersonaler Intelligenz kennen ihre Stärken und gehen achtsam mit ihren Schwächen um.

Naturale Intelligenz

Zu finden bei Landwirten, Gärtnern und Geologen.

Sie sind in besonderer Weise in der Lage, Objekte der Umwelt zu erkennen, zu klassifizieren und Zusammenhänge zu sehen.

> **Die Forschungen und Erkenntnisse von Howard Gardner helfen jedem Erziehungsberechtigten mit dem anvertrauten Kind besser und verständnisvoller umzugehen.**

Wenn Eltern die verschiedenartigen Begabungen und deren Ausprägungen kennen, haben sie keinen Grund mehr, unsinnige, nicht erfüllbare Forderungen an ihr Kind zu stellen. Sie können mehr auf die eigenen Stärken achten und die ihres Kindes besser wahrnehmen und fördern. Mit diesem Wissen gelingt es ihnen zu ergründen, in welcher Hinsicht ihr Kind einzigartig ist, welche speziellen Eigenschaften und Anlagen es hat, und sie können Kindern helfen, ihre Stärken zum Hefeteig eines gelingenden Lebens werden zu lassen. Stärken sind wie ein Sprungbrett, sie müssen erkannt und mobilisiert werden. Außerdem helfen diese Erkenntnisse Eltern, die Schwächen ihres Kindes zwar zu fördern, aber dennoch nicht zu wichtig zu nehmen.

Sie sollten Unzulänglichkeiten ihres Kindes nicht weiterhin als Quelle von Niederlagen betrachten. Geben Sie Ihrem Kind eine Umgebung, die für die

Entwicklung seiner Fähigkeiten günstig ist. Zeigen Sie ihm die Vielfalt der Möglichkeiten in seinem Stärkenbereich. Geben Sie ihm alle Erfahrens- und Lerngelegenheiten, die Ihnen möglich sind. Alle Investitionen in die Entfaltung der Fähigkeiten eines jungen Menschen sind gut angelegt.

1.10
Die Emotionale Intelligenz

Das Wichtigste, was Erziehung zur Entwicklung eines Kindes beitragen kann, ist, ihm zu einem Bereich zu verhelfen, in dem seine Talente ihm am besten zustatten kommen, wo es zufrieden und kompetent sein wird.

Daniel Goleman

Selbst ein großes Talent ist keine Garantie für eine steile Karriere, auch nicht mit der angeborenen und entwickelten Begabung.

Sicherlich kennen Sie in Ihrer Umgebung Beispiele von sehr begabten Menschen, die durch ihre Selbstzweifel oder mangelnde Disziplin – heute würde man sagen durch ihre fehlende emotionale Intelligenz – an ihrer erträumten Karriere gehindert wurden. Alle berühmten Menschen haben in ihrem Leben Berg- und Talfahrten erlebt, ob beruflich oder privat. Jeder hat Steine in den Weg gelegt bekommen. Trotzdem haben Sie es geschafft, an die Spitze zu gelangen.

Was genau ist es, das die erfolgreichen von den erfolglosen Menschen unterscheidet?

Gibt es Eigenschaften, die für einen Erfolg wichtig sind und die sich trainieren lassen?

Das Verdienst des Psychologen Daniel Goleman ist es, die Welt unserer Gefühle ins Zentrum der Aufmerksamkeit gerückt zu haben. Anlass, dies zu untersuchen, war die erschreckende Zunahme der Gewaltverbrechen, der Selbstmorde und des Drogenmissbrauchs in der amerikanischen Zivilisation, besonders unter den Jugendlichen. Ihn beschäftigte die Frage, was uns Trauer, Wut und Angst empfinden lässt. Bei seiner Analyse gelang ihm eine neue Unterteilung und Zusammenfassung einer komplexen Form von Intelligenz, die er mit dem zwar nicht von ihm erfundenen, aber durch ihn populär gemachten Begriff «Emotionale Intelligenz» belegte. Darüber schrieb er einen weltweit beachteten Bestseller (Goleman, 1996).

Neu sind diese Gedanken keinesfalls. Schon Aristoteles erhob die Forderung, unser Gefühlsleben mit Intelligenz zu steuern. Er glaubte, dass unsere Leidenschaften, richtig angewandt, Weisheit besitzen und dass sie unser Denken, unsere Werte und unser Überleben beeinflussen. Nicht die Emotionalität ist laut Aristoteles das ursächliche Problem, sondern die Angemessenheit der Emotion.

Als Goleman erkannte, dass Punktbewertungen, wie z. B. der IQ oder Schuleignungstests, kaum etwas über den späteren Erfolg im Leben voraussagen, beschäftigte er sich mit der Intelligenz der Gefühle und entwarf dazu ein neues Konzept.

Wissenschaftler sind sich einig, dass sich der IQ ab einem bestimmten Alter, zwischen 6 und 10 Jahren, nicht mehr wesentlich ändert. Er ist damit lebenslang festgelegt. Goleman stellte fest, dass es sich mit der Emotionalen Intelligenz anders verhält.

> **Das ermutigendste Ergebnis seiner Forschungen gleich vorweg: Die emotionalen Kompetenzen lassen sich von Kindheit an bis ins hohe Alter lernen und einüben. Es gibt keine Altersbegrenzung. Das emotionale Lernen hört nicht auf, solange wir leben!**

Entscheidend für den Erfolg im Beruf ist, dass man die Tätigkeit gerne macht. Mihaly Csikszentmihalyi, Psychologe an der Universität Chicago, der sich zwanzig Jahre lang mit Spitzenleistungen in den verschiedensten Bereichen beschäftigt hat, nennt den Zustand, in dem Höchstleistung mühelos erbracht wird, «flow» zu deutsch «Fließen». Sich auf das «Fließen» einzulassen, ist die höchste Form emotionaler Intelligenz. Es ist ein begnadeter Zustand. Die Emotionen sind dabei mit positiver Spannung geladen und vollständig auf die vorliegende Aufgabe ausgerichtet. Kennzeichen ist ein Gefühl der Freude, die bis zur Entzückung gesteigert werden kann. Menschen gehen in diesem Zustand voll in dem auf, was sie gerade tun. Sie vergessen sich selbst und Raum und Zeit. Obwohl sie gerade Höchstleistungen vollbringen, kümmert es sie nicht, wie sie abschneiden. Sie empfinden nur die reine Freude am Tun und sind dadurch motiviert.

Mihaly Csikszentmihalyi hat den Erfolg von Studenten achtzehn Jahre nach dem Verlassen der Kunstakademie untersucht und stellte dabei fest, dass die Studenten, welche die Freude am Malen ausgekostet hatten, zu ernstzunehmenden Malern geworden waren. Diejenigen, die der Traum von Ruhm und Reichtum während des Studiums bewegt hatte, waren der Kunst nach dem Studium untreu geworden.

Eltern sollten ihre Kinder bei ihren Tätigkeiten beobachten und bewusst darauf achten, welche Beschäftigungen ihre Kinder mit Begeisterung machen.

Wenn Schüler beim Lernen in den Zustand des «Fließens» geraten, sind sie erfolgreicher, ganz unabhängig von ihrem durch Leistungstests gemessenen Begabungsniveau. Man kann sogar umgekehrt feststellen, dass Schüler, deren Leistungen ihrer Begabung entsprechen oder gar darüber liegen, besonders gerne lernen, weil es sie in den Zustand des «Fließens» versetzt. Unterbrechen Sie Ihr Kind nicht beim Lernen, wenn es gerade in solch einer Hochstimmung ist.

Wenn Sie bei Ihrem Kind einen Zustand des «Fließens» feststellen können, dann wissen Sie, wovon sich Ihr Kind fesseln lässt, zu welchen Dingen es sich hingezogen fühlt und in welchen Fachgebieten Sie ihm deshalb weitere Lerngelegenheiten bieten sollten.

Es bildet sich damit allmählich ein Leistungs- und Begabungsprofil Ihres Kindes heraus, das zu seiner wahren Bestimmung beitragen wird. Der Zustand des «Fließens» kann niemals erzwungen werden. Das Erreichen einer Meisterschaft in irgendwelchen Fertigkeiten oder Kenntnissen muss sich deshalb zwanglos vollziehen dürfen. Die anfängliche Zuneigung kann sich zu einer wahren Könnerschaft entwickeln, wenn das Kind erkennt, dass es durch fleißiges Üben die Grenzen seiner Fähigkeiten immer weiter hinaus schieben kann. Dabei braucht es natürlich die Unterstützung von Eltern und Lehrern, die helfen Schwierigkeiten und Selbstzweifel zu überwinden.

Nun folgt eine kurze Beschreibung der wichtigsten Elemente, die nach Daniel Goleman (Goleman, 1996) die Emotionale Intelligenz im Wesentlichen ausmachen:

Selbstwahrnehmung und Selbstreflexion

Kennzeichen sind das Selbstvertrauen, die richtige Selbsteinschätzung, das Wissen um die eigenen Stärken und Schwächen und damit verbunden eine selbstkritische Haltung.

Selbstkontrolle

Kennzeichen sind Disziplin, Vertrauenswürdigkeit, Anpassungsfähigkeit und Offenheit gegenüber Veränderungen.

Selbstmotivation

Kennzeichen ist das Engagement, der starke Wille zum Erfolg und eine optimistische Einstellung zur eigenen Leistung.

Empathie

Kennzeichen ist die Fähigkeit, sich emotional auf andere Menschen einzustellen, andere Menschen zu fördern und weiterzuentwickeln, sich gut in andere Menschen hineinversetzen zu können. Die Voraussetzung für diese Fähigkeit ist die Selbstwahrnehmung.

Soziale Kompetenz

Kennzeichen sind Teamfähigkeit, Kommunikationsgeschick, Konfliktfähigkeit, Überzeugungskraft, andere für Visionen begeistern können, Veränderungen herbeiführen können.

Alle diese Komponenten der emotionalen Intelligenz sind bei jedem Menschen entwickelbar. Natürlich ist es günstiger, wenn diese Eigenschaften schon in der frühen Kindheit gefördert werden und nicht erst im Erwachsenenalter. Aber für viele Eltern, die sich redlich aber vergeblich bemüht haben, ihrem Kind obige Eigenschaften beizubringen, mag es ein Trost sein, dass es auch im späteren Lebensabschnitt noch möglich ist, in all diesen Bereichen große Fortschritte zu machen und nachzureifen.

Die ersten Elemente: «Selbstwahrnehmung und Selbstreflexion, Selbstkontrolle, Selbstmotivation» beziehen sich auf den Umgang mit sich selbst und sind bei Howard Gardners Einteilung der multiplen Intelligenzen unter der Bezeichnung «Intrapersonale Intelligenz» zu finden. Die beiden letzten Elemente: «Empathie und Soziale Kompetenz» fasst Howard Gardner mit dem Begriff: «Interpersonale Intelligenz» zusammen. Besonders die beiden letzten Elemente haben zu einer neuen Bewegung in der Managerschulung und in der Ausbildung von Führungskräften geführt. Dahinter stand die Erkenntnis, dass ein Chef mit diesen Eigenschaften seine Mitarbeiter besser motiviert, ein besseres Betriebsklima entsteht und die Firma als Ganzes profitiert. Kehrseite dieser Ausbildungsbewegung ist die Tatsache, dass mit Hilfe dieser Erkenntnisse Menschen auch manipuliert werden können und tatsächlich auch manipuliert werden.

Werner Fuld schreibt in seinem Buch «Die Bildungslüge», dass «Emotionale Intelligenz» und «soziale Bildung» in der Schule keine Lehrfächer sind und auch nicht sein können (Fuld, 2004). Beides beruht auf sozialen Erfahrungen, welche in den Familien immer weniger vermittelt werden. Mit dem modischen Ausdruck «Patchwork-Familie» kommt zum Ausdruck, dass es immer weniger «Regelfamilien» gibt, auf die unser Schulsystem jedoch zugeschnitten wurde. Jene Familien, in denen das Kind mittags aus der Schule nach Hause kommt, um im Kreise seiner Geschwister und betreut von der Mutter seine Hausaufgaben erledigt, bevor es mit seinen Freunden spielen darf, sind eine Fiktion.

Die Statistik besagt, dass etwa jedes zweite Kind ohne Geschwister aufwächst, jedes fünfte mit nur einem Elternteil, überwiegend mit der Mutter, lebt, wobei die Mehrheit aller Mütter berufstätig ist und rein zeitlich gesehen das Kind nicht bei den Hausaufgaben betreuen kann. Die Lehrer wissen aus ihrer eigenen Praxis, dass den Kindern weit mehr fehlt als die tägliche Hausaufgabenbetreuung, nämlich das erziehende Vorbild der Eltern. Eltern können mit Hilfe der Erkenntnisse aus der Beschäftigung mit der emotionalen Intelligenz sich selbst besser einschätzen und ihre Erziehung effektiver und mit weniger Stress und Zukunftssorgen angehen. Der EQ der Eltern ist für die Entwicklung ihrer Kinder von immenser Bedeutung. Aber keine Angst – Menschen können ihr Leben lang ihre emotionale Intelligenz steigern. Sie müssen sich nur dafür interessieren. Sie können Bücher darüber lesen, Kurse und Seminare besuchen und sich am besten gegenseitig ermutigen. Ein Mensch kann nur dann mit sich selbst etwas anfangen, wenn er seine eigenen Stärken und Schwächen, aber auch seine Begabungen und Interessen kennt.

Mit diesen Fähigkeiten ausgestattet können Eltern dem früh einsetzenden Kompetenzstreben ihres Kleinkindes soweit wie möglich entgegen kommen und so zur Entwicklung der emotionalen Intelligenz ihres Kindes Wesentliches beitragen.

Teil 2
Stressfrei erziehen

Der berühmte Kinderpsychologe Bruno Bettelheim sah die wichtigste und schwierigste Aufgabe der Erziehung darin, dem Kind zu helfen, einen Sinn in seinem Leben zu finden. Dazu muss das Kind viele Wachstumserfahrungen machen und es muss in seiner Entwicklung lernen, sich selbst immer besser zu verstehen, damit es dann später in der Lage ist, auch andere zu verstehen und schließlich befriedigende und sinnvolle Beziehungen zu ihnen herzustellen.

Die Eltern erziehen ihr Kind durch ihr bewusstes Begleiten durch den Lebensalltag, durch ihr Vorbild und durch ihre Anleitungen bei der Bewältigung von Problemen. Anleitung, Vorbild und Begleitung vollziehen sich jeden Tag, ob dies nun von den Eltern beabsichtigt wird oder nicht. Erziehung ist weit mehr als die Vorbereitung auf das Leben, sie geschieht nicht außerhalb des Lebens, sondern sie hat Anteil am Leben, das stetig in Bewegung ist und sich weiter entwickelt.

Es gibt wohl kaum ein anderes Gebiet, bei dem jeder Mensch sich so kompetent fühlt und so mitreden kann wie bei dem Thema Erziehung. Schließlich haben wir alle eine Kindheit erlebt und sind erzogen worden. Für das Fortbestehen der Menschheit ist diese innere Sicherheit auch in Ordnung. Trotzdem ist es gewiss kein Fehler, wenn Eltern bereit und aufgeschlossen sind, immer wieder Neues dazu zu lernen, besonders dann, wenn sie an ihre Grenzen stoßen, mit dem Ergebnis ihrer Erziehung nicht zufrieden sind oder sich aus anderen Gründen mit neuen Erkenntnissen auseinandersetzen wollen.

Fürsorge für das Neugeborene ist die erste und natürliche Elternpflicht. Ohne Anleitung beginnen Eltern einen frühen Körperkontakt mit ihrem Baby aufzunehmen. Dem Alter des Babys gemäß setzen sie ihren Kontakt mit Wärme, Lob, Zuspruch und Ermutigung fort. Es folgt die Einfühlsamkeit, das Reagieren auf das Schreien des Kindes, das sich freut, die interessanten Gesichtsausdrücke zu beobachten. Daraufhin folgt das Engagement beim Ausüben von Tätigkeiten und Entwickeln von Fähigkeiten und last but not least steigen die Erwartungen an das Kind. Denn fördern heißt auch fordern. Die schwierige Gratwanderung in der Erziehung ist, das richtige Maß an Erwartungen an das Kind heranzutragen. Erinnert sei nur an die außerordentlich ehrgeizigen Eislaufmütter, die ihren Kindern die Kindheit rauben. Die Erwartungen sollten die Fähigkeiten der Kinder nicht übersteigen. Die Eltern dürfen das Leistungsniveau nicht zu hoch schrauben, so dass sie ihre Kinder überfordern. «Dauerhaft können Eltern nicht weitergeben, was Kinder nicht annehmen und bewahren wollen», sagt Prof. Dr. Werner Greve, Professor für Entwicklungspsychologie an der Universität Hildesheim.

Eine gute Erziehung kann nur gelingen, wenn die emotionalen Grundbedürfnisse von Eltern und Kind befriedigt sind. Seelisch gesunde Kinder sind selbstbewusst, aber in unterschiedlicher Ausprägung. Eltern müssen lernen, ihr Kind in seiner persönlichen Eigenart zu verstehen und anzunehmen. Sie müssen das richtige Maß an Behütung und Förderung erspüren. Unverständnis, Vernachlässigung und Interesselosigkeit sind die häufigsten Ursachen von Entwicklungsstörungen.

Erwachsene stützen den Erfolg in ihrem Leben auf die vielfältigsten inneren Ressourcen, man könnte sie auch die Kraftstofftanks nennen. Diese sind insbesondere: Liebe, Selbstvertrauen, Intelligenz, Erinnerung, Erfahrungen und die Kommunikation mit ihren engsten Vertrauten. Die Summe all dieser Bestandteile machen ihr Bewusstsein aus. Wenn sich Erwachsene entscheiden oder schnell auf eine Situation reagieren müssen, tun sie dies ohne langes Nachdenken. Kinder sind durch ihre Abhängigkeit von den Eltern auch mit deren Erfahrungen verbunden. Daher spiegeln Kinder in ihrem Tun und in ihrer Haltung oft auch das Wesen ihrer Eltern. Ist die Lebenseinstellung der Eltern vorwiegend positiv geprägt, dann können Kinder sehr davon profitieren und daraus ihr Selbstbewusstsein, ihren Mut und ihre psychische Sicherheit beziehen. Aber das «genetische Paket», welches die Kinder mit auf die Erde bringen und auch die Umwelt können das Kind in eine ganz andere Richtung lenken.

Es gibt viele Ursachen, welche das Erziehen heutzutage erschweren. Schon der ganz normale Alltag ist anstrengender geworden, so dass für ein konsequentes «Nein» am Abend die Kraft nicht mehr reicht. Geschwister bildeten früher ein soziales Regulativ und mehrere Generationen unter einem Dach sorgten sich umeinander. Heute kreist alles viel zu sehr um das Wohlbefinden des Kindes, das sich sehr schnell in seiner Prinzen- bzw. Prinzessinnenrolle wohl fühlt. Beengte Wohnverhältnisse in den Städten, zu kleine Spielplätze und ein reizüberflutetes Umfeld verschlimmern die Lage noch. Oft werden auch die geheimen Miterzieher aus einigen Medien übersehen. Lautlos und unerkannt tun sie ihr verheerendes Werk in den Seelen der Kinder, die immer abhängiger von ihnen werden. Schon früh beginnen sie um ihre Lieblingsfilme und um ihr Recht auf das Sofa und die Fernbedienung zu kämpfen. Falls nicht früh genug gegengesteuert wird, entwickeln sie sich zu kleinen Tyrannen, denen die Eltern gehorchen müssen, sonst geht es ihnen schlecht. Eltern, welche sich von ihren Kindern unterdrückt fühlen, sind schon keine Minderheit mehr.

Für Menschen, welche über die Ergebnisse ihrer Erziehungsarbeit verzweifelt sind, gibt es geistigen Beistand in dem provokativen Buch «Ist Erziehung sinnlos?», das bei seinem Erscheinen für einen immensen Wirbel sorgte (Harris, 2000). Harris stellt die These auf, dass in der Entwicklung zum Erwachsenen Gene und Gleichaltrige eine Rolle spielen, nicht aber die eigenen Eltern. Sie untermauert ihre These mit Fachliteratur aus den Bereichen Psychologie, Anthropologie, Kulturgeschichte, Verhaltensgenetik und Primatologie (Wissenschaft über Menschenaffen). Harris verfolgt zwei Ziele: Erstens möchte sie von der Vorstellung abbringen, die Persönlichkeit eines Kindes werde durch die Eltern geformt oder verändert und zweitens möchte sie eine neue Sicht vermitteln. Natürlich enthält auch dieses Buch brauchbare Elemente und verhilft Eltern zu einer lockereren Sicht auf ihre Erziehungsarbeit. Das ist aber nicht das Hauptanliegen von Harris, sondern sie will die Ohnmacht der Eltern verdeutlichen, wie es der Untertitel des Buches suggeriert, das heißt die Unwirksamkeit von Erziehungsvorhaben akzentuieren. Damit ist das Buch Balsam für verwundete Seelen von Eltern, die meinen, ihre Erziehung sei gescheitert, und die deshalb keine Lust mehr haben, sich weiter anzustrengen und sich fortzubilden. Tatsächlich sind aber viele Thesen von Harris ganz einfach durch das Praktizieren von Erziehungsmethoden widerlegt worden. Einige der bekanntesten Erziehungskurse wurden wissenschaftlich begleitet und untersucht und es gibt inzwischen eindeutige Beweise für ihre Wirksamkeit (siehe Teil 4).

Bei allem Streit zwischen den Verfechtern der verschiedensten Theorien und Thesen bringt eine Grundmaxime allen Eltern Erleichterung: Wenn eine Sache für Sie kein Problem darstellt, gibt es keinen Grund, diese Sache zu ändern. Wenn Ihr Kind zum Beispiel keine Ballspiele mag und dies für Sie kein Problem ist, dann versuchen Sie nicht zwanghaft, irgendwelche «Rezepte» auszuprobieren, mit denen Sie Ihr Kind zum Ballspiel motivieren, nur weil irgendein «Erziehungsguru» behauptet, Ballspielen sei das wichtigste Spiel für ein Kind.

Überprüfen Sie also vor jeder Maßnahme, ob die Sache für Sie wirklich wichtig genug ist. Haben Sie dann ein echtes Problem ausgemacht, probieren Sie eine für Sie plausible Methode gründlich und lange genug aus. Bei Erfolg übernehmen Sie diese Methode in Ihr Erziehungsrepertoire, bei Misserfolg werfen Sie diese Methode auf den Müllhaufen der unnützen Vorschläge. Es gibt einfach kein Rezept, das immer wirkt. Probieren Sie dann lieber etwas Neues aus. Eltern müssen sich immer ein Stück Eigenständigkeit bewahren und die Erziehung an ihre Gegebenheiten anpassen. Also vergessen Sie bei allen Tipps, Ratschlägen und wissenschaftlichen Erkenntnissen nicht, selbst zu denken!

2.1
Erziehung und Stress

Der Begriff «Stress» wurde 1936 von dem Endokrinologen Hans Selye eingeführt. Er beobachtete, dass der menschliche Organismus sich gegen eine physische oder psychische Belastung in drei Phasen wehrt: Zuerst wird der Körper
alarmiert und mobil gemacht, die Nebennieren setzen Aufputschhormone
wie Adrenalin, Noradrenalin und später Cortisol frei. In der nächsten Phase
führt das gestörte Hormonverhältnis zu ersten Beeinträchtigungen wie etwa
einem geschwächten Immunsystem und in der dritten Phase bricht die körperliche Mobilmachung zusammen und es kommt zur Erschöpfung mit chronischen Schäden wie zum Beispiel Arteriosklerose, Magengeschwüren oder
Angst. Selye hat sein ganzes Forscherleben dem Thema Stress gewidmet und
über 40 Bücher darüber geschrieben.

Die Arbeitswelt der Erwachsenen, die sich heute in eine Informations-,
Medien- und Konsumgesellschaft aufgliedert, fordert ihren Tribut von Eltern
und Kindern. Der Wunsch nach einem besseren Lebensstandard und die
enormen Leistungssteigerungen, die in vielen Berufen erwartet werden, kosten
Eltern oft so viel Kraft, dass für die Erziehung ihrer Kinder kaum mehr Energie und Zeit übrig bleibt.

Der Stress der modernen Menschen hat meist damit zu tun, dass wir zu viel
auf einmal in zu kurzer Zeit erreichen müssen oder wollen. In dem hervorragenden Jugendbuch und Märchen-Roman «Momo» über die seltsame
Geschichte der Zeit-Diebe nähert sich der Autor Michael Ende dem Phänomen
«Zeit» so: «Es gibt ein großes und doch ganz alltägliches Geheimnis. Alle Menschen haben daran teil, jeder kennt es, aber die wenigsten denken je darüber
nach. Die meisten Leute nehmen es einfach so hin und wundern sich kein bisschen darüber. Dieses Geheimnis ist die Zeit. Es gibt Kalender und Uhren, um
sie zu messen, aber das will wenig besagen, denn jeder weiß, dass einem eine einzige Stunde wie eine Ewigkeit vorkommen kann, mitunter kann sie aber auch
wie ein Augenblick vergehen – je nachdem, was man in dieser Stunde erlebt.
Denn Zeit ist Leben. Und das Leben wohnt im Herzen.» Wie oft übersehen

wir, wie sehr uns Kalender und Uhr den Tagesablauf diktieren. Unser ganzes Leben scheint beschleunigt zu sein. Vor lauter Hektik können wir uns oft nicht mehr an den schönen Dingen erfreuen. Wenn wir unsere Aufmerksamkeit auf die Zeit richten, vergeht sie langsamer. Minuten können sich zu Ewigkeiten dehnen, ein Merkmal unangenehmer Situationen. Andererseits vergessen wir uns selbst, die Welt und die Zeit, wenn wir von einer Sache total gebannt sind. Das können Sie bei einem spielenden Kind beobachten oder bei sich selbst, wenn Sie in Ihrer Arbeit versinken, ein interessantes Gespräch führen oder ein spannendes Buch lesen. Der amerikanische Psychologe Mihaly Csikszentmihalyi, wie an anderer Stelle bereits erwähnt, hat für dieses erfüllte Erleben den Begriff «Flow» geprägt. Solch glückliche Stunden vergehen wie im Flug, weil unsere Aufmerksamkeit so sehr gefesselt ist, dass sie sich nicht auch noch mit dem Vergehen der Zeit beschäftigen kann. Einstein sagte einmal humorvoll: «Wenn man mit einem netten Mädchen zwei Stunden zusammen ist, hat man das Gefühl, es seien zwei Minuten; wenn man zwei Minuten auf einem heißen Ofen sitzt, hat man das Gefühl, es seien zwei Stunden. Das ist Relativität.»

Wenn wir unsere Lebenszeit als Geschenk sehen und uns und unsere Vorhaben nicht so wichtig nehmen, dann sehen wir die Phase der Kindererziehung sehr viel gelassener und akzeptieren sie einfach als einen Teil unseres Lebens. Wir entziehen uns dem negativen Sog, den folgende Gedanken in unserem Kopf anrichten.

Warum schimpfen die Kinder genau dann laut, wenn der Chef anruft? Warum rufen sie genau dann von der Toilette aus, dass ihr Geschäft fertig ist, wenn man gerade zur Tür hinaus möchte? Warum lärmen sie genau dann ohrenbetäubend, wenn man Kopfschmerzen hat und Ruhe braucht? Warum fallen sie genau dann in den Dreck, wenn man sie zum Familienfest besonders hübsch angezogen hat? Warum kippen sie genau dann die Tomatensuppe um, wenn man bei der perfekten Schwiegermutter eingeladen ist? Warum sind sie genau dann krank, wenn sie bei ihren Freunden zum Spielen eingeladen sind? Die Liste ließe sich mühelos fortsetzen. Wie oft durchkreuzen Kinder die Pläne ihrer Eltern und vermasseln ihnen dadurch den Tag.

So entsteht bei vielen Eltern Stress. Sie empfinden Kinder oft als Beeinträchtigung ihrer individuellen Lebensplanung. Unsere Gesellschaft ist dabei, den Umgang mit Kindern zu verlernen (Spiegel 10/2006). Im Jahr 2004 mussten insgesamt 45200 Familien mit 101100 Kindern und Jugendlichen durch sozialpädagogische Familienhilfe unterstützt werden – acht Prozent mehr als im Vorjahr. Unsere verunsicherte Gesellschaft schaut sich offenbar die Probleme rund um das Kind sehr gerne im Fernsehen an. (Sendungen wie die «Super Nanny» erreichen bis zu 5,6 Millionen Zuschauer und sind Quotenrenner.) Sie hat aber große Schwierigkeiten damit, reale Probleme anzugehen.

Sogar die Zeitschrift «Time» beschäftigte sich Anfang des Jahres mit der deutschen Familienpolitik. «The German Question – Die deutsche Frage.

Warum zwingt Deutschland die Frauen, sich zwischen Familie und Arbeit zu entscheiden?», titelte das Magazin. In vielen Ländern haben Frauen dieses Problem nicht. Als Beispielländer werden Dänemark, Frankreich und die USA genannt. Dort können Frauen Beruf und Familie leichter miteinander vereinbaren als es bei uns möglich ist. Vergessen wird bei all diesen Artikeln gerne, dass alles, was den deutschen berufstätigen Müttern das Leben schwer macht, auch berufstätige Väter beeinträchtigt, denen es natürlich besser ginge, wenn es ihre Frauen leichter hätten.

Die meisten modernen Menschen sind notorisch stressgeplagt und wünschen sich nichts sehnlicher als endlich stressfrei zu leben.

Bis in die 60er Jahre hinein wurde Stress als mechanische, rein körperliche Reaktion gesehen (Spitzer, 2002). Studien aus den letzten Jahrzehnten liefern inzwischen einen klaren Beweis dafür, dass Stressreaktionen starken psychischen Einflüssen unterliegen. Kurz gesagt: Stress entsteht im Kopf. Jeder zweite Erwachsene klagt über Zeitnot. Wer «in» sein will, muss mit der schnelllebigen Zeit Schritt halten. Ob an der Börse oder bei Ebay, überall steht das perfekte Timing im Vordergrund. Es geht nicht mehr um Zeitspannen, sondern um Zeitpunkte. Was heute angesagt ist, ist morgen schon veraltet. Die Rechenleistung von Mikrochips verdoppelt sich alle 18 Monate, das Weltwissen alle zehn Jahre. Früher spielte sich das Leben in einem überschaubaren Lebensraum ab, heute kommt die ganze Welt täglich in unser Wohnzimmer. Telekommunikation, Internet und Tourismus haben die Welt klein gemacht.

Stress ist ein Zustand, der durch erhöhte Anforderungen an das motorische und kognitive System hervorgerufen und entsprechend emotional erlebt wird (Roth, 2001). Rein physiologisch äußert sich Stress in einer Erhöhung des Blutdrucks, des Herzschlags, der Atemfrequenz, des Muskeltonus und des Blutzuckerspiegels sowie einer Mobilisierung der Fettreserven. Menschen, die sich wenig bewegen, vielleicht auch noch übergewichtig sind und an Stoffwechselstörungen oder schon an Vorstufen von Diabetes leiden, reagieren in Stressmomenten besonders ausgeprägt.

Glücklicherweise gibt es Möglichkeiten, den Stress abzubauen oder noch besser, dem Stress vorzubeugen. Körperliche Aktivität kann für einen Abfall der Stresshormone sorgen. Durch Ausdauertraining oder «Progressive Muskelentspannung» (Hofmann, 2003) lässt sich der Stress besser bewältigen. Auch ein Übergewichtiger, der regelmäßig Sport treibt, kann Stress besser abpuffern, weil seine Gefäße elastischer werden und der Blutdruck nicht mehr so ansteigt.

Wenn Sie den Vorsatz, Sport zu treiben, wirklich umsetzen möchten, dann planen Sie am besten von vorne herein einen Ersatzplan für mögliche Hindernisse mit ein. Wenn Sie sich beispielsweise fest vorgenommen haben, abends noch eine Runde zu joggen, sich dann aber, wenn es soweit ist, zu müde und lustlos fühlen, gehen Sie statt zum Joggen mit flotter Musik aufs Laufband.

Stress der Kinder

Der Stress der Eltern springt häufig sehr schnell auf die Kinder über. Sie spüren den Stress ihrer Eltern und sind diesem oft hilflos ausgeliefert. Kinder können aber auch ganz unabhängig von ihren Eltern Stress empfinden. Das kann durch einen zu hohen Erwartungsdruck durch ihre Eltern oder Lehrer oder durch zu großen Ehrgeiz ausgelöst werden. Gemäß einer Studie der Bremer Stressforscherin Petra Hampel sind 64 Prozent der Acht- bis 14-Jährigen gestresst und schlafen deshalb schlecht ein (spielen und lernen, 09/05). Fragt man nach den Ursachen, werden Klassenarbeiten und Hausaufgaben meistens als erstes genannt, gefolgt von Konflikten mit Eltern, Geschwistern und Freunden. Der Entwicklungspsychologe und Stressforscher Prof. Dr. Arnold Lohaus von der Universität Marburg stellte fest, dass Kinder heute einerseits ein weitaus größeres Freizeitangebot haben als früher, aber genau durch die dadurch möglichen vielen außerschulischen Angebote in der Freizeit unter einen enormen Termindruck geraten können. Auch das übergroße Medienangebot kostet Zeit, bringt Lärm und Reizüberflutung und damit Stress mit sich. Nach Prof. Lohaus ist der größte Stressor aber die Schule, denn Eltern achten zunehmend auf eine gute Schulausbildung und setzen ihre Kinder dadurch oft unter einen zu hohen Erwartungsdruck. Die meisten Kinder versuchen in ihrer Grundschulzeit so sehr ihren Eltern und Lehrern alles recht zu machen, dass sie sich selbst stark unter Erfolgsdruck setzen. Immer wenn sie das Gefühl haben, Erwartungen nicht erfüllen zu können, entsteht Stress. Unter dieser Anspannung wehrt sich der Körper, indem er sich vor weiteren Sinneseindrücken schützt, Dadurch kann er regelrechte Lernblockaden hervorrufen. Der Grat zwischen einer angemessenen Anforderung und einer überzogenen Überforderung ist schmal. Es ist die Aufgabe von Eltern, Erziehern und Lehrern, das Kind zu beobachten und realistische Ziele zu setzen, so dass es in innerer Ausgeglichenheit lernen kann.

Um dem bereits manifesten Stress bei Kindern wirksam zu begegnen, gibt es einige bewährte Methoden. Eine aktive Form der Stressbewältigung wurde von dem amerikanischen Arzt und Wissenschaftler Edmund Jacobsen unter dem Namen «Progressive Muskelentspannung» entwickelt. Kinder sind dieser Entspannungsmethode gegenüber naturgemäß sehr aufgeschlossen und lernen sie schnell. Einzelne Muskelgruppen werden kurz stark angespannt und anschließend entspannt. Da bei dieser Methode die Aufmerksamkeit auf die Entspannung konzentriert wird, lernen Kinder das Gefühl der Entspannung kennen und jederzeit zu erzeugen. In Kursen an Volkshochschulen und anderen Institutionen werden Entspannungskurse für Kinder angeboten, die meistens aus mehreren verschiedenen Techniken zusammengestellt sind. Stressbewältigung hat jedoch nicht nur mit der richtigen Technik, sondern auch mit einer geistigen Bewältigungsstrategie zu tun. Prof. Lohaus hat ein Stresspräventionstraining entwickelt, das bundesweit in vielen Städten von der Techniker Krankenkasse angeboten wird. Grundschulkinder erfahren hier, wie Stress entsteht, welche Reaktionen er hervorruft und was sie tun können, um wieder zur inneren Ruhe und Stärke zu finden. Mit Hilfe einer CD kann ein Kind die Methode selbst erlernen (Klein-Heßling und Lohaus, 2003).

Emotionen

Wir wissen heute, dass es ganz entscheidend darauf ankommt, in welcher Weise Eltern mit ihren eigenen Emotionen umgehen und wie sie ihren Kindern ihre Liebe beweisen.

Damit Kinder sinnvoll mit ihren negativen Gefühlen umzugehen lernen, müssen sich zuerst einmal die Eltern mit ihren negativen Gefühlen auseinandersetzen. Negative Gefühle übertragen sich oft schnell: Wenn das Gegenüber traurig ist, wird man selbst auch traurig. Wenn jemand wütend ist, wird man selbst wütend. Hat jemand Angst, wird man selbst ängstlich. Die Emotionen anderer Menschen verstärken die eigenen Gefühle. Das ist auch der Grund, warum wir manchmal ein trauriges Kind gut trösten können. Wenn ein Kind wütend ist, weil es eine Erklärung nicht versteht, und wenn man dann versucht, ihm zu helfen, kann das schnell eigene Frustrationen hervorrufen. Plötzlich fängt man an mit dem Kind zu streiten und zu schimpfen. Was als liebevolle Hilfe gedacht war, endet oft mit Streit und Tränen.

Das Beste für das Kind

Die meisten Eltern glauben zu wissen, was das Beste für ihr Kind ist. Doch dabei machen sie oft den Fehler, dass sie ihr Kind überschätzen. Bildlich ausgedrückt ist ihr Kind ein Veilchen und sie versuchen mit allen Mitteln aus ihm eine Rose zu machen. Diese Hilfe kann aber nichts Gutes bewirken. Kinder werden mit eigenen Stärken, Neigungen und Schwächen geboren, welche von den Eltern nicht geändert werden können. Die Kinder dürfen nicht mit Gewalt zu dem gemacht werden, was sich Eltern für ihr Kind erhoffen oder wünschen. Sie brauchen die Akzeptanz, die Unterstützung, die Zeit und die Achtsamkeit ihrer Eltern, um ihr eigenes Potenzial entfalten zu können. Viele Eltern meinen, ihr Kind solle es einmal besser haben als sie. Deshalb wollen sie ihren Kindern alles geben und ermöglichen, was sie sich selbst gewünscht und nicht erhalten oder erreicht haben. Dann sind sie enttäuscht, wenn ihr Kind diese Art der Unterstützung nicht annehmen will. Stattdessen beweisen Eltern ihre Zuneigung am besten durch Zuwendung und Vertrauen.

Unabhängig vom Alter brauchen Jungen tendenziell mehr Vertrauen und Mädchen mehr Zuwendung (Gray, 2000). Jungen fühlen sich gut, wenn sie selbst aktiv werden können. Lob macht sie selbstbewusst und stolz. Sie sind froh, wenn sie Hilfe ablehnen und etwas selbständig tun können. Mädchen dagegen schätzen Hilfe sehr, weil sie sich dadurch mehr geliebt fühlen. Sie rufen manchmal nach Unterstützung, nicht weil sie etwas nicht allein können, sondern weil sie die Zuwendung spüren wollen. Wenn Mütter sich zu viele Sorgen um ihre Söhne machen, können sie deren Entwicklung durch ihre Fürsorge hemmen. Das Selbstvertrauen der Jungen wächst durch das Vertrauen, das man ihnen entgegenbringt. Lässt man dagegen einem Mädchen zu viel Raum, fühlt es sich vernachlässigt oder im Stich gelassen. Deshalb kommt es auch von sich aus immer wieder zu den Eltern, um sich ihrer Gegenwart zu versichern. Jungen reagieren empfindlicher auf ungebetene Lösungsvorschläge als Mädchen. Während Mädchen diese einfach ignorieren, verlieren Jungen ihre Motivation und beginnen sich zu verschließen. Dies ist auch der Grund dafür, dass Mütter so häufig über ihren Sohn klagen, «er erzählt mir nichts» oder «er hört mir nicht zu». Mit mehr Vertrauen in ihre Lernfähigkeit können Mütter ihren Söhnen am besten helfen.

Eltern wollen das Beste für ihre Kinder. Folgerichtig lassen sie sie nicht aus den Augen und wollen ständig Schlimmes verhindern. So werden Kinder im Familienauto von Termin zu Termin kutschiert. Mütter tun dies oft mit Hintergedanken, z. B. dass kein Fremder sie anspricht, dass sie sich nicht verlaufen, dass sie sich nicht im Dunkeln fürchten und dass sie nicht mit den falschen Kindern spielen. Das Problem dabei ist, dass Kinder so nicht selbstständig werden, sich nichts zutrauen und die Angst der Eltern übernehmen. Professor Michael Schult-Markwort, Direktor der Poliklinik für Kinder- und Jugendpsychosomatik an der Universitätsklinik Hamburg-Eppendorf, stellt fest, dass es immer mehr Kinder gibt, die im Grundschulalter Trennungsängste haben und eine daraus folgende Schulphobie, allgemeine Scheu oder Ängstlichkeit und unspezifische Symptome wie Bauchschmerzen, Übelkeit und Einschlafstörungen entwickeln. Mit der steigenden Zahl der überbesorgten Eltern stieg in den letzten Jahren auch die Zahl der Kinder, welche therapeutische Hilfe benötigen, weil sie unter einem nicht gelingenden Autonomieprozess leiden.

Soziales Verhalten

Eltern hätten es am liebsten, wenn ihre Kinder von Anfang an rücksichtsvoll mit den anderen Kindern umgehen würden, bereitwillig das Spielzeugauto hergeben, dem anderen den Sandeimer nicht entreißen und Süßigkeiten gerecht teilen. Die dreijährige Lina hat auf dem Spielplatz ein tolles Spielzeug entdeckt: es ist eine Puppenrutschbahn fürs Minischwimmbad.

Man kann Sand und Wasser mit und ohne Puppe durchlaufen lassen. Sie spielt mit Feuereifer. Als nun der fünfjährige Besitzer seine Sachen zusammenräumen muss und sein Spielzeug zurückfordert, entsteht ein lautes Gezeter.

Alles Einreden auf Lina bleibt wirkungslos, sie drückt das Spielzeug an sich, schreit, stampft und will es nicht hergeben. Da sie zu klein ist, um zu verstehen, dass der andere ein Recht auf sein Spielzeug hat, reagiert sie verzweifelt.

Erst ab etwa sechs Jahren sind Kinder in der Lage zu verstehen und zu akzeptieren, dass es objektive Regeln gibt, an welche sich alle Kinder halten müssen. Dazu müssen Kinder sich in andere Kinder hineinversetzen können, also einen Perspektivenwandel vollziehen können. Trotzdem sollte die Erziehung zu sozialem Verhalten früh genug ansetzen. Denn die Entwicklung geschieht nicht nur von innen heraus. Ein Kind kann sich auch Verhaltensweisen angewöhnen, die es noch nicht versteht, die aber belohnt oder einfach eingefordert werden. Im oberen Fall ist es also richtig, wenn die Mutter der kleinen Lina die Puppenrutschbahn mit einer Erklärung wegnimmt und dem kleinen Jungen gibt. Das Mädchen muss lernen, sich zu fügen, auch wenn sie dies noch nicht einsieht. Es wird noch Jahre dauern, bis sie in solch einer Situation aus eigenem Antrieb das Spielzeug zurückgibt. Bis dorthin heißt es für die Mutter: fest bleiben, dem Kind die Handlung erklären und mit der Gewissheit durchhalten, dass das Kind dies noch lernen wird.

Haustiere

Viele Eltern sehen in einem Hund, einer Katze, einem Hamster oder einem Hasen einen geeigneten Spielkameraden für ihre Kinder. Sie lernen erste Pflichten zu übernehmen und Verantwortung zu tragen. Tatsächlich wird das tägliche Füttern, Sauber halten oder Gassi gehen Kindern sehr schnell lästig und sie versuchen, diese Pflichten einfach zu ignorieren. Eltern geben hier leider oft zu schnell nach und übernehmen die Pflichten lieber selbst, als sich jeden Tag mit ihren Kindern herumzuärgern. Genau diese kleinen Pflichten sind es jedoch, die es so sinnvoll machen, Haustiere zu halten. Bei richtiger Anleitung übernehmen Kinder diese Pflichten sogar mit Begeisterung und sind stolz auf ihre Leistung. Sie können hier auf natürliche Weise lernen, dass sie gewisse Dinge erledigen müssen, unabhängig davon, ob das Wetter gut oder schlecht ist oder ob sie Lust oder Unlust verspüren. Sie erfahren, dass ein Haustier ein guter Freund sein kann, der auch über viele Enttäuschungen hinweg helfen kann. Ein Haustier kann Trost spenden. So erzählen viele Eltern von den positiven Auswirkungen auf das gesamte Verhalten ihrer Kinder. Sie beobachteten, dass ihre Kinder ruhiger wurden, dass die sinnvolle Beschäftigung keine Langeweile aufkommen ließ und Fernsehen plötzlich uninteressant war. Ihre Kinder knüpften auch leichter soziale Kontakte, weil sie durch ihre Haustiere immer ein beliebtes Gesprächsthema hatten.

Delphine werden in den USA zur Therapie von Sprachstörungen und anderen Entwicklungsdefiziten eingesetzt. In Deutschland arbeiten Therapeuten mit Reittherapie bei ADS-Kindern und in Krankenhäusern verordnen manche Kinderärzte ein Haustier zur Therapie eines Kindes. Wichtig ist natürlich die artgerechte Behandlung und Versorgung eines Haustieres. Auch hier gilt es, sich zu informieren und Erfahrungen zu sammeln.

Wie beliebt Haustiere in Deutschland sind, sieht man daran, dass in fast jedem fünften Haushalt eine Katze lebt. Gerne schmusen Kinder mit ihrer Katze, flüstern ihr Geheimnisse ins Ohr, wenn sie das gerade brauchen und machen mit ihr lustige Renn- und Fangspiele. Allerdings hat eine Katze nicht immer Lust auf die Nähe zu Menschen, und sie zeigt das dann auch sehr deutlich. Kinder lernen so zwangsläufig spielerisch Rücksicht zu nehmen und mit den unterschiedlichen Bedürfnissen umzugehen. Selbstverständlich sollten Eltern diesen Lernprozess wachsam beobachten und kleine Kinder nicht unbeaufsichtigt mit einer Katze oder anderen Haustieren alleine lassen. Eine Mutter berichtete, dass ihre fünfjährige Tochter den Goldhamster ihres Bruders so fest in die Hand nahm und zudrückte, dass er sofort tot war. Daraufhin war der siebenjährige Bruder längere Zeit untröstlich und wütend auf seine Schwester. Derartige Dramen lassen sich durch geeignete Aufklärung und Aufsicht verhindern.

Tagesmutter oder Hort

Immer häufiger sind Mütter dazu gezwungen, ihr Kind tagsüber einer Tagesmutter oder einem Hort anzuvertrauen. In vielen Ländern ist dies längst eine anerkannte und bewährte Praktik, wie zum Beispiel in Schweden, Finnland oder Frankreich. Aus vielen Gesprächen mit jungen Müttern, welche einer Erwerbsarbeit nachgehen müssen, weiß ich, dass diese sich in Deutschland auch heute noch als Rabenmütter fühlen und mit einem schlechten Gewissen herumlaufen. Da sie sich aus welchen Gründen auch immer zur zeitlich begrenzten Fremdbetreuung entschlossen haben, ist dieses Rabenmüttergefühl für sie selbst und für ihr Kind sehr ungünstig. Sie können dadurch nicht ganz natürlich und unbeschwert mit ihren Kindern umgehen. Bei jeder kleinen Verhaltensauffälligkeit suchen sie die Schuld in ihrer Berufstätigkeit. In Deutschland hat sich eine berufsfeindliche Stimmung eingeschlichen, welcher sich kaum eine Frau entziehen kann. Es ist nicht einfach, sich davon frei zu machen. In meinem Beruf als Lehrerin unterrichte ich seit Jahren Kinder berufstätiger Mütter und ich kann Ihnen versichern: Berufstätigkeit der Mutter ist kein Grund, an dem man missratene Erziehung festmachen kann. Besonders schwierig ist es für eine solche Mutter, sich von den Vorurteilen frei zu machen, mit denen sie vehement konfrontiert wird. Die gesamte Umgebung versucht ihr plötzlich einzureden, wie schädlich eine Erziehung durch eine andere Person oder durch einen Hort ist.

Tatsache ist: Es kommt in erster Linie auf die Qualität einer Beziehung und die Qualität der Betreuung an. Seltsamerweise gibt es in Deutschland eine lange Tradition der Erziehung durch die Großeltern, welche von der veröffentlichten Meinung nie so verurteilt wurde wie die professionelle Betreuung durch andere Personen. Doch obwohl die Großeltern es gut mit den Kindern meinen, gibt es immer wieder Spannungen zwischen den Generationen. Kinder merken das sofort. Verheimlichen Sie gegensätzliche Meinungen, welche über die Generationen hinweg entstanden sind, nicht vor Ihrem Kind, sondern versuchen Sie Meinungsverschiedenheiten wenn möglich mit Humor auszutragen. Großeltern können dem Kind schon im Alter von drei oder vier Jahren aus dem Leben ihres Vaters oder ihrer Mutter berichten und Fotos zeigen. Für Kinder ist es eine wichtige Entdeckung, dass auch ihr Vater und ihre Mutter früher einmal Kinder gewesen sind.

Sagen Sie beispielsweise, um sich selbst die Trennung leicht zu machen: «Ich bringe dich jetzt zu Frau Meier. Dort hole ich dich heute Abend wieder ab. Du wirst es bei Frau Meier sehr gut haben. Es werden Kinder zum Spielen da sein, du wirst deine Freunde wieder sehen und du wirst eine schöne Abwechslung haben.» Wenn Sie das Kind dann wieder abholen, stürzen Sie sich nicht wie ein Geier auf es zu, um es abzuküssen und zu liebkosen. Das jagt Ihrem Kind nur Angst ein. Sprechen Sie ganz ruhig und normal. Es soll von Anfang an den Eindruck haben, dass alles so ist, wie es sein soll. Nach einiger Zeit hat sich das Kind an diesen täglichen Rhythmus gewöhnt und freut sich dann jedes Mal, wenn es wieder nach Hause kommt. Kinder lassen sich zusammen mit gleichaltrigen Kindern sehr viel einfacher erziehen als allein.

Beobachten Sie aufmerksam, wie gerne Ihr Kind zu der Betreuerin oder in den Hort geht. Wenn es sich weigert, dorthin zu gehen, kann ein ernster Grund dahinter stecken, dem Sie nachgehen sollten.

Positives Verhalten

Oft übersehen Eltern das positive Verhalten und die positiven Eigenschaften ihres Kindes oder nehmen es als selbstverständlich an und konzentrieren sich nur auf das Negative. Kinder spüren, dass sie ihren Eltern nicht genügen.

Wenn Eltern an ihren Kindern nur das Negative sehen, reagieren Kinder möglicherweise mit:

- Verheimlichen von gemachten Fehlern
- Heruntersetzen von Anforderungen an sich selbst
- Vermeiden von Risiken
- Rechtfertigen ihrer Fehler
- Beschuldigen von Freunden
- Selbstbestrafung
- Hemmungen
- übertriebener Selbstkritik

Diese Reaktionen könnten Eltern verhindern, indem sie dem Kind immer wieder erklären und vormachen, dass sie selbst Fehler machen und dass Kinder auch Fehler machen dürfen. Fehler gehören zum Leben und sind Grundlage für das Lernen. Wenn Eltern tadeln, müssen sie dem Kind immer wieder klar machen, dass sie es trotzdem lieben. Ihre Liebe ist unabhängig von den gemachten Fehlern. Tadel und Strafe sollte immer auf ein fehlerhaftes Verhalten des Kindes bezogen sein, aber niemals auf die Person des Kindes. Versuchen Sie dem Kind Ihre Handlung so klar zu machen, dass es die Strafe ohne Groll und innere Verletzung annehmen kann. Das können Sie beispielsweise mit folgenden Formulierungen erreichen: «Ich muss dich jetzt bestrafen, weil du unartig warst. Ich tue es, weil ich deine Mutter bin und dich erziehen muss. Obwohl ich dich strafen muss, habe ich dich gerne. Du bist und bleibst mein Kind.» Solch ein Satz kann Wunder wirken.

Kinder übernehmen die Gefühlslage von Eltern. Sind die Eltern ausgeglichen, zufrieden, geduldig, voller Vertrauen und Respekt, dann erleben sich die Kinder selbst als gute Kinder. Sie trauen sich viel zu, sind zuversichtlich und haben ein gutes Selbstbewusstsein. Die Freiheit, Fehler machen zu dürfen, verleiht ihnen ein selbstverständliches Gefühl der Sicherheit.

Erziehung gelingt am besten, wenn Eltern es schaffen, positives Verhalten zu verstärken, zu loben und zu belohnen. Der Erziehungsstil von Eltern, deren Erziehung gelingt, wird als autoritativ bezeichnet (siehe GEO 04/2002). Dieses Erziehungskonzept basiert auf einem liebevollen, strengen und motivierenden Umgang mit den Kindern. Dazu gehören folgende Bausteine:

- Liebe, Warmherzigkeit und Zuwendung
- klare Regeln
- Konsequenz in der Einhaltung der Regeln
- Unterstützung bei kreativen Lösungen
- Förderung der Persönlichkeit des Kindes

Eltern sollten aber auch einen Überblick darüber haben, was ihr Kind tut, wenn es nicht zu Hause ist, welche Kameraden es trifft, wie die Freunde heißen, wo es nach der Schule spielt und welche Kinder es zu Hause trifft. Es ist auch wichtig zu wissen, was die Kinder dort tun, ob sie wirklich spielen oder nur fernsehen oder mit dem Computer spielen. Bei Computerspielen ist es wichtig zu wissen, welche gespielt werden. Manche Eltern nehmen viel zu wenig Anteil am außerfamiliären Leben ihrer Kinder. Autoritatives Erziehungsverhalten zeichnet sich besonders durch Reden und Ermuntern zum Reden aus. Man reagiert dabei auf schlechtes Benehmen nie mit Angriffen auf die Person und vermeidet Beleidigungen wie «du Trottel» oder «du Idiot». Andererseits verlangen gerade solche Eltern, die diesen Erziehungsstil pflegen, ein hohes Maß an Kooperation und angemessenen sozialen Umgangsformen.

Streit der Eltern

Ein häufiger Grund für dicke Luft in der Familie ist der Streit zwischen Mama und Papa bzw. den Erziehungsberechtigten. Kinder haben feine Sensoren für alle Arten von Unstimmigkeiten. Wenn sie in die Gründe der Auseinandersetzung nicht eingeweiht werden, belasten sie sich oft mit unbegründet großen Sorgen. Fast alle Kinder haben inzwischen Freunde, bei denen die Eltern vor einiger Zeit auseinander gegangen sind oder bei denen gerade eine Trennung stattfindet. Sie bekommen mit, wie sehr ihre Altersgenossen unter dem häuslichen Streit leiden. Kinder tauschen sich darüber auch im Kindergarten aus und machen sich Gedanken und Sorgen über ihr eigenes Zuhause. Es ist ein schwieriger Drahtseilakt für Eltern, ein Kind kindgemäß über die Gründe des Streits zu informieren, aber das Kind dadurch nicht emotional zu überfordern. Ein Kind muss nicht alles wissen, dazu ist es zu jung und unerfahren, es ist auch nicht der Problemmülleimer seiner Eltern, aber wenn es Unstimmigkeiten gibt, muss es eine plausible Erklärung dafür bekommen, um sich nicht in existentielle Ängste zu verrennen. Jedes Kind spürt, wie sehr es von seinen Eltern abhängig ist, es fühlt sich als Teil der Familie. Deshalb ist es so wichtig, dass das Kind auch in die Versöhnung der Eltern mit einbezogen wird. Ein handfester Krach mit anschließender Versöhnung ist für ein Kind leichter zu ertragen als dauernde subtile, unausgesprochene Streitereien, die hinter verschlossenen Türen stattfinden.

Besonders alleinstehende Mütter sind in der Versuchung, ihren Kindern zu viel von ihren Sorgen und Nöten mitzuteilen. Für sie ist das Kind manchmal der Partnerersatz. Besonders verantwortungsvolle, sensible Kinder betteln ihre Mütter geradezu um dieses Vertrauen. Sie sind stolz darüber, so viel Verantwortung tragen zu dürfen, haben aber noch kein Gespür dafür, dass sie durch diese Teilhabe an den mütterlichen Sorgen emotional überfordert werden. Es ist der Weg des Kindes, sich zu entwickeln, zu entfalten und immer selbstständiger zu werden. Eines Tages muss es in der Lage sein, das Leben ohne seine Eltern zu bestreiten. Diesen Weg sollte kein Schuldgefühl behindern.

Halten Sie als Eltern unbedingt Kontakt mit anderen Erwachsenen, besprechen Sie mit diesen ihre Sorgen, holen Sie Rat bei Fachleuten, damit Sie Ihren Kindern ein gutes Vorbild sein können. Sie müssen Ihren Kindern helfen, nicht umgekehrt.

2.1.1
Beobachtung

RTL hat die Kinderbeobachtung zur Erhöhung von Einschaltquoten in der Reality-Serie «Die Super Nanny» eingesetzt. Dabei werden zum Teil regelrechte «Monster-Kinder» vorgeführt.

Kinderbeobachtung ist nichts Neues. Eltern machen das schon immer. Nun ist die Beobachtung plötzlich ins Blickfeld des Interesses gerückt. Das kommt einerseits durch die immer massiveren Forderungen nach einer besseren Förderung in den Kindergärten und andererseits durch die von Wissenschaftlern durchgeführten Studien und deren Einfluss auf Erziehungskurse. Es geht nun nicht mehr um die spontane, absichtslose und vorurteilsfreie Beobachtung von Kindern, sondern um eine systematische Beobachtung der Verhaltensweisen von kleinen Kindern.

Die Gründe für ein solches systematisches Beobachten sind vielfältig:

- Man kann dadurch die Perspektive des Kindes besser verstehen.
- Man erhält einen Einblick in den Entwicklungsverlauf des Kindes.

- Man kann besser mit Fachleuten über das Verhalten und den Lernprozess des Kindes sprechen.
- Man kann durch das Wahrnehmen und Benennen des Verhaltens von Kindern das Erziehungsverhalten der Eltern positiv beeinflussen.

Verbessert und vertieft wird das Beobachten durch das Dokumentieren. Auch dies ist keine neue Methode und wird seit langem praktiziert. Neu ist das systematische Dokumentieren mit Hilfe von gezielten Fragestellungen bzw. Einschätzbögen. Dabei wird das Kind als aktiver Gestalter seiner eigenen Entwicklung gesehen, das sein Wissen und seine Kenntnis der Welt durch seine eigene Handlung und Erfahrung gewinnt.

Der Beobachtung und Dokumentation können verschiedene Motive zugrunde liegen:

- Information über den Entwicklungsstand
- Information über die sprachliche Entwicklung
- Information über die Beziehungsfähigkeit
- Kontrolle der eigenen Erziehungsarbeit

Wichtig ist dabei immer die Sicht auf die besonderen Stärken des Kindes. Wenn Begabungen und Vorlieben erkannt sind, lässt sich leichter über Schwächen und Defizite nachdenken.

Fragen Sie doch einfach in Ihrem Kindergarten nach, was hier im Hinblick auf Beobachtung, Dokumentation und Auswertung geleistet wird. Vielleicht haben Sie die Wahl zwischen mehreren Kindergärten und können in Ihre Entscheidung auch dieses Angebot mit einbeziehen. Gute Gespräche mit Erzieherinnen zeigen den Eltern das Interesse und den Einsatz für ihr Kind und erleichtern Ihnen zu Hause die eigene Erziehungsarbeit. Mit einer guten Zusammenarbeit lassen sich viele Probleme schon im Keim ersticken.

Im Internet finden Sie Dokumentationen und Aktionen der Bertelsmann-Stiftung (www.kinder-frueher-foerdern.de) zur Förderung von Kindern im Kindergartenalter. Ob die heutige Jugend tatsächlich so viel problematischer als frühere Generationen aufwächst, ist kaum nachweisbar. Historische Vergleiche sind zwangsläufig lückenhaft. Ähnliche Symptome sind im Laufe der Zeit möglicherweise mit sehr unterschiedlichen Begriffen beschrieben worden.

Auch das Beobachten können Eltern übertreiben. Besonders wenn Eltern mit Argusaugen darüber wachen, ob ihre Kinder bestimmte Fähigkeiten in den ersten Lebensjahren zu festgelegten Zeiten schon erworben haben. Diese innere Strichliste, auf denen Eltern abhaken «Heute kann mein Baby dies, morgen kann mein Baby das usw.», führt zu einer großen Verunsicherung des Kindes. Die Unbefangenheit der Entwicklung geht verloren, Eltern und Kind werden überängstlich. Fragen wie «Ist es normal, dass mein Baby noch so krumme Beine hat?» oder «Ist es normal, dass bei meinem Kind dieser Schneidezahn erst jetzt durchbricht?» sind eigentlich völlig banal, decken aber unter Umständen wichtige Wahrnehmungen zu. Wann lacht mein Kind? Was macht es gerne? Was für eine Mimik zeigt es bei bestimmten Gelegenheiten? Eltern vergessen dabei manchmal ihr Kind auf den Arm zu nehmen, es zu liebkosen und Zärtlichkeiten auszutauschen. Permanente ängstliche Beobachtungen können einem Kind wirklich nur schaden und es zu einem Untersuchungsobjekt degradieren. Ein kleines Kind ist ein kommunikationsfreudiges Wesen, das für alles empfänglich ist, was in seiner Umgebung geschieht. Es nimmt die Laune, die Stimmung, den Geruch, die Stimme, den Rhythmus und die Liebe, Besorgtheit oder Gleichgültigkeit der Menschen in seiner Umgebung wahr. Dieses Kind hat psychische und physische Bedürfnisse und es ahnt schon, ohne es bewusst zu verstehen, von welcher Art die Beziehung von Vater, Mutter, Geschwister und Tagesmutter zu ihm ist.

Eltern sollten ihr eigenes Leben weiterführen und ihre Pflichten erledigen und tun, was ihrem Leben einen Sinn gibt. Natürlich müssen sie das Kind in ihr Leben integrieren und ihm ihre Liebe schenken, aber dadurch sollte sich nicht das ganze Leben der Eltern um das Kind drehen. Sie dürfen sich von dem Kind nicht vollständig vereinnahmen lassen.

2.2

Erziehung zur Konzentrationsfähigkeit

Konzentrationsfähigkeit ist eine Fähigkeit, die man nicht früh genug üben kann. In unserer lauten und hektischen Zeit ist es für Eltern eine große Herausforderung, Babys und Kleinkindern die nötige Ruhe für ihre Entwicklung zu verschaffen. Überallhin werden die Kleinen mitgenommen: auf Flugreisen, in den Supermarkt, ins Theater und zu Konzerten. Es gibt keinen Ort mehr, an dem die Kleinsten nicht anzutreffen sind. Das muss nun nicht zwangsläufig zur Konzentrationsunfähigkeit führen, aber eine übertriebene und ständige äußere Unruhe ist sicherlich schädlich für das kleine Kind.

Ein Kind, das sich konzentriert, richtet seine Aufmerksamkeit wie ein Scheinwerfer auf einen bestimmten, abgegrenzten Sachverhalt oder auf eine Person. Eine Voraussetzung für Konzentration ist Interesse, ausreichende Wachheit, Aufnahmefähigkeit und eine gewisse Übung. Wichtig ist auch die notwendige innere Ruhe. Faktoren wie Lärm, Reizüberflutung und Unruhe durch zu viele Ortswechsel wirken der Konzentrationsfähigkeit entgegen.

Bereits im Kindergarten fallen Kinder auf, welche sich überhaupt nicht konzentrieren können und selbst auch immer Unruhe stiften, während andere Kinder sich lange Zeit sehr intensiv in Aufgaben oder Spiele vertiefen.

Mögliche Ursachen für Konzentrationsmängel sind:

- Schlafmangel: Kinder brauchen neun bis zehn Stunden Schlaf

- Überforderung: Kinder, die von einem Termin zum anderen gejagt werden und keine Regenerationszeit und Zeit zum Spielen haben, können sich folglich auch nicht gut konzentrieren.

- Unterforderung: Kinder, die zu wenig Anregung zum Denken, Sprechen und Handeln bekommen, werden auf Dauer ebenfalls geschädigt, weil das Lernen nicht eingeübt wurde und bestimmte Gehirnbereiche nicht aktiviert wurden.

- Reizüberflutung: Dauerfernsehen oder pausenloses Computerspielen hindert das Gehirn daran, Neues aufzunehmen und zu behalten. Fernseh- und Computerbilder überlagern den Lernstoff.

- Heftige Auseinandersetzungen bei Beziehungsproblemen können Kinder so sehr beschäftigen, dass sie an nichts anderes mehr denken können.

- Fast Food: Einseitige Ernährung, zu wenige Vitamine, Mineralstoffe und Ballaststoffe bzw. chemische Zusatzstoffe können die Konzentrationsfähigkeit einschränken.

Die Konzentrationsfähigkeit hängt stark von günstigen Bedingungen ab. Da die gesamte schulische Leistungsfähigkeit eng mit der Konzentrationsfähigkeit eines Kindes zusammenhängt, tun Eltern gut daran, wenn sie für geeignete Rahmenbedingungen sorgen. In dem Buch «Gute Noten» (Kläsener/Korte, 2004) befindet sich hinten ein Konzentrationstest, mit dessen Hilfe Eltern die Konzentrationsfähigkeit ihres Kindes besser einschätzen können. Damit können Sie der Gefahr begegnen, schwache Leistungen fälschlicherweise auf mangelnde Intelligenz oder fehlendes Talent zurückzuführen, statt die wirkliche Ursache, Konzentrationsschwäche, in den Fokus der Überlegungen zu rücken.

Rahmenbedingungen, welche die Konzentration Ihres Kindes fördern:

- Kommunikation: Ein offenes und faires, kommunikatives Familienklima ist die Grundlage für seelische Ausgeglichenheit.

- Sport: Körperliche Aktivität und Bewegung bringen Sauerstoff ins Gehirn und fördern damit die Konzentration und das Denkvermögen.

- Ordnung: Ein aufgeräumter Platz, an dem das Kind sich mit einem Spiel intensiv beschäftigen kann, ist besser als ein Haufen durcheinander geworfener Spiele, die sich nicht mehr zuordnen lassen. Das gleiche gilt für den Schreibtisch. Ein aufgeräumter Schreibtisch bietet keine Möglichkeiten der Ablenkung und hilft dem Kind, sich auf das Wesentliche zu konzentrieren.

- Ruhe: Lärm von der Straße, aus Radio und Fernseher oder aus benachbarten Räumen stört die Konzentrationsfähigkeit. Sorgen Sie, falls Sie die Möglichkeit dazu haben, dafür, dass ihr Kind in einem ruhigen Raum spielen bzw. lernen kann. Auch Geschwister sollten nicht zu jeder Zeit stören dürfen.

- Vorbild: Leben Sie ihrem Kind vor, dass man nicht mehrere Dinge gleichzeitig machen kann, weil sich sonst Fehler einschleichen. Zeigen Sie ihm, dass es manchmal Mühe, Anstrengung und Zeit braucht, bis man etwas verstanden hat.

■ Struktur: Ein strukturierter Tagesablauf mit zuverlässigen Ritualen gibt Orientierung und hilft der Konzentrationsfähigkeit zu bestimmten Zeiten.

Man kann die Konzentrationsfähigkeit durch tägliches Üben verbessern. Diese Übung kann auf vielen verschiedenen Gebieten stattfinden. Für Kinder ist die beste Übung das konzentrierte und ungestörte Spielen.

2.3
Motivation und Nachahmung

Oft wird die Frage nach der Motivation dann gestellt, wenn jemand genau das nicht tun will, was von ihm verlangt wird. Beispielsweise soll er ein Musikinstrument üben, weigert sich aber standhaft. In solch einem Fall wird vermeintlich die Motivation zum Problem. Das ist in etwa so, als ob man jemandem Appetit beibringen will. Man kann ihm zwar Appetit machen, in dem man ihn zuerst hungern lässt, dann ist aber nicht der Appetit die Folge, sondern der Hunger. Die eigentliche Frage ist also im Wesentlichen nicht die Frage nach der Motivation, sondern die Frage nach der Verhinderung von Demotivation. Motivierend wirken in erster Linie Erfolgserlebnisse, aber auch Lob und Anerkennung. Demotivierend wirken Kritik, Rüffel, Nörgeleien, Beschimpfungen, Demütigungen und Strafen. Misserfolg kann antreibend und anregend wirken oder, falls er zu häufig ist, den letzten Rest an Motivation austreiben. Es ist die Menge an Enttäuschungen, welche uns die Motivation nimmt. Motivation ist eine wichtige Voraussetzung für das Lernen. Fehlt sie, führt das zwangsläufig zu einem Leistungsabfall. Für das spätere Lernen in der Schule ist es sehr günstig, wenn ein Kind durch eine Sache motiviert wird und sein Interesse nicht an die Person eines Erziehers oder eines Lehrers gebunden ist. Eine Motivation, die von einem Spielzeug, einem Bastelmaterial oder einem Spiel ausgeht, ist dann auch nicht so leicht durch eine Antipathie gegen eine Person wieder zu zerstören. So kann es zu einem entdeckenden Lernen oder einem «Learning by doing» kommen.

Der Botenstoff Dopamin spielt im Gehirn in vier funktionellen Systemen eine wichtige Rolle (Spitzer, 2002). Wir interessieren uns hier nur für das Belohnungssystem und seine Auswirkung auf die Motivation. Die Dopaminfreisetzung im Gehirn kann zu einer besseren Klarheit im Denken führen. Im Nucleus accumbens genannten Gehirnareal aktivieren die dopaminergenen Fasern Neuronen (Gehirnzellen), die opiatähnliche Stoffe freisetzen und dadurch ein gutes Gefühl erzeugen. Damit ist subjektiv ein Belohnungseffekt entstanden, der als eine Art Türöffner fungiert. Das Dopaminsystem springt immer bei Ereignissen oder Verhaltensweisen an, die ein Resultat liefern, das besser als erwartet ausfällt. Das Dopaminsystem ist nur für die Belohnung, nicht aber für die Bestrafung zuständig.

Belohnung unterstützt das Lernen. Gelernt wird immer dann besonders gut, wenn positive Erfahrungen gemacht werden.

Mittels moderner bildgebender Verfahren wurde es möglich, das Anspringen des Belohnungssystems beim Menschen direkt in einem sogenannten Gehirnscanner zu beobachten. So konnte man beweisen, dass auch Schokolade, schöne Musik und Blickkontakt mit einem attraktiven Menschen das Belohnungssystem aktivieren. Schokolade wirkt in unserem Gehirn ganz ähnlich wie Kokain, was auch erklärt, weshalb Schokolade das Nahrungsmittel ist, nach dem die Menschen am ehesten süchtig werden. Harmloser und ebenfalls wirksam ist ein freundlicher Blick oder ein nettes Wort. Zusammenfassend kann man sagen: Der Mensch ist von Natur aus motiviert zu lernen, er kann gar nicht anders. Die Aufmerksamkeit der Eltern muss sich also nicht auf die Motivation, sondern auf die Verhinderung von Demotivation richten.

Sich selbst motivieren zu können ist besonders in problembeladenen Zeiten von herausragender Bedeutung. Das Ertragen von Enttäuschungen und Krisen setzt voraus, dass ein Mensch gelernt hat, beim Auftreten von Schwierigkeiten nicht zu resignieren. Selbstvertrauen und Neugierde auf Neues tragen dazu bei, sich bei Niederlagen wieder aufzurappeln und psychisch belastende Situationen durchzustehen.

Sie können die Fähigkeit Ihres Kindes zur Selbstmotivation von klein an unterstützen, indem Sie ihm zeigen, wie es weitermachen soll, wenn beispielsweise sein Bauklötzchenturm immer wieder umstürzt. Trösten Sie und motivieren Sie immer wieder zu einem neuen Versuch. Sicherlich beobachten Sie immer wieder, dass Ihr Kind Selbstgespräche führt und dabei sein momentanes Tun mit Worten erklärt. Mit der Zeit verlagert das Kind diese Monologe in sein Inneres und erhält dabei eine Motivation zum Weitermachen. Sätze wie «Ich schaffe es», «Ich gebe niemals auf», «Ich zeige es ihnen» helfen auch später in ähnlichen Situationen. Leider verankern sich ähnliche auf negative Art geführte innere Dialoge auf die gleiche Weise. Dann könnte ein Kind bei jedem Auftreten von ähnlichen Schwierigkeiten ohne jeden Versuch sofort aufgeben mit inneren Kommentaren, wie «Das schaffe ich nie», «Dafür bin ich zu dumm», «Das kann nur schief gehen» usw. Während ein Kind mit einer positiven Motivationsrichtung unbeschwert und erfolgssicher an die Lösung eines Problems herangeht, hat ein Kind mit Demotivation fast keine Chance, das Problem zu meistern.

Kinder brauchen möglichst an jedem Tag Anerkennung und Bestätigung für ihr Bemühen, und das am besten von verschiedenen Personen. Wenn immer nur eine bestimmte Person Lob spendet, die anderen Menschen in der Umgebung aber kritisieren oder schweigen, wird das Kind mit der Zeit dem Lob keinen Glauben mehr schenken und seine Anstrengungen einstellen.

Nachahmung

Kinder beziehen ihr Verhalten hauptsächlich aus der Beobachtung und Nachahmung. Forscher haben herausgefunden, dass fröhliche Eltern fröhliche Babys haben. «Bei Babys läuft der Humor über Mimik und Gestik», sagt Michael Titze, Psychologe und Vorsitzender von HumorCare Deutschland. Eltern sollten deshalb ihr Kind so oft wie möglich freundlich anschauen und lächeln, selbst dann, wenn es ihnen nicht danach zumute ist. Ein künstliches Lächeln ist besser als nach unten gezogene Mundwinkel. Der Humorexperte hat festgestellt, dass beim Zurücklächeln des Babys aus dem unechten Lächeln ganz schnell ein echtes wird.

Wenn Kleinkinder feststellen, dass ihr Vater nicht auf ihre Mutter hört, dann ziehen sie daraus den Schluss, dass sie selbst auch nicht auf die Mutter hören brauchen. Deshalb sollen Auseinandersetzungen zwischen den Erwachsenen möglichst nicht vor den kleinen Kindern ausgetragen werden. Wenn sich die Mutter vor den Kindern über die Respektlosigkeit des Vaters beklagt, bringt sie ihren Kindern unbewusst diese Haltung bei. Aus diesem Grund sind Rollenspiele für Kinder sehr sinnvoll. Eltern können hier spielerisch regulierend eingreifen, ohne dass Kinder sich reglementiert fühlen. Wenn Kinder mit Puppen, Playmobil o. ä. spielen und in eine Rolle schlüpfen, geben sie viel von ihrer Sicht der Welt preis. Freuen Sie sich einfach über den Einblick, den Ihnen Ihr Kind unwissentlich gewährt und gehen Sie humorvoll und spielerisch damit um. Sorgen Sie dafür, dass Ihr Kind mit anderen Kindern zusammen ungestört Geschichten erfinden und spielen kann.

Eltern brauchen ebenfalls immer wieder eine Motivation, um ihre eigenen Vorsätze umzusetzen. Dabei kann erfahrungsgemäß ein schon von Anfang an erstellter Ersatzplan helfen, den inneren Schweinehund zu überwinden.

Rituale

Der Übergang vom behüteten Zuhause zum Besuch eines Kindergartens oder vom Kindergarten zur Grundschule bringt für Kinder große Veränderungen mit sich. Sie müssen sich an einen neuen Rhythmus gewöhnen und mit einer neuen Umwelt klar kommen. Immer wiederkehrende Rituale helfen, dem Alltag eine Struktur zu geben und damit den täglichen Stress zu vermeiden. Kinder erleben dadurch eine innere und äußere Ordnung, die ihnen Halt gibt. In vielen Kindergärten und Schulen gehören Rituale längst zum Alltag. Auch zu

Hause können Sie durch Rituale feste Eckpunkte schaffen, die dem Kind helfen, sich an eingeführte Regeln zu halten.

Morgenrituale erleichtern das Aufstehen. Sie können den Morgen mit einer lustigen Aufweckrunde beginnen, mit ein paar Minuten «Fahrradfahren» im Bett. Wenn der Morgen immer um die gleiche Zeit mit der gleichen Reihenfolge von Abläufen beginnt, wenn das Kind weiß, welche Handlungen nun nacheinander folgen, damit es noch zu einem guten Frühstück reicht, dann beginnt der Tag schon viel entspannter. Wiederholungen und zu Ritualen gewordene Gewohnheiten bringen Ruhe und Gelassenheit.

Auch beim Nachhausekommen schätzen Kinder Rituale. Es kann sehr gut tun, wenn man zunächst nicht über die Schule spricht. Gut gemeinte Fragen wie «Wie war es in der Schule?» führen bei manchen Kindern nicht zu einer befriedigenden Antwort. Wenn das Kind allerdings diese Frage erwartet, dürfen Sie nicht einfach aufhören damit. Viele Kinder brauchen zuerst Zeit zum Abschalten und Ruhe, um zu sich selbst zu kommen und um dann wieder in der Lage zu sein, über ihre Erlebnisse zu berichten. Richten Sie es so ein, wie es zu Ihrem Rhythmus und zu Ihrem Kind passt.

2.4

Erziehung zum Umgang mit Emotionen

Erziehung wäre oft um ein Vielfaches einfacher, wenn es nicht die lieben Mitmenschen gäbe, die auf Schritt und Tritt gut gemeinte und vor allem ungefragte Ratschläge geben. Oft ist es Eltern unangenehm, wenn sich eine fremde Person mit dem Satz einmischt: «Ich an Ihrer Stelle würde …» Das kann beim Schuhe kaufen passieren, wenn der Sprössling lautstark partout keine Schuhe anprobieren möchte und fremde Kundschaft Mitleid mit der Verkäuferin hat, oder an der Supermarktkasse, wenn das Kind zornt, weil es etwas Süßes möchte usw. Noch unangenehmer empfinden es viele Eltern, wenn sich ihre eigenen Eltern oder enge Verwandte in ihre Erziehung einmischen. Das kann zu ernsthaften Zerwürfnissen führen. Leider geht es dabei oft nicht um das wirkliche Wohl des Kindes, sondern schlicht um Rechthaberei. Es spielt sich also ein subtiler Machtkampf ab. Lassen Sie sich nicht in solche Streitereien hineinziehen. Überlegen Sie genau, was Ihrem Kind nützt. Versuchen Sie Ihre Haltung sachlich zu begründen. Dann beziehen Sie eindeutig Position für Ihr Kind und lassen Sie sich dabei nicht das Heft aus der Hand nehmen. Wenn Sie mit sich im Reinen sind, werden Sie auch weitere Verbalattacken nicht aus der Ruhe bringen.

Aristoteles (384 bis 322 v. Chr.) fordert in der Nikomachischen Ethik – seiner philosophischen Untersuchung über Tugend, Charakter und ein Leben in Güte –, dass wir unser Gefühlsleben mit Intelligenz steuern. Aristoteles sieht kein Problem in der Emotionalität, sondern in der Angemessenheit der Emotion und ihres Ausdrucks. Auch heute noch geht es um die Frage: Wie können wir Kindern beibringen, mit ihren Emotionen intelligent umzugehen.

Im Kindergarten, in der Familie, bei Verwandten und in der Nachbarschaft haben Kinder viele Gelegenheiten, starke Gefühle zu erleben: Misserfolge, Hänseleien, Ablehnung, Ängste und Zurückweisung auf der einen Seite, aber auch Freude, Glücksgefühle, Erfolg, Lob und Begeisterung auf der anderen Seite. Emotionen sind Ausdruck intensiver Erlebnisse und Erfahrungen. Wie sicher Kinder mit ihren Emotionen zurechtkommen, beeinflusst ihr Handeln und ihren Kontakt zu sich selbst und zu anderen. Der Erfolg im sozialen Miteinander wird auch vom Umgang mit den eigenen Emotionen mitbestimmt. Auch hier sind die Eltern wieder das erste Vorbild für ein Kind. Von diesen lernt es, wie man emotional auf ein Ereignis reagieren kann. Wenn Kinder bei ihren Eltern sehen, wie diese ihre Gefühle im Griff haben und steuern können, dann werden sie das mit der Zeit zuerst nachspielen und später ebensolche Strategien entwickeln und erproben. Eltern sollten bei ihren Kindern genau aufpassen, mit welcher Strategie sich das Kind beruhigt. Greift es immer wieder zu Süßigkeiten? Dies ist nicht zu unterstützen, weil sich solch eine Verhaltensweise zu einem sehr ungesunden Essverhalten entwickeln kann. Wünschens- und unterstützenswert sind hier Ablenkungstrategien wie einen Sport ausüben oder ein Instrument spielen. Selbst das Fernsehen kann hin und wieder ein guter Blitzableiter sein. Am besten ist allerdings das Gespräch mit den Eltern. Unterstützen Sie ihr Kind darin über seine Gefühle zu sprechen. Damit kann es am schnellsten über sich selbst klar werden und die negativen Gefühle ablegen.

Wenn bereits Kinder lernen, mit ihren belastenden Emotionen besser fertig zu werden, leisten die Eltern gesundheitliche Vorbeugung. Untersuchungen haben gezeigt, dass negative Emotionen, wenn sie chronisch werden, ebenso schädlich sind wie das Zigarettenrauchen.

Jede fürsorgliche Erziehung zu einer emotionalen Intelligenz beginnt mit der Zuwendung, mit dem Interesse an dem Gefühlszustand, mit der Nachfrage nach dem Befinden. Dazu ein Beispiel.

Moritz bekommt einen neuen Kran!

Der vierjährige Moritz hat zu Weihnachten einen neuen Kran bekommen, den er mit einer Fernbedienung steuern kann. Sein Vater zeigt ihm die Bedienung und gibt ihm eine Aufgabe. Er soll kleine Baumstämme auf einen Spielzeuglastwagen heben. Nun schauen die Eltern zu und möchten ihm bei der Lösung der Aufgabe helfen.

«Den unteren linken Knopf drücken – Finger drauf lassen. Weiter, weiter!» fordert der Vater und seine Stimme wird ärgerlich, als er sieht, dass Moritz den falschen Knopf drückt.

«Sieh doch, wohin sich dein Kran bewegt, er entfernt sich doch vom Lastwagen» versucht die Mutter die Situation zu retten. Sie übersieht, dass Moritz einen Schmollmund zieht.

Der Vater entreißt Moritz die Fernbedienung und drückt kurz auf den richtigen Knopf. Moritz kann das nicht richtig sehen, außerdem ging die Aktion zu schnell. Moritz drückt mit Zornestränen im Gesicht auf einen falschen Knopf. Der Vater übersieht den Zustand von Moritz und schüttelt ihn an den Schultern. Nun zischt die Mutter den Vater an: *«Hab doch mehr Geduld mit Moritz.»* Moritz wirft die Fernbedienung voller Wut in eine Ecke und schluchzt herzerweichend. Die Eltern streiten weiter und ignorieren ihren Sohn.

In diesem Augenblick hat Moritz vielleicht eine Lektion gelernt, die seinen Eltern nicht bewusst ist. Möglicherweise hat er gelernt, dass sich seine Eltern nicht für seine Gefühle interessieren.

Wenn Kinder solche Situationen häufig durchleben und immer wieder signalisiert bekommen, dass sich niemand für ihre Gefühle interessiert, kann es sein, dass sie selbst von ihren Gefühlen abgeschnitten werden. In der Kindheit und in der Familie erfahren Kinder wie andere Menschen auf ihre Empfindungen reagieren, was sie also selbst von diesen Empfindungen halten sollen und welche Reaktionen darauf möglich sind. Ist Missachtung die erlebte Reaktion, so missachten sie die eigenen Gefühle und in vergleichbaren Situationen auch die Gefühle von anderen. Die Schulung der Gefühle geschieht nicht nur durch das direkte Ansprechen, sondern viel intensiver und unbewusster durch das Vorbild der Menschen, die am engsten mit dem Kind zusammen leben. Hunderte von Studien haben zweifelsfrei ergeben, dass die Art, wie Eltern ihr Kind behandeln, ob mit kühler Disziplin, mit Missachtung ihrer Gefühle oder mit empathischem Verständnis, bei dem Kind zu tiefgreifenden und bleibenden Prägungen führt. Das Kind fängt den emotionalen Umgangsstil seiner Eltern mit einer unglaublich sensiblen Antenne auf und baut diese Erfahrungen in sein Innenleben ein.

Eine repräsentativen Umfrage des Forsa-Instituts (www.stern.de/vorbilder) ergab im Oktober 2003, dass das wichtigste Vorbild der Deutschen die eigene Mutter ist. 35 Prozent der Befragten setzten ihre Mutter auf Platz 1 ihrer Vorbilder. Mit 34,9 Prozent folgt ihr bereits Mutter Teresa und danach kommt der Vater mit 32,5 Prozent als erster Mann bei diesem Ranking. Auch mit dieser Umfrage kann man von neuem die starke Vorbildwirkung der eigenen Eltern belegen.

Eltern können ihrem Kind gezielt helfen, positive Gefühle zu entwickeln. Damit stärken sie die psychische Gesundheit und das Wohlbefinden des Kindes. Möglich ist dies mit einer Puppe, die ihren festen Platz in der Wohnung hat und immer dann zum Einsatz kommt, wenn das Kind einen Zuspruch braucht. Die Puppe bekommt beispielsweise den Namen Ottokar. Wenn das Kind etwas ausgefressen, möglicherweise die teuerste Vase zertrümmert hat, wird dieses Missgeschick mit Ottokar besprochen. Ottokar gibt dann seinen Kommentar und tröstet das Kind: «Ich weiß, dass dir das nicht noch einmal passieren wird. Ist mir auch schon passiert, als ich jung war. Alles wird wieder gut.» Ottokar kann als «Ermutigungs-Puppe» sogar einen Platz am Tisch erhalten. Er kann eine so wichtige Ventilfunktion einnehmen, wie Eltern das nicht für möglich halten.

Möglich sind auch kleine Rollenspiele, in denen man dem Kind die Rolle eines Mutmachers gibt. Indem es einem anderen hilft mit seiner Situation klar zu kommen, lernt es selbst in einer vergleichbaren Situation stark zu bleiben.

Daniel Goleman beschreibt in seinem Bestseller über emotionale Intelligenz die drei häufigsten emotional ungeeigneten elterlichen Verhaltensweisen: völliges Ignorieren der Gefühle, übermäßige Toleranz und Verächtlichkeit.

Völliges Ignorieren der Gefühle

Eltern erachten die Gefühle der Kinder für unbedeutend und lästig. Sie lassen Zeit einfach untätig verstreichen und sind überzeugt, dass sich der störende Zustand bald wieder legen wird. Sie nutzen diese emotionalen Momente nicht, um ihr Kind besser kennen zu lernen, ihm zu helfen und ihm zu zeigen, wie man mit Angst, Trauer, Zorn oder Wut fertig werden kann.

Übermäßige Toleranz

Eltern bemerken zwar den Gefühlszustand ihres Kindes, finden aber grundsätzlich alles toll, was ihr Kind macht. Das geht so weit, dass sie es auch gut finden, wenn das Kind andere Kinder schlägt oder ihnen Spielzeug wegnimmt. Sie machen sich nicht die Mühe, ihrem Kind eine alternative emotionale Reaktion zu zeigen. Sie versuchen auf jede Aufregung dämpfend zu wirken und verlegen sich aufs Locken und Belohnen, um zu erreichen, dass ihr Kind nicht mehr traurig ist oder zornig wird.

Verächtlichkeit

Eltern zeigen keinerlei Respekt vor den Empfindungen ihres Kindes. Sie äußern sich missbilligend und rigide, ganz besonders vor anderen Menschen. Sie sind unerbittlich in ihrer Kritik und in ihren Strafen. Sie verbieten ihrem Kind jede Äußerung von Unmut und greifen bei jedem Anzeichen von Ungehorsam zur Strafe.

Alle diese Verhaltensweisen sind, wenn sie häufig auftreten, für ein Kind sehr schädlich. Kinder, die ihre Gefühle noch nicht mit Worten beschreiben können, reagieren häufig nonverbal mit Angstzuständen, Essensverweigerung, Bettnässen oder dem Verlangen nach permanenter Aufmerksamkeit. Emotional kluge Eltern sind das beste Vorbild, welches Kinder getrost nachahmen können. Das Ergebnis ist ein besonders gutes Verhältnis zu den Eltern und der bessere Umgang mit den eigenen Gefühlen. Sie beruhigen sich leichter bei Aufregungen, sind entspannter und leiden weniger unter ihren Stresshormonen. Sie sind auch bei ihren Altersgenossen beliebter und werden von ihren Lehrern als sozial geschickter wahrgenommen. Im Folgenden wenden wir uns einigen negativen Gefühlen zu, welche das Familienleben stark belasten können. Ein kompetenter Umgang mit diesen Gefühlen und Spiele, welche den Umgang mit Gefühlen schulen, helfen viele unangenehme Situationen zu vermeiden.

Wut

Ob es zu einem Wutanfall kommt, entscheidet zunächst einmal die Amygdala, zu deutsch: der Mandelkern. Dabei handelt es sich um eine mandelförmige Struktur im limbischen System, mitten im Gehirn. Wenn die Amygdala dem Hypothalamus das Signal zum Ausschütten von bestimmten Hormonen gibt, dann reagiert der gesamte Körper blitzartig. Nun rast das Herz, die Lungenflügel weiten sich, um mehr Sauerstoff aufzunehmen, die Hauttemperatur steigt, es kann zu einem Schweißausbruch kommen. Die Nebenniere stößt Stresshormone, zum Beispiel Adrenalin aus, wodurch der Blutdruck des Körpers steigt. Man kann die Wut im Gesicht an bestimmten Merkmalen erkennen, an der Zornesfalte zwischen den Augenbrauen, an dem starren Blick, den verkniffenen Lippen und den bebenden Nasenflügeln. Auch eine zu laute und zu helle Stimme lässt Wut erkennen. Wissenschaftler haben festgestellt, dass ein Wutanfall längstens nach 20 Minuten vorbei ist. Manche Menschen lassen es nicht mit bösen Blicken und Worten bewenden, sondern werfen mit allen greifbaren Gegenständen um sich. Das kann in Extremfällen wirklich gefährlich werden.

Wichtig ist, dass Eltern ihre Wut nicht auf diese Weise vor ihren Kindern ausleben, sonst brauchen sie sich nicht zu wundern, wenn die Kinder bei nächster Gelegenheit ausrasten.

Am besten ist es, kurz die Augen zu schließen und zehnmal kräftig aus- und einzuatmen. Wenn das nicht reicht, kann man auch 50 kräftige Atemzüge machen. Das ist allemal besser als wertvolle Sachen zu zerschlagen und sich dabei womöglich noch zu verletzen. Wenn die Wut auch nach dem kräftigen Atmen noch nicht besiegt ist, kann ein schneller Lauf um den Block hilfreich sein. Bewegung an der frischen Luft hilft sehr schnell gegen Wut.

Eine auf Dauer schlechte Methode ist es allerdings, die Wut immer nur still runter zu schlucken. Das kann einen erheblichen Stau verursachen, der dann bei gegebener Gelegenheit zu einer Explosion führt und richtig unglücklich macht. Wenn die erste große Gefühlswallung überwunden ist, ist es wichtig, über seine Gefühle zu reden. Kinder sollten lernen, über ihre Gefühle zu sprechen. Das gibt ihnen die Sicherheit, dass man ihre Gefühle ernst nimmt und dass es in Ordnung ist, diese Gefühle zu haben.

Am schlimmsten für das Kind ist es, wenn sich seine Eltern über seine Wut lustig machen. Es fühlt sich dann nicht ernst genommen und verletzt in seinen Gefühlen. Die Wut kann dadurch noch enorm gesteigert werden. Während des Wutanfalls ist es sinnlos mit dem Kind sprechen zu wollen. Schimpfen Sie weder mit dem wütenden Kind noch mit dem Kind, welches möglicherweise den Wutanfall ausgelöst hat. Am Ende der Wut könnte ein Elternteil feststellen: «Jetzt ist es vorbei. Wenn er (oder sie) groß ist, wird er es gelernt haben mit seinen Wutgefühlen so umzugehen, dass es keinen Wutanfall mehr gibt. Er (oder sie) wird gelernt haben, sich zu beherrschen.» Bis zum Alter von fünf Jahren fällt es vielen Kindern schwer, sich zu beherrschen.

Wenn Sie mehr über den emotionalen Zustand Ihres Kindes herausfinden wollen, können Sie mit Ihrem Kind (ab ungefähr fünf Jahren) folgendes Satzergänzungsspiel machen. Sie können, um die Entwicklung Ihres Kindes zu beobachten, die Sätze Ihres Kindes auf ein Blatt schreiben und mit dem betreffenden Datum versehen. Sagen Sie nun den Anfang eines Satzes und lassen Sie Ihr Kind den Satz dann fertig machen. Beginnen Sie mit einem eigenen Beispiel.

Zum Beispiel:

Ich gehe … am liebsten mit dir auf den Spielplatz.
Ich bin …
Ich habe …
Ich kann gut ….
Ich kann schlecht ….
Ich mag am liebsten …
Ich mag am wenigsten …
Ich wünsche dir…
Immer ….
Nie …
Ich möchte …
Ich hasse es …
Hoffentlich …
Keiner …
Alle …
Sobald ich …
Morgen werde ich …
Am meisten wünsche ich mir ….
… ist zu mir …
Ich bin zu …

Wenn Ihr Kind noch zu klein für diese Satzanfänge ist, können Sie die Übung dem Sprachvermögen Ihres Kindes anpassen.

Weinen

Kinder weinen oft. Sie setzen das Weinen auch manchmal als Waffe ein, besonders gerne dann, wenn sie die Erfahrung gemacht haben, dass sie damit erreichen, was sie wollen. Wenn Eltern auf das kindliche Weinen nachgiebig reagieren, wird das Kind immer anspruchsvoller und greift mit der Zeit regelrecht auf diese emotionale Erpressung zurück. Es spürt sehr rasch, wenn Eltern jeder Auseinandersetzung ausweichen wollen. Für die Entwicklung des Kindes ist dies natürlich sehr kontraproduktiv, denn es bekommt allmählich den Eindruck, Mittelpunkt und Herr im Haus zu sein, um den sich alles dreht und zu drehen hat.

Eltern müssen wissen, dass es für ihr Kind immer wieder hilfreich ist, wenn es weinen muss. Weinen ist eine gute Möglichkeit den kindlichen Stress abzubauen. Danach geht es ihrem Kind wieder gut. Manche Eltern glauben, dass sie ihrem Kind wehtun, wenn sie es weinen lassen. Dem ist aber nicht so. Das Kind lernt auf diese Weise die Grenzen und Schranken seiner Welt zu akzeptieren.

> **Mit gutem Zureden kann man ein Kind meistens nicht beruhigen, besser ist es, selbst ruhig zu bleiben – und zuzuhören.**

Dabei sollten die Erwachsenen ernst bleiben und dem Kind das Gefühl vermitteln, dass es ernst genommen wird. Wenn Eltern lachen, während ihr Kind weint, fühlt das Kind sich innerlich verletzt und nicht für voll genommen. Das kann einem Kind mehr weh tun als der ursprüngliche Schmerz. Solche Episoden ereignen sich häufig vor fremden Zuschauern, beim Einkaufen oder auf Spielplätzen, weil Eltern vor Fremden nicht zugeben wollen, dass sie den «Kinderkram» ernst nehmen und sich nicht so geben, wie sie wirklich sind. Sie möchten die «Szene» so schnell wie möglich abkürzen und beenden. In solch einem Fall ist es gut, die Angelegenheit zu Hause noch einmal zu besprechen und dem Kind zu signalisieren, dass man Anteil nimmt und es unterstützen möchte.

Angst

In ihrem Ratgeber für Kinder und Eltern geht die Psychologin Sigrun Schmidt-Traub dem Phänomen Angst bei Kindern und Jugendlichen auf den Grund (Schmidt-Traub, 2001). Sie gibt Eltern eine Anleitung zu Beobachtung der Ängste ihrer Kinder. Angst kann als eine besondere Empfindsamkeit zum Teil angeboren sein, sie kann aber auch teilweise anerzogen werden. Eltern sollten bei Kindern auf folgende Situationen achten, um sie vor übertriebener Angstentwicklung zu schützen.

- Eltern meinen es oft besonders gut mit ihren Kindern, wenn sie sie vor Angstsituationen bewahren. Sie lassen manche Dinge aus Angst um ihr Kind nicht zu oder auch, weil das Kind selbst Angst äußert. Sie erlauben beispielsweise Kleinkindern zu ihnen ins Bett zu kriechen, weil diese sich sonst vor der Dunkelheit oder dem Alleinsein fürchten. Dadurch lernen diese aber nicht, dass die Nacht an sich ungefährlich und das Alleinsein in der Nacht kein Problem ist. Sie werden an diese Situationen nicht gewöhnt und bleiben ängstlich.

- Andererseits können Eltern zu sensiblen Kindern auch zu streng sein. Sie verstehen die Ängste ihres empfindsamen Kindes nicht, weil es ganz anders ist als sie selbst. Sie ärgern sich über die Angst ihres Kindes. Damit geben sie möglicherweise dem Kind zu verstehen, dass es versagt und nicht genügt. Dadurch wird das Kind noch unsicherer und ängstlicher und traut sich nichts mehr zu.

- Die Angst der Eltern oder Erzieher färbt auf die Kinder ab. Wenn die Angst von einer Person vorgelebt wird, die eng mit dem Kind zu tun hat, dann hat es ein Modell der Angst vor sich, dem es sich nicht entziehen kann.

- Auch angstauslösende Situationen können Vorlagen für später werden: Ein Autounfall in einer bestimmten Stadt bedingt vielleicht Angst vor der Stadt oder ein heftiges Unwetter nach dem Baden im Freibad, führt möglicherweise zur Angst vor dem Freibad.

- Sehr ängstliche Kinder beginnen sich zurückzuziehen und sich übertrieben zu schützen. Aus Angst vor einem Sturz vom Fahrrad vermeiden sie das Fahrradfahren usw.

Kinder, welche eine aufregende Trennung der Eltern miterlebt haben, neigen ebenfalls zu Ängsten.

Ängstlichkeit ist das Gegenteil von Coolness und ist in unserer Gesellschaft ziemlich verpönt. Ängstliche Kinder gelten als uncool oder als Angsthase, werden oft ausgelacht – oder noch schlimmer –, sie geraten als Zielscheibe ins Visier der Anführer oder Stars der Kindercliquen. Eltern sind bei der Beschäftigung mit der Angst ihrer Kinder oft überfordert. Erschwerend kommt hinzu, dass ein Kind, wenn es reif genug ist, um darüber nachzudenken, auch nicht gerne zugibt, dass es Angst hat. Es behält seine Ängste für sich, verbirgt und verheimlicht sie und zieht sich zurück. Zur Angst gesellt sich zusätzlich oft noch die Sorge um die soziale Ausgrenzung oder Zurückstufung. Dadurch wird seine Ängstlichkeit noch verstärkt, es zieht sich noch mehr zurück und fühlt sich gleichzeitig allein gelassen. Unsichtbare, seelische Verletzungen können ein Kind schwerer treffen als die allseits geächteten körperlichen Verletzungen. Erschwerend wirkt die Tatsache, dass viele Menschen nicht mehr wissen, wie sich Angst äußert. weil sie nur noch die durch Medien dargestellte Angst kennen: weit aufgerissene Augen, erstarrtes Gesicht, Zittern am ganzen Körper und Schreie, die durch Mark und Bein gehen. Aber Angst äußert sich bei Kindern oft ganz anders. Ein Kind das Angst hat, wirkt steif und ernst, es spricht und lacht nicht mehr, ist nicht zum Spielen zu bewegen. Manchmal wird solch ein Kind fälschlicherweise für langweilig gehalten.

Der erwachsene Mensch versucht meistens die angsteinflößende Situation abzustellen oder ihr auszuweichen. Bei Kindern und bei Medien ist das aber anders. Das angstauslösende Moment strömt eine Faszination aus, dem das Kind ausgeliefert ist. Es geht hier um einen Nervenkitzel, der mehr als eine Mutprobe ist und der ein gewisses Suchtpotential in sich trägt. Kaum ein dem Fernseher ausgeliefertes, viel fernsehendes Kind schafft es, den Fernseher vor dem angstauslösenden Erlebnis auszuschalten.

Lassen Sie Ihr Kind nicht allein fernsehen. Spätestens wenn Sie merkwürdige Verhaltensweisen bei Ihrem Kind feststellen, ist es an der Zeit, den Medienkonsum zu kontrollieren. Hören Sie nicht auf mit ihrem Kind über das Gesehene zu sprechen. Werden Sie hellhörig, wenn es Angst andeutet. Lachen Sie es auf keinen Fall aus. Nehmen Sie die Symptome ernst.

Etwas tun gegen die Ängstlichkeit

Es gibt im Alltagsbereich gute Strategien, um die Ängstlichkeit zu vertreiben. Am besten ist es, wenn sich das Kind ablenkt und sich mit etwas anderem beschäftigt.

Es kann

- mit einem Freund oder einer Freundin spielen,
- Musik hören oder noch besser selbst machen,
- ein spannendes Buch oder eine Zeitschrift lesen,
- etwas Lustiges, Spannendes oder eine Wissenssendung im Fernsehen ansehen,
- ein Gedicht auswendig lernen,
- eine Kassette mit einer Fantasiereise anhören,
- sich sportlich betätigen, hüpfen, laufen, Rad fahren oder auf dem Heimtrainer üben,
- mit einem Freund oder einer Freundin telefonieren oder mailen,
- Muskelentspannung nach Jacobson mit einer Kassette oder CD machen (Speck, 2005).

Viele Missverständnisse entstehen dadurch, dass Menschen die Gefühle ihrer Mitmenschen falsch deuten. Kinder können schon früh lernen auf die eigenen und die Gefühle der anderen zu achten. Sie stellen dabei fest, dass Menschen ihre Gefühle auf die unterschiedlichste Weise ausdrücken. Das kann durch gesprochene Sätze geschehen, durch eine entsprechende Mimik, Gestik oder Körpersprache, es spielen dabei auch der Klang der Stimme und der Tonfall eine große Rolle. Ein kleines lustiges Spiel kann Kinder schon früh auf diese Unterschiede aufmerksam machen.

Gefühls-Erkundungs-Spiel

Schon kleine Kinder können den Umgang mit Gefühlen spielerisch lernen. Ein Kind bekommt vom Spielleiter ein Gefühl zugeflüstert. Zum Beispiel: traurig, fröhlich, ängstlich, wütend, ärgerlich, langweilig, unzufrieden, zufrieden usw. Das Kind muss dann versuchen dieses Gefühl nonverbal, also ohne Worte, vor den anderen auszudrücken. Alle anderen Kinder in der Runde müssen dieses Gefühl danach in ihrer eigenen Gestik, Mimik und Körperhaltung nachspielen. Alles hat ohne Worte zu geschehen. Der Spielleiter beobachtet, wie gut die Kinder das Gefühl erraten und nachgespielt haben. Um mit den Kindern ins Gespräch zu kommen, stellt er hinterher Fragen wie: Welches Gefühl konntet ihr am leichtesten darstellen? Warum gelang das so gut? Welche Gefühle sind euch richtig schwer gefallen? Wie ist es euch beim Darstellen der Gefühle ergangen? Welche Darstellung habt ihr falsch gedeutet? Was war schuld daran?

Beim Autofahren

Um die lange Fahrtzeit zu überbrücken, kann man beim Autofahren folgendes Spiel machen: Einer fängt einen Satz an, der Nachbar muss ihn mit einem Gefühlsausdruck beenden und dann einen neuen Satz beginnen, den dann der nächste ebenfalls mit einem Gefühlsausdruck fortsetzt usw.

Wenn ich gelobt werde, dann …
Wenn jemand mich angreift, dann …
Wenn mich jemand kritisiert, dann …
Wenn ich gestoßen werde, dann …
Wenn mir jemand Geld schenkt, dann …
Wenn mich jemand freundlich anlächelt, dann …

Trotzphase

Wenn ein Kind trotzt, zeigt es vehement und energisch Ablehnung gegenüber den Forderungen anderer. Die Trotzphase ist eine für Eltern sehr anstrengende Zeit, die viel Geduld, Fingerspitzengefühl und konsequentes Verhalten verlangt. Wichtig ist auch, dass Eltern ihre aufkeimende Wut unterdrücken können. Die einzige sinnvolle Reaktion auf einen Gefühlsausbruch ist, Ruhe zu bewahren und das Kind klar und deutlich anzusprechen und auf keinen Fall nachtragend zu sein. Früher glaubte man, dass jedes Kind zwischen seinem zweiten und vierten Lebensjahr eine Trotzphase durchmacht. Inzwischen ist aber klar, dass nicht alle Kinder in die Trotzphase kommen. In manchen Kulturen ist diese Phase gänzlich unbekannt. Der Grund dafür könnte sein, dass sie keine Verbote kennen, gegen die sich ein Kind auflehnen könnte. Es scheint so, dass die Regeln unserer Gesellschaft und das Verhalten der Erwachsenen das Trotzverhalten des Kindes beeinflussen. Die Phase, in der Kinder ihren eigenen Willen entdecken und ausprobieren und in der Eltern zum ersten Mal die Reaktion auf das Wort «nein» feststellen und das Kind «ich» anstelle des eigenen Vornamens sagt, kommt über viele Kinder und ihre Eltern mit der Wucht eines Wirbelsturms.

Eine Mutter schildert das Verhalten ihrer Tochter so: «Ich halte es nicht mehr aus mit meiner Irina. Sie ist drei Jahre alt und wirft sich vor dem Essen ohne einen ersichtlichen Grund auf den Boden, schreit, tobt und schlägt wie wahnsinnig um sich. Bei jedem Versuch, sie zu beruhigen, wird sie noch wilder. Am liebsten würde ich weglaufen. Auch mein Mann findet keinen Zugang zu ihr. Sie ist einfach nicht zu beruhigen.»

Je nach Reaktion der Umgebung und Temperament des Kindes, steigt seine Lust eine gewisse Macht über die Erwachsenen auszuüben. Den Platz im Mittelpunkt der Familie will es nicht so schnell aufgeben. Aufmerksamkeit und Zuwendung sind wunderbare Verstärker für das trotzige Verhalten.

Kleine Kinder können sich noch nicht in andere Menschen hineinversetzen, verstehen also die Reaktionen der Erwachsenen nicht oder falsch. Sie denken: Wieso reagieren meine Eltern auf eine einfache Verweigerung so vehement? Kinder können ihre Frustrationen noch nicht kontrolliert bewältigen. Es bleibt ihnen scheinbar nur Schreien, Stampfen, auf dem Boden wälzen, mit Gegenständen werfen und Sachen demolieren, was gelegentlich bis zu Ohnmachtsanfällen gehen kann. Wer freundlich und bestimmt auf das Kind mit einem Befehlston eingehen kann, den das Kind als Aufforderung versteht, hat die Chance, es zur Vernunft zu bringen. Eine andere oft erfolgreiche Methode ist die Ablenkung. Wenn es Ihnen gelingt, die Aufmerksamkeit Ihres Kindes auf etwas anderes zu lenken, haben Sie gewonnen. Das Kind muss sich dabei aber angenommen fühlen. Auslachen oder über das Kind lachen sind in dieser Phase schädlich und wirken wie «Öl ins Feuer gießen». Ein Kind braucht Zeit und Zuwendung, um zu entdecken, wie es mit den eigenen Gefühlen umgehen soll.

Was kann ein Kind selber in seiner Trotzphase lernen?

- Ich habe einen eigenen Willen und kann ihn durchsetzen.
- Meine Eltern schimpfen zwar über mein Verhalten, es erfolgt aber keine weitere Reaktion.
- Jetzt merken sie plötzlich, dass ich da bin und dass ich etwas will.
- Ich kann meinen Gefühlen freien Lauf lassen, niemand kann etwas dagegen tun.
- Meine Eltern nehmen mir nichts übel. Sie sind hinterher wieder nett zu mir.
- Gefühle können mich plötzlich überfallen, aber sie vergehen auch wieder.

Bei diesen Erkenntnissen sind keine dabei, die Sie sehr beunruhigen sollten. Wenn Ihnen klar ist, dass es wichtig ist, solche Szenen nicht zu sehr zu beachten, dass Sie möglichst schnell zu anderen Themen übergehen können, dass Sie sich ja nicht erpressen lassen, damit Sie Ihr Kind nicht zu einem kleinen Tyrannen erziehen, dass Sie weiterhin bei ihren klaren Anweisungen bleiben, dann wird diese Trotzphase sehr schnell im Sande verlaufen.

> Mit jedem Nachgeben auf Forderungen Ihres Kindes belohnen Sie es für sein Verhalten. Das Kind ist dann der Meinung, sich genau so verhalten zu müssen, um seine Ziele zu erreichen. Diese Rückmeldung dürfen Sie ihm nicht geben.

Fast jeder hat schon Trotzszenen in Geschäften erlebt, wo Kinder so lange Zeter und Mordio geschrien haben, um sich einen bestimmten Schokoriegel zu ertrotzen. Es ist sehr schade, wenn Mütter das Geschrei ihres Kindes nicht aushalten können und durch den Kauf des ertrotzten Schokoriegels ihr Kind ruhig stellen. Mit jedem derartigen Einkauf verstärkt sich das Trotzverhalten. Das Kind hat sein Ziel erreicht, auch dann, wenn es das Schimpfen seiner Mutter aushalten muss. Das Kind weiß dann vielleicht aus Erfahrung: «Meine Mutter beruhigt sich schon wieder. Das habe ich schon öfter erlebt. Sie dreht kurz durch, schimpft mit mir, aber den Schokoriegel bekomme ich. Wenn ich mich also so verhalte, muss ich das Schimpfen durchstehen, zur Belohnung darf ich dann den Schokoriegel behalten.» So gesehen, hat die Mutter ihr Kind zum Trotzen ermutigt.

2.5
Verwöhnung

> *Man hilft den Menschen nicht,*
> *wenn man für sie tut, was sie selbst tun können.*
> *Lincoln*

Der spanische Philosoph Ortega y Gasset schrieb sinngemäß: Jemanden verwöhnen heißt, ihm seine Wünsche nicht beschneiden. Ihm den Eindruck geben, dass er alles darf und zu nichts verpflichtet ist. Ein Mensch, der unter solchen Bedingungen aufwächst, hat seine Grenze nicht erfahren, weil ihm jede Auseinandersetzung mit anderen Wesen erspart bleibt. Und so glaubt er schließlich, er sei allein auf der Welt, und lernt nicht, mit anderen, vor allem nicht mit Überlegenen zu rechnen.

Der Autor und Professor für Erziehungswissenschaften Felix von Cube hat schon früh festgestellt, wie verheerend sich Verwöhnung auf ein Menschenleben auswirken kann (Piper, 1988). Es ist ein Urtrieb des Menschen, sich sein Leben so angenehm wie möglich machen zu wollen, er strebt nach Lust ohne Anstrengung. Wie sehr sich der Mensch seit jeher nach der schnellen Erfüllung seiner Wünsche sehnt, wird in vielen verschiedenen Märchen beschrieben wie «Tischlein-deck-dich», «Heinzelmännchen» oder «Ali Baba und die 40 Räuber» mit dem berühmten Spruch «Sesam öffne dich».

Durch zahlreiche Innovationen ist unser Leben tatsächlich in vielen Bereichen bedeutend angenehmer geworden als das unserer Vorfahren. Moderne Technik, elektronische Medien, Wohlstand und unsere Freizeitmöglichkeiten haben dazu beigetragen. Der Sinn von Technik und Zivilisation ist ja gerade die rasche und leichte Triebbefriedigung. Leider führten diese Wohltaten auch zu unerwünschten Nebenwirkungen. Unsere Gesellschaft bekommt es zunehmend mit der aggressiven Langeweile, der Gewalt auf den Schulhöfen und dem Drogenkonsum von Jugendlichen zu tun. Was wir bei all unseren Neuerungen nicht bedacht haben, ist die Spontaneität des Triebsystems oder mit anderen Worten die Frage, warum wir uns anstrengen sollen, wenn es nicht unbedingt notwendig ist. Felix von Cube belegt seine Erkenntnisse mit Beweisen aus der Verhaltensbiologie in seinem Buch «Fordern statt verwöhnen» (Cube, 1988) und postuliert eine neue Art der Erziehung. Für ihn ist eine Pädagogik der Forderung und Selbstforderung für unser Überleben ebenso notwendig wie die ungestörte Entwicklung der Mutterbindung. Daraus ergeben sich für Eltern zwei mögliche Konsequenzen: Begrenzung der Ansprüche und Abbau von überschüssigen Aktionspotenzialen. Das heißt auf einen Nenner gebracht: Kinder zur Selbstverantwortung erziehen.

Jürg Frick, Professor an der Pädagogischen Hochschule Zürich, hat sich in seinem Buch «Die Droge Verwöhnung» (Frick, 2005) u. a. mit den oft unbewussten Voraussetzungen für eine verwöhnende Haltung beschäftigt. Schuldgefühle sind der häufigste Grund für vorschnelle Wunscherfüllungen. Eltern haben oft das Gefühl, zu wenig Zeit für ihre Kinder aufwenden zu können, weil sie sich beruflich stark engagieren oder weil beide hart arbeiten müssen. Aus diesem Schuldgefühl heraus wird das Kind mit Geld, Spielsachen, Mode und materiellen Gütern überhäuft. Schuldgefühle können aber auch bei einem alleinerziehenden Elternteil entstehen und die Abwesenheit eines Partners kann Anlass für eine Verhätschelung werden. Weitere Motive können Alkohol-, Drogen- oder Partnerschaftsprobleme sein. Lebensängste oder Unerfahrenheit von Eltern können zu einer Überbesorgnis führen. Eltern, die das eigene Leben als enttäuschend erleben, oder selbst zweifelhafte Erziehungsmethoden durchstehen mussten, oder mit Kinder nichts anfangen können neigen dazu, ihre eigene Problematik durch materielle Zuwendungen an ihre Kinder zu kompensieren. Sobald ein Kind wütend, bedrückt oder enttäuscht ist, versuchen diese Eltern es mit einer Süßigkeit oder mit Geld zu beruhigen. Wenn es sich dadurch noch nicht beruhigt hat, versprechen sie ihm sobald als möglich seine Wünsche zu erfüllen, z. B. einen Film im Fernsehen sehen, ein Videospiel zu kaufen oder sehr spät ins Bett zu dürfen.

Wenn Eltern die Probleme eines Kindes zu schnell selber lösen aus der falschen Vorstellung heraus, das Kind vor Schaden zu bewahren, wird es sehr rasch von diesen Lösungen abhängig und nicht in der Lage sein, selbst eine Lösung zu finden. Das Kind verlässt sich prompt darauf, alles zu bekommen, statt zu lernen, mit schwierigen Situationen und Aufgaben selbst fertig zu werden. Es ist jedoch für eine positive Entwicklung unerlässlich, dass man ein Kind hier eigene Erfahrungen machen lässt. Wenn es gelernt hat mit unangenehmen Erfahrungen umzugehen, dann können Eltern es angemessen loben und ihm klar machen, wie beachtlich sie seine Leistung finden.

Die anstrengende Arbeitssituation der Eltern trägt oft zu einer nervlichen Belastung bei, die sich zu Hause in einer überfürsorglichen Haltung den Kindern gegenüber äußert. Wenn ein gestresster Vater oder eine gestresste Mutter nach Hause kommt, dann will er oder sie nur noch eines: Ruhe. Er oder sie möchte sich von der Last des Alltags entspannen und neue Kraft schöpfen.

Die Wirklichkeit zu Hause sieht aber ganz anders aus. Die kleineren Kinder sind voller Vitalität, freuen sich auf ihre Eltern und stellen allein durch ihre Lautstärke, ihr Herumhüpfen und ihre Wünsche die Nerven ihrer Eltern auf eine harte Probe; die Größeren kommen mit ihren Schulproblemen und manchen negativen Erlebnissen nicht klar und fordern das Verständnis und die Mithilfe der Eltern. Diese sehr häufig anzutreffende äußerst belastende häusliche Situation ist oft die Ursache für falsche Erziehungsmaßnahmen, welche ausgeruhte, unbelastete Eltern niemals ergreifen würden. Dazu gehört die Verwöhnung, deren beide Hauptmotive sofortige Triebbefriedigung und Vermeidung von Anstrengung sind.

Die Verwöhnung durch sofortige Erfüllung jeden materiellen Wunsches, oft eben nur, um seine Ruhe zu haben, ist eine Form von Vernachlässigung der kindlichen Bedürfnisse. Sie kann zur seelischen Fehlentwicklung führen und die Entfaltung der kindlichen Persönlichkeit, die Entwicklung von Gefühlen, Intelligenz, Selbständigkeit und die Leistungsfähigkeit beeinträchtigen. «Wohlstands- oder Verwöhnverwahrlosung» nennen Psychologen den Zustand, in dem Kinder alles haben, außer Zeit und Zuwendung ihrer Eltern. Schäden, die durch diesen fahrlässigen Umgang mit einem Kind angerichtet werden, sind nur schwer oder gar nicht mehr zu heilen. Auch hier gilt wie auf so vielen anderen Gebieten: Vorbeugen ist besser als Heilen.

Eine oft unbewusste und gern übersehene Botschaft des Verwöhnens lautet: «Ich halte dich für schwach.» «Schau auf meine Stärke!» Anstelle des eigenen Ausprobierens handeln andere. Den Satz «Ich mache es schon für dich», bezeichnet der Sozialpädagoge Albert Wunsch als eine Entmündigungsofferte (Wunsch, 2000). Sein Buch zeigt auf, wie folgenschwer es sich auf das spätere Leben der Kinder auswirkt, wenn sie in einer Art Treibhausatmosphäre aufwachsen und ihnen alles gegeben und erlaubt wird. Dadurch lernen sie weder Zuverlässigkeit noch Verantwortung und haben keine Chance sich zu bewähren. Später, wenn sie in der rauen Wirklichkeit angekommen sind, erscheint ihnen die Welt um sie herum feindlich.

Das Abnehmen von Arbeit und Anstrengung ist eben auch das Verhindern von Lernen. Ein alter Kinderreim bringt diesen Zusammenhang auf den Punkt: «Rede nicht so lang herum, wer's nicht selber macht, bleibt dumm!» Denn wer sich entwickeln will, braucht Training und Erfahrung. Jedes überwundene Hindernis kann zu einer späteren Quelle der Kraft werden. Fehlendes Können ist oft Ausdruck fehlenden Selbstvertrauens, mit der Folge, dass auch die Motivation fehlt, künftige Herausforderungen zu bestehen.

Manche Eltern meinen, sie müssten die Gunst ihrer Kinder immer wieder aufs Neue erwerben. Doch verwöhnte Kinder sind nur freundlich und nett zu ihren Eltern, wenn die teuren Markenturnschuhe, das edle Marken-T-Shirt oder die angesagten Jeans oder banalere Dinge wie Pommes, Eis oder sonstige Leckereien gekauft werden, wenn also ihre Wünsche erfüllt werden. Dann sind ihre Eltern kurzfristig die besten Eltern der Welt. Die Kinder strahlen, sind brav und mit sich und der Welt zufrieden. Andernfalls schmollen sie und schimpfen über ihre Eltern. Wenn Sie sich auf diese Stimmungsschwankungen einlassen und Ihren Kindern um des lieben Friedens willen immer sofort ihre Wünsche erfüllen, stehen Sie bald auf verlorenem Posten. Die Kinder lernen diese Lektion sehr schnell, oft viel schneller als Erwachsene. Sie lernen, dass sie sich nur lange genug unausstehlich verhalten müssen, dann kommen sie schon an ihr Ziel. Sie müssen es nur aushalten, dass ihre Eltern kräftig mit ihnen schimpfen, aber danach erhalten sie doch das Gewünschte. Kinder haben diesen langen Atem. Eltern oft nicht. Kinder haben die Nerven. Eltern oft nicht mehr. Eine zusätzliche Schwierigkeit ergibt sich aus der Abstumpfung, die bei der Wunscherfüllung eintritt. Kinder freuen sich einfach nicht mehr, wenn sie das zwanzigste Kuscheltier oder den zehnten Bagger bekommen, oder wenn sie jeden Tag ins Kino dürfen usw. Sie werden immer anspruchsvoller. Da Kinder leicht zu beeinflussen sind und die Konsequenzen für ihre Entwicklung nicht voraus sehen, werden sie immer mehr fordern und sich natürlich nicht gegen die Wunscherfüllung wehren. Im Moment der Wunscherfüllung empfinden Kinder Verwöhnung als angenehm und wohltuend.

Eltern entziehen sich durch die Verwöhnung ihrer Verantwortung für die Erziehung, sie gehen kurzfristig betrachtet den einfacheren Weg, sie überspielen dadurch ihre eigene Unsicherheit und Angst, übersehen aber die vielen Chancen für sich selbst und für ihr Kind, die das Neinsagen eröffnet. Sie übersehen vielleicht auch eine weitere Gefahr der Verwöhnung. Wenn ein Kind nicht mehr bekommt, was es sich wünscht, kann auch eine kriminelle Haltung unterstützt werden, die ein beim Stehlen ertappter Junge so begründet hat: «Was ich nicht geschenkt bekomme, nehme ich mir einfach.»

Denken Sie noch einmal darüber nach, welcher Vorteil und welche seelische Beruhigung für Sie selbst durch eine verwöhnende Haltung kurzfristig herausspringen könnte. Gründe, welche vielleicht ganz unbewusst diesem Handeln zu Grunde liegen, sind:

- Mein Kind gibt sofort Ruhe.
- Es ist einen Tag lang zufrieden.
- Es schreit nicht mehr.
- Es liebt mich für dieses Geschenk.
- Es wird emotional abhängig von mir.
- Es kommt bei den anderen gut an.
- Es gewinnt so Freunde.
- Es weiß mehr als die anderen.
- Ob es den Film jetzt oder später sieht, macht keinen Unterschied.
- Die anderen tun es auch.

Ziehen Sie anschließend Bilanz, indem Sie sich langfristige Wirkungen überlegen.

- Wie verhält sich das Kind beim nächsten Wunsch?
- Wie reagiert es, wenn es den Wunsch nicht sofort erfüllt bekommt?
- Bin ich in der Lage, noch größere Wünsche zu erfüllen?
- Ist emotionale Abhängigkeit das, was ich mir von meinem Kind wünsche?
- Gewinnt das Kind durch dieses Verhalten echte Freunde?
- Werden die Freunde zu ihm halten, wenn es keine Geschenke mehr gibt?
- Welche Spuren hinterlässt ein zu früh gesehener Film auf der Seele meines Kindes?
- Ist es gut für mein Kind, etwas nur deshalb zu tun, weil es die anderen auch tun?

Wie würden Sie reagieren, wenn Ihr Kind Ihnen später einmal vorwerfen würde: «Dass Anstrengung wichtig ist im Leben, durfte ich nicht lernen. Ich lasse mich immer hängen, traue mir nichts zu, weil ich mich als Kind nicht anstrengen musste.»

Wie bei fast allen Erziehungsfehlern ist es auch bei der Verwöhnung. Man muss den schmalen Grat zwischen dem Zuviel und dem Zuwenig finden. Nicht jede Wunscherfüllung führt gleich zu einer folgenschweren Verwöhnung. Aber mit der Verfügbarkeit immenser materieller, sportlicher und virtueller Möglichkeiten ist die Gefahr gestiegen, Kindern mehr und schneller zu geben als ihnen gut tut. Soviel ist sicher: Wirkliche Verwöhnung führt letztendlich zu Frustration und Misserfolg und macht auf Dauer unglücklich. Verwöhnte Kinder sind nicht belastbar, entwickeln eine unerfüllbare Anspruchshaltung, werden oft krank, gehen zur Leistungsverweigerung über und leben nach dem Lustprinzip ihren Egoismus aus.

Es gibt ein paar typische Konstellationen, die häufig Anlass oder Beginn einer verwöhnenden Erziehungshaltung sein können. Bleiben Sie besonders in folgenden Situationen wachsam:

- nach akuten Krankheiten und Unfällen ihres Kindes oder eines Familienmitglieds
- bei starken Konflikten in ihrer Familie oder in ihrem nahen Umfeld
- in der Öffentlichkeit (wie zum Beispiel beim Einkaufen, in öffentlichen Verkehrsmitteln, beim Arzt oder im Kindergarten).

Tipp: Bleiben Sie hart. Geben Sie klar zu erkennen, dass Sie Wünsche nicht auf Knopfdruck erfüllen. Das geht auch dann, wenn Sie bisher immer nachgegeben haben. Denken Sie immer daran, wenn Sie den nun folgenden Widerstand Ihres Kindes nicht durchhalten und durch eine spontane Wunscherfüllung abkürzen, dann werden Sie beim nächsten Wunsch einen noch härteren

Kampf vor sich haben. Allerdings sollten Sie nun ihrer neuen Einsicht treu bleiben. Kinder brauchen Orientierung, sie müssen wissen, woran sie sind. Deshalb sollte ein «Nein» von heute, auch ein «Nein» von morgen sein.

Wir denken selten an das, was wir haben,
aber immer an das, was uns fehlt.
Schopenhauer

Wünsche

Es ist völlig in Ordnung, wenn Ihr Kind viele Wünsche äußert. Es zeigt damit, wo sein Interesse liegt und was es freut. Eltern können damit einen Blick in die Vorstellungs- und Gefühlswelt ihres Kindes werfen. Vermitteln Sie Ihrem Kind nicht den Eindruck, dass es unanständig oder egoistisch ist, so viele Wünsche zu nennen. Ein Kind, dem kein Wunsch einfällt, wirkt zwar auf den ersten Blick auf manche Erwachsene beneidenswert wunschlos glücklich. Beim genaueren Betrachten jedoch stellen sie fest, dass dieses Kind keine Ahnung von seinen Bedürfnissen, seinem Potenzial und seinen Interessen hat. Genauso schlimm wäre es, wenn dem Kind alle Wünsche von den Lippen abgelesen und sofort erfüllt würden. Auch das hätte solch eine Abstumpfung und darüber hinaus eine Verstärkung der Selbstsucht zur Folge.

Kinder werden nicht egoistisch, weil sie bekommen, was sie wollen, sondern dadurch, dass sie sich längst daran gewöhnt haben, ihren Willen mit Wutanfällen durchzusetzen.

Wünsche haben zu dürfen ist die eine Seite der Medaille. Es auszuhalten, diese Wünsche nicht sofort erfüllt zu bekommen, ist die andere Seite. Letzteres ist für Eltern und Kinder oft nicht leicht durchzustehen. Durch genaues Zuhören und geduldige Gespräche können Eltern ihrem Kind das Gefühl vermitteln, dass seine Wünsche ernst genommen werden. Zusammen können sie herausfinden, welches der wichtigste Wunsch ist, welches Ziel dahinter steckt und wie man dieses erreichen kann. Wünsche können sehr verschiedene Dimensionen haben. So kann auf einem Wunschzettel eines Kindes ein Durcheinander stehen, wie zum Beispiel:

- ein Haustier
- ein Legospiel
- bestimmte Sportschuhe
- ein bestimmtes Sport-Trikot
- Tischtennis spielen
- ein bestimmtes Buch
- eine Spielkonsole usw.

Ohne Gespräch mit dem Kind ist nicht herauszufinden, was ihm von diesen Dingen das Wichtigste ist, bzw. worüber es am traurigsten wäre, wenn dieser Wunsch nicht erfüllt würde. Selbst ein Erwachsener kann sich manchmal noch an die Enttäuschung erinnern, als seine Eltern ihm kein Haustier geschenkt haben oder ihm einen gewünschten Sport nicht erlaubt haben.

Wenn Wünsche dauernd unterdrückt und von Kindern als nicht erfüllbar erlebt werden, dann verlieren sie möglicherweise ihre Zuversicht und ihre Begeisterung für ihre liebsten Beschäftigungen und Herausforderungen.

Wünscht sich ein Kind mehr als es im Moment bekommen kann, so lernt es Selbstbeherrschung und die wichtige Fähigkeit, einen Wunsch aufzuschieben.

Eindrucksvoll schildert Daniel Goleman eine Studie mit vierjährigen Kindern, die der Psychologe Walter Mischel in den sechziger Jahren durchgeführt hat (Goleman, 2005). Begonnen wurde die Studie an einer Vorschule auf dem Universitätscampus von Stanford, die überwiegend von Kindern von Professoren, graduierten Studenten und Universitätsangestellten besucht wurde. Beendet wurde die Studie, als die untersuchten Kinder die Highschool beendeten. Die Kinder mussten sich dem sogenannten Marshmallow-Test unterziehen.

Ein Versuchsleiter machte ihnen folgenden Vorschlag:

Ich gebe dir jetzt einen Marshmallow. Wenn du mit dem Essen wartest, bis ich eine Besorgung erledigt habe, bekommst du zur Belohnung einen zweiten Marshmallow dazu. Wenn du nicht so lange warten kannst, bekommst du nur den einen, aber den kannst du sofort essen.

Dieser Versuch war natürlich eine ungeheure Herausforderung für die kleinen Kinder. In ihrem Inneren fand ein harter Kampf zwischen Impuls und Zurückhaltung statt. Zwei Drittel der Vierjährigen konnten die ihnen sicherlich endlos erscheinenden 15 bis 20 Minuten bis zum Erscheinen des Versuchsleiters abwarten. Um ihr Durchhaltevermögen zu stärken, hielten sie sich die Augen zu oder legten den Kopf auf die Arme und führten Selbstgespräche, sangen, spielten mit Händen und Füßen oder versuchten sogar, sich schlafen zu legen. Diese tapferen Vorschüler erhielten, wie versprochen, ihre beiden Marshmallows. Die anderen jedoch, die impulsiver waren und nicht warten konnten, aßen den einen Marshmallow innerhalb von Sekunden, nachdem der Versuchsleiter den Raum verlassen hatte.

Welche Vorhersagekraft dieser kleine Versuch besaß, wurde rund 12 Jahre später deutlich, als die Kinder zu Jugendlichen heran gewachsen waren. Es stellte sich ein großer Unterschied zwischen denen, die den Marshmallow sofort gegessen hatten und denen, die sich die Belohnung aufgeschoben hatten, heraus. Diejenigen, die ihren Impuls aufschieben konnten, waren später durchsetzungsfähiger, selbstbewusster, sozial kompetenter und waren besser in der Lage, mit den Frustrationen des Lebens fertig zu werden. Sie neigten unter Stress weniger dazu, zusammenzubrechen oder starr, nervös oder fahrig zu werden, wenn sie unter Druck gesetzt wurden. Sie waren selbstsicher und zuversichtlich, vertrauenswürdig und verlässlich, sie ergriffen die Initiative und arbeiteten begeistert an Projekten. Und sie waren über ein Jahrzehnt nach dem Experiment immer noch in der Lage, eine Belohnung aufzuschieben, um ihr Ziel weiter zu verfolgen. Noch überraschender waren die Unterschiede der beiden Gruppen, wenn man ihre schulischen Leistungen verglich. Schon in der Schulzeit zeichnete sich eine positive Entwicklung der gleichen Schüler ab. Sie schnitten im Schulleistungstest besser ab, konnten ihre Ideen besser in Worte fassen, besser logisch denken, sich besser konzentrieren, besser Pläne machen und verwirklichen, und sie zeigten größeren Lerneifer.

Das übrige Drittel der Untersuchten, welche den Marshmallow sofort gegessen hatten, zeigten später, dass sie die oben erwähnten Eigenschaften in geringerem Maße besaßen. Noch schlimmer, sie zuckten vor sozialen Kontakten zurück, waren störrisch und unschlüssig, ließen sich durch Frustrationen leicht aus dem Konzept bringen, waren argwöhnisch, neigten zu Neid und Eifersucht und sie waren nach all diesen Jahren immer noch nicht in der Lage, eine Belohnung aufzuschieben.

Die Fähigkeit einem Impuls nicht sofort nachzugeben, sondern ihn zu verschieben, ist die Wurzel für eine Fülle von positiven Eigenschaften, angefangen vom Durchhalten einer Diät bis hin zum Erwerben eines akademischen Titels.

Tipp: Folgerungen, die Eltern aus dem Marshmallow-Test für ihre Erziehung ziehen können.

Beobachten Sie, wie Ihr eigenes Kind auf solch einen Versuch reagiert. Probieren Sie es doch einfach aus. Nehmen Sie ein Stück einer Lieblings-Süßigkeit Ihres Kindes, ein Bonbon, einen Keks oder ein Stück Schokolade. Wählen Sie etwas, das Ihrem Kind nicht frei zugänglich ist, das es selten bekommt und das es ganz sicher sehr gerne isst. Machen Sie den Test nicht, wenn das Kind gerade sehr beschäftigt oder abgelenkt ist, also wenn es gerade einen spannenden Film anschaut oder konzentriert mit einem anderen Kind spielt. Wählen Sie eine Zeit, in der Ihr Kind nicht so genau weiß, was es jetzt tun soll. Zeigen Sie ihm nun die Süßigkeit und erklären Sie ihm, dass Sie kurz eine Besorgung machen müssen, dass Sie aber in spätestens 20 Minuten zurück sein werden. Wenn Ihr Kind bis dann die Süßigkeit noch nicht gegessen hat, bekommt es zur Belohnung ein zweites Stück dazu.

Falls Ihr Kind nun wirklich wartet, wie im erwähnten Versuch beschrieben, ist das ein sehr ermutigendes Ergebnis.

Andernfalls dürfen Sie das Ergebnis auch nicht überbewerten. Versuchen Sie durch Fragen heraus zu bekommen, warum es nicht warten konnte.

Genauso wie Sie sich ein Urteil über Ihr Kind bilden, bildet sich auch Ihr Kind ein Urteil über Sie. Vielleicht hat es Ihnen einfach nicht geglaubt, dass

Sie ihm wirklich das zweite Stück vorenthalten, weil es weiß, dass es das sowieso bekommt. Das würde bedeuten, dass Sie in Zukunft konsequent sein sollten.

Dann sollten Sie Ihre vorgelebten Konsequenzen in der Erziehung überprüfen.

Vielleicht sind bei Ihrem Kind Süßigkeiten so an der Tagesordnung, dass es sich für solch eine Belohnung niemals anstrengen würde? Das ist dann ein Hinweis darauf, dass es bei Ihnen wahrscheinlich zu viele Süßigkeiten gibt, was im Hinblick auf die Essenserziehung auch nicht günstig ist.

Kann es sein, dass Ihr Kind noch nie auf die Erfüllung eines Wunsches warten musste, weil Sie selbst oder Ihr Partner, Oma oder Opa ständig sofort jeden geäußerten Wunsch erfüllen? In diesem Falle müssen Sie diese Praxis unterbinden. Es ist, wie uns die Marshmallow-Test-Studie gezeigt hat, sehr ungünstig für die weitere Entwicklung Ihres Kindes, wenn es nie gelernt hat auf die Erfüllung seines Wunsches zu warten.

Die beschriebene Studie arbeitet nur mit einem Diagnosemittel, das den jetzigen Zustand abbildet. Sie gibt keinerlei Hinweis auf die Erlernbarkeit einer solchen Tugend, wie dem Impuls-Aufschub. Ich bin jedoch überzeugt, dass es sich lohnt, geduldig zu versuchen, dem Kind mit immer wieder neuen Gelegenheiten die Vorzüge eines Impulsaufschubes nahe zu bringen. Auch dieses Verhalten kann eingeübt und gelernt werden. Wenn Sie hier ein Defizit bei Ihrem Kind festgestellt haben, haben Sie schon den ersten Schritt zur Lösung des Problems unternommen.

Impuls-Aufschub können Sie mit Ihrem Kind einüben durch

- Spielen. Lassen Sie Ihr Kind so oft wie möglich spielen. Es sollten auch Spiele darunter sein, in denen es Sieger und Verlierer gibt. Ein Kind muss lernen, was es bedeutet zu verlieren. Ein Spiel soll auch einige Zeit in Anspruch nehmen. Heute verlieren viele Kinder schon die Geduld, wenn ein Spiel eine halbe Stunde oder ein wenig länger dauert. Sie wollen dann nicht mehr weiter spielen. Hier heißt es, behutsam die Spielzeit zu verlängern. Auch das gelingt durch Übung.

- Wunschzettel schreiben vor einem Fest. Eltern geben aus falsch verstandener Liebe einem Kind oft längst vor dem Fest das Gewünschte. Lassen Sie Ihr Kind warten. Verraten Sie auch nichts. Bleiben Sie hart. Den größten Wunsch zu erfüllen, falls möglich, ist okay. Es ist jedoch nicht in Ordnung, wenn Sie jeden Wunsch erfüllen.

- Punkte-Vergabe. Kinder können sich durch das Sammeln von Punkten eine gewünschte Sache ansparen.

2.6
Konsequent bleiben

Manche Eltern meinen, sie könnten den Trotz und den Widerstand ihres Kindes am besten dadurch brechen, dass sie es das tun lassen, was es will, mit der Folge es dann die natürlichen Konsequenzen spüren zu lassen. Drei Beispiele:

Manuel will seine Schuhe nicht anziehen

Manuel ist drei Jahre alt. Es ist Winter und kalt draußen. Aus einem unerfindlichen Grund weigert er sich, seine Schuhe anzuziehen. Nun könnten Eltern, welche die Erziehung durch natürliche Konsequenzen befürworten, denken: Wenn mein dreijähriges Kind im Winter absolut keine Schuhe anziehen möchte, dann lassen wir es einfach barfuß draußen laufen und krank werden. Es wird dann schon merken, wozu Schuhe gut sind.

Hier irren die Eltern. Das Kind lernt etwas anderes als die Eltern beabsichtigen. Das Kind lernt nur, dass es sich nicht auf seine Eltern verlassen kann. Da es auch keinen engen zeitlichen Zusammenhang zwischen barfuß laufen und krank werden gibt, ist das kleine Kind noch nicht in der Lage diesen Zusammenhang zu erkennen. Es kann in diesem Alter auch noch nicht logisch denken und hat, bis es neun Jahre alt ist, ein anderes Erinnerungsvermögen als Erwachsene. Es erinnert sich zwar an Worte, Handlungen und Begebenheiten, ist aber noch nicht fähig diese logisch miteinander zu verknüpfen. Wenn Kinder unter neun Jahren etwas vergessen haben, dann sollten Eltern sie immer wieder daran erinnern und nicht schimpfen, denn Schimpfen fördert nicht das Gedächtnis, sondern das Misstrauen.

Mirjam lässt den Hausaufsatz zu Hause liegen.

Mirjam hatte ihren Hausaufsatz zu Hause vergessen. Eine Woche lang hatte sie sich intensiv mit dieser Aufgabe beschäftigt und dabei viel Zeit aufgewendet. Heute muss sie den Aufsatz abgeben, sonst bekommt sie eine schlechte Note. Das wusste sie genau und sie hat Angst vor den anderen geschimpft zu werden. Dennoch passierte das Missgeschick. Die Mutter entdeckt den vergessenen Aufsatz auf Mirjams Schreibtisch und überlegt sich, ob sie den Aufsatz in die Schule bringen soll. Kurz entschlossen tut sie dies. Mirjam ist ihr dankbar.

Die Anhänger einer konsequenten Erziehung hätten der Mutter geraten: Lass Mirjam ruhig die natürlichen Konsequenzen ihrer Vergesslichkeit spüren, sie soll die schlechtere Note bekommen und getadelt werden, dann wird ihr das nie mehr passieren. Sie wird aus dieser Erfahrung lernen.

So war die Erziehung früher, die Erziehung durch Furcht und Angst. Heute würden Mutter oder Vater mit dem Wissen um eine positive Erziehung, wenn es ihnen irgendwie möglich ist, ihrer Tochter selbstverständlich helfen. Ist es nicht viel besser, wenn Mirjam lernt, dass sie auf die Unterstützung ihrer Eltern zählen kann und dass die Eltern ihr helfen, wenn sie können? Eltern können doch nicht wollen, dass ihr Kind eine schlechte Note bekommt, obwohl es sich sehr angestrengt hat, nur weil es in der Aufregung etwas vergessen hat. Wir alle vergessen irgendwann irgendetwas und sind froh, wenn uns jemand aus der Patsche hilft. So kann auch Mirjam Hilfsbereitschaft lernen. Sie erkennt, wie sehr sich jemand freut, wenn man ihn aus einer Notlage befreit.

Damit ihr Kind aus solch einer Situation nicht den Schluss zieht, es dürfe ruhig schlampig sein und alles Mögliche vergessen, seine Eltern würden ihm auf jeden Fall helfen, muss es die Konsequenzen an weniger weitreichenden Ereignissen lernen.

Theresa vergisst ihr Sportzeug.

Theresa ist zehn Jahre alt und hat ihre Turnschuhe zu Hause liegen lassen. Heute hat sie Sport und sie hat sich sehr darauf gefreut. Außerdem erzählte sie schon einmal, wie furchtbar es für sie ist, während des Sportunterrichts auf der Bank sitzen und zuschauen zu müssen, wenn man das Sportzeug vergessen hat. Die Mutter entdeckt die vergessenen Schuhe in Theresas Zimmer und überlegt sich, ob sie die Schuhe in die Schule bringen soll. Sie entscheidet sich dazu, die Schuhe nicht zu bringen, weil sie weiß, dass ihre Tochter sehr gerne in den Sportunterricht geht und in Zukunft besser aufpassen soll.

Die Anhänger der natürlichen Konsequenzen würden jetzt sagen: Sie soll auf den Spaß im Sportunterricht ruhig verzichten, sie soll spüren, wohin ihre Vergesslichkeit führt. Wenn sie so richtig enttäuscht ist, wird sie schon lernen, ihre Sachen mitzunehmen. In diesem Fall kann das wirklich die richtige Haltung sein, um Theresa aus ihrer Vergesslichkeit heraus zu helfen. Allerdings ist es auch sinnvoll, sich die Folgen im voraus zu überlegen. Das Kind kann nämlich immer etwas anderes lernen als die Eltern beabsichtigen. Sollte das Kind nicht so gerne Sport machen, kann es lernen, dass es auf diese Art und Weise bequem um den Sportunterricht herum kommt. Vielleicht lernt es auch, dass es auf der «Strafbank» ganz lustig zugeht, dass es gar nicht uninteressant ist, den anderen beim Sport zuzusehen usw. Sollten Sie solche Befürchtungen für realistisch halten, ist es wieder besser, dem Kind das Sportzeug in die Schule zu bringen, als es eine nicht gewünschte Erfahrung machen zu lassen.

In allen drei besprochenen Fällen ist es sinnvoll und hilfreich mit dem Kind später über die vergessenen Gegenstände und den elterlichen Einsatz zu sprechen. Die Kinder sollen wissen, was diese zusätzliche Hilfe für die Eltern bedeutet hat.

Lassen Sie zuerst das Kind Lösungsmöglichkeiten suchen. Besprechen Sie dann eine nach der anderen und machen Sie eventuell einen eigenen Lösungsvorschlag derart, dass die Schulsachen schon am Abend zuvor gepackt werden oder dass in besonders wichtigen Situationen, wenn beispielsweise bestimmte Dinge termingerecht abgegeben werden müssen, die Eltern den Schulrucksack kontrollieren.

Konsequenzen ja, natürliche Konsequenzen nicht in jedem Fall. Wenn ein Kind seinen Fahrradhelm nicht aufsetzen möchte, wäre die natürliche Konsequenz, dass es ohne Helm Fahrrad fährt und sich dadurch möglicherweise großen Schaden zufügt. Die natürliche Konsequenz kommt deshalb nicht in Frage, jedoch die angedrohte: «Wenn du den Fahrradhelm nicht aufsetzt, dann darfst du nicht Fahrrad fahren». Das ist eine elterliche Konsequenz, die das Kind nicht einsehen muss, welche die Eltern aber zum Schutze ihres Kindes durchsetzen müssen.

Wenn Eltern ihr Kind auf ein Fehlverhalten aufmerksam machen, dann müssen sie auch gleichzeitig bereit sein, eine Konsequenz durchzusetzen. Tadeln und Drohen ohne Folgen führen nur zu Frust und Streit.

Lassen Sie sich auch nicht mit Sätzen wie «Fabian darf aber …» umstimmen. Kinder sind Meister in der Erfindung von Geschichten, welche so oder ähnlich beginnen. «Alle anderen waren schon in …», «Michi hat auch länger …». Eltern würden sich bei einer Nachprüfung oft wundern, wie sehr diese Aussagen an der Wirklichkeit vorbei gehen. Kinder wissen, dass sie ihre Eltern mit solchen Sätzen in die Enge treiben können, weil diese nicht als Rabeneltern angesehen werden wollen. Deshalb ist es immer wieder nützlich und notwendig, sich mit anderen Eltern auszutauschen und sich darüber zu informieren, was die anderen Kinder tatsächlich dürfen. Oft gibt es dabei eine große Überraschung. Die anderen Eltern haben ihren Kindern das Verlangte nicht oder nur deshalb erlaubt, weil das Kind eine frei erfundene Geschichte erzählt hat.

Bei einer großen Umfrage gaben Eltern an, dass es ihre größte Schwierigkeit bei der Erziehung ist, konsequent zu bleiben.

2.6.1
Grenzen setzen

Die meisten Konflikte zwischen Kindern und Eltern entstehen beim Grenzen setzen. Leon will noch «fertig» spielen, obwohl er ins Bett gehen soll. Maria will heute nicht in die Musikstunde gehen, die Mutter sitzt aber schon im Auto und wartet auf sie. Daniel will unbedingt mit dem gleichen Auto spielen wie sein Bruder Claudius. Thomas will partout in den Fußball-Club eintreten, hat aber schon drei verschiedene Sportarten euphorisch begonnen und bald danach wieder aufgegeben. Die Eltern möchten zum Essen ausgehen, aber Janina will lieber zu Hause essen.

Wenn Eltern wirklich effektiv Grenzen setzen wollen, sind drei Dinge nötig, sagt Johanna Graf (Psychologie heute, 02/2006):

- die innere Entschiedenheit
- die Aufmerksamkeit des Kindes
- die Wahlmöglichkeit, welche die Bedürfnisse beider berücksichtigen.

Es ist für das Wohl des Kindes und der Eltern notwendig, sowohl die Bedürfnisse des Kindes als auch die eigenen zu achten, den Wunsch des Kindes anzuerkennen, ohne ihn zu erfüllen und dem Kind über seine Enttäuschung hinweg zu helfen und eine Lösung zu suchen, die für beide passt. Graf erklärt diese Vorgehensweise am Beispiel des kleinen Leon. Leon hüpft wild auf dem Wohnzimmersofa herum und ärgert damit seinen Vater Stefan, der in Ruhe Zeitung lesen möchte. Stefan möchte von seinem Wunsch Zeitung zu lesen nicht Abschied nehmen. Er überlegt sich, wie er Leon dazu bringen kann, das Hüpfen auf dem Sofa zu beenden. Er weiß, dass er mit Meckern oder Leon vor den Kopf stoßen keinen Erfolg haben wird. Er überlegt: Was will Leon eigentlich wirklich: hüpfen – oder bei Papa sein? Damit der Vater überhaupt mit Leon reden kann, fasst er ihn an den Händen und teilt seine Begeisterung für das Hüpfen. Dann stellt er ihn vor die Wahl: «Du darfst ab sofort in deinem Zimmer auf der Matratzen Trampolin hüpfen oder du kannst dich zu mir auf das Sofa setzen und ein Buch anschauen.» Nun muss Leon seine Entscheidung treffen und beide sind zufrieden.

Eltern erreichen ihre Ziele am besten, wenn sie sie entschieden, gelassen und freundlich vorbringen. Was ist zu tun, wenn Leon enttäuscht oder wütend wird und heftigen Widerstand leistet? Dann wird der oben beschriebene Plan wieder in Gang gesetzt.

2.6.2
Einschlafen

Das Zubettgehen und Einschlafen ist für viele Eltern und Kinder aus den unterschiedlichsten Gründen ein täglich sich wiederholender, frustrierender Kampf.

Wichtig ist, dass Sie dem Kind nie das Gefühl geben, dass der Schlaf ein notwendiges Übel ist. Schicken Sie Ihr Kind niemals zur Strafe ins Bett. Das Ziel ist doch, dass das Kind gerne ins Bett geht. Hier eignet sich ein Ritual, um sich nicht jeden Abend von neuem aufregen zu müssen.

Ein hilfreiches Ritual kann es sein, wenn Sie mit ihrem Kind gemeinsam schon mal die Kleidung für den nächsten Tag herrichten. Sie können vielleicht auch schon den Frühstückstisch zusammen hübsch decken und das Müsli oder die Brotbox bereit stellen.

Manchmal fühlen sich Kinder durch Märchen- oder Fantasiegestalten verfolgt. Das gab es schon früher, als es noch kein Fernsehen gab. Da hatten Kinder, die noch nie einen Wolf gesehen hatten, aber beispielsweise das Märchen vom Wolf und den 7 Geißlein kannten, fürchterliche Angst vor dem bösen Wolf. Heute kommen zu diesen Figuren noch die verschiedensten Monster aus Film, Video und Fernsehen dazu. Diese Gestalten sind extra dazu geschaffen worden, um Angst einzujagen. Ein kleines Kind kann sehr schnell in den Sog dieser Suggestion geraten und unglaubliche Ängste entwickeln. Oft ist die Angst vor der Angst so groß, dass Kinder sich nicht einmal trauen, über ihre Angst zu sprechen. Da müssen Eltern sehr aufmerksam sein und äußere Anzeichen genau beobachten, wie nächtliches Bettnässen, Schreie im Schlaf, Festklammern an den Eltern vor dem Einschlafen. Mit viel Einfühlungsvermögen und Zeit kommen sie dann dahinter, dass das Kind Angst davor hat, das Monster könnte wieder erscheinen.

Tipp: Sollten Sie dahinterkommen, dass Ihr Kind sich vor einem Monster fürchtet, das ihm Nacht für Nacht Angst einjagt, dann spielen Sie folgende Szene mit Ihrem Kind durch. Nehmen Sie für das Monster ein lustiges Tier. Ihr Kind darf zuerst das Tier spielen. Sie selbst übernehmen die Rolle des ängstlichen Kindes. Nun sprechen Sie in der Rolle des Kindes das Monster an. Stellen Sie Fragen: «Wer bist du?», «Was machst du den ganzen Tag?», «Was willst du von mir?» Danach wechseln Sie mit Ihrem Kind die Rollen. Für das

Rollenspiel haben sich auch Puppenfiguren sehr bewährt. Vor dem Einschlafen sagen Sie Ihrem Kind dann, dass es das Monster, sobald es erscheint, mit den geübten Fragen ansprechen soll. In den meisten Fällen verschwindet das Monster dadurch und die Kinder verlieren ihre Angst. Das Wichtige an dieser Methode ist, dass sich das Kind der Angst auslösenden Situation stellt, den Stier sozusagen an den Hörnern packt.

Falls das Rollenspiel keinen Fortschritt gebracht hat, können Sie ihr Kind die Geschichte, in welche es sich hineinsteigert, beginnen lassen und mit ihm zusammen auf die verschiedensten lustigen Weisen neue Fortsetzungen erfinden. Je mehr sie zusammen lachen müssen, desto besser bewältigt Ihr Kind die Angst. Geben Sie nicht auf, wenn diese Methoden noch nicht am ersten Tag wirken. Es kann Tage dauern, bis das Monster für immer seine Angst einflößende Macht verloren hat.

Mario schläft nicht allein ein

Mario ist fünf Jahre alt und schläft immer noch nicht allein ein. Jeden Abend erlebt seine Mutter Ellen das gleiche Theater. Mario ist müde und gähnt. Eigentlich müsste er gleich einschlafen. Er zieht sich selbständig aus, schlüpft in den Schlafanzug und putzt sich die Zähne. Sie begleitet ihn ins Bett, deckt ihn liebevoll zu, drückt ihm noch einen Kuss auf die Stirn und will sich auf Zehenspitzen aus dem Zimmer schleichen. Sobald sie an der Türe angekommen ist und das Licht löschen möchte, quengelt ihr Sohn: «*Mama, lass mich nicht allein!.*» Ellen antwortet: «*Mario, du bist doch nicht allein. Ich bleibe im Wohnzimmer, ganz in deiner Nähe.*» Weinerlich sagt Mario: «*Ich habe Angst vor den wilden Tieren.*» Ellen versucht ihn zu beruhigen: «*Mario, es gibt bei uns keine wilden Tiere. Es kann dir nichts passieren. Schlaf ruhig ein!*» Wenn sie jetzt das Licht ausmacht und das Zimmer verlässt, wird das Geschrei des Sohnes immer lauter und bekommt für Ellen tatsächlich einen angstvollen Klang.

Sie versuchte es zwar schon tagelang mit der Uhr, in der Annahme, dass er nach einer gewissen Zeit bestimmt zu schreien aufhören würde. Sie ließ ihn zunächst 5 Minuten schreien, dann 10 Minuten, dann 15 Minuten. Sie hielt die Steigerung bis zu 45 Minuten durch. Am Ende waren sie beide fix und fertig: Sie mit den Nerven, weil sie mit ihrem Latein am Ende war und sich wie eine Rabenmutter vorkam, er, weil ihn das Schreien so sehr angestrengt hatte, dass er ins Schwitzen kam. Aber letztendlich kam sie doch wieder zu ihm ans Bett. Er hatte gesiegt.

Sie ist nun mutlos, sehnt den Tag herbei, an dem ihr Sohn von alleine einschläft. Bisher läuft immer noch jeden Abend das gleiche Ritual ab. Sobald sie am Lichtschalter ist, das Licht ausknipst und Mario zu flehen beginnt, kommt sie zu ihm zurück und schlüpft zu ihm ins Bett. Sie sieht es als Fortschritt, dass jetzt das Licht ausbleiben darf. Erst wenn er eingeschlafen ist, schleicht sie sich mucksmäuschenstill aus dem Zimmer. Falls er aufwacht, geht das Ganze von vorne los.

Sie versucht es nun mit folgendem Tipp:

Ellen verspricht Mario, dass er 20 Minuten länger aufbleiben darf, wenn er dann alleine einschläft. Am nächsten Morgen erhält er dafür seinen Lieblingssticker. Nach 10 Stickern winkt dann eine größere Belohnung. Die Sache funktioniert ab dem ersten Abend. Insgesamt dauert die Einübung des Einschlafens knappe drei Wochen. Eine positive Verstärkung erlebt Mario, als er im Kindergarten zufällig hört, dass die anderen Kinder aus seiner Spielgruppe auch alleine einschlafen. Mario ist überglücklich über seinen Fortschritt. Jetzt zählt er sich zu den Großen. Er verzichtet nun auch auf eine Belohnung und Ellen hält sie für schwierigere Aufgaben zurück.

Fazit: Ellen konditionierte ihren Sohn geradezu auf das Einschlafen mit ihr zusammen. Er hat bis zum Alter von fünf Jahren noch nichts anderes erlebt. Es gefiel ihm und gab ihm Sicherheit. Anfangs dachte sich sicher auch seine Mutter nichts dabei. Mütter schätzen es, wenn sie gebraucht werden. Aber eines Tages war ihr das verständlicherweise zu viel. Sie versuchte es mit der Uhr. Nun hatte das Kind aber schon gemerkt, dass es nur lange genug schreien musste, dann würde seine Mutter schon kommen. Es hatte dieses Verhalten als Instrument entdeckt, um seine Mutter soweit zu bekommen, wie es sich das wünschte.

Es ist nicht einfach aus einem solchen Teufelskreis herauszukommen, aber Ellen schaffte es durch ihre neue Methode und ihre Konsequenz. Wichtig ist bei dieser Geschichte, dass der Junge nicht zu jeder Zeit und ohne Grund Geschenke bekam. Da das längere Aufbleiben und der Sticker ein echter Anreiz für ihn waren, funktionierte das Experiment. Es ist also sehr wichtig für die Erziehung, Kindern nicht zu jeder Zeit alles zu schenken. Auch ein kleines Geschenk, wie ein Sticker sollte seinen Reiz behalten. Genauso wichtig ist in dieser Geschichte die feste Schlafenszeit. Hätte Mario jeden Abend, so lange es ihm passte, aufbleiben dürfen, dann wäre das 20 Minuten längere Aufbleiben auch keine Belohnung gewesen. Es hätte keinen Anreiz geboten. Ellen wäre aus dem Teufelskreis nicht heraus gekommen.

Regeln für das Einschlafen:

- Schicken Sie Ihr Kind immer ungefähr zur gleichen Zeit ins Bett, damit sich ein geregelter Schlaf-Wach-Rhythmus einstellt. Das können Sie auch außerhalb Ihres Zuhauses praktizieren.

- Nehmen Sie Ihr Kind abends nicht überall hin mit, sonst wird sein Biorhythmus unterbrochen und die für das Wachstum wichtige Hormonproduktion von Melatonin wird gestört. Es fehlt dann auch der Halt, den ein Ritual gibt. Unter Umständen entwickeln sich Konzentrationsstörungen. Außerdem fehlt einem solchen Kind die Erfahrung, wie man alleine in seinem Bett ruhig einschlafen kann.

- Geben sie dem Kind keine regelmäßigen lang dauernden Einschlafhilfen wie beispielsweise ans Bett sitzen, Händchen halten oder streicheln, bis es schläft. Nach einem kleinen Gespräch, einer Gute-Nacht-Geschichte, einem Gebet oder einem Schlaflied verlassen Sie einfach sein Zimmer und machen das Licht aus. Lassen Sie sich auch nicht auf ein neues Gespräch ein.

- In der Stunde vor dem Einschlafen sollen Kinder nichts Aufregendes mehr sehen oder tun. Vermeiden Sie Fernsehen oder Computerspiele. Die Kinder sind sonst zu sehr aufgedreht und können vor Aufregung oder Angst nicht einschlafen. Auch Streit vor dem Schlaf hindert am Einschlafen.

- Nehmen Sie das Kind nicht mit zu sich ins Bett. Es soll sich wirklich an sein eigenes Bett gewöhnen und sich darauf freuen. Eine schöne Bettwäsche und eine kindgemäße Tapete können diese Freude und das Wohlfühlen unterstützen.

- Nehmen Sie keine Bettwäsche in aufwühlenden Farben, etwa knallbunt. Wählen Sie beruhigende Farben wie grün oder blau.

- Versuchen Sie es mit einem Belohnungssystem, das bei Ihrem Kind funktioniert, beispielsweise mit Stickers wie oben beschrieben. Erfolg können auch Stempelkarten oder ein Punktesystem auf einem Kalender bringen. Geben Sie dabei nicht zu schnell eine Belohnung.

2.6.3
Der Schlaf

Der Schlaf verläuft in 90-Minuten-Zyklen, wobei jeder Zyklus mit einer Tiefschlafphase beginnt und mit einer REM-Phase endet. In den REM-Phasen wird das Gehirn sehr aktiv und die Augen bewegen sich schnell hin und her, deshalb bekam diese Phase den Namen REM (rapid eye movement). In diesen Phasen träumen wir intensiv. Am Anfang des Schlafs dominiert der Tiefschlaf, mit zunehmender Schlafdauer werden die REM-Phasen länger. Inzwischen weiß man, dass beide Schlafphasen für das Gedächtnis wichtig sind, jedoch für verschiedene Inhalte. Im deklarativen Gedächtnis speichert man Vokabeln, Geschichten und Episoden aus dem eigenen Erleben ab, im prozeduralen Gedächtnis werden Fertigkeiten, wie Laufen, Schwimmen oder Fahrrad fahren verankert. Im Schlaf scheint der Tiefschlaf das deklarative und der REM-Schlaf das prozedurale Gedächtnis zu aktivieren. Der Tiefschlaf überwiegt bis drei Uhr nachts, der REM-Schlaf verlängert sich gegen Morgen. Wir brauchen also genügend Schlaf zur richtigen Zeit und in der richtigen Qualität, um das am Tag Gelernte einzuprägen.

Durchschlafstörungen sind seltener als Einschlafstörungen, für Eltern aber oft genauso frustrierend und nervenaufreibend. Achten sie zunächst einmal darauf, ob die Störung durch das Fernsehen hervorgerufen sein könnte. Es wird so viel Beunruhigendes und Erschreckendes gesendet, Fiktion und Realität sind für ein Kind nicht unterscheidbar, so dass es durchaus sein kann, dass diese bedrückende Atmosphäre das Kind am Durchschlafen hindert.

Wenn ein Baby durchschläft, bedeutet das, dass es die Eltern nicht ruft. Jedes Baby verbringt die Nacht in einem wechselnden Rhythmus von Traumschlaf, Tiefschlaf und wachen Momenten. Es schreit nachts, weil sein Schlaf-Wach-Rhythmus noch nicht ausreichend ausgebildet ist. Auch später schlafen Kinder unterschiedlich lang und tief, da gibt es keine verbindliche Regel. Es ist für das Baby quälend, wenn es nachts schreit und man es schreien lässt, mit der Absicht, dass es sich jetzt den richtigen Schlafrhythmus angewöhnt. Dies führt nicht dazu, dass Kinder schneller durchschlafen. Es braucht die Nähe und die Sicherheit zu wissen, wenn ich die Eltern rufe, kommt jemand.

Eine Studie der Universität Tel Aviv hat ergeben, dass sich bereits eine halbe Stunde mehr Schlaf deutlich auf das Leistungsvermögen auswirkt. Bei Reaktions- und Konzentrationstests schnitten die Langschläfer deutlich besser ab als die Kontrollgruppe. Chronobiologen, das sind Wissenschaftler, die sich mit der inneren Uhr des Menschen beschäftigen, warnen seit langem vor den schwerwiegenden Folgen des Schlafmangels. Durch die ständige Übermüdung entwickelt sich eine chronische Leistungsschwäche. Auch eine Hyperaktivität und eine vermehrte Infektanfälligkeit können die Folge sein. Wir wissen seit langem, dass das Gehirn im Schlaf lernt, Informationen verarbeitet und das am Tage erworbene Wissen und Können in verschiedenen Teilen des Neokortex verankert. Unausgeschlafene Kinder sind oft reizbar, unkonzentriert und unruhig. Grundschulkinder brauchen im Durchschnitt 10 Stunden Schlaf, wobei sie sechs Stunden tief schlafen und vier Stunden träumen. Wenn ein Kind regelmäßig erst nach 21 Uhr einschläft, kann es sehr schnell zu einem eklatanten Schlafmangel kommen.

Falls das Kind nachts weint oder schreit und Sie zu ihm ins Zimmer kommen, sollte das Licht ausbleiben, denn Licht aktiviert sofort das Wachsystem des Kindes. Gleichzeitig mit der Helligkeit werden Wünsche nach einer Süßigkeit, einem Müsli, etwas zu trinken oder nach ein wenig Aufmerksamkeit wach. Sprechen Sie in ruhigen, aber sehr bestimmten Sätzen mit Ihrem Kind. Sagen Sie ihm, dass es noch Nacht ist, dass noch alle Menschen schlafen und dass es auch noch ein wenig schlafen muss. Ein Streicheln über den Kopf und ein kleines Schlaflied kann in dieser Situation ebenfalls helfen.

2.6.4
Taschengeld

Am schnellsten lernen Kinder das, was ihnen von ihren Eltern, Geschwistern und Freunden vorgelebt wird. Dazu gehört auch der Umgang mit Geld. Umgekehrt können sie keine Maßstäbe für Geldausgaben entwickeln, wenn sie nicht mitbekommen, wie ihre Eltern ihr Geld einteilen und das Familienbudget planen. Eine wichtige Erfahrung ist für Kinder ihr Umgang mit dem eigenen Taschengeld. Entscheidend ist dabei nicht nur die Höhe des Taschengeldes, sondern auch die Möglichkeit über die eigenen Erfahrungen zu reden.

Für ihre aktuelle Studie «Trend-Tracking» nahmen die Münchener Forscher von iconkids & youth die finanzielle Situation von Kindern und Jugendlichen unter die Lupe (WirtschaftsSpiegel 1/2006). Sie fanden heraus, dass fast 6

Mrd. Euro jährlich in die Taschen der 6- bis 16-Jährigen fließen und diese darüber hinaus über ein Finanzpolster von weiteren 6 Mrd. Euro in erster Linie als Sparguthaben verfügen.

Sobald Kinder in die Schule gehen und Rechnen auf dem Stundenplan steht, ist Taschengeld eine sinnvolle Angelegenheit. Kinder beginnen sich nun für Zahlen, Geld und Einkaufen zu interessieren. Doch für die vielen verschiedenen Wünsche und die verlockenden Angebote reicht das Taschengeld nie aus. Die mangelnde Masse an «Kohle» führt dann häufig zum Streit ums Taschengeld – angeblich bekommen immer alle anderen mehr. Sobald die Kinder merken, dass die Eltern unsicher oder genervt reagieren, legen sie nach, so lange, bis sie die hart erkämpften Euro bekommen. Mit dieser Art der Quengelei ist am Ende niemand zufrieden. Besser als das ständige Nachbessern ist ein festes Regelwerk.

Deutsche Jugendämter empfehlen:

Unter 6 Jahren:	0,50 Euro wöchentlich
6 bis 7 Jahre:	1,50–2 Euro wöchentlich
8 bis 9 Jahre:	2–2,50 Euro wöchentlich
10 bis 11 Jahre:	12 bis 15 Euro monatlich
12 bis 13 Jahre:	15 bis 20 Euro monatlich
14 bis 15 Jahre:	20 bis 30 Euro monatlich

Diese Liste ist unverbindlich und wird in jeder Familie anders gehandhabt. Wenn das Kind vom Taschengeld auch noch Schulsachen und Kleidung kaufen muss, dann sollte das Taschengeld entsprechend aufgebessert werden. Das Taschengeld muss in erster Linie an das Familienbudget angepasst sein. Bei geringerem Haushaltseinkommen oder bei vielen Geschwistern kann es auch weniger oder gar kein Taschengeld geben. Günstig ist es auf jeden Fall, die Sache in der Familie zu besprechen und zu begründen. Dann fühlen sich Kinder angenommen und nicht grundlos benachteiligt. Und wenn Eltern nicht so viel Taschengeld bezahlen können, entwickeln Kinder oft eine erstaunliche Kreativität und verdienen schon sehr früh ihr Taschengeld selbst. Baby sitten, Rasen mähen und Heftchen austragen sind beliebte Einnahmequellen bei Kindern und Jugendlichen, gegen die grundsätzlich nichts einzuwenden ist, wenn diese Tätigkeiten genügend überwacht werden und nicht überhand nehmen. Auch kleine Hilfeleistungen im Haushalt können honoriert werden. Wichtig ist allein, dass sich Eltern und Kind an die Abmachungen halten und alle Änderungen besprochen und begründet werden.

Bewährt haben sich in vielen Familien auch die jährlichen «Taschengeld-Tarifrunden». Dabei haben die Kinder die Möglichkeit zu erklären, warum sie mehr Geld brauchen. Angesprochen werden müssen dabei auch die Beiträge, welche von Großeltern, Onkeln und Tanten geleistet werden. Sonst gewinnen Kinder den falschen Eindruck, dass leere Taschen wie durch ein Wunder immer wieder gefüllt werden.

2.7
Der 4-Stufenplan zum Umgang mit Widerstand

«Ich will nicht mit zu Oma!» schimpft Lisa. «Ich ziehe diese Schuhe nicht an!» widerspricht Simon. «Ich will jetzt noch nicht ins Bett» tobt Leo. Das sind die berühmt-berüchtigten Kampfansagen, die den Adrenalinspiegel von Eltern ansteigen lassen. Wie geht man mit solch einer Situation um? Auch hier gibt es kein Geheimrezept, das immer und überall funktioniert. Aber im Folgenden werden erprobte Strategien und Tipps genannt, die vielen Eltern schon geholfen haben. Versuchen Sie nicht diese oben skizzierten Ärgernisse aus der Welt zu schaffen, sondern suchen Sie sich unter allen möglichen Erziehungszielen *eines* heraus, das Ihnen besonders am Herzen liegt. Konzentrieren Sie sich darauf *dieses* zu erreichen. Kein Mensch kann viele Ziele auf einmal erreichen, deshalb ist es sinnvoll, sich nur *eines* vorzunehmen. Sie haben Ihre wichtigen Gründe, weshalb Sie von Ihrem Kind so wichtige Dinge, wie Pünktlichkeit, Ordentlichkeit oder Sauberkeit verlangen. Sie kennen die langfristigen Nachteile, die sonst vielleicht drohen. Vielleicht ist in Ihrer jetzigen Situation das Thema Ordnung besonders angesagt. Sie tun alles dafür, dass Ihr Kind ordentlich aufräumt. Sie möchten sich später nicht Vorwürfe von Ihrem Kind anhören müssen, dass sie ihm nicht beigebracht hätten Ordnung zu halten. Während Sie sich mit der Erreichung des gewählten Ziels beschäftigen, fällt Ihnen der Umgang mit den oben zitierten Quengeleien leichter. Sie können gelassener damit umgehen, sich entweder durchsetzen oder dem Kind seinen Willen lassen, ganz so wie es die Situation erfordert. Sie sind der Erziehungsberechtigte.

Erste Grundbedingung ist natürlich Ihr Vorbild, das heißt, Sie müssen selbst einen ordentlichen Schreibtisch vorweisen, wenn Sie von Ihrem Kind dasselbe fordern. Ansonsten ist es besser, Sie lassen dieses Erziehungsziel vorläufig ruhen. Sie können Ihrem Kind nicht klar machen, dass für beruflichen Erfolg ein ordentlicher Schreibtisch wichtig ist, wenn Sie ihm im Gegensatz zu Ihren Worten, tagtäglich vor Augen führen, dass Berufserfolg auch mit einem unordentlichen Schreibtisch zu erreichen ist.

Strafen sind immer ein heikles Thema in der Erziehung, weil keine Situation der anderen gleicht, weil Eltern und Kinder verschieden sind und weil man die Folgen nicht vorhersagen kann. Es können sich ganz andere als die erwarteten Effekte ergeben. Deshalb ist es sehr wichtig, sein Kind immer genau zu beobachten und bei Unsicherheiten auf emotional ausgeglichene Momente zu warten. Sprechen Sie in solch einem Fall mit Ihrem Kind über die damalige Situation. Erklären Sie, weshalb Sie es gestraft haben. Schläge sollten nicht sein, denn sie zerstören das Vertrauensverhältnis zwischen Eltern und Kindern. Schläge können sich tief in die Erinnerung und in die Seele einprägen. Sie machen Kinder oft mutlos und ängstlich oder rebellisch und aggressiv.

Ich habe folgenden 4-Stufenplan in Elternkursen und mit Hilfe von Literatur entwickelt. Grundlegende Ideen habe ich dem hervorragenden Buch von John Gray (Gray, 2000) entnommen, etwas abgewandelt und kompakt und übersichtlich in einen Aktionsplan übertragen.

Greifen Sie sich unter allen für Sie schwierigen Erziehungssituationen eine heraus, die Sie bewusst angehen möchten. Es geht hier zunächst nicht um eine einmalige, kurzfristige, ärgerliche Bockigkeit, sondern um eine Situation, die beispielhaft für hartnäckige, wiederkehrende Ärgernisse steht, zum Beispiel der tägliche Kampf um Ordnung im Kinderzimmer, um Pünktlichkeit am

Morgen oder um Sauberkeit am Abend. Wählen Sie etwas aus, das Ihnen besonders am Herzen liegt, weil Sie glauben, dass es Ihr Kind mit dieser Angewohnheit einmal schwer haben wird. Für dieses Ziel, und das ist bei den verschiedenen Eltern sehr unterschiedlich, lohnt es sich einmal diesen Stufenplan auszuprobieren. Er gibt Ihnen auch in emotional aufgewühlten Situationen Halt und Orientierung.

1. Stufe: Zuhören

Nehmen Sie sich Zeit zum Zuhören.

Richtiges Zuhören benötigt Zeit. Lassen Sie Ihr Kind erzählen, warum es gerade jetzt Widerstand leistet und das nicht tun will, was Sie von ihm verlangen. Geben Sie keinerlei Kommentare. Hören Sie ganz ruhig und aufmerksam zu. Wenden Sie sich auch in Ihrer Körperhaltung Ihrem Kind ganz zu. Lassen Sie es einfach sprechen. Lassen Sie es alles erzählen, was ihm auf der Seele brennt. Äußern Sie zunächst auch keine Zurechtweisung. Stellen Sie nur Fragen. Regen Sie Ihr Kind damit zum Nachdenken über seinen Widerstand an. Reagieren Sie ohne Androhung von Strafen, diese würden nur seinen Redefluss unterbrechen. Zeigen Sie Verständnis. Versuchen Sie Ihr Kind zur eigenen Einsicht zu bringen. In dieser Situation fühlt es sich angenommen und verstanden. Möglicherweise hat es durch dieses Sich-Mitteilen-Dürfen seinen Widerstand schon aufgegeben und arbeitet nun kooperativ mit Ihnen zusammen.

2. Stufe: Belohnung

Falls das Zuhören nicht gefruchtet hat, versuchen Sie als nächstes Ihr Ziel durch das Angebot einer geeigneten Belohnung zu erreichen. Das Kind soll die Belohnung aber erst dann bekommen, wenn es der Forderung nachgekommen ist. Das kann dann so aussehen: «Wenn du deine Spielecke bis heute Abend aufgeräumt hast, dann gehe ich mit dir morgen auf den Spielplatz.» Belohnungen müssen altersgemäß und angemessen sein. Nehmen Sie Ihr Kind nicht mit in ein Theater für Erwachsene, bei dem es überfordert ist. Ein neues Fahrrad für ein bisschen Zimmer aufräumen, ist auch übertrieben. Es folgt eine Liste mit Belohnungen, die Sie Ihrem Kind versprechen können, wenn es eine Aufgabe gut und wunschgemäß erfüllt. Falls die Bedingungen nicht eingehalten werden, bleiben Sie hart. Sonst untergraben Sie selbst dieses Erziehungsinstrument. Bedenken Sie, Ihr Kind lernt immer mit. Es lernt sonst: «Ich brauche die Bedingungen gar nicht erfüllen, ich bekomme meine Belohnung trotzdem.» Beim nächsten Erziehungsversuch mit Hilfe einer Belohnung ernten Sie nur Geschrei, wenn Sie das Versprochene nicht einhalten. Verhalten Sie sich konsequent und geben Sie nicht nach, wenn Sie das so mit dem Kind abgesprochen haben.

Mögliche Belohnungen:

- Zum Spielplatz gehen
- Ein Buch vorlesen
- Zusammen in die Bibliothek gehen
- Ins Kino gehen
- Eine CD oder Kassette kaufen
- Ein Buch kaufen
- Mit dem Hund spazieren gehen
- Ein Kindertheater besuchen
- Zusammen in die Stadt gehen
- Das Lieblingsessen kochen
- In den Zirkus gehen
- Zusammen ein Fernsehprogramm anschauen
- Zusammen Eis essen gehen
- Beim Sport zuschauen
- Geld für die Spardose
- In eine Musikveranstaltung gehen
- Ins Freibad gehen
- Kinder einladen usw.

Was hier oberflächlich betrachtet wie eine Liste von Belohnungen aussieht, kann in Wirklichkeit eine Strafe sein. Das wissen nur Sie. Mag Ihr Kind den Hund? Liest es gerne? Möglicherweise geht es gar nicht gerne ins Kindertheater. Achten Sie genau darauf, wie welche Belohnung bei Ihrem Kind wirkt. Bewahren Sie sich die besonders beliebte Belohnung für eine wirklich wichtige Erziehungsmaßnahme auf. Sie wissen dann schon im Voraus, dass die Belohnung ihr Ziel nicht verfehlen wird.

3. Stufe: Emotionslos befehlen

Diese Methode erinnert ein wenig an die autoritäre Erziehung unserer Großeltern. Sie darf damit aber nicht verwechselt werden. Es handelt sich nicht wie bei der autoritären Erziehung um eine ganzheitliche Erziehungsform, sondern nur um ein Mosaiksteinchen in einem gänzlich anderen Erziehungskonzept. Prinzipien heutiger Erziehung sind Kooperation und Kommunikation, die das Einverständnis des Kindes zum Ziel hat, und nicht wie früher: Befehl und Gehorsam. Setzen Sie diese 3. Stufe auch nur extrem sparsam ein. Es ist ein Merkmal dieses Bausteins, dass er nicht häufig eingesetzt wird. Er verliert sonst seine Wirksamkeit und seinen Stellenwert im Gesamtkonzept und Sie praktizieren bewusst oder unbewusst autoritäre Erziehung, die ein für allemal überwunden sein sollte. Autoritäre Erziehung missachtet die Wünsche und die Persönlichkeit des Kindes und ein stückweit seine Würde. Wenn Eltern emotionslos befehlen, versuchen sie in einer wichtigen Erziehungsfrage das Heft in der Hand zu behalten. Das Kind darf spüren, dass die Eltern das Sagen haben.

Wenn Sie in eine Argumentationsspirale geraten, weil Ihr Kind etwas von Ihnen verlangt, verlieren Sie in der Regel immer, weil ihr Kind auf jedes Argument ein Gegenargument setzt. In solch einem Fall ist es hilfreich, mit Erklärungen und Argumenten aufzuhören und den Streit einfach mit dem Satz zu beenden «…weil ich deine Mutter (dein Vater) bin, deshalb …» Gegebenenfalls können Sie den Satz auch mehrmals wiederholen.

Benni räumt seinen Schreibtisch nicht auf.

Bennis Mutter hat schon alles probiert. Sie hat ihm gut zugehört, mit ihm geredet, ihm eine schöne Belohnung versprochen. Sie ist mit ihrem Latein am Ende. Da hat sie in meinem Elternseminar von dieser Methode gehört und sie in einem Rollenspiel eingeübt.
Am nächsten Tag nutzte sie die Gelegenheit zum Ausprobieren.

Mutter (emotionslos): *Du räumst jetzt deinen Schreibtisch auf. Du hast eine Stunde Zeit.*
Benni: *Warum? Ich habe genügend Platz zum Arbeiten.*
Mutter (emotionslos): *Du räumst jetzt deinen Schreibtisch auf.*
Benni: *Ich kann jetzt nicht, weil ich jetzt die Hausaufgaben machen muss und nachher holt mich Nico zum Fußball spielen ab.*
Mutter (emotionslos): *Du räumst jetzt deinen Schreibtisch auf.*
Benni: *Sei doch nicht so stur. Ich mach es bestimmt morgen. Versprochen.*
Mutter (emotionslos): *Du räumst jetzt deinen Schreibtisch auf.*
Benni wütend: *Martin macht das auch nicht. Es ist doch wichtiger, dass ich jetzt meine Hausaufgaben mache. Warum soll ich jetzt plötzlich aufräumen?*
Mutter (emotionslos): *Weil ich deine Mutter bin. Du räumst jetzt deinen Schreibtisch auf.*
Benni: *Was passiert, wenn ich nicht aufräume?*
Mutter (emotionslos): *Das werden wir sehen. Du räumst jetzt deinen Schreibtisch auf.*
Benni: *Das ist Erpressung. Du bist gemein. Jasmin muss auch nie aufräumen.*
Mutter (emotionslos): *Du räumst jetzt deinen Schreibtisch auf. In einer Stunde schaue ich wieder herein.*

Nach einer Stunde schaute sie wieder zu Benni und staunte nicht schlecht: Er hatte seinen Schreibtisch aufgeräumt. Die Zeit für die Hausaufgaben reichte auch noch. Die Mutter war von der Wirksamkeit überrascht. Am nächsten Tag sagte Benni beim Mittagessen zu seiner Mutter: «*Hey, aber gestern warst du cool.*»

Viele Eltern haben vergessen, dass sie bei der Erziehung nicht nur streng sein dürfen, sondern auch streng sein sollen. Es ist für ihre Kinder sogar sehr förderlich. Kinder sollten immer wissen, wer das Heft in der Hand hat. Sonst ziehen sich Eltern mit ihrem ständigen Nachgeben einen kleinen Tyrannen heran. Kinder lernen ständig dazu. Wenn Eltern etwas von ihnen verlangen und sich dabei unklar ausdrücken, beispielsweise etwa, dass sie ihre Spielsachen aufräumen sollen, bemerken sie sehr rasch, dass das wohl doch nicht so ernst gemeint war. Sie spüren schnell, dass es keine Konsequenzen für sie hat, wenn sie ihre Ohren einfach auf Durchzug stellen. Nicht aufzuräumen ist für sie zunächst einmal das Einfachste. Falls Mutter oder Vater wegen der nicht aufgeräumten Spielsachen dann nur herumschreien, lernen Kinder diese Reaktion auszuhalten. Für sie ist dies zwar nicht angenehm, aber allemal besser als aufzuräumen. Wenn Kinder aber aus Erfahrung wissen, dass es bei einem bestimmten Tonfall ihres Erziehungsberechtigten wirklich ernst ist, dass da kein Bitten und Flehen oder Ausflüchte helfen, dann werden sie das Geforderte erledigen.

4. Stufe: Auszeit

Tatsächlich gibt es auch ganz hartnäckige Fälle, wo ein Kind selbst auf das emotionslose Befehlen weiterhin mit Widerstand reagiert. Hier gibt es noch eine weitere Methode, um Ihr Kind zur Kooperation zu bewegen. Die Methode ist sehr einfach. Wenn Ihr Kind Ihnen absolut nicht gehorchen will und Sie schon alle anderen Methoden ausprobiert haben und die Situation zu eskalieren droht, dann geben Sie ihrem Kind eine Auszeit. Setzen Sie am besten auch dieses Instrument selten ein, um die Wirksamkeit zu erhalten.

Eine Auszeit ist keine Strafe. Der Sinn der Auszeit ist nicht, dass das Kind über sein Verhalten nachdenken soll. Es geht nicht darum, das Kind zum Nachdenken zu veranlassen. Der Sinn der Auszeit ist, dass sich das Kind in Ruhe mit seinen Gefühlen auseinandersetzen kann. Es soll seinen inneren Aufruhr erspüren und die Erfahrung machen, wie es in Stille mit sich selbst wieder in Balance kommt. Es muss lernen, mit seinen negativen Gefühlen umzugehen. Dazu braucht es eine Gelegenheit, diese zu fühlen und aufzulösen.

Wenn man in aufgeheizter Stimmung zu viel mit dem Kind redet, erzeugt man bei dem Kind nur Schuldgefühle oder Aggressionen. Das Kind lernt besser mit seinen Gefühlen und denen der Eltern umzugehen, wenn man es um seine Kooperation bittet. Dazu ist eine Auszeit gut, weil danach ein verändertes Kind zum Vorschein kommt. Nach dieser Erfahrung wird es eine Auszeit nicht als Strafe empfinden.

Auszeit bedeutet hier, dass Sie Ihr Kind an einen ungestörten Ort in Ihrer Wohnung schicken oder in sein Kinderzimmer. Hier soll es ganz ruhig und ohne etwas zu tun auf einen Stuhl sitzen oder ins Bett liegen. Erklären Sie ihm den Grund, warum es das Wohnzimmer verlassen muss. Es soll seine Ruhe haben und es soll sich wieder beruhigen. Erklären Sie ihm, dass diese Maßnahme keine Strafe darstellt.

Mütter haben mir erzählt, dass sie ihr Kind auf die Toilette oder ins Bad schicken, weil ihre Kinder im Kinderzimmer zu sehr abgelenkt sind. Damit haben sie gute Erfahrungen gemacht. In welches Zimmer Sie Ihr Kind schicken, hängt immer von Ihren häuslichen Bedingungen, Ihrem Kind und seinen Gewohnheiten ab. Finden Sie heraus, welche Lösung für Sie persönlich die beste ist!

Als Zeitmaß wird empfohlen, das Kind so viele Minuten hinaus zu schicken, wie es Jahre zählt. Also ein vierjähriges Kind vier Minuten, ein siebenjähriges Kind folglich sieben Minuten. Beim ersten Mal, besonders wenn Ihr Kind noch klein ist, können Sie es noch begleiten und das Stillsein mit ihm einüben. Kinder spüren sehr schnell die Wirksamkeit dieser Methode. Häufig kommen sie sehr verändert wieder aus ihrem Zimmer heraus und geben zu, dass sie etwas falsch gemacht oder falsch gesehen haben.

Auszeiten werden leider immer wieder falsch verordnet. Sie sind in Mode gekommen, werden zu oft, zu unüberlegt und in der falschen Situation angewendet. Es ist nicht Sinn der Sache, ein Kind vor anderen bloß zu stellen, oder anderen Müttern zu demonstrieren: «Schaut her, wie streng ich mein Kind erziehe.» Es ist eine Methode, die zu Hause ohne Zuschauer und ohne Ambitionen dazu dienen soll, das Kind wieder zu sich selbst zu führen, seine guten Seiten zu stärken. Man sollte nicht vor Kindern über den Erfolg mit dieser Methode prahlen.

Wenn die Methode in der Schule angewendet wird, dann geht es um eine andere Dimension der Erziehung. Hier steht nicht das Vertrauensverhältnis zwischen Kind und Eltern auf dem Prüfstand. Die Methode «Stiller Stuhl» aus Triple P wird heute immer häufiger in der Schule eingesetzt. Der Lehrer geht dabei ähnlich vor wie die Eltern, wenn sie eine Auszeit geben. Der Pädagoge setzt jedoch das Kind in der Mitte des Klassenzimmers auf einen Stuhl. Dort muss es die besagten Minuten still sitzen. Im Unterricht kann diese Methode bei Grundschülern sehr hilfreich sein, wenn sie nicht überstrapaziert wird und den Kindern gut erklärt wird. Bei Ihnen zu Hause müssen Sie selbst ausprobieren, was die bessere Wirkung erzielt. Es gibt dazu die verschiedensten Erfahrungen. Sie können diese Methode auch Ihrer jeweiligen Situation anpassen.

Kevin kritzelt seinem Nachbarn oft ins Heft.

Kevin ist in der zweiten Klasse. Er fällt in jeder Stunde durch unmögliches Verhalten auf. Zur Zeit ärgert er seine Nachbarn, indem er ihnen ins Heft kritzelt. Die anderen Kinder der Klasse legen Wert auf eine sorgfältige Heftführung. Die Lehrerin lobt die Kinder häufig für ihre schönen Hefte. Kevin kann da nicht ganz mithalten. Zu Hause achtet niemand auf ihn oder kontrolliert die Hausaufgaben. In der Schule wird er oft ermahnt und genießt offensichtlich diese Aufmerksamkeit. Nachdem er schon fünfmal seinen Platz im Klassenzimmer wechseln musste, weil er jedes Mal seinen Nachbarn geärgert hatte, wollte kein Mitschüler mehr neben ihm sitzen müssen. Jeder empfand das als Strafe. Nun versuchte es die Lehrerin mit der Methode «Stiller Stuhl». Sie stellte den Stuhl vorne in die Mitte des Klassenzimmers und setzte Kevin dort hin. Er durfte 7 Minuten nichts sprechen und nichts tun. Die Lehrerin stellte den Timer sichtbar auf. Kurz hatte Kevin die Aufmerksamkeit der ganzen Klasse. Danach arbeiteten die anderen ruhig weiter.

Kevin gefiel diese Methode. Er empfand sie nicht als Strafe, sondern als Hilfe. In der folgenden Zeit geschah es mehrmals, dass Kevin sich von sich aus auf den stillen Stuhl setzte und danach ruhig weiter arbeitete. In der Klasse wurde diese Methode von allen Schülern akzeptiert. Im Gespräch erklärten die Kinder, dass sie es viel lieber hätten ohne großes Getöse auf den Stuhl sitzen zu müssen, als getadelt zu werden oder Strafarbeiten machen zu müssen.

2.8
Ernährung

Übergewichtige Kinder sind ein sichtbares Zeichen für eine zunehmende Bewegungsarmut und falsches Ernährungsverhalten. Kinder schauen zu viel fern, sitzen zu lange am Computer, treiben zu wenig Sport und essen zu oft, zu viel und das Falsche und kauen ihre Nahrung zu wenig. «Gut gekaut ist halb verdaut!» ist ein uralter Spruch, der auch heute noch gültig ist.

Dauerhaft abnehmen oder das Gewicht zu halten ist nur möglich durch eine Umstellung der Lebensgewohnheiten. Deshalb ist die Einbeziehung der ganzen Familie Voraussetzung für ein langfristiges Gelingen. Das Essen ist oft zu reichhaltig an Kalorien und zu arm an Vitaminen und Mineralstoffen. Ein guter Anfang für eine Speiseplanänderung ist das Keimen auf der Fensterbank. Gerade für Stadtkinder kann es eine spannende Sache sein, zu beobachten, wie Nahrungspflanzen entstehen. Für Kinder ist das Keimen von Sprossen spannend und lehrreich zugleich. Eltern können experimentieren, ihr Kind in die Beobachtung der Natur einweihen und dann sogar ihren Speisezettel gesund aufwerten, denn frische Sprossen enthalten viele Enzyme, die wichtigen Vitamine B12, E und C. Sie brauchen dazu nur ein großes Glas, ein Stück Gaze, einen Gummiring und ein paar Tütchen mit Körnern und Saaten, die Sie im Naturkostladen oder im Reformhaus bekommen. Probieren Sie doch einfach vieles aus: Kresse, Rettich, Senf, Bockshornklee, Luzerne, Leinsamen, Sojabohne, Weizen, Hafer oder Linsen. Weichen Sie die Körner über Nacht in lauwarmem Wasser ein und decken Sie das Gefäß dabei zu. Die Körner können erst im gequollenen Zustand mit dem Keimen beginnen. Am Morgen gießen Sie das Wasser vorsichtig ab und lassen die Körner feucht im Glas. Der luftdurchlässige Stoff wird über die Glasöffnung gebunden. Stellen Sie das Zimmertreibhaus auf eine helle Fensterbank. Sie können nun mit Ihrem Kind Tag für Tag das Wunder der Keimung bestaunen. Alle Samen kann man mit wertvollen Vorratskammern vergleichen, welche die kostbaren Nährstoffe enthalten. Durch Feuchtigkeit, Wärme, Sauerstoff und Sonnenlicht werden die eingelagerten Wirkstoffe aktiviert und es entstehen die lebenswichtigen Enzyme. Bei der Keimung erhöht sich der Vitamin-B12-Gehalt der Samenkörner um 300 Prozent. Nun heißt es, die Keimlinge zu pflegen. Sie müssen morgens und abends vorsichtig in einem Sieb mit lauwarmem Wasser gespült und dann zurück ins ebenfalls gespülte Glas gelegt werden. Körner, welche nicht aufgequollen sind, sollten entfernt werden, weil sie faulen könnten. Die Keimdauer ist abhängig von der Größe des Korns. Leinsamen und Bockshornklee sind schon nach zwei Tagen verzehrfertig, während Kichererbsen und Mungbohnen acht Tage benötigen. Eine Faustregel lautet: Je kürzer die Keimzeit, desto milder schmecken die Keimlinge. Auf jeden Fall sollten die Keimlinge roh verzehrt werden, weil nur so die wertvollen Inhaltstoffe erhalten bleiben. Sie können zum Beispiel in den Salat, auf ein Butterbrot oder in die Suppe gegeben werden.

Datteln gehören zu den bemerkenswertesten Lebensmitteln überhaupt. Einerseits geben sie dem Gehirn als größtem Energieverbraucher des Körpers mehr und nachhaltiger Schwung als Schokolade oder Traubenzucker. Wenn man sie während einer Prüfung verzehrt, schärft das unsere Konzentration und Aufmerksamkeit. Der Effekt hält länger an als bei den industriell hergestellten Power-Riegeln, sogar über viele Stunden. Andererseits ist es ein jahrhundertealter Erfahrungsschatz der Beduinen, dass eine Handvoll Datteln als Abendmahlzeit ein leichtes Einschlafen und einen erquickenden Schlaf ermöglicht.

Feigen sind in der getrockneten Form die wohl verträglichste und nachhaltigste Verdauungshilfe, die man sich denken kann. Außerdem enthalten sie noch zahlreiche andere medizinisch wirksame Bestandteile. Die biblischen Früchte weisen ein geradezu optimales Calcium-Phosphor-Verhältnis auf, was sie zur Stärkung der Knochen geradezu prädestiniert. Die enthaltenen Enzyme schlummern in der Frucht und werden im feuchten Milieu des Darmes wieder geweckt.

Trockenfrüchte zählen zu den basenreichsten Lebensmitteln und beugen einer krank machenden Übersäuerung vor. Ganz besonders hilfreich sind in dieser Hinsicht die Rosinen.

Trockenfrüchte als kleine Nascherei in die Reichweite ihrer Kinder gestellt, helfen mit das Verlangen der Kinder nach Süßigkeiten zu stillen und gleichzeitig etwas Gutes für ihre Gesundheit zu tun. Wenn Kinder von Anfang an solche guten Lebensmittel zu essen bekommen, schmecken sie ihnen und sie finden den Geschmack auch besser als den vieler überzuckerter und künstlicher Industrieprodukte.

Die Packungen und Portionen vieler Süßigkeiten und Snacks sind in den letzten Jahren erheblich größer geworden. Da aber viele Menschen nicht mit dem Essen aufhören können, bevor die Tüte oder die Packung leer ist, nehmen sie dadurch mehr Nahrung zu sich als sie vorhatten oder ihnen gut tut. Übergewicht wird dadurch verstärkt. Vor 30 Jahren enthielt eine normale Tüte Gummibärchen bescheidene 75 Gramm. Heute gehören Tüten mit 200 Gramm, 250 Gramm oder sogar 500 Gramm zum Standard. Auch die Schnellrestaurants und Fast-Food-Ketten werben besonders mit ihren Mega-Maxi-Menü-Portionen. Oft entscheidet nicht das Sättigungsgefühl, sondern die Portionsgröße über die Menge der einverleibten Nahrungsmenge. Deshalb ist es wichtig, sich schon vor dem Verzehr für die richtige Menge bzw. Packungsgröße zu entscheiden.

Das Wochenmagazin DIE ZEIT (Nr. 21/18. Mai 2006) veröffentlichte ein Gespräch mit dem McDonald`s Kritiker Eric Schlosser über sein neues Aufklärungsbuch «Chew on This – Everything You Don`t Want to Know About Fast Food». (Daran kaut mal – Alles was ihr nicht über Fast Food wissen wollt). Das Buch ist bisher nur auf Englisch erschienen und löste in den USA sofort erbitterte Diskussionen aus. Eric Schlosser fühlt sich von obskuren Vereinen verfolgt, welche Aktionen gegen das Buch und den Film planen. Er wird in Schulen und bei Radiosendern angeschwärzt. Seit dem Erscheinen seines ersten Buches «Fast Food Nation», das 1,4 Millionen mal verkauft wurde, ist Schlosser an Gegenwind aus dem Fast Food Lager gewöhnt. Die Branche steht seitdem immer mehr unter Druck. So hat es Expräsident Bill Clinton geschafft, die Hersteller von Softdrinks zu einer freiwilligen Selbstverpflichtung zu bewegen, in den Schulen keine überzuckerten Limonaden mehr zu verkaufen. Eric Schlosser rechnet es dem Gouverneur von Kalifornien hoch an, dass er Gesetze vorantrieb, die Fast Food von den Schulen fernhalten. Außerdem verlängerte die Walt Disney Corporation ihr Marketing-Abkommen mit McDonald`s nicht. McDonald`s hat auch in Deutschland einen großen Einfluss. Die Fabriklandwirtschaft machte das Essen billiger. Aber die langfristigen gesundheitlichen Schäden (Vitaminmangelkrankheiten, Adipositas, Diabetes u. a.) muss man zu dem Lebensmittelpreis dazu zählen. Den Einwand, dass jeden Tag 45 Millionen Verbraucher McDonald`s Fast Food konsumieren und damit gegen die Argumente von Schlosser abstimmen, lässt dieser nicht gelten. Die Milliarden-Aufwendungen für Marketing und Fernsehwerbung haben einen zu großen Einfluss auf die Menschen. Das ungesunde Essen ist nur deshalb so billig, weil es mit staatlichen Subventionen gefördert wird. Die Fast-Food-Firmen gehen mit ihren Verbilligungsstrategien so weit, wie man sie lässt. Es ist wichtig, dass wir in Deutschland weiterhin wachsam auf eine gesunde Ernährung für alle achten, damit uns nicht eines Tages eine Firma diktiert, was wir anzubauen haben. Auch bei uns breiten sich die Fast-Food-Ketten, wie Pilze nach dem Regen aus und Kinder und Jugendliche sind ihre besten Kunden. Die Schulleiterin eines Gymnasiums in Ulm erzählte mir, dass ihre Schule mit großen Aufwand einen Mittagstisch für die Schüler, welche nachmittags Unterricht haben, eingerichtet hat. Leider wollen nur wenige Schüler dieses gesunde Essen verzehren. Sie ziehen es vor, sich in nahegelegenen Fast-Food-Lokalen zu versorgen. Bedauerlicherweise wissen nur die wenigsten, dass in Fastfood und Fertiggerichten meist viele Trans-Fettsäuren stecken, die Herz und Kreislauf schaden. Trans-Fettsäuren entstehen beim Härten flüssiger Pflanzenöle und auch dann, wenn Öle beim Frittieren wiederholt extrem hoch erhitzt werden. Sie erhöhen den Cholesterinspiegel und begünstigen dadurch das Entstehen von Arteriosklerose und Herz-Kreislauf-Krankheiten. Besonders Kinder und Jugendliche zählen zu der Risikogruppe, weil sie besonders häufig Knabbersnacks, Popcorn, Kartoffelchips, Nuss-Nougatcreme, Pommes frites und frittiertes Fastfood essen. Der Anteil an schädlichen Trans-Fettsäuren ist in den verschiedenen Ländern sehr unterschiedlich. So ergab eine Studie von dänischen Wissenschaftlern, dass im ungarischen Fast Food weltweit der höchste Transfettsäurengehalt gefunden wurde und in Dänemark der niedrigste. Gleichzeitig hat Ungarn die höchste Rate von Menschen, die an einem koronaren Herzleiden sterben. In Dänemark verbietet ein neues Gesetz den Verkauf von Essen mit mehr als 2 % Trans-Fettsäurenanteil.

Tipp: Achten Sie bei Lebensmitteln in der Zutatenliste auf den Hinweis «Pflanzenfett, gehärtet», denn dies ist ein Hinweis auf die Trans-Fettsäuren.

Viele Magazine berichten seit einiger Zeit über die tollen Stimmungsverbesserungen durch Schokoladengenuss. Eine interessante Entdeckung machte der Herzspezialist Norman Hollenberg von der Harvard-University in Cambridge im US-Bundesstaat Massachusetts im Rahmen eines Forschungsprojektes. Testpersonen mussten fünf Tage lang täglich einen Liter Kakao trinken. Kakao enthält bekanntlich viele Flavonoide. Nach den fünf Tagen hatten sich die Blutgefäße der Teilnehmer tatsächlich erweitert. Mit ähnlichen Ergebnissen konnte eine Studie aus Athen aufwarten. Solche Studienergebnisse führen dann leider verstärkt dazu, dass man Kindern gegen ihren Frust als Trost eine Tafel Schokolade gibt, mit dem zweifelhaften Erfolg, dass das Kind nach einiger Zeit unweigerlich zunimmt. So kann zu dem ersten Seelenkummer noch der Kummer um die Figur hinzukommen. Viel besser ist es, das Kind zu motivieren, sich beispielsweise die Joggingschuhe anzuziehen und loszujoggen, denn auch beim Sport setzt der Körper Endorphine frei, die beruhigend wirken und zusätzlich für eine wohlige Stimmung ganz ohne späteren Katzenjammer sorgen!

Es ist die Aufgabe aller an der Erziehung von Kindern beteiligten Erwachsenen, sich für eine gute Ernährung und diesbezügliche Aufklärung der Kinder einzusetzen.

2.8.1.
Essstörungen bei Kindern

Übergewicht

Wer heute Hunger hat und essen möchte, der geht an den Kühlschrank oder Vorratsschrank und bedient sich. Das war vor 100.000 Jahren beschwerlicher, da musste man noch Beeren sammeln oder auf die Jagd gehen. Nahrungsbeschaffung wurde so einfach und bequem, dass sie auch gewaltige Nachteile produzierte. Die gesamte Nahrungsmittelindustrie hat es auf den Verbraucher abgesehen und lockt ihn mit allen Mitteln.

Übergewicht ist laut Weltgesundheitsorganisation zur globalen Epidemie geworden (WHO, 1998). Nicht nur bei Erwachsenen, sondern auch bei Kindern und Jugendlichern nehmen Häufigkeit und Schweregrad von Übergewicht und Adipositas (krankhaft vermehrtes Fettgewebe) alarmierend zu.

Es ist noch nicht lange her, da hielt man übergewichtige Menschen für ein typisches Problem der USA. In der Regenbogenpresse wurden sie häufig lächerlich gemacht und als Witzfiguren dargestellt. Inzwischen ist uns das Lachen vergangen. Fettleibigkeit, im Fachjargon Adipositas genannt, ist auch in Deutschland allgegenwärtig. Schon im Jahr 1996 beklagte *Der Spiegel* den Gesundheitszustand deutscher Kinder. Sie hätten zu hohe Cholesterinwerte, abgeschlaffte Muskeln und Übergewicht (DER SPIEGEL, 1996/49). Ein Jahrzehnt später hat sich die Situation weiter verschlechtert. Inzwischen haben die Bundesregierung, die Lebensmittelindustrie, Ärzte, Lehrer und Eltern das Thema für sich entdeckt. Es vergeht kein Monat ohne neue Veröffentlichungen zu diesem Problem. Weltweit gibt es mehr als 22 Millionen übergewichtige Kinder unter fünf Jahren (spielen und lernen, 03/2005). Die Krankenkassen warnen vor einer Gesundheitskatastrophe. Adipositas heißt die Krankheit, an der rund vier bis acht Prozent unserer Kinder und Jugendlichen leiden.

> **Adipositas ist ein Zustand, der durch eine übermäßige Ansammlung von Fettgewebe im Körper gekennzeichnet ist. Die Adipositas wird heute als eine chronische Gesundheitsstörung verstanden. Sie beruht auf einer polygenetischen Veranlagung. Adipositas ist in der Bevölkerung epidemisch verbreitet. Etwa jeder dritte erwachsene Bundesbürger ist deutlich übergewichtig und sollte aus medizinischen Gründen abnehmen. Knapp fünf Prozent aller Gesundheitsausgaben in den Industrieländern werden für die Behandlung der Adipositas und ihrer Folgen aufgewendet. (www.adipositas-gesellschaft.de)**

Wir befassen uns hier nicht mit der krankhaften Fettsucht, die in die Behandlung eines Arztes gehört.

Die Zahl übergewichtiger Jugendlicher stieg in Deutschland so dramatisch an, dass sich die ehemalige Verbraucherministerin Renate Künast dieses Themas annahm und ein Buch mit dem Titel «Die Dickmacher» (Künast, 2004) veröffentlichte. Darin schreibt sie über heutige Kinder: «Mit der einen Hand an der Fernbedienung oder am Joystick, mit der anderen in der Chipstüte, gucken und daddeln und kauen sie, egal, wie das Wetter draußen ist. Statt Verstecken gibt es ‹Versteckte Kamera›, statt ‹Räuber und Gendarm› wilde Verfolgungsjagden an der Spielkonsole. Viele Bildschirmkids haben abends wahrscheinlich sogar das Gefühl, sie hätten sich selbst bewegt. Schließlich tragen sie teure Turnschuhe und haben ihre Helden den ganzen Nachmittag rennen lassen. Wirklich bewegt haben sie sich nicht, dafür aber Zuckerlimonade, Joghurt, Schokoriegel und ein paar käseschwere Baguettes aus der Mikrowelle verputzt. Bei ihren Eltern ist der Tag nicht viel anders verlaufen. Auch sie haben ihn überwiegend im Sitzen verbracht».

Übergewicht bei Jugendlichen führt schon in frühen Jahren zu Verschleißerscheinungen der großen Gelenke wie des Kniegelenkes, und zu frühen arteriosklerotischen Veränderungen der Gefäße. Auf der psychischen Ebene ist es oft Anlass zu Hänseleien, führt zu eindeutig schlechteren Aussichten bei der Berufs- und Partnerwahl und drängt die betroffenen Jugendlichen häufig in die soziale Isolation.

Es gibt inzwischen genügend Belege dafür, dass zu viel Konsum von Bildschirmmedien langfristig dick, dumm und gewalttätig macht (Spitzer, 2005). Eltern, welche diese Studien kennen, gehen sorgsamer und vorsichtiger mit den Medien um. Sie sorgen dafür, dass Kinder im Kindergartenalter Bildschirmmedien meiden und Kinder im Grundschulalter nicht mehr als eine halbe Stunde täglich vor diesen sitzen. Es ist eindeutig belegt, dass alles, was über eine Stunde hinausgeht, schädlich ist. Auch bei den Pisa-Auswertungen kam heraus, dass das Vorhandensein eines Computers in der Schule oder im Haus den Lernerfolg nicht verbessert.

Die Wirklichkeit in Deutschland sieht leider anders aus. Bei vielen Familien wird gleichzeitig gegessen und ferngesehen. Bei einer Umfrage der Württembergischen Krankenversicherung gab fast jedes zweite Kind zwischen 8 und 14 Jahren an, dass die Flimmerkiste bei ihm zu Hause während mindestens einer Mahlzeit läuft. Nur rund 28 Prozent der befragten Kinder schauen während des Essens grundsätzlich nicht fern. Ernährungswissenschaftler und Pädagogen geben Eltern den dringenden Rat, die Mahlzeiten gemeinsam mit den Kindern in Ruhe einzunehmen. Ansonsten wird das Essen als Nebensache empfunden und falsche Essgewohnheiten schleichen sich ein, die wiederum eine Hauptursache für späteres Übergewicht sind.

Gene, Psyche und Erziehung steuern das Gewicht. Kommandozentrale für Hunger oder Sättigung ist der Hypothalamus im Zwischenhirn. Sind hier bestimmte Eiweißstrukturen verändert, registriert man nicht mehr so gut, wann man satt sein sollte – und isst einfach weiter. Die Gene bestimmen mit, wie wir Dinge riechen und schmecken und damit auch, was wir gern essen. Wer bestimmte Bitterstoffe stark durchschmeckt, mag oft keinen Broccoli, dafür aber umso lieber Süßes. Die Forschung hat noch lange nicht alle Dickmacher-Gene gefunden und verstanden. Gesichert ist, dass der Genuss, den jemand bei seinen Mahlzeiten empfindet, genetisch bestimmt ist. Die kugeligen Geschmacksknospen auf der Zunge reagieren bei jedem anders. Durch die Veranlagung wird natürlich auch das Risiko erhöht, dick zu werden.

In Deutschland wurde bei schulärztlichen Untersuchungen festgestellt, dass 10 Prozent der Sechsjährigen übergewichtig sind und vier Prozent an krankhafter Fettsucht leiden. Dass es bei uns so viele übergewichtige Kinder gibt, das ist wahrlich eine erzieherische Herausforderung im Zeitalter von Fastfood, Fernsehen und Computer. Schon zu Wilhelm Buschs Zeiten gab es dieses Problem mit den ähnlichen Folgen wie heute. Heute kommen allerdings noch einige Krankheitsbilder hinzu. Übergewichtige Kinder leiden häufiger unter Bluthochdruck, Diabetes Typ II sowie Asthma und Schlafapnoe. Aber selbst die Genetiker glauben nicht, dass der Mensch seinen Genen hilflos ausgeliefert ist. Das Verhalten hat einen großen Einfluss auf das Körpergewicht. Was und wie viel wir essen, hängt in hohem Maße davon ab, was uns die Eltern anerzogen haben. Dr. Thomas Reinehr von der Uni-Kinderklinik Witten-Herdecke ist sich sicher: «Fettsüchtige Kinder haben prinzipiell gute Erfolgsaussichten auf Heilung.» Er empfiehlt eher langfristige Therapiekonzepte, die gleichzeitig das Gewicht senken und neue Verhaltensmaßnahmen vermitteln. Auf keinen Fall darf die Unterstützung der Eltern fehlen. Die beste stationäre Behandlung kann nicht auf Dauer helfen, wenn zu Hause wieder alte Essens- und Lebensgewohnheiten aufgenommen werden.

Vielen Kindern könnte man eine langfristige medizinische und therapeutische Behandlung ersparen, wenn sie ihr Gewicht zunächst einmal aus eigener Kraft halten könnten. Eltern, welche in dieser Phase achtsam sind, können diesen Prozess unterstützen.

Eine neue Studie der Universität von Arizona belegt, dass Kinder aus Familien mit ungesundem Lebensstil ein deutlich höheres Risiko tragen, dick zu werden. Kinder leiden unter ihrem Übergewicht nicht nur körperlich, sondern auch seelisch.

Schmecken wird gelernt wie Sprechen. Welche Esskultur wir entwickeln, entscheidet sich im Laufe der Kindheit. Kinder wachsen in einer bestimmten Geschmacksheimat auf, die durch ihre Familie und ihre Region bestimmt ist. Die Umgebung bestimmt auch, welche psychologische Funktion das Essen hat. Wenn Kinder oft mit Nahrungsmitteln, meist mit Süßigkeiten getröstet, belohnt oder beruhigt werden, verlernen sie ihren Hunger und ihre Sättigung richtig einzuordnen. Sie meinen dann, sich nach einem Ärger durch Essen trösten zu können.

Verlangen Sie nicht von Ihrem Kind, dass es immer den Teller leer isst. Es darf nicht zum späteren anerzogenen zwanghaften Leeressen kommen.

Nicht zu unterschätzen ist die Wirkung der Fernsehwerbung. Zwei Drittel der an Kinder gerichteten Werbung im Fernsehen wirbt für ungesunde und oft dickmachende Nahrungsmittel. Stundenlanges Sitzen vor dem Fernsehapparat und dabei Chips essen, macht Kinder bewegungsarm und dick bis fettsüchtig. Inzwischen gibt es immer mehr Anbieter von Therapien und Kursen zur Gewichtsreduktion bei Kindern. Sport und Ernährungsumstellung sind dabei die tragenden Säulen. Aber gerade die dicken Kinder haben keinen Spaß an der sportlichen Betätigung. Sie fürchten sich vor Hänseleien und trauen sich deshalb nicht in der Badehose bzw. im Badeanzug ins Freibad. Fast genauso schlimm ist für sie der normale Sportunterricht oder eine andere Freizeitsportart. So geraten sie immer weiter in den Teufelskreis bestehend aus: Angst-vor-dem-gehänselt-werden, zu Hause bleiben, fernsehen, essen, trinken, naschen und dicker werden – und dann beginnt das Ganze von vorne.

Aus diesen Gründen ist der Gruppensport unter Gleichgesinnten so hilfreich. Hier gibt es Lob und Motivation und keine Furcht vor herabsetzenden Bemerkungen. Die professionellen Übungsleiter achten auch darauf, dass sich die übergewichtigen Kinder nicht überfordern und dass sie mit den für sie geeigneten Sportarten wie Schwimmen, Radfahren oder Walken beginnen. Solange Übergewicht besteht, dürfen die Kinder ihre Gelenke nicht zu sehr belasten, um Spätschäden zu vermeiden. Wenn ergänzend zu diesem Sportprogramm noch eine Ernährungsumstellung statt findet, gewöhnen sich die Kinder allmählich an einen Alltag mit Bewegung. Die kindliche Bewegungsfreude kehrt zurück.

> **Integrieren Sie die sportliche Betätigung in Ihr Familienleben! Sport kann den Teufelskreis aus Hunger und ständigem Dickerwerden durchbrechen. Geben Sie nicht auf, auch wenn es Rückschläge gibt!**

Unternehmen Sie statt Ihres nächsten Familienausflugs mit dem Auto eine Familien-Radtour. Gehen Sie zu Ihrer Wohnung zu Fuß und nehmen Sie nicht den Aufzug. Nehmen Sie sich Zeit für Ihre Kinder. Es lohnt sich, sie von Computer oder Fernseher wegzulocken und regelmäßig mit ihnen zu spielen und zu toben. Auch ein Spaziergang im Freien kann für Kinder aufregend sein. Kleine Such- und Fragespiele machen den Spaziergang spannend. Besonders schön ist solch eine Unternehmung für Kinder, wenn noch Freunde oder Nachbarskinder teilnehmen.

Fett- und zuckerreiche Snacks beim stundenlangen Sitzen auf dem Sofa vor dem Fernseher müssen der Vergangenheit angehören.

Hängen Sie eine «Notfall-Liste» mit angenehmen Dingen, die man statt Naschen tun kann, an den Kühlschrank.

Falls Sie nicht sicher sind, ob Ihr Kind nur ein wenig Übergewicht hat oder ob die vielen Pfunde vielleicht schon gesundheitsgefährdend sind, sollten Sie es ärztlich untersuchen und sich beraten lassen.

Untergewicht

Längst sind die Zeiten vorbei, in denen sich nur die wirklich übergewichtigen Kinder dick fühlen. Es ist bekannt, dass bei vielen Kindern, besonders bei Mädchen, die Selbstwahrnehmung nicht mehr stimmt. Für Unmut und Aufruhr sorgte deshalb vor kurzem die Casting-Show von Heidi Klum «Germany's Next Topmodel». Ein 52 Kilo leichtes Mädchen namens Irina schied aus dem Wettbewerb aus mit der Begründung, sie sei zu dick. Detlev Nutzinger, ärztlicher Direktor der Klinik in Bad Bramstedt, kritisiert (Stern 11/2006): «Die verzerrten Ideale, die durch so eine Show vorgegeben werden, können Wegbereiter für den Einstig in eine Essstörung sein. Für viele Mädchen geht es in diesem Wettbewerb ja um einen Traumberuf, sie identifizieren sich also sehr stark mit dem, was sie da sehen.» Forscher haben beobachtet, dass häufig Kinder besonders autoritärer Eltern und auch Kinder, welche traumatische Erlebnisse in ihrer Kindheit hatten, wie etwa den Tod eines Elternteils, zur Magersucht neigen. Experten gehen heute davon aus, dass bei einem Magersüchtigen zu 50 bis 80 Prozent die Gene für die Krankheit verantwortlich sind. Zur Information und als Ausweg gibt es hilfreiche Adressen im Netz.

Wenn das Wenig-essen-Wollen zur Obsession wird und Kinder medizinisch nachgewiesen zu wenig Gewicht auf die Waage bringen, handelt es sich um eine ernstzunehmende Krankheit. Magersucht beeinträchtigt den Hormonhaushalt und Hirnstoffwechsel nachweislich und damit die gesamte Entwicklung eines Kindes zum Jugendlichen bzw. jungen Erwachsenen.

Bereits Sechsjährige sind nach einer australischen Studie mit ihrem Körper nicht zufrieden, fühlen sich zu dick und wollen abnehmen. Forscher von der University of South Australia ermittelten, dass 47 Prozent der befragten Mädchen generell dünner sein wollten. Die britische Eating Disorder Association (EDA) bestätigte, dass bereits bei achtjährigen Kindern Magersucht (Anorexia nervosa) diagnostiziert wurde. Dies war das Ergebnis einer Studie mit 80 Mädchen im Alter von sechs bis acht Jahren. Viele Mädchen glauben, dass Dünnsein ihre Beliebtheit steigert. In Deutschland haben mehr als 30 Prozent aller Kinder Erfahrungen mit Diäten hinter sich. Viele Experten sehen heute die Ursache des Problems beim Gruppenzwang. Früher ging man davon aus, dass der Einfluss der Eltern die Einstellung der Kinder dominierte. Doch inzwischen hat sich gezeigt, dass im Alter zwischen fünf und sieben Jahren das soziale Umfeld einen größeren Einfluss ausübt.

Es gibt jedoch noch andere Einflussquellen, die subtil und schwer nachweisbar wirken. So hat eine Studie der Universität Sussex mit 200 Mädchen im Alter von fünf bis acht Jahren ergeben, dass Barbiepuppen Essstörungen bei Kindern auslösen können. Ein Teil der Kinder bekam Barbiepuppen zu sehen, der andere Teil sah Puppen mit natürlichen Proportionen. Anschließend zeigte es sich, dass die Kinder, welche Barbiepuppen gesehen hatten, mit sich selbst deutlich unzufriedener waren als die anderen Kinder. Ein Grund dafür könnte das Schönheitsideal sein, das Mädchen zum Nacheifern veranlasst, ohne zu wissen, dass sie dieses Schönheitsideal niemals erreichen werden. Selbst die Firma Mattel gibt zu, dass Barbie nicht menschlich proportioniert ist.

Wie sehr Bilder das Körperbewusstsein beeinflussen, konnten die beiden US-amerikanische Marketingforscherinnen Loken und Peck in einem Experiment zeigen (Psychologie heute, 01/2006). Sie präsentierten den jungen Probandinnen vier Werbeanzeigen, zwei davon zeigten überschlanke Models, die beiden anderen normal- bis übergewichtige. Die Forscherinnen fanden heraus, dass die Befragten die untypischen Models mindestens genauso attraktiv fanden wie die typischen, und als positiver Nebeneffekt fühlten sich die Frauen von den rundlicheren Models viel stärker persönlich angesprochen. In der Nachbefragung gaben sie sich selbstsicherer, zufriedener mit ihrem Körper, dachten positiver über sich und hatten den rundlichen Frauentyp sofort als Alternative zum herkömmlichen Schönheitsideal akzeptiert. Wenn sich schon junge Frauen so stark durch Werbefotos beeinflussen lassen, um wie viel mehr können kleine Mädchen durch ihre Puppen im «Barbie-Format» beeinflusst werden? Ich halte es deshalb für wichtig, Kinder auch mit normal proportionierten Puppen spielen zu lassen und ihnen die irrealen Körpermaße zu erklären. Barbie ist eine Traumpuppe aus einer Traumwelt und diese soll auch als solche wahrgenommen werden. Um sicher zu sein, dass Ihr Kind diesen Unterschied wirklich verstanden und akzeptiert hat, beobachten Sie Ihr Kind beim Spielen. Wenn Sie unsicher sind, fragen sie es am besten immer wieder nach langen Zeitabständen: «Wenn du einmal groß bist, wie welche von deinen Puppen möchtest du dann aussehen?» Möchte das Kind wie die Barbiepuppe aussehen, gibt es für Sie noch lange keinen Grund, panisch zu reagieren oder sich große Sorgen zu machen, aber es sind Gespräche erforderlich. Versuchen Sie herauszufinden, was das Kind an der Puppe fasziniert, und versuchen Sie immer wieder, dem Kind wohlproportionierte sympathische Vorbilder zu zeigen.

2.9
Psychische Stabilität

Mütter neigen dazu, den Entwicklungsstand ihrer Kinder zu überschätzen. Marion Sonnenmoser berichtet von einer psychologischen Studie der Universität Wien (Psychologie heute, 11/2005), welche diese These weitgehend bestätigte. Dass Mütter ihre Kinder für begabter, geschickter und intelligenter halten, als sie in Wirklichkeit sind, mag mit einer gewissen Eitelkeit zu tun haben, kann aber auch einen positiven Effekt haben. Es scheint günstig zu sein, wenn Bezugspersonen von der Tüchtigkeit und Fähigkeit ihrer Schützlinge überzeugt sind. Andererseits birgt diese Einschätzung auch die Gefahr, Entwicklungsprobleme nicht wahrzunehmen und unerwünschtes Sozialverhalten auszublenden. Dieses fehlende Problembewusstsein kann dann dazu führen, dass notwendige Maßnahmen nicht ergriffen werden. Außerdem werden in Deutschland zu viele Psychopharmaka für Kinder und Jugendliche verordnet. Dazu kommen Medikamente gegen Stressgefühle, die man ohne Verordnung direkt in der Apotheke bekommen kann. Oft werden sie gekauft, um die Leistung der Kinder in der Schule zu steigern. Für viele Heranwachsende ist dadurch die Einnahme von Arzneimitteln selbstverständlich geworden. Eltern sollten sich vor dem Kauf von Medikamenten von verschiedenen Seiten gut beraten lassen und den Beipackzettel lesen, bevor sie ihrem Kind die Pillen zum Schlucken geben.

Wer Kinder erziehen und Ihnen eine stabile psychische Stabilität mit auf ihren Weg durchs Leben geben will, der tut gut daran, zuerst einmal bei sich selbst anzufangen. Erinnern Sie sich an Sätze, die Sie an Ihrer Entwicklung gehindert haben? «Das schaffst du nie», «Ein Junge tut das nicht» oder «Dazu bist du zu alt, zu jung, zu dick, zu dünn» usw. Sicherlich fallen Ihnen dazu noch genügend Beispiele ein. Das waren sogenannte «Killer-Botschaften», die Sie ungeprüft als wahr angenommen und verinnerlicht haben, statt sie über Bord geworfen zu haben. Es hilft Ihnen nichts, einen ewigen Groll gegen die Person zu hegen, welche den verheerenden Satz ausgesprochen hat. Wenn Sie in dem depressiven Jammertal verweilen, geben Sie kein positives Beispiel. Es kann sogar passieren, dass Sie die Ihnen zugefügten seelischen Kränkungen unreflektiert als negative Botschaften an Ihre Kinder weitergeben und diese dadurch möglicherweise neurotisiert werden.

Besser ist es, sich zu vergegenwärtigen, was Sie alles Positives trotz dieser gemeinen Vorhersagen zustande gebracht haben. Wenn Sie mit sich im Reinen sind, gelingt es Ihnen besser, Ihrem Kind ein gutes Vorbild zu sein. Unterbrechen Sie den neurotischen Staffettenlauf, der die negativen Botschaften von Generation zu Generation weiter gibt. Bestärken Sie Ihre Kinder ihre eigenen Wege zu gehen und lassen Sie sie innerlich los.

Die Ergebnisse der Resilienzforschung machen Mut. Deshalb möchte ich sie Ihnen hier kurz vorstellen. Der Begriff Resilienz stammt aus der Baukunde und beschreibt die Biegsamkeit von Material.

Resilienz

Eine ganzer Wissenschaftszweig beschäftigt sich heute mit dem Phänomen «Resilienz», mit Menschen, die an großen seelischen Belastungen nicht zerbrechen, sondern sogar daran wachsen. Auch resiliente Menschen sind nicht unverwundbar, aber das Besondere und Beeindruckende an ihnen ist ihr Umgang mit ihren Verletzungen. Ursula Nuber widmet diesem Forschungszweig im Septemberheft 2005 der Zeitschrift «Psychologie heute» einen Artikel mit dem Titel: Resilienz: Immun gegen das Schicksal? In diesem Artikel wird beschrieben, dass sich Forscher mit den drei Fragen beschäftigten: Wie gelingt es Kindern trotz Risikofaktoren wie Armut, Vernachlässigung, Misshandlung oder suchtkranke Eltern, eine positive, gesunde Entwicklung zu nehmen? Warum zerbrechen Menschen nicht an extremen Stressbedingungen, wie zum Beispiel einer schweren chronischen Krankheit? Wie gelingt es Menschen, sich relativ schnell von traumatischen Erlebnissen wie Gewalterfahrungen, Naturkatastrophen, Kriegserlebnissen, Tod eines nahestehenden Menschen zu befreien?

Die Forschung zeigt, dass Resilienz mehr ist als nur die Anpassung an widrige Verhältnisse, mehr als pures Durchhaltevermögen oder nur bloßes Überleben. Resilientes Verhalten zeigt ein Mensch nicht trotz, sondern wegen widriger Umstände. Die extremen Stresserfahrungen können in einem Menschen Stärken wachrufen, die er bis dahin selbst nicht für möglich gehalten hätte. Er verhält sich so, wie es Albert Camus poetisch ausdrückt: «Mitten im Winter habe ich erfahren, dass es in mir einen unbesiegbaren Sommer gibt.» Oft ist es so, dass das frühe Übernehmen von Verantwortung – die Sorge für die kleineren Geschwister oder die Übernahme eines verantwortungsvollen Amtes in der Schule – resilientes Verhalten fördert. Häufig hatten solche Personen als Kind auch Unterstützung von religiösen Gemeinschaften, von Nachbarn, Freunden, Lehrern oder Verwandten.

Die Amerikanische Psychologenvereinigung (APA) schickt speziell geschulte Psychologen in die Grundschulen, um Kindern beizubringen, wie sie mit den unvermeidlichen Widrigkeiten des Lebens am besten fertig werden. Geschult werden die Kinder in folgenden Kernpunkten:

- Suche dir einen Freund, und sei anderen ein Freund.
- Fühle dich für dein Verhalten verantwortlich.
- Glaube an dich selbst.

Ein erfreuliches Ergebnis aus der Resilienzforschung ist unter anderem auch, dass einmal gemachte schlechte Erfahrungen in der Kindheit nicht das gesamte weitere Leben prägen müssen.

Weiteres Informationsmaterial erhalten Sie unter www.apahelpcenter.org

Sport kann helfen.

Sport hat eine positive Auswirkung auf Beweglichkeit, Muskelkraft, Ausdauer und Schnelligkeit. Das gilt natürlich grundsätzlich für Eltern und für Kinder. Sie sind widerstandfähiger gegen Krankheiten, denn Ihr Immunsystem, Ihre Psyche und damit Ihre Lebenszufriedenheit werden durch den regelmäßigen Sport gestärkt. Auch Ihre sozialen Kontakte bleiben lebendig, ein Gesichtspunkt, der mit der Geburt eines Kindes häufig übersehen und unterschätzt wird. Das regelmäßige Training steigert das Selbstbewusstsein, das geistige und körperliche Wohlbefinden. Es hilft Stress und Ärger abzubauen bzw. Stress und Ärger vorzubeugen, Ängste zu verringern und die geistige Leistungs- und Konzentrationsfähigkeit zu stärken, ja sogar bestehende Krankheiten zu heilen. Alles Dinge die für Sie in der anstrengenden Erziehungsphase sehr wichtig sind. Immerhin geben 15 % der befragten Eltern an, dass sie am meisten Schwierigkeiten damit haben, für sich selbst Freiräume zu schaffen, 43 % der befragten Mütter wünschen sich eine Woche und 21 % der befragten Mütter wünschen sich sogar zwei bis drei Wochen «Pause vom Kind» (Kucklick, 2002). Bei Männern sind diese Wünsche nicht so ausgeprägt, wahrscheinlich, weil sie mehr Abwechslung haben und weil sie sich ihren wöchentlichen Sport nicht nehmen lassen. Auch Mütter sollten einen Abend für sich reservieren. Damit wird die Zufriedenheit größer. Und wenn die Kinder etwas älter sind, ist das auch ein gutes Vorbild für sie. Suchen sie dann eine Sportart, die sie gemeinsam mit dem Kind machen können. Gehen Sie wandern, Fahrrad fahren, schwimmen, Beachvolleyball spielen oder was Ihnen sonst noch gefällt. Es trägt auf jeden Fall zur Familien-Harmonie bei. Besonders empfehlenswert ist für Eltern mit kleinen Kindern auch das Eltern-Kind-Turnen, das von besonders geschulten Trainern in den Sportvereinen angeboten wird.

Falls Sie nun aus irgendeinem Grund schon länger keinen Sport mehr getrieben haben, achten Sie auf Ihr Herz. Wenn es rast und Sie nach Atem ringen, haben Sie es übertrieben. Die Belastung war dann zu groß. Beginnen Sie langsam und steigern Sie die Intensität nach Ihren Fähigkeiten. Das gelingt vielen Menschen am besten mit anderen zusammen im Verein, im Fitness-Studio oder beim Lauftreff. Halten Sie sich unbedingt an die Faustregel: «Laufen ohne Schnaufen». Es gilt natürlich für jede Sportart, dass Sie nicht außer Atem kommen sollen. Besser länger und lockerer als kürzer und heftiger. Auf keinen Fall verbissen trainieren. Häufig sehe ich auf meinen Spaziergängen Läufer, die total überanstrengt, schnaufend und schwitzend an mir vorbei rennen. Sie tun mir immer leid, denn sie wissen wohl nicht, dass sie sich mehr schaden als nützen. Und das bei dieser enormen Anstrengung! Sport soll unbedingt Spaß machen. Sie tun es ja in Ihrer Freizeit und für sich! Achten Sie zu Beginn Ihres Trainings auf das richtige Aufwärmen und Dehnen. Damit beugen Sie am wirkungsvollsten eventuellen Verletzungen vor.

Wenn es Ihre Zeit zulässt, ist eine gute Kombination aus einer Ausdauersportart (Laufen, Radfahren oder Aerobic) mit einer Kraftsportart (ein Hanteltraining oder Klettern) oder mit einem Mannschaftssportart (Volleyball oder Handball) sinnvoll.

Vielleicht schaffen Sie es in Ihrer derzeitigen Lebenssituation nicht, sich einen Abend pro Woche für Sport frei zu machen. Dann können Sie trotzdem eine sportliche Betätigung in Ihren Alltag einbauen. Legen Sie kurze Strecken zu Fuß oder mit dem Fahrrad zurück, statt mit Auto oder Bus. Gehen Sie Treppen zu Fuß, anstatt bequem mit dem Aufzug zu fahren. Gehen Sie stets zügig, so dass Sie die Anstrengung spüren und schwingen Sie dabei leicht mit den Armen. Ein beschwingtes Gehen macht eine beschwingte Stimmung. Lassen Sie sich von dem Gedanken motivieren, ein gutes Vorbild zu sein.

Häufig wird übersehen, welchen Einfluss Sport an der frischen Luft, neudeutsch «Outdoorsport», auf unsere Stimmung hat. Ein amerikanisch-kanadisches Forscherteam um Matthew Keller konnte belegen, dass Menschen, die sich vorwiegend an der frischen Luft aufhielten, eine größere Bereitschaft zu offenem und tolerantem Denken und Handeln zeigten. Gedächtnisleistungen nahmen nur bei Teilnehmern zu, die an der frischen Luft trainierten. Am deutlichsten sind die Klimaeffekte im Frühling (Psychologie heute, 05/2006). Dies ist ein weiterer Grund, sich selbst so oft wie möglich an die frische Luft zu begeben. Auch Kinder sollten viel Gelegenheit zum Spielen im Freien bekommen.

Wie sehr Sport im Freien auch Kindern helfen kann, möchte ich am Beispiel der Reittherapie aufzeigen, die beim Sozialwerk Salem in Höchheim und in vielen anderen therapeutischen Einrichtungen mit großem Erfolg praktiziert wird.

Ziele dieser Therapieform sind laut Flyer:

- Beziehungsaufbau zu Menschen über den Kontakt mit den Pferden wieder bzw. überhaupt zu erlernen. Menschen aus sozialen Randgruppen sind eher bereit, einen Kontakt zu Tieren aufzubauen, da sie im Umgang mit ihnen keine schlechten Erfahrungen gemacht haben.

- Das Selbstbewusstsein und die Selbstsicherheit fördern. Durch die Arbeit mit dem Pferd erkennen unsere Klienten, dass sie durch Lernen und Selbstdisziplin in der Lage sind, ein Lebewesen zu beherrschen, das größer und stärker ist als sie selbst.

- Das kooperative Miteinander schulen, d. h. die Arbeit mit dem Pferd geht nur im gemeinsamen Mieteinander von Mensch und Tier. Ein Pferd lässt sich nicht nach dem Lust- und Launeprinzip beherrschen. Die momentane Gefühlssituation des Tieres muss berücksichtigt werden.

- Zu Pflichten und Arbeiten hinführen. Reiten, Pferdepflege und Stallarbeit gehören zusammen. Das eine ist ohne das andere nicht denkbar. Hier wird gelernt, dass neben Spaß und Freude auch immer Pflicht und Arbeit stehen muss.

- Eine soziale Integration erreichen. Reiten ist ein Sport, der nicht primär körperliche Fähigkeiten oder Voraussetzungen verlangt, sondern ein Sport, der nicht selektiert und dadurch unterschiedlichste Menschen zusammenbringen kann. Die vielfältigen Kontakte, die sich ergeben, verstärken die integrative Wirkung.

Siehe auch: www.salem-hoechheim.de

Selbstbewusstsein stärken

Aus Studien mit eineiigen und zweieiigen Zwillingen ist bekannt, dass genetische Einflüsse eine Rolle bei der Entwicklung des Selbstbewusstseins spielen. Genetische Faktoren bestimmen die Art und Weise, wie Kinder ihre Umwelt wahrnehmen und auf sie reagieren. Ein von Geburt an schüchternes Kind zeigt weniger Neugier auf seine Umwelt und ist von der Zuneigung seiner Eltern stärker abhängig als ein temperamentvolles, extrovertiertes Kind. Doch allein der Faktor Schüchternheit genügt nicht, um dem Kind sein Selbstbewusstsein zu nehmen.

Ein starkes Selbst hat eine enorme Bedeutung für die seelische Gesundheit eines Menschen. Ein Kind kann nur lernen «ich werde so geliebt, wie ich bin», wenn Eltern ihre Zuneigung nicht an Bedingungen knüpfen. Wenn ein Kind das Gefühl hat, dass es nur geliebt wird, wenn es brav aufräumt, den Teller leer isst und ohne Murren pünktlich ins Bett geht, kann es kein stabiles Selbstbewusstsein entwickeln. Es wird auch im Innersten verunsichert, wenn ihm kleine Fehler gleich als Charakterschwäche angekreidet werden, beispielsweise wenn es sich nicht für ein Geschenk bedankt und dafür von seiner Mutter vor anderen als eigensinnig und egoistisch hingestellt wird. Ebenso schlimm können die Auswirkungen sein, wenn Eltern bei ihrem Kind nur Erfolge sehen wollen und bei einem Fehler gleich von einer Katastrophe reden. Auch eine häufige Bestrafung durch Liebesentzug verhindert die Entwicklung eines guten Selbstvertrauens. Menschen, die in der Kindheit kein stabiles Selbstwertgefühl aufbauen konnten, leiden möglicherweise ein Leben lang unter den Nachwirkungen. Frühe Wunden verheilen nur oberflächlich und können später bei Kritik oder Misserfolg wieder aufbrechen und zu dem Gefühl «ich bin sowieso nichts wert» und damit zur Mutlosigkeit führen. Sowohl eine mit auf die Welt gebrachte genetische Disposition als auch eine belastende Erziehungserfahrung können selbstwertschwache Menschen zur Antriebslosigkeit bringen. Deshalb haben Erwachsene bei ihren Kindern in der sensiblen Phase der Kindheit eine immense Verantwortung und sollten Rahmenbedingungen schaffen, so dass ihre Kinder das Gefühl entwickeln können, dass sie etwas können und dass sie wertvoll für ihre Mitmenschen sind. Frühe positive Erfahrungen helfen mit, ein stabiles Selbstbewusstsein zu entwickeln. Es gibt einiges, was Eltern dafür tun können.

Dazu die wichtigsten Grundregeln:

Aufgaben zuteilen

Geben Sie Ihrem Kind von Anfang an kleine Aufgaben. Das kann das Aufräumen der Spielsachen sein, das Abtragen des Essgeschirrs oder das Einräumen der Spülmaschine. Lassen Sie das Kind sprechen, ohne ihm ins Wort zu fallen und ungeduldig zu werden. Alle Eigenaktivitäten, die ihm selbst signalisieren, dass es etwas Neues dazu gelernt hat, stärken sein Selbstvertrauen. Sparen Sie nicht mit Lob, wenn Ihr Kind eine Aufgabe zum ersten Mal bewältigt hat.

Fehler zulassen

Ihr Kind muss wissen, dass Fehler ganz natürlich sind, dass «noch kein Meister vom Himmel gefallen ist» und dass es Fehler machen darf. Das einzusehen ist für jede Art von Lernen wichtig. Ein Kind sollte aber unbedingt korrigiert werden. Wenn Sie die Fehler Ihres Kindes von Anfang an liebevoll korrigieren, wird es sich dadurch auch nicht beeinträchtigt fühlen. Loben Sie immer wieder sein Bemühen, das Ergebnis des Bemühens aber erst, wenn es etwas richtig gemacht hat. Es soll immer das gute Gefühl haben, dass Sie es ihm schon sagen, wenn es etwas falsch gemacht hat. Dazu gibt es reichlich Gelegenheit. Andernfalls kommt es zu großen Enttäuschungen, wenn das Kind plötzlich zu spüren bekommt, dass es eine Sache falsch eingeübt hat.

Klar ansprechen

Kontrollieren Sie Ihre Sprache, wenn Sie mit Ihrem Kind sprechen. Sagen Sie deutlich, was Sie von ihm wollen. Wenn Sie sagen: «Draußen liegt Schnee» und annehmen, dass Ihr Kind schon weiß, dass es jetzt schippen soll, dann täuschen Sie sich. Sagen Sie besser: «Nimm die Schneeschippe und schippe den Schnee vom Weg.» Jetzt versteht Ihr Kind, was Sie von ihm wollen. Vermeiden Sie auch ironische Bemerkungen. Wenn sich Ihr Kind bei einem Sturz die Hose zerrissen hat und Sie zu ihm sagen: «Das hast du aber toll gemacht», dann versteht es diesen Satz wörtlich und ist total verwirrt über Ihre Aussage. Ein Kind kann Ironie und Wortwitz noch nicht verstehen.

Probleme gemeinsam lösen

Versuchen Sie bei Misserfolgen gemeinsam herauszufinden, was schief gelaufen ist. Sie könnten beispielsweise miteinander darüber sprechen, warum der Freund sich plötzlich nicht mehr blicken lässt, weshalb die Burg zusammengestürzt ist, aus welchem Grund die Klassenarbeit schlecht war. Verkneifen Sie sich Sätze wie «Ich hab's ja gewusst.» Diese sind nicht hilfreich und behindern die Kooperation. Ermutigen Sie Ihr Kind, es nächstes Mal besser zu machen. Versuchen Sie an dem Missgeschick auch etwas Positives für die Zukunft zu sehen. «Aus Fehlern kann man lernen.» So helfen Sie Ihrem Kind, nach Misserfolgen nicht aufzugeben.

Freiräume lassen

Verbieten Sie Ihrem Kind nicht zu viel. Prüfen Sie sich immer zuerst selbst, ob Sie vielleicht zu ängstlich sind und Ihrem Kind dadurch wichtige Erfahrungen vorenthalten.

Talente fördern

Beobachten Sie Ihr Kind genau. Wenn es etwas besonders gut kann, verschaffen Sie ihm Gelegenheiten, in denen es seine Begabung stärken kann. Die außerschulischen Erfolgserlebnisse tragen sehr zu seinem Selbstvertrauen bei und können später förderlich sein.

Hobbys unterstützen

Helfen Sie Ihrem Kind Hobbys zu entwickeln. Geben Sie ihm viele Gelegenheiten, Hobbys kennen zu lernen. Wenn es sich bereits ein Hobby ausgewählt hat, tun Sie alles, dieses zu unterstützen. Falls es sich um ein zu teures Hobby handelt, geben Sie nicht zu früh auf. Sprechen Sie mit Eltern, deren Kind ebenfalls dieses Hobby hat. Sprechen Sie mit Einrichtungen wie Musikschulen, Sportverbänden oder sonstigen hilfreichen Institutionen. Falls Ihr Kind allerdings zu viele Freizeitaktivitäten machen möchte, müssen Sie Prioritäten setzen. Ein Kind ist dazu noch nicht in der Lage. Es hat auch noch keine Übersicht über seine Zeitgestaltung.

Aushandeln

Versuchen Sie so oft wie möglich Ihr Kind bei Entscheidungen zu beteiligen. Wenn Sie einen Plan für den nächsten Sonntag schmieden, Ferien planen oder sonst eine Unternehmung vorhaben, lassen Sie ihr Kind mitdiskutieren und achten Sie darauf, dass Sie das Ergebnis zusammen aushandeln. Das Kind muss sich als ernst genommen erfahren. Fragen Sie es immer wieder, wie es dieses oder jenes Gespräch empfunden hat.

Nein sagen lernen

Sobald Kinder entdecken, dass sie auch nein sagen können, tun sie das in der Regel gerne und oft. Sie müssen die Erfahrung machen, dass es in Ordnung ist, nein zu sagen. Wenn sie etwas nicht mögen, sollen sie lernen, das auch auszudrücken. Es ist ein wichtiger Bestandteil der Selbstachtung, immer wieder nein zu sagen. Damit bekommt das Gegenüber, bildhaft gesagt, ein Stop-Schild gezeigt und weiß, weiter darf ich nicht gehen. Solche Kinder werden später durchsetzungsfähiger und von den anderen besser akzeptiert.

Gefühle respektieren

Lachen Sie Ihr Kind nicht aus. Falls Sie einmal über eine Situation lachen müssen, erklären Sie ihm, dass Sie nur über die Situation und nicht über es gelacht haben, dann kann es nämlich mitlachen. Nehmen Sie Ihr Kind ernst, wenn es sich traurig oder ängstlich fühlt. Versuchen Sie den Grund dafür heraus zu finden. Zeigen Sie ihm, dass es in Ordnung ist, wenn es jetzt bestimmte Gefühle empfindet. Probieren Sie gemeinsam, einen Weg zu finden, das negative Gefühl wieder aufzulösen, beispielsweise mit einem Spaziergang, mit Spiel, Sport oder Musizieren.

2.9.1
Optimismus ist lernbar

Freude, Optimismus und die Zuwendung zu anderen Menschen fördert die körperliche und die emotionale Gesundheit (Seligman, 2001). Professor Martin Seligman beschäftigte sich intensiv mit dem Pessimismus und seinen Folgen. Im Rahmen seiner Untersuchungen wurde ihm Schritt für Schritt klar, dass eine optimistische Lebenseinstellung zu jeder Zeit erworben bzw. angesteuert werden kann. Voraussetzung für eine Einstellungsänderung ist die Analyse der eigenen Erklärungsmuster bei Missgeschicken. Wenn man sich seine Begründungen einmal klar gemacht hat, kann man daran arbeiten, diese zu ändern. Eltern sind die einflussreichsten Menschen im Leben von Kindern. Deshalb ist es wichtig, einmal zu überprüfen, mit welchen Worten man über die Ursachen von gefühlsgeladenen Ereignissen spricht. Seligman hat in einer Studie festgestellt, dass der Optimismusgrad von Müttern und Kindern sehr ähnlich ist. Besonderes Gewicht haben bei den Erklärungsmustern die Dimensionen: Dauerhaftigkeit, Geltungsbereich und Personalisierung. Ein Beispiel hierzu.

Blechschaden auf dem Parkplatz

Angenommen eine Mutter ist mit ihrer kleinen vierjährigen Tochter Miriam zum Einkaufen unterwegs. Sie stellt ihr Auto vorschriftsmäßig auf dem Parkplatz ab und begibt sich in den Supermarkt. Als sie zu ihrem Fahrzeug zurückkommt, stellt sie zu ihrem Entsetzen fest, dass sie eine Riesenschramme in der Fahrertür hat. Nun fängt sie lautstark an zu jammern: «Immer und überall habe ich Pech. Ich werde vom Unglück geradezu verfolgt. Natürlich trifft es wieder mich. Klare Sache von Fahrerflucht. Kann ja nur mir passieren, alle anderen Fahrzeuge sind unbeschädigt. Das hat mir gerade noch gefehlt, wo ich im Moment sowieso kein Geld habe. Jetzt muss ich mit einem zerkratzten Auto herumfahren, weil ich mir die Reparatur nicht leisten kann.» Sie vergisst in ihrer Verzweiflung total, welche Wirkung diese Szene auf ihre Tochter hat. Besser wäre es gewesen, wenn Sie die Sache sehr ruhig und überlegt angeschaut hätte. Dann hätte es sich vielleicht so angehört: *«Das ist jetzt das erste Mal, dass ich so etwas erlebe. Es ist nur ein Kratzer, nichts wirklich Schlimmes. Ich frage die Leute hier auf dem Parkplatz, ob sie etwas Auffälliges bemerkt haben. Vielleicht hat der Verursacher ihnen ja eine Nachricht hinterlassen. Auf jeden Fall gebe ich der Kassiererin meine Telefonnummer, falls es doch noch einen Hinweis gibt.»*

Leider haben wenige Menschen solche Vorbilder in ihrer Kindheit erlebt und rasten deshalb unüberlegt und unbewusst bei derartigen Vorkommnissen aus. Es gibt immer wieder belastende Erlebnisse bei denen man derartige Verhaltensmuster trainieren kann. Seien Sie nicht entmutigt durch einen kleinen Ausraster, sondern sehen Sie solche Vorkommnisse als Schule für Ihre eigene Weiterentwicklung an. Falls Sie mit Ihrer Vorbildfunktion nicht ganz zufrieden sind, können Sie mit Ihrem Kind solch eine Szene zu Hause mit Puppen nachspielen und andere Reaktionsmuster ausprobieren. Dadurch wird die Situation relativiert, Abstand und Gelassenheit kommen dem Kind auch später noch zugute. Seligman glaubt, dass der Pessimismus durch eine «erlernte Hilflosigkeit» entsteht.

An den Lebenswegen von berühmten Persönlichkeiten wie Helen Keller, Claude Debussy, Charles Chaplin und Ray Charles zeigt Jürg Frick (Frick,

2007), Professor an der Pädagogischen Hochschule Zürich, anschaulich, wie durch eine günstige Grundhaltung schwierige Lebensumstände gemeistert werden können. Im Gegensatz dazu wird am tragischen Beispiel Franz Kafkas nachgewiesen, welche selbstzerstörerischen Kräfte Angst und Entmutigung entwickeln können. Deshalb ist die Fokussierung auf die eigenen positiven Seiten essentiell, denn sie ruft freundliche Gefühle hervor und hilft bei der Entwicklung einer gesunden Selbst- und Fremdwahrnehmung.

Wer Humor hat, kann viele Dinge als unwichtig ansehen, kann sich auch selbst hochnehmen und hat keine Mühe damit, sich innerlich von Situationen zu distanzieren oder das Witzige an einer Sachlage zu erkennen. Humor führt zu einer inneren Freiheit und einer lockeren inneren Einstellung.

Lachen ist gesund. Es entspannt die gesamte Muskulatur. Verspannungen können dadurch manchmal ebenso gut gelöst werden wie bei einer Massage. Bei einem plötzlichen Gelächter wird die Atmung intensiviert und dadurch das Blut mit Sauerstoff angereichert. Zusätzlich wirkt sich das Lachen positiv auf das Immunsystem aus und belebt weitere stresslösende Faktoren.

Tipps: Machen Sie einmal folgendes Experiment: Lächeln Sie sich 30–60 Sekunden lang im Spiegel an. Dabei aktivieren Sie Muskelgruppen, die Sie sonst nur in guter Stimmung oder in einer entspannten Situation benutzen. Die Auswirkung dieses Experiments ist in der Regel positiv. Eine andere nützliche Übung ist das Grimassen schneiden vor dem Spiegel. Hören Sie damit nicht auf, bevor Sie nicht herzhaft lachen müssen.

2.9.2
Erziehung zur sozialen Kompetenz

Soziale Kompetenz besteht aus Fähigkeiten, welche den zwischenmenschlichen Bereich betreffen. Menschen haben eine hohe soziale Kompetenz, wenn sie mit ihren individuellen Fähigkeiten und Fertigkeiten angemessen auf die Anforderungen von zwischenmenschlichen Situationen reagieren können.

Das Sozialverhalten eines Menschen ist zum größten Teil ein von der frühesten Kindheit an gelerntes Verhalten. Vielfältige Lernprozesse laufen dabei im wesentlichen unbewusst ab. Auch sozial inkompetentes Verhalten wurde erlernt und kann in späteren Jahren zu einem unsicheren Umgang mit Freunden, Verwandten, Kollegen oder Partnern führen und sich bis zur sozialen Phobie steigern.

Vielen Kindern fehlen heute die Grundregeln für Umgangsformen. Sie lernen in ihrer kleinen Minifamilie die elementaren Regeln des Zusammenlebens nicht mehr. Viele Eltern wollen, dass dies die Schule übernimmt. Sicherlich findet auch jeden Tag soziales Lernen in der Schule statt, da Kinder hier erfahren, wie sie sich im Klassenverband und dem Lehrer gegenüber verhalten müssen. Aber der Staat darf sich nicht in das Erziehungsgeschehen der Familie einmischen, er darf sich nicht Elternrechte anmaßen. Die Schule hat einen Bildungsauftrag. Sie soll den Schülern das Wissen vermitteln, das sie befähigt, die nächst höhere Bildungsanstalt zu besuchen bzw. einen Beruf zu erlernen. Aber wie soll man nicht erzogenen Schülern Wissen vermitteln, wenn sie keinerlei Bezug dazu haben, keinen Sinn darin sehen und sich mangels Beachtung zu Hause darüber freuen in der Schule durch auffälliges Verhalten Aufmerksamkeit zu erzwingen? Wenn der Lehrer sich wegen Fehlverhaltens mit ihnen beschäftigt, ist ihnen das immer noch lieber, als das Nicht-beachtet-werden, das solche verhaltensgestörte Schüler zu Hause erleben.

Es ist leichter, Frauen als Rabenmütter zu beschimpfen, die sich nicht um ihre Kinder kümmern, ihnen ein schlechtes Gewissen einzuimpfen, als sich um die Ursachen und die Behebung des zugrunde liegenden Übels zu kümmern. Dieser Kampf gegen die Rabenmütter ist auch heute noch virulent. Es gibt Mütter, die sich mit ihrem «Verzicht auf Berufstätigkeit» brüsten und denselben Verzicht von jungen Müttern verlangen, ohne zu beachten, dass sich die wirtschaftlichen und sozialen Gegebenheiten in unserem Land seit Jahren geändert haben. Es ist nämlich für viele Mütter nicht mehr möglich, auf ein weiteres Einkommen zu verzichten. Niemand möchte freiwillig in die Armut fallen. Dies kann auch gesamtgesellschaftlich nicht unser Ziel sein. Wichtig ist, dass wir alle zusammenstehen und den Müttern und Kindern helfen, wie es uns das Ausland rund um uns herum erfolgreich vormacht.

Vom Spitzenreiter Finnland in der Pisa-Studie können wir viel lernen. Frauen haben dort einen höheren Stellenwert als in Deutschland. Eine Frau, die Kinder hat und gleichzeitig arbeitet, ist in Finnland seit Jahrzehnten die Regel. Allerdings wird es ihr von Staat und Gesellschaft dort auch leichter gemacht. Annikki, eine Finnin, die nach Deutschland geheiratet hatte, hier ihr Kind aufzog und wie in Finnland üblich zum Arbeiten ging, stellte mit Verwunderung fest, dass sie sich selbst nun dauernd fragte, ob sie eine Rabenmutter sei. Sie entwickelte hier genauso schnell wie ihre deutschen Kolleginnen ein schlechtes Gewissen. Ihre finnischen Freundinnen konnten das nicht verstehen. Man muss schon in unserem Land leben, um die ganzen Schwierigkeiten und subtilen Nadelstiche zu verstehen, die berufstätigen Müttern das Leben hier schwer machen. Auch dies trägt zu unserem inzwischen von allen Politikern als großes Problem erkannten Geburtenrückgang bei.

Kinder müssen soziale Kompetenzen erwerben, um sich in unserer komplizierten Welt zurechtzufinden. Diese Kompetenzen erwerben sie zuerst in der Familie, im Spiel mit anderen Kindern, im Kindergarten, in der Nachbarschaft und später in der Schule.

Wichtige Soziale Kompetenzen sind:

- Selbständigkeit
- Konfliktfähigkeit
- Kooperationsfähigkeit

Selbständigkeit

Kinder sollen dazu befähigt werden, immer wieder einmal eine Stunde alleine zu Hause zu verbringen. Vielleicht haben sie einmal früher den Kindergarten oder die Schule aus, Mutter oder Vater müssen etwas erledigen, und es ist kein Babysitter zu bekommen.

Übungen und Überlegungen, die dazu führen, das Kind ohne Bedenken für eine Stunde allein zu Hause zu lassen:

- Wenn es an der Haustüre klingelt: Schärfen Sie Ihrem Kind ein, dass es niemals einem Unbekannten die Haustüre öffnet, wenn es klingelt. Zeigen Sie ihm, wie man mit solch einer Situation umgeht. Erklären Sie ihm die Haussprechanlage. Lassen Sie es öfters an die Türe gehen und tun Sie so, als ob es alleine wäre. Sprechen Sie hinterher die Szene mit Ihrem Kind durch. Erklären Sie ihm, was es besser machen kann. Lassen Sie das Kind erst dann allein, wenn Sie ganz sicher sind, dass es sich an der Haustüre richtig verhält.

- Wenn das Telefon klingelt: Machen Sie Ihr Kind so früh wie möglich mit dem Telefon vertraut. Es soll üben, Gespräche zu führen und den Eltern Informationen auszurichten. Das Kind sollte einem Fremden auf keinen Fall sagen, dass es alleine zu Hause ist. Es soll lernen, gegebenenfalls den Anrufbeantworter das Gespräch entgegen nehmen zu lassen.

- Mama oder Papa erreichen: Das Kind sollte in der Lage sein, seine Mama oder seinen Papa mit dem Handy zu erreichen. Überprüfen Sie, ob es dazu in der Lage ist. Eventuell malen Sie ein Tippschema auf einen Zettel und hängen diesen neben das Telefon. Sie müssen immer erreichbar sein. Das erhöht die Sicherheit Ihres Kindes und beruhigt Sie.

- Im Notfall: Deponieren Sie für den Notfall einen Hausschlüssel bei Nachbarn, so dass Ihr Kind in einem derartigen Fall dort Hilfe holen kann. Besprechen Sie mit Ihren Nachbarn und mit Ihrem Kind den Notfall, und was dann zu tun ist. Geben Sie auch diesen Nachbarn ihre Handynummer.

- Fernsehen kann eine große Hilfe sein. Das Kind fühlt sich nicht so alleine, wenn es sich so ablenken kann. Besprechen Sie das Programm im Voraus. Wichtig ist, dass das Kind keine beängstigende Sendung anschaut, sonst traut es sich nicht mehr allein zu bleiben. Besprechen Sie eventuell diese Wirkung mit Ihrem Kind.

- Falls Ihr Kind regelmäßig allein bleiben muss, lohnt es sich auch, sich um einen Kinderhortplatz umzuschauen. Es gibt nämlich auch Horte, die Kinder an einem Nachmittag pro Woche annehmen.

- In Frage kommt ebenfalls eine Tagesmutter, die sich für einige Stunden in der Woche um Ihr Kind kümmert. Fragen Sie aber immer nach, wie sich Ihr Kind dort fühlt, ob es gerne dorthin geht und ob es gut versorgt wird. Gibt es dort auch einen ruhigen Platz, wo es spielen oder Hausaufgaben machen kann? Wie kommt Ihr Kind dorthin? Wird es abgeholt oder schafft es den Weg alleine?

Konfliktfähigkeit

Auch auf der «didacta 2007» in Köln haben Bildungsexperten die Förderung sozialer Kompetenzen in den Fokus der Aufmerksamkeit gerückt. So sagte Rita Süssmut: «Damit Kinder und Jugendliche die Anforderungen in unserer Gesellschaft meistern können, brauchen sie vor allem soziale Kompetenzen, wie beispielsweise Konflikt- und Kooperationsfähigkeit».

Konfliktfähige Kinder gehen einer Auseinandersetzung nicht aus dem Wege, sondern sie überlegen sich Lösungsmöglichkeiten und streiten fair miteinander, das heißt sie akzeptieren auch Lösungsvorschläge von anderen. Sie sind in der Regel selbstbewusst, einfühlsam und dennoch durchsetzungsfähig. Diese Fähigkeiten werden bereits sehr früh entwickelt. Kinder brauchen dafür gute Vorbilder und eine Anleitung, die ihnen immer wieder zeigt, wie man Konflikte ohne emotionale Überhitzung ganz sachlich angehen kann.

Die soziale Erziehung, d. h. die Fähigkeit sich mit anderen gut zu verständigen und zu vertragen, hat auch seine Grenzen. So kann der soziale Druck die eigene Wahrnehmung verändern und uns dazu verleiten, Falsches für richtig zu halten (Psychologie heute, 10/2005). Der Sozialpsychologe Asch hat in seiner berühmt gewordenen Salomon-Asch-Studie in den 50er-Jahren des letzten Jahrhunderts Teilnehmern zwei Karten gezeigt. Auf Karte eins war eine Linie, auf Karte zwei waren drei Linien, wobei nur eine Linie die Länge der Linie von Karte eins hatte. Die Teilnehmer mussten erraten, welche Linie auf Karte zwei die Länge von der Linie auf Karte eins hatte. Bei der Antwort auf diese Frage lagen die Versuchsteilnehmer systematisch falsch, wenn vor ihnen bereits andere Teilnehmer falsch geantwortet hatten. Was die Probanden nicht wussten, diese falschen Antworten waren zuvor abgesprochen. Drei von vier Teilnehmern ließen sich so zur falschen Antwort hinreißen. Nicht geklärt wurde damals die Frage, ob die Teilnehmer sich wider besseren Wissens dem Gruppendruck beugten oder ob der Gruppendruck ihre Wahrnehmung so verändert hatte, dass sie die falsche Linie tatsächlich für die richtige hielten. Mit einem modernen bildgebenden Verfahren konnte nun der Psychiater und Neurologe Gregory Berns von der Emory University in Atlanta den Nachweis erbringen, dass Wahrnehmungen von anderen beeinflusst werden können. Bei Teilnehmern, welche sich nicht beeinflussen ließen, konnte gezeigt werden, dass dieser Widerstand mit heftigen Gefühlen verbunden war.

Für Eltern ist es wichtig, sich dieser Beeinflussbarkeit bewusst zu sein und ihre Kinder dazu zu ermutigen, sich immer wieder sozialem Druck zu widersetzen beispielsweise dann, wenn andere Kinder einem Mitschüler oder einem Lehrer einen bösen Streich spielen wollen. Wenn es Ihrem Kind gelungen ist, einen gemeinen Streich trotz Missgunst und schlimmen Kommentaren von anderen Kindern zu verhindern, dann hat es ein besonderes Lob verdient und, wenn notwendig, die volle Unterstützung der Eltern.

Eltern fällt es oft schwer, nicht einzugreifen, wenn beim Spielen Streit ausbricht. Sie wollen sofort jede kleine Auseinandersetzung schlichten, ganz besonders, wenn sie anfängt, handgreiflich zu werden. Es tut Eltern weh, wenn sie sehen, wie schwer sich Ihr Kind mit anderen Kindern tut. Versuchen Sie sich so lange wie möglich aus den Kinderstreitigkeiten herauszuhalten. Kinder lernen viel schneller und besser miteinander auszukommen, ihre eigenen Reaktionen und die der anderen einzuschätzen, wenn sie sich selbst ohne dauernde Gängelungen ausprobieren dürfen. Sehen Sie das Ganze mit Humor. Es kommt so zu vielen ulkigen Szenen, über die Sie herzhaft lachen können.

Kooperationsfähigkeit

Es geht hier um die Fähigkeit der gegenseitigen Unterstützung, um gemeinsame Ziele zu erreichen. Auf einem soliden Vertrauensfundament kann sich diese Fähigkeit entwickeln und gedeihen. In einer Atmosphäre gegenseitigen Vertrauens sind Kinder spielerisch und zwanglos in der Lage Sozialkompetenzen einzuüben, die später in der Schule und im Beruf unschätzbar wertvoll werden. Sie haben gelernt die Risiken von geplanten Aktionen abzuschätzen und erworbene Gratifikationen mit den anderen zu teilen. Sie werden dadurch geschätzt und geachtet, sind beliebt und finden überall Freunde und Gleichgesinnte. In kleinen Gruppen zu spielen fördert die Sprachfähigkeit und ermuntert Kinder sich gegenseitig zu helfen und Verantwortung füreinander zu übernehmen. Wenn sie in ferneren Tagen einmal Teamarbeit machen müssen, haben sie das Rüstzeug dafür längst mitbekommen. Problemlösen im gegenseitigen Gedankenaustausch und durch Gespräche ist für sie selbstverständlich geworden.

Soziales Lernen ist wie jedes Lernen ein Prozess. Konzentrieren Sie sich bei diesem Prozess vor allem auf die Lernfortschritte und nicht nur auf das Endergebnis. Setzen Sie das Ziel nicht von Anfang an zu hoch. Wenn Sie einmal nicht zufrieden mit der Handlung ihrer Kinder sind, fragen sie dann doch einfach: «Wie könntest du es das nächste Mal besser machen?»

2.9.3
Kindergeburtstage

Für Kinder sind ihre Geburtstage Ereignisse, die Vorfreude, Abwechslung und Überraschungen versprechen. Auch wenn eine Geburtstagsfeier viel Freude macht, beansprucht sie viel Zeit für Planung und Vorbereitung.

Auf Kindergeburtstagen wird ohne Absicht, ganz nebenbei, soziales Handeln eingeübt. Wenn eine bunte Einladungskarte ins Haus flattert, dann leuchten die Kinderaugen. Mit Fantasie und Geschick lassen sich unvergessliche Feste feiern. Lassen Sie sich diese Gelegenheit nicht entgehen. Sie fördern damit positive Erinnerungen und Ihre Beziehung zu Ihrem Kind. Spiele wie Topfschlagen, Reise nach Jerusalem, Pfandspiele und Schokolade essen mit Schal und Fäustlingen sind Klassiker geworden. Pflegen Sie diese Spiele weiter.

Achten Sie von Anfang an darauf, dass das Fest nicht zu feudal gestaltet wird. Kinder spüren sehr schnell, wenn ein Fest nur der Prahlerei dient. Einladungen können so überfrachtet werden, dass Kinder keine Lust mehr haben, dorthin zu gehen. Stress und Chaos kann auch dadurch entstehen, wenn Ihrem Kind erst kurz vor der Party einfällt, was noch alles benötigt wird. Planen Sie deshalb lang genug im Voraus und erziehen Sie Ihr Kind dazu, die Verantwortung dafür zu übernehmen, dass Sie rechtzeitig über besondere Vorhaben und Wünsche informiert werden.

Damit Ihre Kinderparty gelingt, sollten Sie folgende Tipps beachten:

- Bei der Einladungskarte Datum, Ort, Anfang, Ende und Motto nicht vergessen, auch den Fahrdienst schon organisieren.

- Mit der Einladung die Gäste bitten, nötige Werkzeuge wie Schere, Kleber oder Malkittel mitzubringen.

- Einbeziehung Ihres Kindes in die Planung. Lassen Sie ihr Kind bestimmen, wen es einladen möchte. Machen Sie ihm auch klar, welche Folgen es haben kann, wenn es ein bestimmtes Kind nicht einlädt.

- Nicht zu viele Kinder einladen. Richtschnur ist das Alter Ihres Kindes, also etwa so viele Kinder einladen, wie es Lebensjahre hat.

- Je jünger die Kinder, desto kürzer die Party. Für Kindergartenkinder genügen zwei Stunden, für Grundschulkinder drei Stunden.

- Sorgen Sie für genügend Platz zum Spielen. Räumen Sie zerbrechliche und wertvolle Gegenstände auf die Seite.

- Überlegen Sie sich genügend Spiele. Wechseln Sie lebhafte und ruhige Spiele ab.

- Kinder freuen sich über kleine Preise. Belohnen Sie nicht nur den Sieger. Sorgen Sie dafür, dass nicht immer dieselben Kinder gewinnen bzw. leer ausgehen.

- Stellen Sie unbedingt genügend Getränke bereit. Sinnvoll sind verschiedene Obstsäfte und Mineralwässer zum Mischen. Vermeiden sie stark gezuckerte Getränke, weil diese das Verhalten von manchen Kindern negativ beeinflussen könnten.

- Servieren Sie zum Essen nicht nur Süßes. Auch Herzhaftes kommt gut an. Denken Sie auch an Allergiker oder Vegetarier.

- Informieren Sie die Nachbarn rechtzeitig über den etwas lauteren Nachmittag.

- Sorgen Sie für eine Telefonliste der Eltern.

- Vergessen Sie das Fotografieren nicht. Schöne Fotos erinnern später an das schöne und lustige Ereignis.

Kindergeburtstage klappen immer, wenn sie altersgerecht vorbereitet sind und wenn Sie sich nicht zu viel vorgenommen haben. Für Kinder bis sieben Jahre sind kleine und kurze Feiern mit vier bis fünf Kindern am besten. Zwei Stunden sind ausreichend. Oft ist ein Park oder ein Kinderspielplatz geeigneter als die eigene Wohnung. Ein paar Tränen und Zankereien dürfen Sie nicht zu ernst nehmen. Das Geburtstagskind selbst ist an seinem Festtag vermutlich aufgeregter als die anderen Kinder. Bereiten Sie es deshalb in aller Ruhe auf den Tag vor und erklären Sie ihm, dass seine Freunde kommen, um mit ihm gemeinsam zu feiern. Je unkomplizierter Sie die Sache machen, umso größer ist Ihr Erfolg.

2.9.4
Familienfeste

An den traditionellen Festen, wie an Weihnachten oder Ostern ist das Konsumieren stärker in den Vordergrund gerückt. Die Werbung auf allen Kanälen sowie das Warenangebot in allen Geschäften heizen die Kundenwünsche immer mehr an. Kleine Kinder können sich diesem «Bombardement» natürlich noch viel weniger entziehen als die Erwachsenen. Durch dieses Aufpeitschen entsteht bei den Kindern eine negative Spannung, die sich auf ihr ganzes Verhalten auswirkt. Sie werden von Tag zu Tag zappeliger und unerträglicher. Den Eltern bringt das Ganze ebenfalls Stress. Zusätzlich setzen sich die Kinder gegenseitig unter Druck, indem sie untereinander mit den erwarteten Geschenken angeben. Versuchen Sie, sich gegen diesen Zeitgeist zu wehren und den traditionellen Sinn des Festes wieder aufleben zu lassen. Schließen Sie sich mit Eltern zusammen, die ähnlich wie Sie denken. Fragen Sie sich, welche Feiern aus Ihrer Kindheit bei Ihnen die schönsten Erinnerungen hinterlassen haben. Fragen Sie sich auch, welche Eindrücke Sie Ihren Kindern gerne vermitteln möchten. Wenn Sie Ihre Kinder nach ihren Wünschen fragen, werden Sie wahrscheinlich überraschende Antworten bekommen und merken, dass Ihre Kinder sich Dinge wünschen, die über das bloße Konsumieren hinausgehen: Vorbereiten auf die Feiertage, gemeinsames Plätzchen backen, Geschenke verzieren, Weihnachtsschmuck basteln, Ostereier bemalen oder gemeinsames Singen und Musizieren. Plötzlich macht das Vorbereiten der Feiertage viel mehr Spaß.

Die Bedeutung der persönlichen Familientradition als eine Säule des Familienlebens ist ein Eckpunkt in der Entwicklung Ihres Kindes. Lassen Sie es nicht zu, dass Ihr Fest von Leuten bestimmt wird, die aus den Feiertagen nur ein großes Geschäft machen wollen.

Falls Sie mit Ihrer eigenen Familientradition nicht einverstanden sind, können Sie auch eine andere einführen. Beginnen Sie mit etwas (einer Einladung oder einem Konzertbesuch), das sie gerne auch in den kommenden Jahren so fortführen möchten.

Bei der Vorbereitung und an den Festen selbst ist es relativ einfach, den Kindern gute Manieren beizubringen. Kleinkinder kann man schon dazu erziehen, wie sie sich bei anderen Leuten verhalten sollen und wie sie sich den unterschiedlichen Regeln der anderen Familien anpassen müssen, gerade wenn es anders als zu Hause zugeht. Manche Eltern bestehen darauf, dass Spielsachen gleich nach dem Gebrauch aufgeräumt werden. Andere Eltern sind in dieser Beziehung sehr großzügig. Bei manchen Familien dürfen Kinder im Wohnzimmer grundsätzlich nicht spielen, bei anderen ist das Wohnzimmer das eigentliche Spielzimmer. Es ist gut für ein Kind, solche Unterschiede kennenzulernen. Besprechen Sie das, wenn möglich, im Voraus und betonen Sie dabei nicht das Verbotene, sondern heben Sie das Erwünschte hervor. «Denke daran, bei Tante Ingrid darfst du auf dem Teppich spielen, aber du musst danach deine Spielsachen wieder schön aufräumen.»

Sorgen Sie dafür, dass die Festtage nicht als Belastung empfunden werden. Falls Sie nicht gerne kochen, bereiten Sie lieber in aller Ruhe einen Brunch vor.

Teil 3
Kommunikation und soziale Erziehung

3.1
Sprachentwicklung

Die geistige Entwicklung eines Kindes hängt wesentlich von seiner Sprach-fähigkeit ab. Untersuchungen haben gezeigt, dass das regelmäßige Gespräch zwischen einem Erziehungsberechtigten und dem Kind zu den wichtigsten Faktoren der Gehirnentwicklung gehört, besonders während der ersten drei Lebensjahre, da in dieser Zeit das Gehirn am schnellsten wächst.

Viele Eltern wissen nicht, dass Kinder von Geburt an sprachliche Wesen sind und zahlreiche Schwierigkeiten erst gar nicht entstehen können, wenn man häufig zu ihnen spricht.

Hören kommt vor dem Sprechen. Sprechen ist auf das Hören angewiesen. Kinder können unterschiedliche Laute akustisch unterscheiden, bevor sie die-selben selbst hervorbringen können. Zuerst entdeckt das Baby seine Stimme, dabei fängt es an zu gurren. «Erste Lallphase» ist der logopädische Begriff für das, was Eltern ab dem zweiten Lebensmonat zu hören bekommen, wenn das Kind damit beginnt herauszufinden, was es mit seinem Mund außer Saugen und Sabbern noch machen kann. Das Vorsilbenalter dauert vom 0. bis zum 5. Monat. In dieser Zeit spielt das Baby mit der Stimme und Laute entstehen wie zufällig und werden dann eifrig wiederholt. Es freut sich sichtlich über seine Laute. Es lotet die Möglichkeiten seines Stimmapparates aus. Es hört sich gerne zu und animiert sich dadurch selbst zum Weitermachen. An diese Phase schließt sich das Silbenalter, «zweite Lallphase» genannt, an. Sie dauert vom 6. bis zum 12. Monat. Bababababab, mamamamama, gagagagagaga sind Silben-ketten, mit denen das Silbensprechen beginnt. In seinen Plappermonologen übt das Baby, sich immer mehr der Klanggestalt seiner Muttersprache anzunä-hern. Es stimmt sich auf die Melodie seiner Muttersprache ein und produziert mit der Zeit keine Laute mehr, die nicht zum Repertoire der Muttersprache gehören. Inzwischen werden nicht gebrauchte Laute aussortiert. Ein Deut-sches Kind hört kein englisches «th» und ein chinesisches kein «r», aber das «r» wird in den verschiedenen Sprachen verschieden gerollt. Ab jetzt klingt ein Spanier wie ein Spanier und ein Deutscher wie ein Deutscher. Laut Statistik brauchen Jungen tatsächlich ein paar Wochen bis ein paar Monate länger als Mädchen, bis sie die ersten Worte flüssig sprechen können. Aber von Anfang an wollen Kinder sich mitteilen und sie lernen zu weinen, zu schimpfen, leise zu murren und genüsslich zu gurren. Dieses Kommunikationsprogramm läuft auf der ganzen Welt ähnlich ab. Ein indisches Baby hört sich kaum anders an als ein deutsches.

Anschließend beginnen Kleinkinder, Wörter nachzusprechen und versuchen ein ähnlich klingendes Wort zustande zu bringen, wobei ihnen manche Laute noch nicht gelingen. Das klingt dann ganz lustig und gibt Anlass zu weiteren Übungen. Beispiele: Mama tommt, statt Mama kommt. Tim pielt, statt Tim spielt. Wenn der Erwachsene dann sagt: Ja, du hast Recht, Mama tommt. Dann schüttelt das Kind ärgerlich den Kopf. Es weiß, dass der Erwachsene es falsch gesagt hat, und wiederholt es selbst: Mama tommt. Es ist in dieser Phase sicher, das es dieses Wort richtig ausgesprochen hat. Es merkt nicht, dass da noch ein Laut fehlt.

Sprache trifft auf ein Vor-Verständnis bei Kindern. So reagieren sie erwartungsgemäß mit der richtigen Geste, wenn man fragt: Wo ist deine Nase? Wo ist dein Mund? Wo ist der Onkel? Wo ist die Küche?

Eine Spielsituation, die viele Eltern inszenieren, ist das Vorzeigen und Verschwinden-lassen von Gegenständen. «Wo ist denn jetzt der Teddy?» Daraufhin sucht das Kind mit dem Erwachsenen zusammen nach dem Teddy. Nach vergeblichem Suchen lässt der Erwachsene den Teddy plötzlich hinter einem Sessel auftauchen und ruft begeistert: «Da ist er!» Das Kind kommentiert das Erscheinen des Teddys mit einem Jauchzer und möchte, dass noch einmal ein Gegenstand verschwindet. Ein neues Spiel kann beginnen. Auf diese Art und Weise lernt das Kind: Zuerst macht ein Erwachsener etwas vor, dann macht das Kind es nach. In dem Moment, wo es die Spielregel erkannt hat, möchte es selbst Regie führen. Es möchte sich dann nicht mehr helfen lassen. Es möchte alleine gehen, alleine essen und alleine trinken. Lassen Sie das Kind in diesem Stadium die Dinge immer wirklich alleine machen, stehen Sie nur zur Unterstützung bereit, falls es Hilfe braucht.

So machten es auch die Eltern von Robert. Sie gingen mit ihrem kleinen Sohn auf den Balkon, als er lernte alleine zu essen, weil sie nach dem Essen den Boden leichter wischen konnten als im Wohnzimmer. Auf diese Art war das Essen lernen für die Familie das reine Vergnügen.

Jede Lernsequenz endet mit dem Rückzug der Eltern. Wenn ein Kind eine Lektion angeschaut, mitgemacht, geübt, gelernt und dann selbständig ausführen kann, braucht es für diesen Fall die Eltern nicht mehr.

Kinder können nicht nur besser hören als sprechen, sie verstehen auch weit mehr, als sie ausdrücken können (Butzkamm, 1999). Eltern sprechen mit ihren Kindern in erster Linie so, dass sie verstanden werden. Sie richten sich nicht nach den grammatikalischen Fähigkeiten ihrer Kinder. Sie möchten sich nur verständlich machen. Sie sind dem Kind immer in Grammatik und Wortschatz voraus, wählen aber eine einfache verständliche Sprache. Im Alter von ca. 12 Monaten beginnt ein Kind zu sprechen. Das Gefälle vom Verstehen zum Sprechen bleibt das ganze Leben über bestehen. Der zeitliche Vorsprung des hörenden Verstehens wandelt sich später in einen quantitativ-qualitativen Vorsprung um. Menschen sind später in der Lage, Dialekte zu verstehen, obwohl sie diese nicht perfekt sprechen können. Auch zwischen dem Lesen und Schreiben besteht ein solches Gefälle. Sie können klassische Literatur lesen, aber noch lange nicht in dieser Weise schreiben. Der Mensch muss also von Kind an zunächst immer sehr viel mehr verstehen, um später das Verstandene selbst ausdrücken zu können.

Mit Spannung warten Eltern auf die ersten Worte ihres Kindes. Wird es Mama oder Papa sagen? Es soll nicht nur ein zufälliges Lallen sein, kein einfach nachgeplappertes Wort, sondern die bewusste Anwendung eines Wortes, dessen Bedeutung das Kind kennt.

Auf der ganzen Welt beginnen Kinder ihren Wortschatz offenbar mit Substantiven, die Gegenstände oder Personen aus ihrer Erlebenswelt sind. Die ersten Äußerungen sind Einwortäußerungen. Dies ergab eine internationalen Studie, welche die amerikanischen Entwicklungspsychologen Marc H. Bornstein und Linda R. Cote vom National Institute of Health in der Zeitschrift Child Development veröffentlichten (Vol. 75, July/August 2004). Im Alter von 20 Monaten können Kinder im Allgemeinen Wörter über Besitz, Orte oder Handlungen aussprechen. Ab 100 Wörtern etwa beginnen die Kinder auch Verben zu sprechen und ab 200 kommen noch andere Wortarten dazu.

Sprache ist der Motor der geistigen Entwicklung eines Menschen. Wichtig ist deshalb vor allem, dass von Geburt an mit dem Kind gesprochen wird.

Im Gespräch mit einem Kind sollten Sie auf Genauigkeit achten. Wenn Sie Gegenstände richtig benennen, lernt es seine Umwelt besser kennen. Allerdings sollten Sie beim Sprechen die Geschwindigkeit anpassen. Es ist wichtig, nicht zu schnell mit dem kleinen Kind zu sprechen, es nimmt sonst nur einen Wortschwall wahr, mit dem es nichts anfangen kann. Einzelne wichtige Worte sollten Sie betonen und wiederholen. Falls Sie Gegenstände benennen, hilft es dem Kind, wenn Sie auf den benannten Gegenstand zeigen. Sie sagen Küche und zeigen in Richtung Küche. Einige Zeit später spricht jemand von der Küche und das Kleinkind zeigt in Richtung Küche.

Wenn Erwachsene sich nur in der Babysprache auf der Ebene von du-du, da-da, wa-ga, tü-tü mit dem Kind unterhalten, helfen sie dem Kind nicht, sich die Sprache gut anzueignen. Sprechen Sie einfach ganz normal mit dem Kind und erklären Sie ihm, was Sie gerade tun. Das hört sich dann beispielsweise so an: «Guten Morgen Lucas, ich hole dich aus dem Bettchen raus, nehme dich auf den Arm, lege dich auf den Wickeltisch, ich achte darauf, dass du schön weich liegst, ich ziehe dir Hemdchen und Höschen aus, jetzt entferne ich die Windel und wasche dir den Popo sauber…»

Es ist auch sinnvoll die Tätigkeiten des Kindes zu kommentieren. Wenn es einen Löffel in die Hand nimmt oder wenn es versucht, Klötzchen aufeinander zu stellen. Sprechen Sie mit dem Kind nur über Dinge, die gerade hier und jetzt passieren oder da sind.

Kleine Kinder können sehr schnell den Unterschied im Tonfall auseinander halten. Deshalb sollten Sie eine Erklärung in einem freundlichen Ton geben und beim Schimpfen aber einen schärferen Ton anschlagen. Kinder lernen auch schon früh verschiedene Gesichtsausdrücke zu deuten. An einem ernsten Gesichtsausdruck erkennen sie, dass etwas schief gelaufen ist. Ein heiterer Gesichtsausdruck stimmt ein Kind fröhlich.

Wenn Ihr Kind zu sprechen beginnt, loben Sie es immer für richtig gesprochene Wörter und bestärken Sie seinen Willen, richtig zu sprechen. Korrigieren Sie auf folgende Weise. Wenn das Kind sagt: «Mama schon Hose geholt», wiederholen Sie den Satz einfach richtig: «Ja, Mama hat schon die Hose geholt». Falsch gesprochene Wörter oder Sätze sind zwar niedlich und erheitern die Erwachsenen, sind aber auf Dauer nicht günstig für die Sprachentwicklung. Wenn erst einmal Falsches fest eingeübt und verankert ist, wird es immer schwerer die fehlerhafte Ausdrucksweise zu korrigieren.

Auch Stottern, mit der Zunge anstoßen oder Lispeln ist eine gelernte Sprechweise, die in einer sensiblen Phase der Sprachentwicklung eingeübt werden kann. Später ist das dann kaum mehr möglich. Allerdings dürfen Sie bei Kleinkindern auch nicht überängstlich sein und übertreiben. Beim Sprechen lernen übt das Kind das Sprechen und das ständige Wiederholen von Wörtern klingt manchmal wie Stottern oder Lispeln. Das ist ganz normal und gehört zum Sprechen lernen dazu.

Sollten Sie jedoch beobachten, dass sich eine Fehlentwicklung bei Ihrem Kind verfestigt, scheuen Sie sich nicht mit Fachleuten Kontakt aufzunehmen. Nicht immer machen Erzieherinnen Eltern auf Sprachprobleme aufmerksam. Selbst Grundschullehrer trauen sich aus falscher Scheu manchmal nicht, Eltern darauf anzusprechen. Auch einem Arzt kann ein solches Manko entgehen. Es ist immer heikel, Eltern auf solch einen Mangel hinzuweisen, weil diese sich oft zuerst einmal angegriffen fühlen, aus der Furcht heraus, sie hätten etwas falsch gemacht. Möglicherweise denkt jeder der Beteiligten, das müsste der andere doch bemerkt haben, das ist nicht meine Sache, das geht mich nichts an. Und so behält das Kind sein Problem, bis es zu spät ist.

Samuel beginnt zu stottern

Samuel ist ein heiterer normal entwickelter fünfjähriger Junge. Seine Mutter beobachtet voller Sorge, dass er sich in letzter Zeit beim Sprechen verhaspelt und sogar regelrecht zu stottern beginnt. Das ist neu bei ihm. Woher kommt das? Die Mutter ist beunruhigt. Eines Nachmittags ist eine ganze Kinderschar bei Samuel. Die Kinder treiben um und spielen zusammen. Da fällt der Mutter auf, dass Richie stark stottert. Richie spricht selten. Aber wenn er spricht, geschieht immer dasselbe, er kann keinen einzigen Satz sagen ohne zu stottern. Trotzdem wird er von den anderen Jungen angehimmelt, denn Richie ist der Anführer bei Streichen. Nun fällt es der Mutter wie Schuppen von den Augen: Ihr Sohn Samuel ahmt Richie nach. Die Mutter versteht es, in den nächsten Wochen und Monaten ihren Sohn von Richie weitestgehend fernzuhalten. Sie organisiert einfach viele andere Aktivitäten. Zunächst verhaspelt sich Samuel weiterhin. Die Mutter reagiert sehr gelassen. Sie ist sich sicher, dass sich dieses Problem bald lösen wird. Sie lässt ihn in Ruhe sprechen, gibt ihm viel Zeit und bittet ihn auch immer wieder einen Satz zu wiederholen. Es kommt genauso, wie sie es erwartet hat, das Verhaspeln und Stottern hört nach einiger Zeit auf.

Sie gibt Richies Mutter den Tipp, zu einem Sprachheillehrer zu gehen. Er wird therapiert und lernt stotterfrei zu sprechen. Das Verhaspeln verliert er nicht ganz, kann aber später eine normale Schule besuchen. Das Ganze entwickelt sich gut, weil die Mütter früh genug eingegriffen haben.

Alle Kinder haben Schwierigkeiten bestimmte Buchstaben zu artikulieren. Vielen fällt es schwer r, s, sch, x, z zu sprechen. Im Alter von vier bis fünf Jahren sollten Kinder über diese Schwierigkeiten hinweg sein. Wenn sie dann immer noch Tarren statt Karren, hufen statt rufen sagen, dann werden sie von den anderen nachgeäfft, verspottet und eingeschüchtert. Noch schlimmer sind die Folgen in der Schule: Eine Schwierigkeit zieht die andere nach sich. Lese- und Rechtschreibschwäche (LRS) sind fast vorprogrammiert, so dass fast alle Fächer, nicht nur der Deutschunterricht in Mitleidenschaft gezogen werden.

Sinnvoll ist es zuerst, einen Ohrenarzt, besser noch eine Ohrenklinik, aufzusuchen, denn Kinder, die nur undeutlich artikulieren können, leiden oft an einem nicht erkannten Hörproblem. Diese Kinder sind normal begabt und ihre Ohren sind intakt. Ursache des Problems ist eine Schwäche bei der Verarbeitung akustischer Signale im Gehirn, die mit den üblichen Hörtests nicht erfasst werden. Es geht um das zeitliche Auflösungsvermögen des Gehörs. Bei einem Test können die Patienten zwar zwei unterschiedliche Reize wahrnehmen, sind aber nicht in der Lage zu erkennen, welcher Reiz der erste und welcher der zweite ist. Eine lange Kette späterer Sprachprobleme kann hier ihren Anfang haben. Amerikanischen Forschern ist es gelungen, diese Probleme zu identifizieren und zu therapieren. Sie haben ein lustiges kindgemäßes Computerspiel entwickelt, mit dem Kinder lernen, die verlangsamten und hervorgehobenen Laute trennscharf wahrzunehmen und ihr Sprechen darauf einzustimmen. Nach einem ausgeklügelten vierwöchigen Training können die Kinder in Normalgeschwindigkeit sprechen.

Natürlich haben Sprachentwicklungsverzögerungen unter Umständen ganz andere Ursachen.

Suchen Sie mit Ihrem Kind, dessen Sprachfähigkeit sich nicht altersgemäß entwickelt hat, einen der Fachleute, wie Sprachheilpädagogen oder Logopäden auf. Leider assoziieren Eltern auch heute immer noch einen Makel bei der Inanspruchnahme einer therapeutischen Maßnahme. Unterstützt wird dieses Vorurteil oft noch durch die Meinung von vermeintlich wohlmeinenden Verwandten und Nachbarn, sehr zum Schaden des Kindes. Manche Kinder erwerben trotz guter Umweltbedingungen ihre Sprache nicht durch normale Lebensabläufe. Diese Kinder können eine Sprachentwicklungsstörung oder eine Sprachwahrnehmungsstörung haben. Da ihr Spracherwerb andersartig abläuft, brauchen sie eine spezifisch qualifizierte Unterstützung. Um das richtige Zeitfenster zu nützen, sollte eine logopädische Behandlung frühzeitig einsetzen.

Bedenken Sie, welche tiefgreifenden Wirkungen und Folgen Sprachprobleme im Leben eines Menschen haben können. In der Sprache denken wir, drücken wir uns aus, kommunizieren wir mit anderen Menschen, stellen wir uns selbst dar. Die Sprache und das Sprechen sind in jedem Bereich des Lebens wichtig.

Der Entwicklungsstand eines Kindes hängt sehr eng mit seiner Sprachentwicklung zusammen. So sind Konflikte in der Grundschule oft dadurch programmiert, dass Erstklässler Sprachdefizite haben.

Es gibt heute erprobte und gute Methoden, Kindern in frühen Jahren das richtige Sprechen beizubringen. In den meisten größeren Städten gibt es Sprachheilschulen mit ausgebildeten Pädagogen. Sie können sich dort unverbindlich informieren und sich einen Beratungstermin geben lassen.

Erinnerung an die Kindheit

Das autobiografische Gedächtnis setzt beim Menschen erst ein, wenn wir unsere Muttersprache beherrschen. Voraussetzung dafür ist eine ausreichende Hirnreife des Kleinkindes. Der Gedächtnisforscher Hans Markowitsch von der Universität Bielefeld beschreibt diese Tatsache so: «Erlebnisse, die wir als Kinder noch nicht mit Worten beschreiben konnten, sind für den Erwachsenen nicht mehr abrufbar.» Sie sind dann zwar irgendwo im Gehirn abgelegt, aber es gelingt uns nicht, die Erinnerung später wieder zu aktivieren. Im Alter von zwei bis drei Jahren entwickeln Kinder eine vage Vorstellung davon, wer sie selbst sind. Sie werden sich ihrer selbst bewusst. Nun lernen sie, sich selbst einen Platz in ihrer Umwelt zuzuordnen. Auch diese Ich-Entwicklung ist eine Voraussetzung für ein Kind, Erinnerungen abspeichern und wieder aufrufen zu können. Erst im Alter von ungefähr drei Jahren sind die Voraussetzungen für ein autobiografisches Gedächtnis gegeben. Deshalb misstrauen die meisten Wissenschaftler den angeblichen Erinnerungen von der Zeit davor. Professor Markowitsch erklärt das so: «Manchmal halten wir auch Nicht-Erlebtes für wahr. Oder wir meinen, uns an etwas erinnern zu können, das uns in Wahrheit von den Eltern oder Verwandten erzählt wurde.»

Falls Sie im Gedächtnis Ihres Kindes schöne Kindheitserinnerungen verankern möchten, haben Sie dazu folgende Möglichkeiten:

- Wünsche erfüllen
  Wenn es Ihre Zeit, Ihre Geduld, Ihr Geldbeutel und Ihre Vernunft zulassen, so gehen Sie so oft wie möglich auf die Wünsche Ihres Kindes ein. Kinder erinnern sich gerne an erfüllte Wünsche. Genauso gut erinnern sie sich umgekehrt an ihre nicht erfüllten Wünsche.

- Spiele wiederholen
  Kinder lieben ganz im Gegensatz zu den Erwachsenen eine Zeitlang das ständige Wiederholen eines Spieles. Sie können nicht genug davon bekommen. Unterstützen Sie diesen Wunsch. Das häufig wiederholte Vertraute wird leichter im Gehirn eines Kindes gespeichert als eine einmalige Ausführung.

- Schöne Ereignisse durchsprechen
  Sprechen Sie mit Ihrem Kind die schönsten Ereignisse eines Tages, einer Geburtstagsparty oder eines Urlaubs durch. Was man miteinander besprochen hat, verankert sich besser im Gedächtnis. Auch das gemeinsame Betrachten von Fotos stärkt das Gedächtnis. Wenn Sie das abends machen, wird im Schlaf das Erlebte noch weiter verinnerlicht.

Schöne Kindheitserinnerungen steigern unser Wohlbefinden. Ähnlich wie bei Schokolade, Musik oder Sport, werden Endorphine ausgeschüttet, welche unsere Stimmung heben, das Immunsystem stärken und unsere Leistungsfähigkeit erhöhen. Gute Erinnerungen unterstützen unsere positive Ausstrahlung.

Freude als Erziehungsprinzip

Wenn Sie sich den langen Weg und die Bedeutung des Spracherwerbs vergegenwärtigen, könnten Sie Sorgen haben, ob Sie auch alles richtig gemacht und ob Sie bestimmte Grundregeln genau beachtet haben und so weiter. Deshalb sei an dieser Stelle daran erinnert, dass es keine allgemein anerkannte

Elterndidaktik gibt und keinen Lehrplan, den Sie einhalten müssen. Es geht hier nur um eine vereinfachte Darstellung des Prozesses des Spracherwerbs. Das Sprechen lernen läuft eher unbewusst und ohne pädagogischen Zeigefinger ab. Ihr Kind versteht Ihre elterliche Sprechweise auch als Zuwendung. Sie hören die Zuneigung heraus und spüren die Zärtlichkeit, mit der sie behandelt werden. Es genügt, wenn Sie Freude über das kindliche Echo an den Entwicklungsschritten und an den wachsenden Fähigkeiten empfinden. Versuchen Sie alles mit Maß und Ziel und ohne Übertreibung zu machen. Tun Sie alles mit Freude, denn «Freude ist der Himmel, unter dem alles gedeiht (Jean Paul).»

3.2
Löcher in den Bauch fragen

Kaum haben Kinder das Sprechen gelernt, fangen sie an, den Erwachsenen Löcher in den Bauch zu fragen. Mit drei oder vier Jahren beginnen sie aus Sicht der Erwachsenen, viel und oft Unsinniges zu fragen. Eltern, können sich dadurch richtig belästigt fühlen. Viele Fragen von Kindern im Vorschulalter klingen für Erwachsene oft unglaublich naiv. Hinzu kommt, dass vor allem die Warum-Fragen häufig schwierig zu beantworten sind. «Mama, warum ist das Gras grün?», «Papa, warum ist das Telefon weiß?», «Opa, warum bist du 70 Jahre alt?», «Warum darf ich nicht auf den Balkon?», «Warum passen die roten Socken nicht zum gelben Kleid?», «Warum geht der Farbstift kaputt?», «Warum soll ich mich waschen?» So geht es den ganzen Tag.

Natürlich bemühen sich Eltern, die Fragen so gut wie möglich zu beantworten. Aber manchmal sind sie auch müde und genervt und bringen nicht mehr die Geduld auf, ruhig zu antworten.

Problematisch ist es, wenn Sie die Ihnen immer wieder «lästige» Fragerei total abstellen, indem Sie Ihr Kind so verunsichern, dass es sich nicht mehr zu fragen traut.

Fragen sind wichtig zur Festigung des Wissens, für die Entwicklung des eigenen Weltbilds, zum Aufbau der eigenen Persönlichkeit und für die gesamte Persönlichkeitsbildung. Ein Kind zeigt durch seine Fragen seine Neugier. Diese Neugier ist ein wichtiger Funke des geistigen Lebens. Man darf ihn nicht mutwillig löschen. Ein Kind, das nicht mehr fragt, wirkt schnell verstockt. Es besteht auch die Gefahr, dass es sein Denken abschaltet und damit schon in jungen Jahren nicht mehr geistig flexibel ist. Fragende Kinder wirken aufgeweckt und interessiert. Sie haben auch in der Schule von Anfang an mehr Chancen.

Denken Sie auch daran:

Es gibt keine dummen Fragen, nur dumme Antworten.

Der Frankfurter Hirnforscher Prof. Dr. Wolf Singer sagt in einem Interview (Welt des Kindes, Heft 3, 2004): «Das Beste, was man für ein Kind tun kann, ist, sorgfältig darauf zu achten, welche Fragen es stellt, und sie möglichst erschöpfend und eindeutig zu beantworten. Es ist weniger günstig, über die gestellten Fragen hinaus zu versuchen, mit einer Art Nürnberger Trichter so viel wie möglich ins Gehirn hineinzufüllen. Oft ist das sehr kontraproduktiv. Die Überfrachtung des Systems stört es bei der wichtigen Arbeit, die Informationen aus der Umwelt zu ziehen, die es unbedingt braucht. [...] Vieles, was sich im vorsprachlichen Bereich an «Intelligenz» entwickeln und an intelligentem Verhalten üben lässt, wird sträflich vernachlässigt».

Eltern sollten deshalb froh und glücklich sein, wenn ihr Kind viel fragt. Es lohnt sich, die Fragen ernst zu nehmen und so gut wie möglich zu beantworten.

Versuchen Sie, die Antworten wirklich richtig zu geben, und wenn Sie keine Antwort wissen, geben Sie das zu. Auch Erwachsene wissen nicht alles. Sagen Sie, dass Sie sich um die Antwort kümmern. Manchmal kann eine Gegenfrage hilfreich sein, indem Sie Ihr Kind selbst fragen, können Sie es zum Nachdenken anregen.

Geben Sie keine falschen Antworten, nur um ihre Ruhe zu haben. Kinder denken zunächst sehr bildhaft und glauben auch alles, was Erwachsene sagen. Sie sind enttäuscht, wenn sie feststellen, dass sie falsche Erklärungen bekommen haben.

Wenn Kinder bemerken, dass sie besonders durch ihre Fragen die Aufmerksamkeit des Erziehungsberechtigten auf sich ziehen, nutzen sie das manchmal auch kräftig aus. Beim Zubettgehen zum Beispiel. Mit ihren endlosen Fragen versuchen sie dann, das Lichtausmachen hinauszuzögern. Das kann für Eltern zu einer schwierigen Situation werden. Am besten Sie wehren auch hier den Anfängen und lassen nur noch drei Fragen zu. Dann ist Schluss.

In ihrem Buch «Die kleinen Philosophen» gibt Eva Zoller eine Menge Anregungen für den Umgang mit schwierigen Kinderfragen (Zoller, 1994). Sie hilft Eltern bei schwierigen Fragen andere Antworten zu finden als das übliche «weiß ich nicht», das Kinder auf Dauer so sehr frustriert. Es gibt Spiele, welche die Sinne schulen und die helfen Fragen zu beantworten. Man kann danach genauer hinsehen, besser in sich hineinhorchen, riechen, schmecken, tasten und mit der inneren Wahrnehmung achtsamer umgehen.

Es gibt ein ganz einfaches Spiel zur Verfeinerung der Wahrnehmung. Sie können es in drei Versionen spielen.

Version 1:

Die Familie oder Kindergruppe sitzt im Kreis. Der Spielleiter hat einen Beutel mit Gegenständen vorbereitet. Nun wird die Reihenfolge der Spieler ausgelost. Dem ersten Spieler werden die Augen verbunden und er darf sich einen Gegenstand, wie zum Beispiel eine Haarbürste, eine Muschel, eine Zitrone, ein Spielzeugauto usw. aus dem Beutel nehmen. Nun muss er mit geschlossenen Augen den Gegenstand nach folgenden Kriterien erforschen: Wie fühlt er sich an? Welche Form hat er? Welche Kanten, Ecken, Rundungen hat er? Gibt es weiche, raue, feuchte, warme Stellen? Wonach riecht er? Riecht er überall gleich? Kann man Geräusche mit dem Ding herstellen? Wie stelle ich mir seine Farben vor? Welche Geschichte fällt mir dazu ein? Beobachten Sie, wie Ihr Kind mit dem Gegenstand umgeht. Hält es ihn vorsichtig, zaghaft oder fest? Welche Hand ist stärker an der Erforschung beteiligt? Wie geht das Kind beim Untersuchen vor?

Version 2:

Allen Beteiligten werden die Augen verbunden. Jeder holt sich einen Gegenstand aus dem Beutel. Nach der vereinbarten Zeit, zum Beispiel nach 5 Minuten muss er den Gegenstand zurückgeben, danach nimmt jeder die Augenbinde ab und erzählt, was er alles entdeckt hat.

Version 3:

Es gibt so viele Zitronen wie Mitspieler. Allen Beteiligten werden die Augen verbunden. Jeder erhält eine Zitrone und muss sie ganz genau untersuchen. Danach werden die Zitronen in eine Schüssel gelegt, die Augenbinden abgenommen und jeder muss seine Zitrone herausfinden. Leichter ist das Spiel mit Äpfeln, schwieriger mit Eiern, ganz schwierig mit lauter gleichen Löffeln. Es ist sehr lustig und führt zu Überraschungen.

Eigenwelten

Wir halten die Welt, wie wir sie wahrnehmen, für die Wirklichkeit selbst. Aber was nehmen wir wahr? Wie bildet sich unsere Wahr-Nehmung?

In der Biologie spricht man von den «Eigenwelten» der Lebewesen. So gibt es viele Tiere, die kein Hörvermögen haben. Für sie bleibt die Welt stumm. Ein Lebewesen bildet sich seine «Wirklichkeit» durch die Eigenschaften der Welt, die auf spezifische Weise auf es einwirken und die es wahrnehmen kann. Ein weiteres Beispiel sind die Farben. Aus der Physik wissen wir, dass das für uns sichtbare Licht nur ein kleiner Ausschnitt des elektromagnetischen Spektrums ist. Den Wellenlängen zwischen 389 und 760 Nanometern ordnet unser Auge die Farben zu. Andere Lebewesen haben andere Augen und erleben folglich Licht und Farben anders. Bienen sehen jenseits der violetten Farbe, wo unsere Farbwahrnehmung endet, ultraviolett, eine Farbe, welche wir Menschen nicht sehen und uns nicht vorstellen können. Blüten tragen auch in dieser Farbe Muster, die für uns unsichtbar bleiben.

Oft riechen wir nichts und meinen, die Gegenstände um uns herum verströmten keinen Geruch. Das ist ein Irrtum. Unser Gehirn hat nur nicht genügend auf Geruch spezialisierte Zellen – im Vergleich zu einem Hund. Die Geruchswelt eine Hundes ist reichhaltiger und aufschlussreicher als unsere. Manche Tiere haben einen magnetischen Sinn, andere einen elektrischen und damit Wahrnehmungsmöglichkeiten, die uns völlig fehlen. Ein für uns herrliches Feuerwerk bedeutet für viele Tiere nur eine erschreckende Lärmbelästigung. Unsere Erlebnisbewertung kommt zustande, ohne dass uns bewusst wird, welche schwierigen Vorgänge im Gehirn dafür notwendig sind.

Kindliche Denkwelt

Ein Pionier der Erforschung des kindlichen Denkens war der geniale Genfer Psychologe Jean Piaget (1896–1980). Er entdeckte bei einer an sich langweiligen Standardisierungsaufgabe, dass die falschen Antworten der Kinder viel interessanter waren als die richtigen. Er erkannte in diesen Antworten eine bestimmte, systematische Denkweise. Er erforschte das qualitativ andere Denken von Kindern (Piaget, 1980). Viele aufschlussreiche Versuchsreihen gehen auf ihn zurück. Er untersuchte die quantitativen Vergleichsfähigkeiten bei Kindern, die abstrakte Bildung von Oberbegriffen und die Sprachbildung.

Piaget legt zum Beispiel vor ein Kind vier rote und zwei weiße Blumen und fragt: Haben wir hier mehr rote Blumen oder mehr Blumen? Die meisten Fünfjährigen antworten, es seien mehr rote Blumen. Sie vergleichen also die roten mit den weißen Blumen und nicht, wie es in der Frage heißt, die roten Blumen mit der Gesamtzahl der Blumen. Sie rücken sich die Frage so zurecht, dass sie in ihrem Verständnis sinnvoll wird. Sie überhören die wirkliche Frage.

Lassen wir uns nicht ebenso überlisten. Ein Beispiel: Der Vater von Claudia hat fünf Töchter. Sie heißen: Lala, Lolo, Lele, Lulu. Und wie heißt die fünfte Tochter? Wenn Sie jetzt denken Lili, ist das falsch. Lesen Sie die Frage noch einmal. Sie heißt natürlich Claudia. Wir überhören den ersten Teil der Frage und denken logisch weiter. Und schon sind wir hereingefallen.

Tatsächlich haben kleine Kinder grundsätzlich Probleme mit Oberbegriffen, weil das abstrakte Denken später einsetzt. Zuerst benennt das Kind das Anschauliche: Hund, Katze, Vogel usw. Später erst erarbeitet es sich den Oberbegriff: Tier. Ein zweijähriges Kind kann also durchaus auf die Frage zu einem Plüschtier: «Ist das ein Tier», antworten: «Nein, das ist Peggy».

Piaget interessierte sich auch für die Entwicklung von Moralvorstellungen im Kindesalter (Piaget, 1954). Dazu entwickelte er folgende Methode:

Er erzählte Kindern im Alter zwischen 5 und 13 Jahren Geschichten, in denen ein Kind entweder etwas beschädigt, etwas stiehlt, lügt oder sonst etwas «Böses» tut. Die Geschichten waren so konstruiert, dass sie bei den Probanden einen kognitiven Konflikt erzeugen sollten. Zu einigen Problemen wurden zwei leicht veränderte Geschichten vorgelesen, wie zum Beispiel:

Geschichte I:

Eine Mutter möchte mit ihrem Kind in den Zoo gehen. Es muss aber noch gespült und abgetrocknet werden. Nun bittet die Mutter ihr Kind um Mithilfe beim Abtrocknen. Das Kind hilft willig mit. Die Tassen stehen auf dem Abtropfbrett. Das Kind stößt ungeschickt dagegen und drei Tassen fallen herunter und zerschellen auf dem Boden.

Geschichte II

Wieder möchte eine Mutter mit ihrem Kind in den Zoo gehen. Wieder muss aber noch gespült und abgetrocknet werden und die Mutter bittet ihr Kind um Mithilfe beim Abtrocknen. Dieses Mal verweigert das Kind die Mithilfe. Als die Mutter dennoch darauf besteht, nimmt das Kind eine Tasse und schleudert sie auf den Küchenboden, so dass sie zerspringt.

Interessant sind nun die Antworten auf die Frage: «Welches Kind war böser?» Vier- bis Fünfjährige beziehen sich auf den sichtbaren Schaden. Es ist schlimmer, wenn drei Tassen kaputt sind, als wenn nur eine Tasse zerschellt. Diesen Schaden kann man sehen und durch Zählen der Tassen nachweisen. Erst mit sechs bis sieben Jahren ist dem Kind klar, dass die absichtliche Zerstörung das eigentlich Schlimme ist. Die Absicht kann man nicht so einfach sehen, sie muss aus der Gesamtsituation erschlossen werden. Man kann aufgeweckten Vorschulkindern im Einzelfall die Bedeutung der Absicht erklären und es scheint dann zunächst, als hätten sie den Unterschied zwischen der mutwilligen Zerstörung und dem versehentlichen Ungeschick verstanden. Ob sie diesen Unterschied wirklich begriffen haben, lässt sich nun leicht durch eine kleine Abwandlung der Geschichte überprüfen. Nehmen Sie nun Gläser anstatt Tassen in der Geschichte und die meisten Kinder werden in ihr altes Erklärungsschema zurückfallen. Erst im siebten Lebensjahr gelingt die Erklärung in einem höheren Denkschema. Jetzt ist den Kindern klar, dass die böse Absicht schlimmer ist als ein unglückliches Versehen.

Für Eltern haben die Überlegungen und Versuchsanweisungen Piagets ihre Faszination bis heute nicht verloren, obwohl inzwischen Fachkollegen mit kritischen Anmerkungen sein sehr einfaches Denk- und Erklärungsschema korrigieren.

3.3
Sprechen mit dem Kind

Modernste Apparate und komplizierte Untersuchungsmethoden geben uns heute einen Einblick, wie beim Sprechen und Verstehen die verschiedensten Teilfunktionen des Gehirns zeitkoordiniert ineinander greifen. Allmählich verstehen wir die ungeheure Kompliziertheit von Fähigkeiten, die uns so selbstverständlich sind, immer besser.

Der aktuelle Entwicklungsstand der Gehirnstruktur ist entscheidend dafür, ob neues Lernen nur begrenzt und innerhalb schon festgelegter Wege möglich ist oder ob jetzt neue Entwicklungsfenster aufgestoßen werden können. Sinnesreize bilden das Lebenselixier der Neuronen. Frühe Spracherfahrungen verstärken die von ihnen erregten Nervenbahnen, schreiben sich in unser Gehirn ein und bewirken dort Veränderungen. Der Mensch lernt Sprache durch zwei Determinanten: seine Natur – das heißt seine genetische Mitgift, besser bekannt als sein Erbgut, und durch seine Kultur – das heißt durch seine Umwelt und Tradition, die von Generation zu Generation weiter gegeben wird. Natur und Kultur sind notwendig, so wie man für die Fläche eines Rechtecks beides benötigt: Länge und Breite. Jedem Kennen und Können liegt ein genetisches Programm zugrunde, auf dem man durch Anregungen aus der Umwelt aufbauen kann. Frühe Spracherfahrungen schlagen sich in der Gehirnarchitektur nieder.

Kinder brauchen die ungeteilte Zuwendung der Erwachsenen. Besonders die sprachliche. Dass sich die Sprache bei Zwillingen langsamer entwickelt als bei «Einlingen», hängt u. a. damit zusammen, dass sie weniger ungeteilte Zuwendung von den Eltern bekommen.

Es ist verheerend, dass so viele Eltern ihre kleinen Kinder schon vor den Fernseher setzen, nur um sich nicht persönlich um sie kümmern zu müssen. Selbst wenn die gesehenen Fernsehprogramme gut wären, wäre das persönliche Gespräch um ein Vielfaches besser.

«Nur wer die Sprache beherrscht, bringt gute Leistungen» überschrieb Eva Tenzer einen Artikel (Psychologie heute/11/2004). In einem Modellversuch wurde die Sprachkompetenz von Drei- bis Fünfjährigen getestet mit dem traurigen Ergebnis, dass 10 Prozent therapiebedürftig sind und 20 Prozent eine gezielte Sprachförderung brauchen. Die Professorin für Psychologie an der Universität Bielefeld, Hannelore Grimm, hat für die zielgenaue Diagnose ein spezielles Sprachscreening für Vorschulkinder (SSV) entwickelt. Sie stellte fest, dass die Sprachentwicklung aller Kinder entlang von Meilensteinen verläuft, deren Abfolge für alle gleich ist und die innerhalb bestimmter Zeitfenster erreicht sein müssen. Das Screening zeigt, ob ein Kind altersgerecht sprechen kann. Weltweit einmalig wurde damit die Sprachkompetenz einer ganzen Stadt untersucht. Danach wurden die Kinder in drei Gruppen eingestuft: Sprachunauffällige, Förderungsbedürftige, Therapiebedürftige. Bei den Migrantenkinder sah das Ergebnis schlecht aus. 70 Prozent hatten unzureichende deutsche Sprachkenntnisse. Die Studie räumt aber auch mit zwei verbreiteten Vorurteilen auf: In Kindergärten mit vielen ausländischen Kindern sprechen deutsche Kinder nicht schlechter. Die Sprachfähigkeiten der deutschen Kinder werden auch bei einem hohen Ausländeranteil nicht negativ beeinflusst – und in dem untersuchten Alter sind in puncto Sprachfähigkeiten keine Unterschiede zwischen Mädchen und Jungen feststellbar. Die gibt es zwar bei sehr kleinen Kindern, ab dem dritten Lebensjahr sind sie praktisch verschwunden.

Konflikte und Probleme in Familien resultieren möglicherweise aus einer missverständlichen Kommunikation. Manchmal geben Eltern unklare, beiläufige und widersprüchliche Anweisungen und verwirren dadurch ihre Kinder, die nun nicht wissen, was sie genau tun sollen. Mütter und Väter können die Sprache unterschiedlich verwenden. Sie sagen nicht genau, was sie wollen. Das Kind weiß dann nicht, was von ihm verlangt wird und übernimmt zusätzlich das Sprachverhalten seiner Eltern. Auf diese Weise können sich Probleme tradieren.

Schreien

Eine der hässlichsten Kommunikationsformen ist das Anschreien. Es bedeutet, dass man sich Gehör verschaffen möchte. Die Botschaft ist: Wenn ich dich nicht anschreie, hörst du mir nicht zu. Es kann aber sein, dass Kinder jetzt erst recht nicht mehr zuhören. Auf Spielplätzen, im Kindergarten, beim Einkaufen oder in der Schule kann man diese Reaktionen häufig sehen. Eine weitere ungewünschte Reaktion ist, dass Kinder nun selbst zu schreien beginnen. Was sie von ihren Eltern abgeschaut haben, ahmen sie dann nach. Sie brüllen ihre Eltern, ihre Alterskameraden oder fremde Personen an. Kinder können so außer sich geraten, dass sie am ganzen Körper rot werden und nach Luft schnappen müssen.

Das beste Gegenmittel gegen diese Entwicklung des sich aufschaukelnden Anschreiens ist es in den heiklen Situationen besonders leise zu reden. Bei überraschend leisem Ton wird das Kind aufmerksam und möchte hören, was gesagt wird.

Befehlen

Wenn Eltern von ihrem Kind etwas verlangen, schlagen sie oft sehr schnell einen Befehlston an. Sie geraten dann unbewusst in eine Tonlage, die sie selbst als Kind erfuhren und nicht selten sehr hassten. Besser ist es, wenn Eltern zuerst freundlich um etwas bitten. Wenn sich das Kind dann dagegen wehrt, sollten sie zuerst einmal genau zuhören, warum sich das Kind sträubt. Möglicherweise wäre jetzt eine Belohnung angesagt, weil das Verlangte tatsächlich eine hohe, außergewöhnliche Anforderung beinhaltet. Erst jetzt, wenn Bitten, Zuhören und Belohnen nichts genützt haben, ist ein Befehl angezeigt. Das Kind muss wissen, wann es ernst wird, wann es kein Ausbüchsen mehr gibt. Eltern müssen sich immer wieder Respekt verschaffen und Autorität zeigen. Kinder müssen gehorchen lernen. Beim Befehlen muss die Stimme einen gebieterischen Ton annehmen. Eltern dürfen sich bei dieser Kommunikationsform nicht auf Erklärungen, Begründungen, Argumente oder Diskussionen einlassen. Wichtig ist es auch, von Drohungen und Vorwürfen abzusehen. Wenn Eltern in dieser Situation zeigen, dass sie sich ärgern, oder noch einmal versuchen, ihr Kind zu einer Kooperation zu bewegen, signalisieren sie ihrem Kind damit, dass sie sich ihrer Rolle als Autorität nicht sicher sind und Kinder bekommen so eine für sie verwirrende Botschaft. Das Wichtigste ist, dass die Eltern in diesem Stadium *emotionslos* befehlen.

Eltern dürfen jetzt nicht wütend werden, schreien, schlagen oder sich frustriert abwenden. Wenn sie jetzt ihren Ärger zeigen, dann verwandelt sich der Befehl in eine Aufforderung, die mit einer emotionalen Erpressung einhergeht.

> **Anordnungen sind umso wirksamer, je weniger man sich aufregt.**

Jedes Kind braucht eine starke Führung, der es gehorchen muss, der es aber auch vertrauen können sollte. Wenn Eltern allerdings zu oft befehlen, versagt dieses Mittel. Es darf deshalb nur sehr selten eingesetzt werden und nur, wenn zuerst versucht wurde, Kooperation zu erreichen. Kinder lernen aus jeder Situation. Sie müssen die Erfahrung gemacht haben, dass die Eltern auf keinen Fall nachgeben, wenn sie einmal diesen Befehlston angeschlagen haben. Damit ist ein Punkt erreicht, an dem es kein Aushandeln mehr gibt. Die Stufenleiter des Entgegenkommens ist ausgereizt. Wenn Eltern diese Stufen einhalten, werden sie sich in den für sie wichtigen Erziehungsmaßnahmen durchsetzen.

Manchmal sind Eltern in Erziehungssituationen überfordert und sie sind nicht in der Lage, ihre eigenen Emotionen zu beherrschen. Sie schreien, toben oder wenden sich ab. Sollte das passiert sein, ist alles wieder in Ordnung, wenn sich Eltern später beim Kind entschuldigen. Je nach Situation ist eine Erklärung auch hilfreich. Es ist normal und in Ordnung, wenn auch Eltern Fehler machen. Für die Kinder ist es jedoch hilfreicher, wenn Eltern ihre Fehler eingestehen und wenn sie spüren, dass die Eltern zwar nicht perfekt sind, aber ihr Bestes geben wollen.

Solch eine Entschuldigung könnte dann etwa so lauten: «Es tut mir Leid, dass ich dich beleidigt habe. Du hast es nicht verdient, dass ich so schlecht mit dir umgehe. Beleidigen ist keine gute Art, dich zur Einsicht zu bringen. Das war ein großer Fehler von mir. Verzeih mir.» Wenn diese Entschuldigung ausbleibt, bekommt das Kind möglicherweise den falschen Eindruck, dass die Eltern es nicht so lieben, wie es ist. Es hat das Gefühl, ein schlechtes Kind zu sein, das die Erwartungen der Eltern nicht erfüllt.

Anweisungen positiv formulieren

Ein bekanntes Experiment soll Ihnen einen kleinen Einblick in das menschliche Vorstellungsvermögen geben. Jemand gibt Ihnen die Anweisung: Denken Sie jetzt nicht an einen blauen Elefanten. Schließen Sie kurz für einige Sekunden die Augen und sagen Sie sich diesen Satz noch einmal vor: Denke jetzt nicht an einen blauen Elefanten. – Was haben Sie sich in der kurzen Zeit vorgestellt? Welches Bild hat sich unweigerlich vor Ihr geistiges Auge geschoben? War es Ihnen wirklich möglich, sich *keinen* blauen Elefanten vorzustellen? Falls Sie sich tatsächlich nicht an die Anweisung gehalten haben und sich ganz gegen Ihren Willen doch einen blauen Elefanten vorgestellt haben, befinden Sie sich tatsächlich in guter Gesellschaft. Den meisten Menschen geht es so wie Ihnen. Sie können dieses Bild einfach nicht verdrängen. Obwohl Sie von alleine gar nicht auf die Idee gekommen wären, jetzt an einen blauen Elefanten zu denken! Wie kann das sein? Die Begründung für diese seltsame Hirnleistung liegt an der Arbeitsweise unseres Gehirns, es übersetzt nämlich alle gehörten Sätze in innere Bilder, wobei das «nicht» in der Anweisung zuerst einmal schlicht übergangen wird. Das Gehirn schafft also als Erstes ein Bild davon, was gesagt wurde, dann ist aber der blaue Elefant schon auf dem inneren Bildschirm. Erst danach registriert das Gehirn, dass es dieses Bild ja nicht erzeugen soll, aber jetzt ist es dafür schon zu spät. Wenn Sie also wirklich nicht an einen blauen Elefanten denken wollen, sollten Sie sich sagen: Denke an das schöne Fest am letzten Sonntag, und schon sind Sie abgelenkt.

Mit diesem kleinen Experiment ist gezeigt worden, dass Sie bei Ihrer Wortwahl achtsam sein sollten. Mit Formulierungen, die das Wort «nicht» enthalten, erreichen Sie oft das Gegenteil. Statt «Mach dich nicht schmutzig», sagen Sie besser «Pass auf deine Schuhe auf», statt «Streite nicht mit deinem Bruder», sagen Sie besser «Sprich freundlich mit deinem Bruder»; statt «Knall die Türe nicht so zu», sagen Sie besser «Mach die Türe leise zu», statt «Schrei mich nicht so an», sagen Sie besser «Sprich bitte leise mit mir». Außer der Vermeidung des verflixten Wortes «nicht» ist diese Sprechweise noch aus einem anderen Grund nützlich: Sie geben mit Ihrer Anweisung auch schon einen Hinweis, was Sie genau wollen. Ein kleines Beispiel erklärt Ihnen diesen Sachverhalt. Wenn Sie zu Ihrem Kind sagen «Zieh jetzt nicht die blaue Hose an», dann weiß Ihr Kind nur, dass es die blaue Hose nicht anziehen soll. Vielleicht ruft das allein schon seinen Widerstand hervor. Aber selbst, wenn das Kind so nett ist und die blaue Hose nicht anzieht, weiß es ja nicht, was es stattdessen anziehen soll. Es holt vielleicht jetzt die weiße Hose und Sie wollten auch nicht, dass es diese anzieht. Sie müssen also noch einmal ein Verbot aussprechen «Zieh auch *nicht* die weiße Hose an». Wenn Sie gleich zu Beginn klar gesagt hätten, was Sie wollen, nämlich dass Ihr Kind die karierte Hose anzieht, dann hätten Sie allein damit möglicherweise Zoff verhindert, weil Sie die Aufmerksamkeit Ihres Kindes auf das gelenkt hätten, was Sie von ihm wollen, und nicht darauf, was Sie *nicht* wollen. Das Nicht-Wollen umschließt noch viele andere Optionen, während das Wollen genau sagt, was Sie von Ihrem Kind erwarten.

Wenn einem Kind die negativ formulierte Anweisung gegeben wird «Fall nicht vom Kletterbaum», dann denkt es an zwei Dinge «Ich könnte vom Kletterbaum fallen» und es muss sich dies vorstellen, weil das Gehirn nicht anders kann, verbunden mit den Gefühlen, die sich ebenfalls unweigerlich einstellen, und es muss diese Vorstellung dann wieder streichen, was ein unnötiger und belastender Umweg ist. Deshalb ist es besser, wenn Sie dem Kind folgende positiv formulierte Anweisung geben «Konzentriere dich voll auf das Festhalten beim Klettern» und «Schau genau, wohin du deinen Fuß beim Klettern setzt!» Damit wird die Aufmerksamkeit beim Kind auf etwas Hilfreiches gelenkt.

Jeden Tag gibt es viele Situationen für das Einüben positiver Formulierungen. Beobachten Sie, wie viele Ihrer täglichen Anweisungen im Umgang mit Ihrem Kind ein «nein» enthalten. Versuchen Sie, Ihre Sätze in Zukunft positiv zu formulieren. Damit helfen Sie Ihrem Kind indirekt dabei, die Dinge im Leben positiv zu sehen. So gewinnt Ihr Kind ein Stück Selbstvertrauen.

In angespannten und aufgeheizten Situationen lassen sich Eltern gerne zu Aussagen hinreißen, die möglicherweise für eine schnelle Abkühlung der Situation oder für prompten Gehorsam sorgen, die aber langfristig ein verheerendes Selbstbild beim Kind hinterlassen.

In vielen Familien gibt es sogenannte schwarze Schafe. Manchmal sind diese schwarzen Schafe aber auch Nachbarn oder Kollegen, Menschen, die man gerne als schlechtes Beispiel hinstellt. So hat einer vielleicht in der Schule oder im Beruf versagt, ein anderer beginnt unzählige Hobbys und zieht keines durch und wieder ein anderer flüchtet sich in Krankheiten oder Depressionen. Wenn beispielsweise Tante Renate aus ihren vielsprechenden Begabungen nichts gemacht und sich lieber untätig in den Schmollwinkel zurück gezogen hat – aus welchen Gründen auch immer –, ist es nicht unüblich, wenn die Mutter folgende Sätze zu ihrer Tochter sagt:

- Aus dir wird nie etwas.
- Du bist genau wie Renate.
- Du machst nie etwas fertig.
- Du bist so schusselig wie Renate.
- Du bewegst dich ganz genauso wie Renate.
- Du bist so verträumt wie Renate.
- Du hast keine Freunde genau wie Renate.
- Du stehst nicht gerne auf wie Renate.
- …

Solche Botschaften werden in der Psychologie Killerbotschaften genannt, weil sie das aufkeimende Selbstvertrauen des Kindes töten. Sie zeigen dem Kind sein Unvermögen und lassen ihm keine Chance auf Verbesserung. Das menschliche Gedächtnis scheint solche Botschaften besonders gut einzuspeichern, denn diese Sätze bleiben oft besser haften als Lob. Eine Faustregel lautet, dass man zum Neutralisieren *einer* Killerbotschaft mindestens *siebenmal* loben muss. Deshalb ist es wichtig, dass sich Eltern, denen in einem besonders stressreichen Moment, ein derartig böser Satz über die Lippen kommt, dafür entschuldigen. Das Kind braucht die Liebe seiner Eltern, muss sich dieser Liebe sicher sein und muss auch von den Eltern immer wieder signalisiert bekommen, dass es sich in eine positive Richtung entwickelt und eine eigenständige Persönlichkeit ist, die sich nicht wie eine Schablone mit einer anderen vergleichen lässt.

Killerbotschaften sollten unbedingt vermieden werden!

Marc und seine Hausaufgaben

Wie stellt sich Marc heute Nachmittag wieder bei den Hausaufgaben an. Es geht einfach nicht vorwärts. Er wird und wird nicht fertig. Seine Mutter ist schon fünfmal zu ihm ins Zimmer gekommen und hat ihn angetrieben. Mutter und Sohn sind doch um 17 Uhr bei ihrer Freundin Sabine zur Geburtstagsparty eingeladen und sie hat versprochen, pünktlich zu sein. Es scheint wieder einmal nicht zu klappen, weil Marc zu langsam ist. Je aufgeregter die Mutter wird, umso unüberlegtere Sätze kommen ihr über die Lippen. Sie versucht ihren Sohn anzutreiben. *«Mach schnell. Du bist so lahm wie dein Onkel Otto. Er wurde wegen seiner Langsamkeit mehrmals gefeuert. Bei ihm war das als Kind genauso wie bei dir. Ich sehe dich schon als Arbeitslosen. Mach doch endlich schneller. Man kann dir ja nicht zuschauen beim Arbeiten. Was soll nur aus dir werden?»* Die Mutter übersieht ganz, dass ihr Sohn immer verzweifelter dreinschaut und den Tränen nahe ist. Er wird immer langsamer. In diesem Gefühlstaumel kann Marc nicht mehr denken. Seine Mutter bringt ihn so durcheinander, dass sich seine Hand verkrampft. Schlimm an solch einer Geschichte ist, dass ein Kind mit der Zeit diesen Vorwürfen glaubt und lernt, sich selbst so zu sehen. Im erwähnten Fall hat der Vater die Szene zufällig mitbekommen und greift ein. Er bespricht mit seiner Frau die verheerende Wirkung von solchen Sätzen und bringt sie dazu, Marc anders zu sehen und anders zu behandeln. Wenn ihr danach ein Satz wie *«Du bist so lahm wie dein Onkel Otto»* auf der Zunge lag, konnte sie ihn gerade noch umformulieren *«Heute bist du etwas langsam, aber gestern hast du die Aufgabe schnell erledigt. Ich weiß, dass du es kannst»*. Damit stärkte sie das Selbstvertrauen ihres Kindes.

Schweigsame Kinder

Manche Kinder sind einfach schweigsamer als andere. Sie erzählen nichts vom Kindergarten oder von der Schule. Die Eltern erfahren dann die erstaunlichsten Begebenheiten von anderen Eltern und sind oft sehr enttäuscht, dass ihr Kind zu Hause nichts erzählt hat. Das können auch durchaus positive Erlebnisse gewesen sein. So wusste beispielsweise eine Mutter nicht, dass ihr Kind bei einem Wettkampf am besten abgeschnitten hatte und eine andere Mutter war überrascht, dass ihr zu Hause unordentliches Kind im Kindergarten am eifrigsten beim Aufräumen mitgeholfen hatte. Alle Kinder, die sprechen können, haben Dinge auf dem Herzen, über die sie gerne berichten möchten – nur nicht zu jedem Zeitpunkt und vor allem nicht auf «Knopfdruck».

Niklas erzählt mir nichts

Bei einem Elternseminar erzählte mir ein Vater, dass sein achtjähriger Sohn Niklas sehr verschlossen sei und einfach gar nichts von der Schule oder von der Freizeit berichtete. Er habe schon alles versucht, es sei aber nicht an ihn heranzukommen. Ich riet ihm, bei seinem Sohn genau zu beobachten, in welcher Situation er gerne redet. Das könne beim gemeinsamen Arbeiten in der Küche, im Garten, beim Spazieren gehen oder beim Lernen sein. Er solle dann solch eine Situation bewusst zu Gesprächen nutzen. Als ich den Vater einige Wochen später wieder traf, erzählte er mir begeistert, dass er einen tollen Zugang zu Niklas gefunden habe. Ihm war aufgefallen, dass Niklas immer beim Autofahren lebhaft erzählt. Deshalb hat der Vater einige Autofahrten extra dazu unternommen, um von seinem Sohn wichtige Dinge zu erfahren. Und es hat funktioniert. Inzwischen hat sich sein Verhältnis zu Niklas wesentlich verbessert und er hat noch weitere Gelegenheiten entdeckt, in denen sein Sohn gesprächsbereit ist. Nun muss er nicht mehr jedes Mal Auto fahren, wenn er etwas von ihm erfahren möchte.

Kinder teilen umso mehr mit und hören umso besser zu, je mehr Eltern zuhören und je weniger sie sagen. Es ist besser, Kindern nicht für jedes Problem sofort einen Lösungsversuch zu präsentieren. Kinder sind meist schon glücklich, wenn sie ihre Probleme einfach mitteilen dürfen.

Erklärungen

Erklärungen sind nützlich und notwendig, wenn das Kind etwas wissen möchte. Erklärungen sind kontraproduktiv, wenn das Kind eine Trotzhaltung eingenommen hat. Dann wird es eine Erklärung nicht wirklich wahrnehmen oder positiv darauf reagieren, weil seine ganze Haltung ausdrückt, dass es keine Erklärung will. Es hat sich in seinen Trotz hineingesteigert und möchte seinen Willen durchsetzen.

Fragen

Stellen Sie Ihrem Kind so oft wie möglich Fragen. Nutzen Sie jede Gelegenheit dazu. Geben Sie ihm viel Zeit zur Antwort. Machen Sie die Antwort nicht lächerlich, auch wenn sie für Sie töricht klingt. Stellen Sie einen falschverstandenen Sachverhalt sanft und liebevoll richtig, ohne das Kind zu kritisieren. Denken Sie selbst gründlich über die Antwort des Kindes nach. Es gewährt Ihnen dadurch einen schönen Einblick in seine Erfahrungswelt und sein Weltbild. Das Kind fühlt sich durch die Fragen ernst genommen und herausgefordert. Sie ermutigen es dadurch, selbst nach Antworten zu suchen und wecken möglicherweise neues Interesse. Durch das Fragen wird das Kind angefeuert, sich zu äußern, es wird zum Sprechen und zu eigenen Entscheidungen angeregt. W-Fragen helfen Hintergründe und Zusammenhänge aufzudecken. W-Fragen beginnen mit Wer? Was? Wann? Wie? Wo? Wozu? Weshalb? Warum? Wieso? Womit? Zum Beispiel können Sie fragen: Warum tust du das? Weshalb bist du weggegangen? Wann spielst du wieder mit Marko? Wie ist das Stück ausgegangen? Wieso gehst du nicht mit? Leider geben ungeduldige Eltern viel zu oft und zu schnell selbst die Antwort, wenn ihr Kind nicht schnell genug antwortet. Lassen Sie ihm Zeit. Sie sehen ihm meistens an, dass es über die Frage nachdenkt. Kritisieren Sie danach nicht seine Antwort, denn das demotiviert Ihr Kind.

Zehn Fragen, die Ihnen helfen, Ihr Kind besser zu verstehen

Wenn Ihnen klar ist, wie wichtig das richtige Sprechen mit ihrem Kind ist, dann können Sie auch immer wieder selbst überprüfen, ob Ihnen die richtige Sprechweise gelungen ist. Dazu ist der folgende Fragenkatalog gedacht. Stellen Sie sich die Fragen und antworten Sie nicht zu schnell. Falls Sie bei manchen Fragen nicht spontan mit «ja» antworten können oder unsicher sind, beobachten Sie sich und Ihr Kind, um an bestimmten Situationen zu feilen und zu lernen. Sie können die Frage auch ganz einfach Ihrem Kind stellen und die Antwort abwarten.

1. Hat mein Kind das Gefühl, dass ich ernst nehme, was es zu mir sagt?

2. Höre ich ihm wirklich geduldig und aufmerksam zu?

3. Kennt mein Kind die Gründe dafür, warum mir etwas wichtig ist?

4. Ist es mir gelungen aufzuzeigen, wie man mit einem Gespräch Probleme lösen kann?

5. Habe ich mein Kind überzeugen können, wie wichtig ein Gedankenaustausch vor der Realisierung eines Wunsches ist?

6. Habe ich vor meinem Kind schon Fehler eingestanden und ihm gesagt, dass mir etwas leid tut?

7. Gelingen Abmachungen und Vereinbarungen mit meinem Kind in entspannter Atmosphäre?

8. Drücke ich mit meiner Sprache Mitgefühl, Anteilnahme und Interesse deutlich genug aus?

9. Schaffe ich es mein Kind zu trösten, ohne ihm Versprechungen zu machen?

10. Drücke ich mit meinen Worten Achtung und Respekt vor meinem Kind aus?

Fremdsprachen

Es ist durchaus sinnvoll, bereits im Kindergarten spielerisch mit Fremdsprachen lernen, meistens Englisch, zu beginnen. Es tut Kindern gut, sehr früh die fremde Sprache zu hören. Sie sitzen im Kreis, die Erzieherin erzählt Geschichten auf Englisch und passend dazu singen, basteln und spielen die Kinder. Wichtig ist, dass die Erzieherin eine sehr gute Aussprache hat und nicht ein dialektbehaftetes, falsches oder kaum verständliches Englisch spricht. Nach einiger Zeit des Zuhörens sind Kinder dann in der Lage, selbst aktiv zu sprechen. Untersuchungen haben gezeigt, dass sich Kinder auch in anderen Fächern steigern, wenn sie regelmäßig Fremdsprachenunterricht haben. Das sogenannte «metasprachliche» Können befähigt sie, allgemeine Zusammenhänge besser zu verstehen.

Voraussetzung für das Fremdsprachenlernen ist natürlich die Beherrschung der Muttersprache.

3.4
Spielen

Das Spielen der Kinder sollte man als ihre
ernsthafteste Tätigkeit betrachten.
Michel de Montaigne

Das Spiel ist von grundlegendster Bedeutung für das Lernen und das Leben eines jeden Kindes. Zu allen Zeiten und in allen Kulturen haben Kinder gespielt. Beim Spielen lernen Kinder Grundfertigkeiten, üben Handlungen ein, entdecken ihre Umwelt, ihre Umgebung, ihre Familie und ihre Freunde. Spielen ist unmittelbar mit der Entwicklung von Fähigkeiten verbunden. Der Sinn des Spiels ist das Lernen. Für den Spieler selbst ist Spiel Unterhaltung und Spaß. Spielen fördert wichtige Facetten der Persönlichkeit, wie Neugierde, Spontaneität, Offenheit, Nachahmung, Kreativität, Freiheit und Einzigartigkeit. Das Kind simuliert Begebenheiten, die es beobachtet hat oder sich vorstellen kann. Vermutlich ist das Spielen als Kulturhandlung früher entstanden als Lesen und Schreiben. Spiele mit ihren verschiedenen Regeln und den verschiedensten Komplexitätsgraden sind ein Grundphänomen menschlichen Handelns. Inhalte und Formen werden von den jeweiligen Kulturen und Zeitströmungen geprägt. Ein Spiel ist kein Ernstfall. Naturgesetze und vom Menschen gemachte Gesetze bilden die Grundlage für Spielregeln. Im Leben und im Spiel haben Zufall, Glück und Strategie Einfluss auf den Verlauf der Dinge. Mit der Ausdehnung seiner Bewegungsfreiheit vergrößert sich auch das Erfahrungsfeld eines Kindes. Es entdeckt die Welt spielerisch.

Im Spiel

- erproben Kinder die Wirkungen ihres Handelns
- erfinden Kinder sich selbst
- fördern Kinder ihre Stärken
- machen Kinder Erfahrungen mit Menschen und Dingen

- denken sich Kinder Geschichten aus, in denen sie ihre Lieblingsrolle spielen
- leben Kinder ihre Traumwelt aus
- entdecken Kinder ihre kulturelle Realität
- erkennen Kinder Zusammenhänge von physikalischen Tatsachen.

Fernsehsender, Verlage, Musikfirmen und Spielzeughersteller versuchen, Eltern und Kinder mit allen ihnen zur Verfügung stehenden Möglichkeiten für sich zu gewinnen und ihre Produkte zu verkaufen.

Da kleine Kinder weder über ein logisches Verständnis noch über Erfahrungen verfügen, werden sie von der Werbeindustrie durch geschickte, auf das Unterbewusstsein zielende Aktionen angesprochen. Sie sind diesen Verlockungen wehrlos ausgeliefert.

Für Eltern ist es da oft schwer, ihre Kinder durch vernünftige Argumente von ihren Wünschen abzubringen. Besonders schwierig wird die Situation, wenn Freunde diese Dinge schon bekommen haben.

> **Wenn Eltern ihre Kinder, nur um selbst Ruhe zu haben, vor den Fernseher setzen, lernen diese nicht einmal zu spielen. Mit Spielzeug allein gelassen haben sie keine Ahnung, was sie damit anfangen sollen.**

Das bedeutet nun aber, dass Spielen einerseits dem Lernen dient, dass Spielen andererseits gelernt werden muss. Es ist zwar in der Anlage vorhanden, wenn diese Anlage aber nicht geweckt, gefördert und entfaltet wird, so verkümmert sie. Mit ein wenig Aufmerksamkeit kann heute jeder Erwachsene Kinder beobachten, die nicht mehr gut spielen können. Solche Kinder fallen dadurch auf, dass sie mit dem Spielzeug um sich werfen und sich bei der ersten Gelegenheit vor einen Fernseher setzen.

Säuglinge spielen mit ihren Fingern und lernen spielerisch ihre Umwelt zu erfühlen und ertasten. Sobald Kinder sprechen können, fangen sie an Personen und Handlungen spielerisch nachzuahmen. Mit vier Jahren beginnt das Interesse an Spielen, bei denen es Regeln gibt.

Eine typische Spielszene bei Kindergarten-Kindern sieht so aus:

Der vierjährige Tommi sagt zu Serafina: «Du bist jetzt die Mama und kochst uns einen Pudding.» Seine Freundin freut sich über diese Aufforderung, geht an den Puppenherd und rührt konzentriert mit dem Kochlöffel in einem Kochtopf. Wenig später sitzen die Kinder mit am Kindertisch und löffeln lustig ihren aus Luft bestehenden Pudding. «Hm, das schmeckt gut. Bekomme ich noch mal etwas?» fragt Alina und bekommt noch etwas Luftpudding geschöpft.

Beim Spielen setzen Kinder Begebenheiten in Szene und fördern dadurch ihre Sprachfähigkeit, ihre Wahrnehmungsfähigkeit und ihre soziale Kompetenz. Sie können dadurch auch lernen, ihre Gefühle auszudrücken und mit beängstigenden Ereignissen, wie beispielsweise dem Durchstehen einer Krankheit, fertig zu werden.

Ein wichtiger Punkt ist auch, mit Niederlagen fertig zu werden. Im Spiel lernt das Kind den Umgang mit seinen eigenen Gefühlen und mit den Gefühlen seiner Mitspieler. Deshalb ist es wichtig, dass Kinder *miteinander* spielen. Falls Ihr Kind häufig traurig in der Ecke sitzt und sich nur mit sich selbst beschäftigt, sollten Sie mit der Erzieherin über Ihre Beobachtung sprechen. Aber Achtung, die Betonung liegt auf «traurig», das bedeutet, dass Ihr Kind mit seiner Situation nicht klar kommt. Es geht hier nicht um Kinder, welche sich sehr gerne alleine beschäftigen und stillvergnügt in der Ecke sitzen und Dinge ausprobieren. Also beim häufig traurigen und einsamen Kind ist genaues Beobachten notwendig, um herauszufinden, was genau mit dem Kind los ist. Warum ist Ihr Kind so oft allein? Will es selbst nicht mit den anderen spielen? Traut es sich nicht? Oder wollen die anderen Ihr Kind nicht mitspielen lassen? Versteht es die Spielregeln? Ist sein Spielverhalten altersgemäß? Erzieher möchten manchmal die Eltern schonen und sprechen deshalb unangenehme Wahrheiten nicht an. So wird wertvolle Zeit versäumt.

Wenn Sie Anhaltspunkte für eine soziale Störung feststellen und diese weder durch die Erzieherin noch durch Sie behoben werden kann, scheuen Sie sich nicht, professionelle Hilfe in Anspruch zu nehmen. Lassen Sie auch seine Hör- und Sehfähigkeit überprüfen. Nicht selten ist ein derartiger Mangel schuld an der vermeintlichen Kontaktunfähigkeit!

Es ist besser für Ihr Kind, wenn es jetzt Hilfe bekommt, als wenn Sie warten, bis sich sein seltsames Verhalten verfestigt hat.

Fast alle Kinder haben heute eher zu viel als zu wenig Spielmaterial. Es ist ein regelrechter Kult rund ums Kind entstanden. Die Spielzeugindustrie macht Jagd auf die Gunst der Kinder. Sie hat schon lange Kinder und Jugendliche als Zielgruppe entdeckt und ihre Werbestrategie darauf ausgerichtet. Kinder geraten so schon recht früh unter einen Konsumdruck und fallen auf den Markenterror herein, denn kaum ein Kind kann sich der Wirkung der subtilen Werbung entziehen. Selbst wenn sich die Familie erfolgreich gegen die Werbung stemmt, erreicht etwas später der Gruppendruck in der Schule das gleiche Ziel. Wer von den Kindern das falsche Outfit, also z. B. die falschen Jeans oder Turnschuhe trägt oder andere nicht der Mehrheitsmeinung entsprechende Gegenstände besitzt, wird sehr schnell von den anderen lächerlich gemacht und ausgegrenzt. Da Eltern ihr Kind vor Diskriminierung schützen wollen, geben sie oft gegen ihren Willen und ihre innere Überzeugung dem Drängen ihrer Sprösslinge nach.

In regelmäßigen Abständen setzen sich neue Trends durch, welche die Kinder und ihre Eltern unter Druck setzen. Erinnert sei nur an Barbie, Tamagotchi, Pokémon, Diddl-Maus, Janoschs Tigerente und an die neue Kunstfigur

Prinzessin Lillifee. Kleine Mädchen fahren auf die lustige Fee mit dem spitz-
bübischen Gesicht und den pinkfarbenen Glitzerkleidern regelrecht ab. Es
gibt kaum mehr eine Kinderutensilie ohne Lillifee-Aufdruck. Zu finden ist er
auf Unterhemden, Strumpfhosen, T-Shirts, Bechern, Taschen, Büchern und
CDs mit Liedern aus Lillifees Welt. Die Fantasiewelt, in welche Kinder durch
solche Figuren eintauchen, schenkt ihnen auf der einen Seite eine Geborgenheit und eine Rückzugsmöglichkeit, die sie aus ihrer realen und manchmal
deprimierenden Umgebung heraus hebt, auf der anderen Seite besteht die
Gefahr, dass Kinder aus dieser Scheinwelt nicht mehr herausfinden und einen
Realitätsverlust erleiden.

Aber auch Erwachsene sind diesen Trends ausgeliefert. Sobald ein Spiel als
besonders intelligenz- oder kreativitätsfördernd Bestsellerlisten anführt, kaufen Eltern dieses gerne für ihre Kinder. Kurze Zeit später stellen sie dann fest,
dass ihre Erwartungen nicht erfüllt werden. Zu viele Spielsachen machen Kinder zudem unzufrieden, denn sie wissen nicht mehr, was sie spielen sollen.
Vorgefertigtes Material lässt außerdem der Phantasie keinen Spielraum. Kürzlich erzählte mir eine Kunsterzieherin an einem Gymnasium, dass viele Kinder
heute in der Feinmotorik gestört sind. Sie können nicht mehr mit der Schere
Bildchen ausschneiden, weil sie in Kindergarten und Grundschule nur noch
vorgestanzte Bilder aus Kartons drücken durften. Offensichtlich ist Ausschneiden von Bildern mit Kinderscheren bei manchen Erzieherinnen verpönt. Lassen Sie Ihr Kindergartenkind deshalb zu Hause Bilder ausschneiden,
ausmalen und aufstellen. Loben Sie Ihr Kind, wenn ihm das gelungen ist.
Ganz besonders für kleine Buben ist diese Übung sinnvoll, denn bei ihnen ist
die Feinmotorik zu Beginn der Grundschule oft noch sehr unterentwickelt.

Woran erkennt man sinnvolles Spielzeug?

- Spielzeug sollte langlebig und belastbar, aber ohne toxische Materialien
  und Lacke sein. Lassen Sie lieber die Finger von billigen Fernost-Importen.
  Kinder stecken Spielsachen auch manchmal in den Mund und dürfen dabei
  keine Spuren von Gift aufnehmen.

- Einfach gestaltetes Spielzeug fördert die Kreativität.

- Lego- und Duplosteine, Eisenbahnen, Puppenstuben und andere ergänz-
  bare Systeme fördern die Fantasie, Freude und Ausdauer beim Spielen.

- Außerdem gibt es eine Fülle von spannenden Brett-, Karten-, Strategie-
  und Ereignisspielen. Lassen Sie sich im Fachhandel beraten. Wählen Sie
  aber keine angstmachenden, unheimlichen oder primitiven Spiele. Sehr
  wichtig ist auch, dass Eltern sich immer wieder die Zeit zum Mitspielen
  nehmen.

Kinder brauchen Platz zum Spielen

Bei beengten Wohnverhältnissen kann das ein großes Problem sein. Dennoch müsste es möglich sein, dem Kind in der Wohnung einen eigenen Spielbereich zu überlassen. Hier kann es sein Spielzeug um sich herum ausbreiten und darf tun, was es will. Auch der Fußboden ist kein Tabu. Spielzeug, mit dem am nächsten Tag weitergespielt wird, kann aufgebaut bleiben.

Kinder brauchen Zeit zum Spielen

Kleine Kinder spielen 7 bis 9 Stunden am Tag, wenn man sie ungestört spielen lässt. Damit sich ihre Konzentrationsfähigkeit und Ausdauer gut entwickelt, ist es wichtig, sie lange Zeit ungestört spielen zu lassen. Ein Kind, das dauernd beim Spielen unterbrochen wird, weil Besuch kommt oder weil man zum Einkaufen oder zum Arzt geht usw., kann sich nicht mehr lange auf eine Sache konzentrieren und wird möglicherweise zu einem Zappelphilipp.

Lassen Sie Ihr Kind Memory spielen. Dabei werden Kärtchen verdeckt ausgelegt. Jedes Motiv ist zweimal vorhanden. Der Spieler darf zwei Kärtchen umdrehen und muss sich Motiv und Lage des Kärtchens merken. Wenn man zwei gleiche Kärtchen gefunden hat, darf man diese behalten. Wer am meisten Kärtchen gesammelt hat, ist Sieger. Memory ist ein Spiel, das auch heute noch gerne gespielt wird und bei dem Kinder ein tolles Erfolgserlebnis haben, wenn sie sehen, dass sie gegen die Großen gewinnen können. Memory fördert die Konzentration, die Beobachtungsfähigkeit, das Gedächtnis und die Ausdauer.

Ein anderes beliebtes und fast vergessenes Spiel ist Mikado, das Stäbchenspiel, bei dem man ein Bündel Stäbchen auf den Tisch wirft und dann versuchen muss, die Stäbchen Stück für Stück, ohne dass eines wackelt, abzuheben. Wer die meisten Stäbchen gesammelt hat, hat gewonnen.

Kinder wollen selbständig entdecken

Kleinkinder lernen viel besser durch ihre eigenen Entdeckungen als durch Belehrungen von Erwachsenen. Sie wollen selbst entdecken, ob ein großer Klotz auf einem kleinen stehen bleibt, wann der Turm umfällt und wann er stehen bleibt. Wenn Erwachsene dem Kind ständig zeigen, was zum Erfolg führt und was nicht, schwächen sie damit die Entdeckerfreude und die Kreativität. Werden Sie nicht ungeduldig, wenn es länger dauert als erwartet, bis Ihr Kind die Spiellogik erkannt hat. Ermutigen Sie es lieber zum Durchhalten.

Kreative Spiele

- Geräusche beschreiben. Lassen Sie die Kinder Geräusche machen, sie dürfen aber auf keinen Fall Musikinstrumente benutzen. Beispiele: Mit dem Holzkochlöffel auf den Topfboden schlagen oder mit dem Holzkochlöffel auf ein Holbrett hämmern, mit einer Stricknadel auf ein Glas klopfen usw.

Lassen Sie jeweils das gehörte Geräusch mit Worten beschreiben. Dann könnte man das Gleiche mit verbundenen Augen machen und raten lassen, wie das Geräusch entstanden ist.

■ Das Warum-Spiel. Dazu setzen sich zwei Mitspieler gegenüber. Eine Runde geht so lange, bis es keine Antwort mehr gibt. Wer diese letzte Frage gestellt hat, ist der Sieger. Ein Beispiel: Warum scheint die Sonne? – Damit es warm auf der Erde wird. – Warum muss es warm auf der Erde werden? – Damit Pflanzen wachsen können. – Warum müssen Pflanzen wachsen können? – Damit Menschen etwas zu essen haben. – Warum brauchen Menschen etwas zu essen? – Damit sie Energie haben. – Warum brauchen Menschen Energie? – Damit sie laufen können. Warum müssen Menschen laufen können? … usw.

■ Satz vollenden. Lassen Sie die Kinder einen Satz fertig machen. Erfinden Sie einen Satz, der eine kreative Fortsetzung erfordert. Zum Beispiel: Was wäre, wenn alle unsere Fenster aus Papier wären? Die Antworten werden nicht zensiert und nicht kommentiert. Alle Antworten sind willkommen. Es dürfen auch abwegige, irreale Vorstellungen sein.

Kinderwünsche

Vor Weihnachten oder einem Geburtstag vergessen Eltern manchmal auf ihrer Jagd nach dem ultimativen Geschenk das Einfachste: ihr Kind nach seinem Herzenswunsch zu fragen. Im Migros-Magazin (50, 2005) geben Kinder ihre innersten Wünsche preis, was zu interessanten Erkenntnissen führt und zum Nachdenken anregt. So wünscht sich Max (7 J. alt), dass Schulstunden kürzer und Pausen länger sein sollten. Sarah (5 J. alt) wünscht sich, dass ihre Eltern weiterhin genügend Zeit zum Spielen und Geschichten erzählen haben. Sie freut sich auch, wenn Vater oder Mutter ihr beim Singen zuhören. Joel (4 J. alt) wünscht sich eine Eiche vor seinem Zimmerfenster, damit er bequem den Eichhörnchen beim Nüsse essen zuschauen könnte. Jonas (8 J. alt) wünscht sich so viel Schnee, dass er sich eine richtige Schneehütte bauen kann. Marlen (7 ½ J. alt) wünscht sich sehnlichst ein eigenes Zimmer. Larissa (9 J. alt) wünscht sich Freunde, Freunde und nochmals Freunde. Vor allem möchte sie die, welche sie hat, behalten – auch wenn sie in einem Jahr in ein anderes Dorf zieht.

Bei der Beobachtung von spielenden Kindern stellt sich oft heraus, dass Buben eher wilde körperbetonte Spiele bevorzugen, wogegen Mädchen eher soziale, auf Austausch gründende Spiele favorisieren.

Vom Umgang mit Wünschen handelt das Kapitel «Die Kunst des Schenkens» des Online-Familienhandbuchs www.familienhandbuch.de. Machen Sie sich immer wieder klar, dass es nicht Ihre Aufgabe als Eltern ist, *alle* Kinderwünsche zu erfüllen. Es ist eine Binsenweisheit, dass Eltern, die *alle* Wünsche ihres

Kindes, und das noch möglichst *sofort*, erfüllen, die Entwicklung ihres Kindes belasten.

Barbie

Die Barbiepuppe ist bei uns inzwischen so etabliert, dass schon fast alle Mütter mit ihr gespielt haben, ja vielleicht schon manche Großmutter. Im Jahr 1952 begann die Erfolgsgeschichte mit einer vollbusigen Karikatur des Bild-Zeitung-Zeichners Beuthin, die so gut bei den Lesern ankam, dass sie als «Lilli» jeden Tag in der «Bild» erschien. 1955 kam Lilli als Puppe in die Spielzeugläden, wo sie ein Jahr später der Mattel-Gründerin Ruth Handel auffiel. Daraufhin kaufte sie sich die Rechte und zeigte sie 1959 als Barbie in Badeanzug, Sonnenbrille und mit schwarzen Haaren auf der New Yorker Spielwarenmesse. Inzwischen wurde sie über eine Milliarde mal verkauft. Sie wurde immer wieder verändert, denn ihr perfektes Aussehen ist ihr Kapital. So bekommt sie jährlich über 120 neue, chice, moderne Kleider, die sogar schon von namhaften Designern entworfen wurden. Ihr Aussehen wird auch an die Mode des Verkaufslandes angepasst.

Die Barbie an sich ist harmlos und Mädchen können wunderbar mit ihr spielen.

Tipp: Es ist sinnvoll, schon kleinen Mädchen zu erklären, dass die Proportionen der Barbie-Puppe nicht denen von erwachsenen jungen Mädchen entspricht, dass es einfach gar nicht möglich ist, als Frau diese Maße zu erreichen. Geben Sie Ihrem Kind auch Puppen mit normalen Proportionen zum Spielen.

3.4.1
Die Wut beim Verlieren

Kleine Kinder können ihre eigenen Gefühle noch nicht steuern und bewerten. Sie müssen erst lernen, ihre Gefühle einzuordnen. Anfangs sind sie oft sehr enttäuscht, weinen oder schreien, wenn sie ein Spiel verlieren. Um solche Situationen zu vermeiden, sind manche Eltern bemüht, Kinder nicht mehr verlieren zu lassen. Dieser Weg ist nicht sehr günstig, weil Kinder dadurch getäuscht werden. Sie werden immer wieder Situationen erleben müssen, in denen sie verlieren werden. Wenn sie dahinter kommen, dass sie getäuscht worden sind, ist die Enttäuschung noch größer und die Glaubwürdigkeit der Eltern leidet. Außerdem wird ihnen suggeriert, dass sie unglaublich gut sind. Bei einem Spiel in anderer Umgebung wird die Konfrontation mit der Realität dann noch härter und das Kind fühlt sich noch mehr vor den Kopf gestoßen. Möglicherweise lehnt es jetzt die «bösen» Mitspieler ab.

Das Spielen von Regelspielen («Mensch ärgere dich nicht», «Geistertreppe», «Daddy Cool» usw.) bietet gute Möglichkeiten mit negativen Gefühlen wie Wut, Zorn, Eifersucht oder Enttäuschung ohne Blessuren umgehen zu lernen.

Sagen Sie Sätze wie «Es ist ganz normal, dass bei jedem Spiel Kinder verlieren», «Auch andere Kinder verlieren beim Spielen» oder «Nächstes Mal kannst du wieder gewinnen». Diese Sätze können Trost geben und den Umgang mit den eigenen Gefühlen aufzeigen.

Vermeiden Sie das Wort: Verlierer. Es ist ein Unterschied, ob ihr Kind ein Verlierer ist, oder ob es ein Spiel verloren hat. Der Satz: Du bist ein Verlierer gibt dem Kind, wenn es diesen Satz oft zu hören bekommt, den Eindruck, dass es eine Eigenschaft seines Wesens ist, immer zu verlieren. Mit der Zeit identifiziert es sich mit dieser Eigenschaft und hält sich selbst für einen Verlierer.

Falls Ihr Kind jedes Mal beim Verlieren einen Wutausbruch bekommt, beobachten Sie einmal, welches Kind das Verlieren des Spiels ohne großes Gezeter hinnimmt. Weisen Sie dann Ihr Kind dezent darauf hin, wie problemlos und locker das andere Kind mit dem Verlieren des Spiels umgegangen ist. So hat Ihr Kind die Möglichkeit dieses Verhalten nachzuahmen. Nachahmen ist auch eine Bewältigungsstrategie.

Um Bewältigungsstrategien einzuüben, spielen Sie mit Ihrem Kind einfach mit ein paar Kasperlefiguren oder Fingerpuppen eine Szene durch. Spielen Sie verschiedene Variationen vor und zeigen Sie, welche Verhaltensmöglichkeiten ein Kind beim Verlieren oder Gewinnen eines Spieles hat. Lassen Sie die Kinder verschiedene Rollen einnehmen. Sie werden Spaß an diesem Spiel haben und spielerisch lernen, wie sie mit viel Humor mit dem Verlieren von Spielen umgehen können.

Gift im Spielzeug

Die Zeitschrift VITAL(5/2005) berichtete in einem Artikel über gefährliche und giftige Beimischungen bei Spielzeug und Sportbekleidung von Kindern. Es wird vor allem vor Sommerprodukten wie Schnorchel, Schwimmhilfen u. ä. gewarnt, welche offen mit der Aufschrift PVC werben. Hier ist auf jeden Fall mit Weichmachern zu rechnen. Weichmacher (Phthalate) machen Kunststoffe biegsam. Wenn sie durch Hautkontakt in den Körper gelangen, können sie das Hormonsystem stören und so u. a. die Fortpflanzungsfähigkeit beeinträchtigen. Unter www.bundgegengift.de finden Sie mehr Informationen zu Chemikalien im Alltag und wie sie vermieden werden können. Die Seite beginnt: «In vielen alltäglichen Dingen stecken giftige Chemikalien. Im Babyfläschchen ebenso wie im T-Shirt oder im Computer. Über die Jahre sammelt sich ein Giftcocktail im Körper an. Das Unglaubliche daran: Wir erfahren so gut wie nichts über die Schadstoffe, mit denen wir es zu tun haben. Für 95 Prozent der vermarkteten Chemikalien fehlen selbst die grundlegendsten Informationen. Der BUND steht für eine Zukunft ohne Gift: Für Produkte ohne Schadstoffe. Für mehr Transparenz bei Verbraucherinnen und Verbrauchern. Für eine zukunftsfähige Chemikalienpolitik.»

Sammelleidenschaften

Bei vielen Kindern bricht der Sammeltrieb durch. Bei manchen Kindern sind die Hosentaschen wahre Fundgruben. Besonders Jungen bringen gerne von draußen alles Mögliche mit in die Wohnung. Das können Federn, Holzstückchen, Steine oder Muscheln sein. Manchmal passt dies gar nicht in das Erziehungskonzept der Erzieher. Kinder sammeln aber auch Stickers, Buntstifte oder Taschenmesser. Kinder haben andere Maßstäbe über den Wert von Dingen. Sie lassen ihre Fantasie aufleben und verbinden manchmal Vorstellungen und Gefühle mit Dingen, welche für Erwachsene wertlos oder gar Müll sind. Nehmen Sie Ihr Kind bei diesen Dingen ernst. Für das Kind zählt der Spielwert oder der Erinnerungswert. Ein Kind kann sich sehr verletzt fühlen, wenn man einen heißgeliebten Gegenstand aus seiner Vorstellungswelt einfach entfernt. Natürlich ist es wichtig, dass sich im Kinderzimmer nicht ein ganzer «Müllberg» ansammelt. In solch einem Fall muss man mit dem Kind Stück für Stück begutachten und darüber sprechen, welches von den Sachen am ehesten entbehrt werden kann. Bei guter Anleitung sortieren Kinder gerne ihren Krimskrams. Lassen Sie es nach seinem eigenen System sortieren, zwingen Sie ihm nicht das Ordnungssystem eines Erwachsenen auf und ganz wichtig: Lassen Sie dem Kind dazu auch genügend Zeit. Es kann gut sein, dass es seinen «Sammelberg» heute noch vehement verteidigt, morgen aber, nachdem es über Ihre Argumente nachgedacht hat, ohne Problem in die Entsorgung vieler Dinge einstimmt. Da es Kindern oft sehr schwer fällt, von liebgewordenen Sachen Abschied zu nehmen, haben sie an dieser Stelle auch ein großes Lob verdient. Vergessen Sie nicht, es zu loben und es immer wieder daran zu erinnern, wie toll sie es finden, dass es so viel Einsicht gezeigt hat. Und noch ein Tipp: Falls das Wegwerfen nicht auf einmal klappt, können Sie das auch in Etappen machen. Nehmen Sie eine große Kiste und lassen Sie das Kind alle Dinge hineinlegen, die es jetzt nicht wegwerfen möchte, aber doch nicht so dringend braucht. Stellen Sie diese Kiste in den Keller. Handeln Sie nun mit dem Kind aus, nach welcher Zeit (zum Beispiel in einem Vierteljahr) die Dinge aus der Kiste weggeworfen werden dürfen, falls sie in diesem Zeitraum überhaupt nicht gebraucht wurden.

Die Sammelleidenschaft Ihres Kindes kann Ihnen auch beim Erziehen hilfreich sein. Denn so wissen Sie, womit Sie Ihr Kind wirklich belohnen bzw. bestrafen können. Wenn Ihr Kind gerne Sticker, Bücher oder Zeitschriften sammelt, bestimmte Kassetten bzw. CDs hört oder die Lieblings-DVDs sieht, bekommt es als Lohn für diverse Tätigkeiten Punkte, die später nach einem ausgehandelten Umrechnungsschlüssel wieder in Sticker, Kassetten, CDs oder DVDs ausbezahlt werden. Auf diese Weise können Sie Ihr Kind zum Schneeschippen, zum Lesen üben, Diktat schreiben oder zu sonstigen Tätigkeiten motivieren. Wichtig ist nur, dass es die oben erwähnten Dinge nicht auch einfach so bekommt. Denn sonst sieht es selbstverständlich nicht mehr ein, warum es dafür arbeiten soll.

3.5
Vorlesen und Lesen

Kinder sind von Natur aus wissbegierig. Sie möchten alles über die Welt erfahren. Sie interessieren sich für fremde Länder, haben Motive und Ziele, nach denen sie im unterschiedlichen Ausmaß streben und die ihnen zum großen Teil nicht bewusst sind. Sie möchten Probleme lösen und stürzen sich auf alle möglichen Geheimnisse, von denen sie glauben, dass sie diese lüften können. Leider holen sich viele Kinder ihre Informationen aus dem Fernsehen. Ihre Bedürfnisse werden so schnell und ohne Anstrengung auf dem einfachsten Weg befriedigt, dadurch entwickeln Kinder heute oft auch kein Durchhaltevermögen mehr. Ohne Ausdauer ist aber kein effektives Lernen möglich. Lesen lernen und üben erfordert Ausdauer und Konzentrationsfähigkeit.

Eine gute Hinführung sind am Anfang Bilderbücher zum Anschauen und kindgerechte Texte zum Vorlesen. Kinder lieben es, mit einem Erwachsenen zusammen Bilderbücher anzuschauen und erklärt zu bekommen. Noch vor dem Sprechbeginn kann man damit anfangen. Später werden Texte vorgelesen. Dabei entstehen Bilder im Kopf des Kindes. Vorlesen macht Freude und schafft Bindung. Es gibt Hinweise aus der Forschung, dass sich ein Frühbeginn günstig auf die Sprachentwicklung auswirkt. Kinder brauchen nicht gleich alles genau verstehen. Sie lernen die Bedeutung der Wörter nach und nach. Wahrscheinlich möchten sie deshalb dieselbe Geschichte immer wieder hören, weil sie jedes Mal etwas mehr davon verstehen.

Mit dem Lesevermögen macht jedes Kind einen enormen Entwicklungsschub. Ein Kind hat damit die beste Voraussetzung für eine erfolgreiche Schullaufbahn. Lesen ist zu wichtig, um es nur der Schule zu überlassen. Eltern können in vieler Hinsicht mithelfen. Kinder möchten gerne den eigenen Namen schreiben können. Unterstützen Sie Ihr Kind darin. Egal ob Sie eine Kindertapete oder ein Geschenkpapier mit bunten Buchstaben auswählen oder eine Buchstabensuppe kochen, Sie tun damit immer etwas für das Lesen lernen Ihres Kindes. Auch beim Autofahren lassen sich viele Buchstabenspiele erfinden, indem man Nummernschilder genau anschaut oder den ersten

Buchstaben von Ortsschildern vorliest usw. Einem geübten Leser ist ja längst nicht mehr bewusst, welch komplizierte Prozesse beim Lesenlernen ablaufen. Wer viel liest, lernt dabei noch besser zu lesen und möchte, nicht zuletzt deshalb, immer mehr lesen. Leider gilt auch der umgekehrte Effekt. Wer wenig liest, findet durch die mangelnde Übung das Lesen anstrengend, versteht manches nicht und möchte deshalb möglichst wenig lesen. Wer entscheidende Schritte beim Lesenlernen verpasst hat, tut sich folglich besonders schwer, das Fehlende aufzuholen. Die einfachsten Texte sind für Leseanfänger geschrieben und deren Inhalt ist für Ältere langweilig. Altersangemessene Texte sind für die ungeübten Leser aber zu schwierig. Bei zu kindlichen Geschichten kann sich bei den älteren Schülern keine Leselust mehr einstellen und die Demotivation wächst.

Von Anfang an sollten Kinder regelmäßig vorlesen dürfen. Bei einem groß angelegten Schulversuch machten Kinder, die ihren Eltern oder Großeltern regelmäßig vorlasen größere Fortschritte als eine Kontrollgruppe, die in Förderstunden besondere schulische Nachhilfe erhielten.

Was Lesen für Kinder bedeutet, hat wohl Astrid Lindgren (Lindgren, 2002) am treffendsten beschrieben. Für Sie bedeutete Lesen das grenzenloseste aller Abenteuer. Um einen guten Kontakt mit dem eigenen Kind herzustellen, fordert sie zum gemeinsamen Lesen von lustigen oder traurigen Büchern auf. Sie nennt Bücher das beste Verbindungsglied zwischen Eltern und Kindern. Vertrautheit entsteht ihrer Meinung nach, wenn man zusammen über ein Buch lacht oder weint. Sie ist überzeugt, dass jeder der heutigen ganz Großen der Menschheit in ihrer Kindheit Leseratten waren. Bücher gaben ihrer Fantasie Nahrung und mit Fantasie waren sie als Erwachsene in der Lage, die Welt zu verändern. Kinder sollten nicht lesen, weil es vernünftig ist, sondern weil es Freude macht. Im Sinne Lindgrens können wir festhalten.

> **Welches Glück oder Unglück Ihr Kind im Leben haben wird, können Sie nicht sehr beeinflussen. Eins aber können Sie tun: Sie können ihm den Weg zum Buch weisen. Damit zeigen Sie ihm, wo es Trost finden kann, wenn es traurig ist, wo es Freude und Schönheit finden kann, wenn das Leben langweilig ist, und überdies hat es damit Freunde, die es nie enttäuschen.**

In dem Buch «Gute Noten» (Kläsener/Korte, 2004) weisen die Autoren ausdrücklich auf die Wichtigkeit der Lesekompetenz hin. Die PISA-Studie hat herausgefunden, dass etwa 40 Prozent der 15-Jährigen nicht aus Spaß lesen, sondern weil sie müssen. Nur 25 Prozent der Schüler werden zu Hause zum Lesen angehalten, fand eine Untersuchung der Stifung Lesen heraus.

Die Pisa-Erhebung von 2003 zeigt es von Neuem. Bei der Lesebefähigung haben Schüler in Deutschland – einstmals die Nation der Dichter und Denker – große Defizite. Die Lesekompetenz von 15-jährigen Schülern liegt in neun Bundesländer unterhalb des OECD-Mittelfeldes, nicht einmal die siegreichen Bayern kommen in dieser Disziplin so recht an die internationale Spitze heran (Spiegel 29/2005). Auch die neue Erhebung weist große Unterschiede beim Vergleich der Bundesländer auf. Die PISA-Studie teilt die Lesekompetenz in zwei verschiedene Bereiche auf: in das Lesen von schöngeistigen Texten und von so genannten Gebrauchstexten, zu denen auch Diagramme, Schaubilder und Statistiken zählen. Einig sind sich die PISA-Forscher darin, dass das Lesen ein außerordentlich komplexer Vorgang ist, der einerseits eine mechanische Tätigkeit darstellt, aber andererseits eine psychisch-subjektive und eine reflexiv-lernstrategische Komponente beinhaltet. Vereinfacht ausgedrückt ist das Lesenlernen ein lange dauernder Prozess, der häufig Krisen und Schwankungen durchläuft. Zwei Drittel der Schüler lesen, bis sie zehn Jahre alt sind, gerne und freiwillig.

Harry Potter ist zum überraschenden Medienereignis geworden. Mit dem Zauberschüler Harry Potter und seiner geheimnisvollen Herkunft hat die Autorin Joanne K. Rowling Kindern und Erwachsenen einen Zugang zu einer anderen Welt eröffnet und dabei uralte Mythen angesprochen und millionenfach Leser gewonnen. Durch Harry Potter sind Millionen Kinder, die zuvor kein Buch mehr angerührt haben, wieder zu Lesern geworden. Auf derselben Erfolgswelle schwimmt jetzt das Buch Tintenherz von Cornelia Funke. Ein neuer Typ Kinderbuch ist entstanden, voller Fantasie und Spannung. Autoren möchten die Herzen der Kinder gewinnen. Kindern sollte man beim Lesen viel zutrauen, man sollte sie nicht zu sehr bevormunden. Wenn sie etwas nicht verstehen, den Stoff aber trotzdem spannend finden, dann lesen sie trotzdem weiter. Das hat uns das Phänomen Harry Potter gelehrt. Kinder, die lesen, gewinnen an Selbstvertrauen und Weltwissen.

Hörkassetten und CDs

Hörbücher sind heute sehr gefragt! Es gibt viele gute Kinderhörspiele und gesprochene Kinderbücher von bekannten Autoren wie zum Beispiel Erich Kästner, Astrid Lindgren, Michael Ende, Otfried Preußler, J.R.R. Tolkien und anderen. Sie sollen nicht das Lesen oder Erzählen ersetzen. Aber sie sind eine willkommene Ergänzung. Kinder können sich bestimmte Stellen beliebig oft anhören. Das ist ein großer Vorteil, weil sie dadurch ihre Lieblingspassagen richtig auskosten können. Bei langen Autofahrten sind sie ein großer Segen.

In vielen von Kindern oft als langweilig empfundenen Situationen können Sie ihnen einen spannenden Zeitvertreib vorschlagen. Legen Sie ein neues, dem Kind noch unbekanntes Hörbuch ein, stellen dann aber nach einiger Zeit ihr Gerät ab. Nun soll es die Fortsetzung der Geschichte selbst erfinden. Das fördert die Fantasie und erhöht die Spannung auf die Fortsetzung des echten Hörspiels.

Vorbild fördert Leselust

Die einflussreichsten Vorbilder für ein Kind sind seine Eltern. Eltern, die selbst nicht gerne lesen, brauchen sich nicht wundern, wenn ihr Kind nicht gerne liest. Erklärungen wie «Wenn ich so viel Zeit hätte wie du, dann würde ich lesen» überzeugen ein Kind nicht, denn Kinder achten unbewusst mehr auf die tatsächlichen Handlungen der Erwachsenen als auf ihre Worte.

Besuch einer Bibliothek

Suchen Sie die nächstgelegene Bibliothek auf und informieren Sie sich dort über Bücher für das derzeitige Alter Ihres Kindes. Beginnen Sie damit schon im Vorschulalter. Leihen Sie Bilderbücher aus und schauen Sie diese mit Ihrem Kind zusammen an. Am besten Sie leihen gleich auch noch ein Buch für sich selbst aus. Nehmen Sie einen Freund Ihres Kindes mit. Besuchen Sie auch Events Ihrer Bibliothek. Lassen Sie Ihr Kind selbst entscheiden, welches Buch es ausleihen möchte. Versuchen Sie den Besuch der Bibliothek mit positiven Gefühlen zu verbinden. Ihr Kind sollte sich auf den Bibliotheksbesuch freuen.

Gute-Nacht-Geschichten

Wie wir im Kapitel über Konsequenz in der Erziehung gesehen haben, ist ein Ritual zum Einschlafen sehr hilfreich. Gut geeignet ist dazu das Vorlesen einer Gute-Nacht-Geschichte. Dies hat noch einen nicht zu unterschätzenden Nebeneffekt: Es zeigt, wie schön Lesen sein kann. Es fördert die Neugier auf das Lesen. Besonders dann, wenn Sie es spannend machen und die Geschichte in Fortsetzungen lesen, so dass das Kind wissen will, wie es weiter geht.

Vorleser

Vorlesen müssen nicht unbedingt die Eltern. Es können auch Verwandte, Geschwister oder Freunde sein. Sie können Leserunden einrichten, bei denen ein Vorleser seine Lieblingsgeschichte oder aus seinem Lieblingsbuch vorliest. Diese Leserunden können spannend gestaltet werden, indem der Zuhörer raten soll, wie die Geschichte weitergeht, oder indem nach einer gewissen Zeit eine Fragerunde oder ein Quiz zu dem gelesenen Text stattfindet. Dabei sind auch kleine Belohnungen möglich. Jungen reagieren sehr gut auf solche Wettbewerbe. Besonders wirkungsvoll sind solche Leserunden, wenn sie regelmäßig stattfinden. Sie können auch Jugendgruppen zu solchen Aktionen anregen.

Zeitung lesen

Damit Kinder sich nicht ausgeschlossen fühlen, während die Eltern die Tageszeitung lesen, ist es sinnvoll Ihnen ebenfalls einen Teil der Zeitung zum Lesen zu geben. In vielen Tageszeitungen gibt es Kinderseiten in der Wochenendausgabe mit kindgerechten Geschichten, Rätseln und Bildern. Sammeln Sie diese Seiten. An Wochenenden oder im Urlaub haben Sie dann eine Fülle von Anregungen. Es gibt aber auch spezielle wertvolle Kinderzeitschriften, die Lust auf Lesen und Wissen machen. Geben Sie zum Beispiel Ihrem Kind einmal ein Exemplar von «Geolino – das Geo für Kinder».

Spiele

Es gibt eine Fülle von Spielen, welche das Lesen fördern. Ein Spiel, das bei allen Generationen gut ankommt, ist das altbewährte «Scrabble». Auch das gemeinsame Lösen von Kreuzworträtseln kann viel Spass machen und die Lese- und Schreibfähigkeit fördern.

Autorenlesungen

Manche Schulen laden Kinderbuch-Autoren zu Lesungen ein. Mit diesen Lesungen können Lesebarrieren abgebaut werden, wenn sie gut vorbereitet werden. Auch Bibliotheken oder andere Einrichtungen organisieren manchmal solche Lesungen, um Lesen attraktiv zu machen.

Märchen

Oberflächlich betrachtet lehren Märchen wenig über die Verhältnisse des modernen Lebens in der Massengesellschaft, denn sie wurden erfunden, bevor diese entstand. Über die inneren Probleme eines Menschen jedoch und über die Lösungen seiner Schwierigkeiten erfährt man aus diesen Geschichten sehr viel. Da ein Kind der Gesellschaft, in der es lebt, andauernd ausgesetzt ist, lernt es natürlich, sich darin zurechtzufinden. Gerade weil es sein Leben oft als verwirrend empfindet, muss man dem Kind Möglichkeiten geben, sich selbst in dieser komplizierten Welt orientieren zu können und dem Chaos seiner Gefühle einen Sinn abzugewinnen. Es braucht Anregungen und Vorlagen, wie es in seinem Inneren und danach auch in seinem Leben Ordnung schaffen kann (Bettelheim, 1980). Diese Erkenntnisse hatten Dichter schon vor langer Zeit.

Probleme beim Lesen lernen

Falls Ihr Kind Probleme beim Lesen lernen hat, lässt sich die Ursache dieser Schwäche vielleicht durch eine Blickbewegungskamera herausfinden. Dabei zeichnet ein «Guckometer» die Bewegungen des Auges alle vier Millisekunden auf und erfasst dabei, wie lange Buchstaben beim Lesen oder bestimmte Punkte beim Anschauen eines Bildes fixiert werden. Prof. Dr. Arthur Jacobs, Professor für Allgemeine Psychologie an der Freien Universität Berlin, hat diese mobile Messstation entwickelt, um Sprachgedächtnis- und Lesestörungen zu analysieren. Durch die Beobachtung der Augenbewegungen kann man mit dem «Guckometer» feststellen, wie Kinder lesen und welche Worte sie leichter oder weniger leicht entziffern können. Es ist sehr wichtig, Leseschwierigkeiten möglichst frühzeitig zu entdecken, um das Kind gezielt fördern zu können. Nähere Informationen über Projekte mit dem Guckomobil erhalten Sie im Internet unter: www.guckomobil.de.

Bei Lese- und Schreibschwächen können auch versteckte Sehfehler im Spiel sein. Es ist immer richtig, bei Sprachauffälligkeiten zunächst abklären zu lassen, ob Störungen bei den zugrunde liegenden Wahrnehmungen vorliegen, statt den Fehler im Verhalten des Kindes oder des Lehrers zu suchen. Gerade das sprachauffällige Kind ist schnell verunsichert und braucht das Zutrauen zu sich selbst.

3.6
Die virtuelle Welt der Kinder

Einige Zeit schien es so, als sei die Kindheit aus dem Bewusstsein der Erwachsenen verschwunden. In seinem Buch «Das Verschwinden der Kindheit» (Postmann, 1983) belegt der amerikanische Professor für Media Ecology an vielen Beispielen seine These. Besondere Aufmerksamkeit widmet er dabei dem Einfluss der elektronischen Medien als machtvolle Beschleuniger dieser negativen Entwicklung. Seine Kritik richtet sich besonders gegen die Gedankenlosigkeit, mit der Erwachsene die Ansprüche von Kindern auf ihre eigene Freizeit missachten. Sicherlich hat er zur damaligen Zeit unangenehme Wahrheiten aufgedeckt und eine große Öffentlichkeit aufgeschreckt. Möglicherweise hat er aber mit seiner pessimistischen Voraussicht stark dazu beigetragen, dass genau diese Entwicklung nicht so eingetreten ist, wie er sie vorhergesagt hat. Die vielgescholtene Wirtschaft, die sicherlich durch ihr Profitstreben viel nutzloses Spielzeug auf den Markt wirft, sorgt andererseits dafür, dass Eltern und Kinder nicht aus dem Fokus des Interesses geraten. Auch die dramatische demographische Entwicklung in Deutschland und Europa rückt Kinder wieder in das Zentrum der Aufmerksamkeit. Es vergeht kaum eine Woche, in der nicht eine Titelseite mit Eltern, Babys oder Kleinkindern aufgemacht wird.

So konnte Postmanns Botschaft nicht ohne Kritik bleiben. In einem Buch über Medienpädagogik (Hoffmann, 2003) wird ihm der Blick auf den Alltag von Kindern und Jugendlichen abgesprochen. Postmann beschäftigt sich auch nicht mit der Veränderung von Lebensformen, die sich durch die modernen Kommunikationsmedien ergeben.

Eine Bemerkung am Rande. Dass negative Vorhersagen positive Ergebnisse erzielen können, zeigen die Schätzungen des Club of Rome (1972) über die verheerenden Auswirkungen der wachsenden Umweltverschmutzung für das Jahr 2030. Diese Schätzungen erwiesen sich zum Teil als falsch, genau deshalb, weil sie vorweggenommen und veröffentlicht wurden.

Unabhängig von wissenschaftlichen Streitgesprächen, Studien und Thesen, die noch lange kein gesichertes Ergebnis zeitigen werden, müssen sich Eltern ihren persönlichen Weg durch den Dschungel von Medien, Ratgebern und Kinderwünschen suchen. Die Sehgewohnheiten der Eltern geben gewollt oder ungewollt eine Vorlage für ihre Kinder. In Familien, in denen viel ferngesehen wird, wird weniger geredet, auch über das Gesehene selbst. In manchen Familien wird die Fernbedienung von einer Person dominiert, dadurch fühlen sich die anderen Familienmitglieder minderwertig. In anderen Familien wird das Fernsehen dagegen zur persönlichen Weiterentwicklung genutzt und Sendungen werden gezielt ausgewählt. In den meisten Familien dient das Fernsehen jedoch nur der Unterhaltung.

Es ist erwiesen, dass Kinder erst ab etwa dem achten Lebensjahr zwischen Realität und Fiktion unterscheiden können. Zur selben Zeit lernen sie zwischen einem normalen Programm und der Werbung zu unterscheiden.

Grundsätzlich gilt: Je mehr der Einfluss der Eltern schwindet, desto stärker geraten Kinder unter den Einfluss von anderen Kindern und von Medien.

Eltern kennen sich in den seltensten Fällen in der virtuellen Welt ihrer Kinder aus. Surfen, chatten, mailen, gamen, shoppen, bloggen, downloaden sind neudeutsche Begriffe aus der virtuellen Welt. Welche Eltern wissen genau, was ihr Kind tut, wenn es mit dem PC online geht? Kinder sind neugierig und oft leichtsinnig. Es ist für Eltern wichtig zu wissen, womit sich ihre Kinder beschäftigen. Das Internet bietet altersgerechte Angebote, Informationen, Kontaktmöglichkeiten und Spiele. Es birgt aber auch nicht zu unterschätzende Gefahren.

Schon Grundschüler schaffen sich mit ihren Computerspielen eine virtuelle Welt, in der sie Personen mit verschiedenen Temperamenten ausstatten und ihnen ein turbulentes Leben zuordnen. Sie sind der Dramaturg dieser Spiele. Sie leben so intensiv mit und in diesen Spielen, dass die Realität damit nicht mithalten kann. Sie ist dagegen langweilig.

«Wer seinem Kind Gutes tun will, kaufe ihm bitte keinen Computer» ist der Titel eines Interviews von «Psychologie heute» (Januar 2006) mit dem bekannten Hirnforscher Prof. Dr. Manfred Spitzer. Fernsehen und Computer sind seiner Meinung nach Teufelszeug. Kinder und Jugendliche, die häufig vor Computer- oder Fernsehschirmen ihre Zeit verbringen, würden langfristig dick, dumm und gewalttätig. Professor Spitzer sagte u. a. «Zeigen Sie mir den Zwölfjährigen, der seinen Computer nur zum Üben von Französischvokabeln benutzt. 12- oder auch 14-Jährige sind überfordert, wenn sie selbst entscheiden sollen, was für sie schädlich ist und was nicht. Das Gehirn ist noch unreif. Diejenigen Bereiche, die es einem Erwachsenen ermöglichen zu sagen: ‹Das ist jetzt nicht vernünftig, ich mache das nicht›, sind bei 12- bis 14-Jährigen noch nicht ausreichend entwickelt. Der dafür zuständige orbitofrontale Kortex reift erst in der Jugend aus. Von Kindern zu verlangen, selbständig zu entscheiden, überfordert sie. Es ist, als würde man mit einem Blinden über Farbe reden.»

Die Forderung, Kindern keinen Computer zu kaufen, würde zwar viele Probleme gar nicht erst entstehen lassen, steht aber konträr zum Zeitgeist und ist für die meisten Eltern so nicht durchführbar. Es ist nicht einfach, Kindern einen Computer zu verwehren. Noch schwieriger ist es allerdings, Kindern den sinnvollen Umgang mit dem Computer beizubringen und fest vorgegebene Spielzeiten durchzusetzen. Dazu bedarf es der Disziplin und des Stehvermögens. Aber da Medienkompetenz ein wichtiges Erziehungsziel ist, lohnt es sich für Eltern, sich über pädagogisch wertvolle Sendungen und Seiten im Internet schlau zu machen. Allgemein bekannt und empfehlenswert ist im Fernsehen die «Sendung mit der Maus», im Internet sind es die Suchmaschinen «Blinde Kuh», «GEOlino» oder «Milkmoon». Eltern sollten viel miteinander reden, sich gegenseitig austauschen und ständig im Kontakt mit anderen Eltern bleiben, damit sie wissen, was andere Kinder tun und wie das eigene Kind sich im Kreis der Gleichaltrigen verhält.

Im Internet finden Sie eine Fülle von Informationen zum aktuellen Jugendmedienschutz. Die Jugendschutzbehörden der Bundesländer bieten eine gemeinsame Internetseite mit vielen Informationen und Links an: www.jugendschutz.de. Um Jugendschutz im Internet kümmert sich «Jugendschutz-Net»: www.jugendschutz.net. Die relevanten gesetzlichen Bestimmungen zum Jugendmedienschutz finden Sie unter www.artikel5.de.

3.6.1
Das Fernsehen

Das Fernsehen steht Kindern und Erwachsenen rund um die Uhr zur Verfügung. Es ist inzwischen durchgedrungen, dass es Kindern nicht gut tut, viel fernzusehen. Kinder, welche sehr viel fernsehen, geraten unter den Verdacht der Sozialverwahrlosung. Eltern, denen die schädlichen Wirkungen des Vielsehens bekannt sind, geben bei der Frage nach den Fernsehgewohnheiten ihrer Kinder inzwischen oft zur Antwort, dass ihre Kinder nicht fernsehen und fast immer draußen mit den Nachbarskindern spielen.

Erzieherinnen können ein Lied davon singen, wie viel Kinder heutzutage wirklich fernsehen. Es gibt Kleinkinder, die inzwischen ihr Frühstücksfernsehen «brauchen» oder die gewohnheitsmäßig Nacht für Nacht vom Elternbett aus mit den Eltern zusammen fernsehen, bis sie endlich einschlafen. Der Kinderpsychiater Millner ist deshalb dazu übergegangen nicht mehr die Eltern, sondern gleich die Kinder nach der grauenhaftesten Fernseh-Szene der letzten Tage zu fragen. Wenn sie dann sofort und ohne lange nachzudenken stolz Szenen aus einem brutalen Film erzählen, dann ist klar, was sie angeschaut haben (Millner, 1996).

Kinder brauchen andere Menschen als Vorbilder und zur Kommunikation. Sie lernen schneller als Erwachsene. Sie lernen vor allem gesetzmäßige Zusammenhänge durch Sehen oder Erleben. Außerdem lernen sie ständig nicht nur in der Schule, nicht nur von der Familie und den Freunden, sondern auch durch das Fernsehen.

Die im Fernsehen gezeigte Welt, Millner nennt sie Beta-Welt, ist ein vereinfachtes und verzerrtes Abbild der Wirklichkeit. TV-Gestalten werden deshalb stark typisiert. Sie sollen nämlich von Jung und Alt in Sekundenschnelle identifiziert werden können. Die Typen in dieser Welt müssen sehr stereotype Gestalten sein (der Gute, der Mörder, der Tölpel usw.). Die Figuren haben einfach gestrickt zu sein, damit sie leichter erfassbar sind und einen maximalen Wiedererkennungswert haben. Der Intellektuelle trägt immer eine Brille, der Geniale einen Lockenkopf, der Psychopath ist spindeldürr und grinst an den falschen Stellen. Auch die sogenannten Informationssendungen, selbst die mit wissenschaftlichem Hintergrund, sind oft voller Scheininformationen, Halbwahrheiten und Fehlern. Kein Mensch erfährt durch eine Sendung, dass wissenschaftliche Arbeit mühsam und anstrengend ist und durchaus nicht immer von Erfolg gekrönt. Unsere Welt wird immer mehr zu einer Welt der Symbole, der Icons, der Schlagworte und der Logos. Vordergründiges wird gesendet, Hintergründiges wird ausgeblendet. So kann zum Beispiel das trostlose Leben eines Drogensüchtigen in der Realität niemals so verlockend sein wie eine einzige TV-Dokumentation darüber. Oder der Fernseh-Kinnhaken: Der Angegriffene stürzt rücklings blitzartig nieder – und steht nach drei Sekunden wieder auf und renkt sich den Kiefer mit einem Kopfschütteln selbst wieder ein. Nichts davon trifft in der Realität zu. Aber unseren Kindern, die auch in früheren Zeiten kaum einmal einen echten Kinnhaken ins Gesicht bekamen, erfahren jeden Tag suggestiv, wie ungefährlich ein Kinnhaken ist. Beta-Kinder spüren nicht mehr, dass ihr Gegenüber Angst hat, weil sie aus dem Fernsehen wissen, dass Angst immer mit weit aufgerissenen Augen einhergeht. Die Beta-Welt ist nicht einfach ein Ausschnitt aus der realen Welt, wie sie es vorgibt, sondern eine verzerrte, vereinfachte, plakativ dargestellte verfälschte Realität.

Da das von Kindern meistgesehene Programm nicht das Kinderprogramm, sondern das Erwachsenenprogramm ist, hat besonders das genaue Beobachten von Gewaltszenen und deren Folgen einen großen Einfluss auf die Entwicklung ihrer Handlungskompetenzen. Mit dem Konsum von audio-visuellen Massenmedien ist es Kindern erstmals möglich, ohne eigene Anstrengung Abenteuer zu erleben. Sie können ohne jedes eigene Zutun die wagemutigsten Gefahren bewältigen und durch ihre Identifikation mit den Helden Feinde besiegen, können rund um die Uhr Musik hören und ihre Stars in Musikclips sehen. Was geschieht nun mit dem brachliegenden Aktionspotential der Kinder? Eltern müssen sich dieser Frage stellen!

Immerhin sitzen in Deutschland um 22 Uhr noch etwa 800000 Kinder im Kindergartenalter vor dem Fernseher, um 23 Uhr noch etwa 200000 und selbst nach Mitternacht noch etwa 50000, und zu diesen Zeiten läuft mit Sicherheit kein Kinderprogramm. Es ist wie bei jedem anderen Lernen: Was man unzählige Male gesehen hat, das hat sich tief ins Gedächtnis gegraben.

Kinder und Eltern haben verschiedene Wünsche und Intentionen an das Fernsehen.

So wünschen sich die Kinder vor allem

- Filme, die nicht lang und langweilig sind
- eine Story, die glaubhaft und nachvollziehbar ist
- eine altersgerechte, moderne Sprache
- die Beteiligung von Kindern und Tieren im Film
- das Ernstnehmen von Kinderbeiträgen
- Action und Kämpfe für Jungen
- Beziehungsgeschichten für Mädchen
- einen guten Ausgang der Geschichte

Eltern wünschen sich für ihre Kinder vor allem

- altersgemäße Filme
- kindgerechte Handlungen
- klare Handlungsstrukturen
- keine zu schnellen Clips
- Handlungs-Vorbilder für die Kinder
- Anstöße zum Selbermachen
- Phantasie anregende Geschichten
- verständliche Darstellung von komplizierten Sachverhalten
- Filme mit Lerneffekten
- einen positiven Realitätsbezug
- Filme ohne Gewalt, Horror, Sex, Drogen
- kindgerechte Aufarbeitung von ernsten Themen
- Muster für Konfliktlösungen

Fakten über die Auswirkungen des Fernsehens auf Kinder und Ratschläge zur Medienpädagogik:

Fernsehen ersetzt Sprechen nicht

Ein Kind braucht die ungeteilte Zuwendung eines Erwachsenen. Diese Zuwendung ist immer mit Sprache verbunden. Das Kind lernt, Fragen zu stellen und auf Antworten zu achten. Anstelle der Überforderung durch ständig wechselnde Fernsehspots und häufige Themenwechsel, braucht es Zeit zum Nachdenken und Grübeln, um Informationen zu verarbeiten und richtig einzuordnen.

■ Fernsehkinder haben einen geringeren Wortschatz als Nichtseher

Schulnoten und Fernsehkonsum korrelieren negativ, das ergab eine Studie an 5000 Einwandererkindern in Florida und Kalifornien (Butzkamm, 1999). Anfangs waren die Kinder in der Schule noch besser als die Einheimischen, aber je länger sie in Amerika lebten, desto weniger Zeit verwendeten sie für Hausaufgaben, je weniger Zeit sie für Hausaufgaben aufwendeten, desto schlechter wurden ihre Schulleistungen und je schlechter ihre Schulleistungen wurden, desto mehr sahen sie fern.

■ Fernsehabstinenz unter vier Jahren

Danach gilt es zu dosieren und genau auszuwählen. Wählen Sie die Sendung sorgfältig aus der Fernsehzeitschrift aus. Eine schwedische Studie belegt, dass Kinder erst mit sechs Jahren in der Lage sind, Werbespots im Fernsehen vom Unterhaltungsprogramm zu unterscheiden. Stellen Sie Ihrem Kind kein eigenes Fernsehgerät ins Zimmer, um Konflikten um das Fernsehprogramm aus dem Wege zu gehen. Beachten Sie beim Erziehen Ihres Kindes auch Ihr eigenes Fernsehverhalten.

■ Lernhilfe durch Medien

Visuelle Elemente können beim Lernen helfen (Löhle, 2005). Sie wecken Aufmerksamkeit und werden leichter im Gedächtnis behalten. Viele Informationen werden durch ihre Anschaulichkeit besser verständlich und dadurch besser abrufbar. Natürlich trägt die Machart und Altersgemäßheit der Sendung entscheidend zur Wirksamkeit bei. Genauso wichtig ist die Fernsehfähigkeit des Kindes, der kognitive Entwicklungsstand und die soziale Umgebung.

■ Gemeinsame Programmauswahl

Schauen Sie mit Ihrem Kind zusammen die Fernsehzeitung durch. Sprechen Sie über die angekündigte Sendung, über den Sendezeitpunkt und die Dauer des ausgewählten Programmpunktes. Eltern können so die Auswahl des Fernsehprogramms mitbestimmen und gleichzeitig die zunehmende Selbständigkeit ihres Kindes fördern. Mit der gemeinsamen Planung können auch Fernsehregeln eingeübt werden: Dass man nicht dauernd beim Fernsehen redet, dass es Zeiten des Schweigens gibt, wenn sich gerade ein Zuschauer für etwas besonders interessiert und dass man beim Zuschauen möglichst nicht isst. Sie sollten auch einmal Sendungen zulassen, die Sie nicht für geeignet halten. Mitbestimmung bedeutet Anerkennung des Kinderwunsches, es bedeutet aber auch, dass Eltern ihre Meinung und Ansicht deutlich aussprechen.

■ Sendungen mit Kindern gemeinsam anschauen

Diese Grundregel lässt sich nicht konsequent durchhalten und soll auch nicht in erster Linie der Kontrolle dienen. Sie hilft Ihnen, die kindlichen Medienvorlieben kennenzulernen. Sie erfahren dadurch viel über das Medium und die Beeinflussung Ihres Kindes. In der Folge können Sie besser verstehen, inwiefern eine Fernsehsendung Sprachverhalten und soziales Verhalten beeinflusst.

■ Über Fernsehsendungen mit Kindern sprechen

Kinder reagieren auf mediale Angebote unterschiedlich. Je nach persönlicher Struktur, Charakter, Temperament und momentaner Verfassung verarbeiten Kinder Fernsehsendungen anders. Eltern sollten ihr Kind aufmerksam beobachten und mit ihm über die Sendungen reden. Mit Gesprächen beeinflussen Sie die Medienwirkung auf Ihr Kind.

■ Der Zusammenhang zwischen Fernsehen, Essen und Übergewicht

In dem Buch «Vorsicht Bildschirm» (Spitzer, 2005) dokumentiert Professor Spitzer eindrucksvoll den Zusammenhang zwischen Fernsehen, Essen und Übergewicht. Je länger ein Kind täglich als sogenannte «Sofa-Kartoffel» vor dem Fernseher sitzt, desto weniger rennt es draußen herum und erhöht so die Gefahr übergewichtig zu werden. Es gerät dadurch in einen verhängnisvollen Teufelskreis bestehend aus Trägheit, Essen, Übergewicht, der Furcht ausgelacht zu werden, sozialem Rückzug und – wen wundert es – der Erhöhung des Fernsehkonsums. Professor Spitzer rechnet vor: Allein durch den Fernsehkonsum von Kindern und Jugendlichen werden im Jahr 2020 in Deutschland etwa 20000 Menschen an den Folgen von Übergewicht sterben. Studien zu den Auswirkungen des Fernsehkonsums in der Kindheit auf Übergewicht und weitere Risikofaktoren zeigen klare Zusammenhänge sowie eine Dosis-Wirkungsbeziehung: Je mehr ferngesehen wird, desto ungünstiger sind die Auswirkungen auf die Gesundheit der Kinder und späteren Erwachsenen. Es ist eben so: Wer vor dem Bildschirm sitzt, bewegt sich weniger, verbrennt weniger Kalorien, nimmt aber mehr Kalorien auf, weil er sich ungesünder ernährt.

■ Die Wirkung von Werbung auf Kinder.

Machen wir uns nichts vor: Werbespots gehören zum Fernsehalltag. Kaum eine Familie, die nicht schon eine massive Auseinandersetzung mit ihrem Kind hatte, weil es sich einen bestimmten Markenartikel gewünscht hat. Kinder unter fünf Jahren können die Absicht der Werbung noch nicht erkennen. Sie sind aber bereits beeinflussbar. Sicherlich haben Sie auch schon Szenen in Geschäften erlebt, in denen Kinder ihre Eltern zum Kauf eines bestimmten Artikels zwingen wollten. Manche Kinder werfen sich dazu schreiend auf den Boden und zornen so lange, bis die entnervten Eltern nachgeben, oder sie versuchen es mit dem theatralischen Abdrücken von Kullertränen, um ihrem

Wunsch den nötigen Nachdruck zu verleihen. Die Forschung hat gezeigt, dass selbst Erwachsene, die der Werbung kritisch gegenüber stehen, sich ihrer Wirkung kaum entziehen können. Doch Erwachsene haben immerhin die Möglichkeit, Werbung abzuschalten, nicht hinzuschauen oder die Werbeaussagen kritisch zu überprüfen. Bei Kindern und Jugendlichen ist dies aber prinzipiell anders. Sie müssen sich ihre Kritikfähigkeit erst erwerben. Bei der Vielzahl von Tausenden von Werbespots, die ein Kind pro Jahr zunächst einmal ohne Vergleichswissen sieht, ist es schwierig, dazu eine kritische Haltung zu entwickeln. Manche Kinder im Grundschulalter können dutzende Werbesprüche auswendig aufsagen, sind aber nicht in der Lage, ein einziges Gedicht zu rezitieren.

■ Werbesprache – schlechte Sprache

Erschwerend kommt hinzu, dass die Werbung heute oft Anglizismen (dem Englischen entlehnte Worte) verwendet. Eine repräsentativen Umfrage der Kölner Endmark AG (www.endmark.de) bei mehr als 1100 Personen im Alter zwischen 14 und 49 Jahren im Jahr 2003 brachte das überraschende Ergebnis, dass die Menschen den wirklichen Sinn der englischen Werbesprüche nicht richtig verstehen. So übersetzten zwei Drittel der Befragten den Werbespruch der Parfümkette Douglas «Come in and find out» mit «Kommen Sie rein und finden Sie raus», statt mit «Komm rein und entdecke!» und den Slogan von Audi «Driven by Instinct» mit «Fahren beim Instinkt» statt mit «Angetrieben vom Instinkt».

■ Fernsehen am Abend kann frühreif machen

Ein Grund dafür könnte sein, dass der Körper weniger Melatonin produziert. Experten vermuten, dass die Pubertät durch niedrige Werte dieses Hormons früher einsetzt. Künstliche Lichtquellen wie Fernseh-Bildschirme und Computer-Monitore bremsen die Melatoninausschüttung.

■ Gewalt im Fernsehen

Es gibt so viele Studien, welche den Zusammenhang zwischen Gewaltdarstellung im Fernsehen und Gewaltbereitschaft bei Jugendlichen belegen, dass es unverständlich ist, warum dieser Zusammenhang immer noch kontrovers diskutiert wird. Die Auswirkungen von Gewaltdarstellungen im Fernsehen wirken besonders stark auf Kindergarten- und Grundschulkinder, weil diese noch nicht zwischen gespielter und realer Gewalt unterscheiden können.

Besonders eindrucksvoll wurde der Einfluss des Mediums Fernsehen auf Kinder und Jugendliche von der Forschergruppe um Prof. Michael Myrtek (Myrtek, 2000) an der Universität Freiburg nachgewiesen. Diese Gruppe war über ein Ergebnis ihrer Studie über die Auswirkungen von Fernsehen auf Schüler im Alter von 11 bis 15 Jahren besonders überrascht. Das Ausmaß an emotionaler Abstumpfung hätte sie nicht erwartet. Die Schüler sprachen körperlich weniger stark auf Gewaltszenen an. «Es ist bedenklich, wenn Jugendliche auf Horrormeldungen in den Nachrichten nur noch gleichgültig reagieren. Das kann auch Auswirkungen auf ihre Notfallreaktionen bei wirklichen Gefahren haben, wenn sie die Situation nicht mehr als bedrohlich empfinden.»

■ Die Entdeckung einer neuen Zielgruppe

Für viele verantwortungsvolle Erwachsene ist es kaum zu glauben, dass es einen neuen Sender gibt, der die letzte noch vernachlässigte Zielgruppe unter den Zuschauern erreichen will: die Kinder unter drei Jahren. In Baden-Württemberg gibt es das Baby-Fernsehen bereits (DER SPIEGEL 12/2006). Die Psychologin aus Israel, Jael Katz, ist überzeugt, dass sich Muttermilch und Fernsehen hervorragend ergänzen. Sie hat es selbst an ihrem Sohn ausprobiert. Sie berät eine israelische Produktionsfirma mit dem Ziel, dass auch die Kleinsten schon lernen, dass die Welt eine Mattscheibe ist. Produziert wird nach dem auch für Erwachsene erfolgreichen Motto: Die Zuschauer dürfen auf keinen Fall überfordert werden. Dass diese Masche zieht und sich für den Sender auszahlt, sieht man daran, dass in Israel 75000 Pay-TV-Abonnenten diesen Sender zum erfolgreichsten Pay-TV-Kanal machen. Auch in Deutschland ist diese Tendenz zu spüren. Immerhin schauen nach einer Studie von ARD und ZDF ca. 60 Prozent der Zwei- und Dreijährigen täglich oder fast täglich fern, während nur ca. 40 Prozent Bilderbücher anschauen. Aller Wahrscheinlichkeit nach hat dieses frühe Fernsehen unerwünschte Folgen. Experten aus Seattle fanden nämlich im Jahr 2004 heraus, dass Siebenjährige umso häufiger unter Konzentrationsstörungen litten, je öfter sie im Alter von ein bis drei Jahren ferngesehen hatten.

Klar ist, dass die eigentliche Zielgruppe für das Baby-TV nicht die Kinder, sondern ihre Eltern sind, denn diese haben bei dieser Zielgruppe immer noch die Herrschaft über die Fernbedienung.

■ Ein unverbindlicher Vorschlag für den Fernsehkonsum

0–3 Jahre: überhaupt nicht fernsehen
3–6 Jahre: nur ganz ausnahmsweise, aber am besten überhaupt nicht fernsehen
6–9 Jahre: maximal eine halbe Stunde am Tag, aber nicht täglich
9–12 Jahre: maximal eine Stunde am Tag, aber nicht regelmäßig

Beachten Sie bitte, dass bei dieser Aufstellung die Qualität der Sendung noch nicht berücksichtigt ist. Ein wünschenswerter Umgang mit dem Fernsehen lässt sich nicht mit Tabellen oder einfachen Verboten erzielen, er ist das Ergebnis einer in der Familie gelebten Grundhaltung im Umgang mit Medien.

Tipp: Wenn Sie selbst fernsehen möchten, aber es nicht gerne haben, wenn Ihr Kind ebenfalls fernsieht, versuchen Sie es doch einfach einmal mit einem Kopfhörer. Wenn für Kinder kein Ton zu hören ist, dann haben sie auch kein Interesse am Fernsehen. Ohne Ton ist die Sendung für das Kind nicht spannend.

3.6.2
Computerspiele

Kinder sind inzwischen die Experten, wenn es um Computerspiele geht. Eltern brauchen da eher Nachhilfeunterricht. Während die Kinder problemlos durchs weltweite Netz surfen und sich immer schnellere Rechner wünschen, holen ihre Eltern langsam auf. Sie können Ihre Kinder jedoch sehr unterstützen, wenn Sie sich kundig machen. Zu diesem Zweck gibt es beispielsweise eine kostenlose Broschüre über Spiel- und Lernsoftware beim Publikationsversand der Bundesregierung (E-Mail: publikationen@bundesregierung.de).

Nehmen Sie auf jeden Fall die Alterskennzeichnung nach dem Jugendschutzgesetz bei Computer- und Bildschirmspielen ernst. Sie dient als Orientierungshilfe. Beobachten Sie auch genau mit wem und wie oft Ihr Kind Computerspiele spielt.

Bei Computerspielen, die trickfilmartig Spielfilmen nachgestellt sind, hat der Spieler innerhalb vorgegebener Strukturen die Möglichkeit auf die Spielhandlung einzuwirken. Diese Spiele sind inzwischen so variantenreich entwickelt worden, dass sie fast für jeden etwas bieten: Sie sind eine Herausforderung an die Intelligenz, können soziale Kontakte herstellen und helfen, aktuelle Probleme zu vergessen. Dutzende von Studien erforschten vor allem die negativen Folgen von Computerspielen. Wir müssen die Vielzahl der Computerspiele aber genau analysieren und kommen dann zu einer differenzierteren Ansicht (Hoffmann, 2003).

Denk- und Geschicklichkeitsspiele
Seit kurzem fällt das Urteil der Wissenschaft über Computerspiele freundlicher aus (Migros-Magazin, 45/2005). So erfordert das Gamen konzentriertes Überlegen und fördert Gedächtnis und räumliches Vorstellungsvermögen, sagt der Berner Psychologieprofessor August Flammer. Solche Leistungen sind Faktoren von Intelligenz und werden durch das Spiel weitergebildet. Der Psychologe James Gee an der Universität von Wisconsin fand heraus, dass Gamen das Reaktionsvermögen und die Koordination zwischen Augen und Händen verbessert sowie Vorstellungsvermögen, Kombinationsgabe und Aufmerksamkeit fördert. Trotzdem ist Einseitigkeit zu vermeiden. Wer am Computer spielt, kann nicht gleichzeitig Sport treiben oder lesen. Eine Stunde pro Tag sollte das Limit für das Gamen sein.

Seit 2002 wird der deutsche Kindersoftwarepreis TOMMI auf der Frankfurter Buchmesse verliehen. Ziel dieses Preises ist die Bewertung und Anerkennung von innovativen und herausragenden Kindersoftware-Titeln, die in Deutschland, Österreich und der Schweiz auf den Markt kommen. Der Preis wird vom Büro für Kindermedien FEIBEL.DE in Berlin in Kooperation mit der Elternzeitschrift ‹spielen & lernen› und unter finanzieller Unterstützung vom Deutschen Kinderhilfswerk und der ZDF-Kindersendung tivi ausgerichtet.
Siehe auch http://kindersoftwarepreis.t-online.de

Eine Vorjury aus Fachjournalisten und Pädagogen wählt in einer ersten Runde aus den eingereichten Programmen zehn Titel für die Endausscheidung aus. Für die Vergabe der drei Preise ist danach ausschließlich eine Jury von zehn Kindern zuständig, die aus Hunderten von Bewerbern über das ZDF-Programm «tivi» ermittelt wird.

Die Kinderjury vergab den ersten TOMMI im Jahr 2002 an *Mathica*. In diesem Spiel hat sich der exzentrische Professor Alfons Numerus vor langer Zeit in seinem Schloss verbarrikadiert. Er war besessen von der Idee, die Quadratur des Kreises zu lösen. Er starb ohne sein Lebenswerk zu vollenden und nun spukt sein ruheloser Geist und hält Mathica, seine unglückliche Stieftochter, im Schloss fest. Nun gilt es so manche mathematische Herausforderung zu meistern, bis der Spieler endlich die Formel gefunden hat, die die Unlösbarkeit der Aufgabe beweist. Die zahlreichen Rätsel beweisen, wie spannend und kifflig Mathematik sein kann. Mathica ist nicht nur ein spannendes, sondern auch ein optisch beeindruckendes Erlebnis.

Im Jahr 2003 ging der erste Preis an das Mathematikspiel *Der Zahlenteufel* des Edutainment-Spezialisten terzio. Dabei geht es um die multimediale Umsetzung von Hans Magnus Enzensbergers gleichnamigem Buch. Es spricht Mathematikliebhaber genauso an wie Zahlenhasser. «Der Spieler wird einfach in die Geschichte hineingezogen und vergisst dabei fast, dass es um Mathematik geht», urteilte die Kinderjury. Zu jedem Thema gibt es Mathe-Action-Spiele und Lernrätsel, ausführliche Erklärungen à la Zahlenteufel und garantiert keine graue Lehrertheorie.

2004 wurde zum dritten Mal der Deutsche Kindersoftwarepreis verliehen. Den TOMMI in Gold erhielt die Lebens-Simulation ‹Die Sims 2›, das erfolgreichste Spiel aller Zeiten.

Der TOMMI 2005 war eine große Überraschung, denn es ist ein Lern-Adventure aus dem Schulbuchverlag Cornelsen mit dem Titel «Genius Task Force Biologie». Die Spieler sind davon fasziniert, dass dieses Abenteuer sie über eine längere Zeit herausfordert und sie freuen sich darüber, dass sie dabei etwas lernen.

Der erste Preis des TOMMI 2006 ging an: «Meine Tierklinik». Je besser man sich um Tiere kümmert, desto schneller werden sie gesund. Es macht Spaß, von dem verdienten Geld neue Dinge für die Klinik anzuschaffen, weil dann die Untersuchungen verbessert werden können. Kinder lernen Verantwortung für Tiere zu übernehmen.

Die Zeitschrift ‹Eltern for Family› und Hewlett Packard prämieren einmal im Jahr die besten Lernspiele für Kinder und Jugendliche mit der Giga-Maus. Sie bietet eine verlässliche Orientierungshilfe und ist ein anerkanntes Gütesiegel für empfehlenswerte Familiensoftware und Onlineangebote. (www.gigamaus.de)

Ego-Shooter

Mit dem Spiel Wolfenstein 3D wurde 1992 der erste Ego-Shooter mit großem kommerziellen Erfolg eingeführt. Bei diesen Spielen kämpft der Spieler aus der Ich-Perspektive hinter einer Waffe gegen Feinde. Er sieht sich also als den Schießenden. Er ist kein Zuschauer mehr, sondern Handelnder. Dadurch erhält der Spieler die Macht über die anderen und das Realitätsgefühl wird verstärkt. Die erschossenen Gegner verschwinden nicht einfach, sondern sie fallen auf den Boden und verbluten. Ein Jahr später kam das Spiel «Doom» auf den Markt, in dem es noch brutaler zugeht, weil noch mehr Blut fließt und wo erstmals Spieler gegeneinander antreten und sich dabei regelrecht abschlachten konnten. Dieses Spiel wurde von der Bundesprüfstelle für jugendgefährdende Schriften indiziert, das bedeutet, für Jugendliche unter 18 Jahren verboten. Leider steht es um die Wirksamkeit derartiger Verbote noch schlechter als um die Versuche, den Fernsehkonsum von Gewalt durch Kinder zu unterbinden.

Natürlich warnt Professor Flammer vor den brutalen Videospielen. Bei Gewaltspielen ist jede Minute, die man sich mit ihnen befasst, zu viel. Sie lösen zwar nicht direkt aggressives Verhalten aus, aber sie reichern das Gewaltverhaltensrepertoire an, denn der Spieler sieht, übt, lernt und weiß, was er tun kann, wenn er frustriert ist. Außerdem senken sie die Hemmschwelle, wodurch dieses Gewaltrepertoire in kritischen Fällen rascher zum Einsatz kommen kann.

Online-Spiele

Die gute Nachricht zuerst: Nicht alle Multiplayer-Onlinespiele verherrlichen Gewalt. Seit ein paar Jahren gibt es auch ein völlig gewaltfreies Disney-Onlinespiel für Kinder im Internet unter der Adresse: www.toontown-online.de.

Kinder können hier z. B. mit einer selbstgestalteten Figur Abenteuer mit anderen Spielern erleben.

Es gibt auch empfehlenswerte Online-Rollenspiele, in denen sich die verschiedensten Charaktere zusammenschließen wie in Everquest II, um schwierige Aufgaben im Verband zu lösen. Jeden Tag nehmen Zehntausende an Rollenspielen im Internet teil. Die Online-Spiele sind ein Phänomen, das sich spätestens seit dem Millionen-Hit «World of Warcraft» aus der Nische der Welt der Computer-Spiele herausentwickelt hat. «World of Warcraft» hat derzeit weltweit über zwei Millionen Mitspieler, darunter einen Großteil Erwachsener, die offensichtlich großen Spaß daran haben, in einer virtuellen Welt, Abenteuer zu bestehen. Die CD-ROM ist ganz normal über den Laden zu beziehen. Um aber an dem Online-Spiel zu partizipieren, werden monatliche Gebühren fällig, die bei zehn Euro liegen.

«Guild Wars» ist ebenfalls ein so genanntes Online-Rollenspiel, das der Nutzer übers Internet mit Tausenden von Gleichgesinnten spielt und in dessen Fantasiewelt sich unbeschränkt viele Spieler gleichzeitig bewegen können. Die Spieler finden es toll, verschiedene Charaktere aufzubauen.

Erkundigen Sie sich bei sogenannten LAN-Parties beim Veranstalter, welche Spiele dort gespielt werden, wie viele Kinder teilnehmen und wer die Aufsicht führt. Schauen Sie ihrem Kind beim Spielen über die Schulter. Bilden Sie sich selbst eine Meinung. Dann werden Sie auch eher von ihren Kindern ernst genommen. Ob Sie ihrem Kind eine Teilnahme erlauben, entscheiden alleine Sie, denn Sie kennen ihr Kind am besten. Hier lohnt es sich immer wieder ein festes «Nein» auszusprechen, wenn Ihnen die Veranstaltung zu dubios vorkommt.

Gewalt in Computerspielen

Die von gewaltsamen Computerspielen ausgehende Gefahr wird von Erwachsenen auch heute noch häufig unterschätzt, da sich die wenigsten Erwachsenen damit beschäftigen. Sie haben keine Ahnung von den grausamen Inhalten.

Es gab schon einige erschreckende Einzeltaten, die man mit gewaltverherrlichenden Computerspielen in Verbindung brachte. Eine öffentliche Diskussion kam dadurch aber noch nicht in Gang. Wachgerüttelt wurde die deutsche Öffentlichkeit zum ersten Mal am 27. April 2002. Der 19-jährige Schüler Robert Steinhäuser stürmte mit einer Pistole und einer Schrotflinte bewaffnet gegen 11 Uhr vormittags das Gutenberg-Gymnasium in Erfurt und erschoss 17 Menschen, darunter Schüler und Lehrer. Als die Polizei später den Klassenraum stürmen wollte, in dem sich der Schüler verschanzt hatte, erschoss er sich. Wie sich herausstellte, hatte er jahrelang sehr viel Zeit mit dem Spielen von Gewalt-Computergames verbracht. Danach rückte das Interesse von Psychologen, Lehrern und Eltern an den Auswirkungen von Computerspielen auf die Psyche von Kindern und Heranwachsenden ins Blickfeld. Entsetzen verbreitete sich auch nach dem Amoklauf von Emsdetten am 20. November 2006, als der 18-Jährige ehemalige Schüler Sebastian B. mit Gewehren und Sprengkörpern in seine ehemalige Realschule gestürmt war und neun Menschen durch Schüsse verletzt und sich danach selbst getötet hatte. Kurz nach der Tat wurde bekannt, dass der Schüler ein Einzelgänger war, der Gewaltspiele liebte.

Ob wir das wahrhaben wollen oder nicht: Erfahrungen hinterlassen Spuren im Gedächtnis (Spitzer, 2005). Entlang dieser Spuren laufen künftige Erfahrungen besser und schneller. Das Knüpfen von Assoziationen geschieht automatisch und ohne bewusste Entscheidung. Dieser Prozess geschieht subtil und wird von der betreffenden Person kaum bemerkt. Bewiesen wurde bisher durch wissenschaftliche Studien, dass das Spielen von gewalttätigen Spielen zur Abstumpfung gegenüber realer Gewalt in der mitmenschlichen Umgebung führt und dass die eigene Gewaltbereitschaft zunimmt. Die Forschungsergebnisse sind weltweit eindeutig: Wer Gewalt im Fernsehen sieht und Gewalt in Computerspielen erlebt, wird selbst gewalttätiger. Dieser Zusammenhang ist statistisch etwa so stark wie der zwischen Rauchen und Lungenkrebs. Eine aktuelle Studie der Universität Potsdam (www.uni-potsdam.de) belegt, dass die Beschäftigung mit Gewaltviedospielen aggressives Verhalten begünstigt und die Abrufbarkeit feindseliger Gedanken erhöht.

Man kann natürlich im Einzelfall keine Kausalität herstellen, aber die Wahrscheinlichkeit einer negativen Entwicklung ist sehr hoch.

Das Hauptmotiv für das Computerspielen ist zunächst einmal die Vertreibung von Langeweile. Kinder und Jugendliche suchen dabei eine Ablenkung. Manchmal kann es auch zum Abreagieren dienen. Sehr schnell merken die Spieler, dass sie sich so sehr konzentrieren müssen, dass keine Gedanken an andere belastende Dinge möglich sind. Die Spiele sind auch eine große Herausforderung an ihre Reaktionsgeschwindigkeit, Intelligenz und Kreativität. Durch das Bestehen von Aufgaben, kann der Spieler Erfolgserlebnisse erzielen, die ihm im realen Leben manchmal versagt sind. Die Spiele sind so konstruiert, dass er durch die Grafik, den Sound und die Animationen immer wieder zum Weiterspielen aufgefordert wird. Die Neugier des Teilnehmers wird angeregt, und wenn er sich auf das Spiel eingelassen hat, bekommt er das gute Gefühl, das Spiel zu verstehen, die Macht zu haben, die Figuren lenken und den Spielverlauf beeinflussen zu können. Dabei kann der Spieler in das Spielgeschehen eintauchen und immer mehr in seiner Tätigkeit aufgehen. Diese Form des gefühlsmäßigen Erlebens wird auch «Flow» genannt, was soviel bedeutet wie das totale Verschmelzen von Handeln und Bewusstsein. Es ist ein Fließen, das zu einem großen Glücksgefühl anschwillt, sogar bis zur Selbstvergessenheit. Gleichzeitig entschwebt man in eine virtuelle Lebenswelt, die fast nichts mehr mit der realen Welt gemeinsam hat. Dieses Erlebnis ist so stark, dass der Spieler es immer wieder erleben will. Bei Misserfolgen in der realen Welt zieht er sich an seinen Computer zurück. Langsam und unmerklich kann sich dieses Verhalten zu einer Art Abhängigkeit vom Computer entwickeln. Dies ist auch die Erklärung dafür, warum das Computerspielen bei manchen Kindern und Jugendlichen Suchtcharakter annimmt.

Es gibt auch noch andere negative mögliche Folgen des Computerspielens. Die Spieler können verstärkte Versagensgefühle entwickeln, in einen schlimmen Disstress geraten oder sich in eine enorme Wut hineinsteigern. Ein besonderer Nachteil dieser Spiele ist das Tempo, in dem gespielt wird. Es bleibt dem Spieler keine Zeit über sein Handeln nachzudenken. Empathie, also Mitgefühl, oder Schuldgefühle können dabei nicht aufkommen. Tausendfach wiederholtes Einüben der immer ähnlichen Gewalthandlungen vertieft einen Lernprozess, dem sich der Spieler nicht entziehen kann. Auch das tausendfache Betrachten der visuell eindrucksvollen Gewaltszenen führt zur Abstumpfung gegenüber Gewalt.

Ein eigenes Erlebnis erschütterte mich zutiefst. Kurz nach dem 11. September 2001 unterhielt ich mich mit einem 12-jährigen Schüler über die schrecklichen Ereignisse in New York. Er konnte eindeutig keinen Unterschied zwischen dem realen Ereignis und einem Computerspiel sehen. Beides ließ ihn genauso kalt.

Betrachten Sie also Gewalt in Computerspielen und im Fernsehen als geistige Umweltverschmutzung.

> **Verhindern Sie mit allen Ihnen zur Verfügung stehenden Mitteln, dass Ihr Kind der Faszination von brutalen Sendungen oder Spielen verfällt.**

Unterschätzen Sie diese Sendungen nicht und glauben Sie auch nicht den regelmäßig von Profiteuren verbreiteten und den von sogenannten Studien untermauerten Verharmlosungen. Trauen Sie in diesem Punkt einfach Ihrem gesunden Menschenverstand – und Ihrem Wissen über das Gehirn und das Lernen.

Falls Sie sich intensiver mit dem Thema Computersucht beschäftigen möchten, gibt es im Buchhandel gute Ratgeber, die weiterhelfen können, so zum Beispiel in «Computerspielsüchtig? Rat und Hilfe» (Grüsser, 2006). Hier wird das Computerspielverhalten unter die Lupe genommen und von allen Seiten in einer Ausführlichkeit beleuchtet, welche den Rahmen dieses Buches sprengen würde Besonders erwähnenswert erscheinen mir die Kopiervorlagen, welche Eltern helfen können, das Verhalten ihrer Kinder genauer zu beobachten und zu bewerten.

Bleiben Sie als verantwortliche Eltern mit Ihrem Kind im Gespräch. Es liegt in Ihrer Verantwortung, Grenzen zu setzen und über die Gefahren von Computerspielen zu reden. So können Sie durch die Auswahl geeigneter Computerspiele über die Vermittlung positiver Werte sprechen. Desgleichen können Sie in der Familie unsoziale Werte thematisieren und an Beispielen aus Ihrer Lebensumwelt verdeutlichen. Sie haben dabei einen einfachen und direkten Zugang zu Ihrem Kind, weil Sie an seine natürliche Neugier und an sein sich entfaltendes Selbstbewusstsein anknüpfen können. Ihr bester Beitrag zur Medienerziehung ist, wenn Sie Ihr Interesse an seiner Erlebniswelt bekunden. Zeigen Sie, dass Sie sich für sein Tun interessieren. Schauen Sie beim Spiel zu oder spielen Sie einmal selbst mit. Diese Erfahrung wird Ihre Einstellung zu den Spielen stark beeinflussen. Zeigen Sie immer wieder Alternativen zu den Computerspielen auf: Sport, Musik, Freunde einladen oder besuchen, Kochen, Backen oder Tagebuch schreiben.

3.6.3
Im Internet surfen

Als Orientierung für Kinder und ihre Eltern wurde das Internet-Seepferdchen eingerichtet (www.internet-seepferdchen.de), das jede Schule kostenfrei nutzen kann. Konzipiert wurde die Seite für Neun- bis Zwölfjährige, damit sie sich damit eine Internet-Basiskompetenz erwerben können. Vergleichbar mit dem beliebten Schwimm-Pass für Schwimmanfänger können sich Kinder die unter pädagogischer Anleitung erworbenen Kompetenzen mit dem Internet-Seepferdchen zertifizieren lassen.

Zu diesen Basiskompetenzen gehören:

- das Suchen und Finden von Internet-Adressen, die in einem bestimmten Sinn- oder Sachzusammenhang einer Aufgabe stehen
- Texte oder Bilder aus dem Internet auswählen, herunterladen und weiterverarbeiten
- mit einer geeigneten Suchmaschine gezielt Informationen finden,
- E-Mails verfassen, senden und empfangen
- bestimmte Benimmregeln bei der Kommunikation im Internet kennen und anwenden
- Grundkenntnisse über Viren und Würmer
- die wichtigsten Sicherheitsregeln wissen und einhalten.

Für Kinder, die sich besonders für Tiere und Natur interessieren, ist die Kinderseite des Magazins GEO (www.geo.de/GEOlino) sehr geeignet. Umweltthemen werden hier für Kinder altersgerecht und anschaulich aufbereitet. Geolino bietet darüber hinaus den Kindern eine kostenlose E-Mail-Adresse und eine virtuelle Festplatte an. Empfehlenswert ist auch die sehr gut aufbereitete

Seite von WAS IST WAS, (www.wasistwas.de) mit einer breiten Palette an Themen und Aktionen speziell für Kinder. Gelungen ist auch die Darstellung der Sachgeschichten aus der «Sendung mit der Maus» unter www.sendung-mitdermaus.de. Hier wird die Technik des Internets anschaulich durch einen Datenweg durchs Internet erklärt. Sollte Ihr Kind eine eigene Webseite erstellen wollen, kann es das unter www.pixelkids.de lernen. Hier wird gezeigt, wie HTML funktioniert. Das ist die Programmiersprache, mit der Internetseiten erstellt werden. Wer den Kurs durcharbeitet, kann bald seine eigene Homepage programmieren. Die meisten Internetangebote für Kinder sind interaktiv, das heißt, die Kinder sind aufgefordert E-Mails zu schreiben, Kontakt aufzunehmen oder die Seite zu bearbeiten. Sie können digitale Postkarten senden, sich in Diskussionsforen zu Wort melden, sich in Gästebücher eintragen oder auch nur chatten. Genau diese Kontaktmöglichkeiten bergen aber auch große Gefahren in sich. So können Kinder nicht oft genug darauf hingewiesen werden, dass sie niemals ihren richtigen Namen, ihre Adresse oder ihre Telefonnummer angeben sollten. Gelingen kann diese Anonymität nur unter Aufsicht von Eltern oder Lehrern. Kinder sollten sich auf keinen Fall alleine mit irgendwelchen Netzbekanntschaften treffen. Wichtig zu wissen: Wer Bekanntschaften im Internet schließt, wird mit großer Wahrscheinlichkeit auf kontaktscheue, schüchterne und unsichere Menschen treffen, weil diese sich im Netz weniger gehemmt fühlen.

Julian (13) nutzt das Internet seit einem Jahr. Wie die meisten seiner Gleichaltrigen ist er von den Möglichkeiten seines Computers begeistert. Er liebt Computerspiele und das Chatten mit seinen Freunden. Seine Mutter bestätigt, dass er seither weniger fernsieht. Sie ist froh darüber, weil er sich am Computer aktiver verhält. Ins Internet darf er jeden zweiten Tag für eine Stunde. Er muss ein Protokoll über seine Surfzeiten führen. Er unterhält sich online mit seinen Freunden über Hausaufgaben und Vorbereitungen auf Klassenarbeiten. Zu ein paar Lehrern hat er Mailkontakt.

Daniel Süss, Professor an der Hochschule für Angewandte Psychologie (IAP) in Zürich, hat untersucht, wie junge Menschen vom Internet profitieren (Knobel, 2005). Das World Wide Web bietet nach seiner Erkenntnis eine Fülle an vernetzten Informationen und Bildungsinhalten. Es kann den Kindern Texte und Bilder erschließen, die sie sonst nicht im selben Maße zur Verfügung hätten.

Wichtige Hinweise für Eltern

- Unerfahrene Kinder müssen im Netz von einem verantwortlichen Erwachsenen begleitet werden.
- Kinder müssen von Anfang an lernen, die Seriosität und Glaubwürdigkeit von Quellen kritisch zu hinterfragen.

- Die Möglichkeit von Fälschungen und Propaganda muss deutlich gemacht werden, am besten an einem Beispiel.
- Informationen müssen systematisch verglichen werden.
- Es muss deutlich gemacht werden, dass Homepages von Hochschulen oder bekannten Institutionen glaubwürdiger sind als private Homepages.
- Vorsicht bei Seiten, auf denen der Verfasser nicht klar erkennbar ist.

Neben dem Internet ist es sinnvoll, auch andere Quellen zur Information zu nutzen: Bücher, Zeitschriften, Radio und Fernsehen.

E-Mails dienen dem Aufbau eines sozialen Netzes. Kinder können sich dadurch mit weit entfernt wohnenden Freunden austauschen und Offenheit für andere Kulturen gewinnen.

Durch das Chatten, das spielerischen Charakter hat, lernen Jugendliche sich in kreativen neuen Formen von Kurzschreibweisen auszudrücken.

Das Vorurteil vieler Menschen, dass Computernutzer isolierte Einzelgänger sind oder werden, konnte durch verschiedene Studien weitgehend ausgeräumt werden. Kinder und Jugendliche haben keine Vorbehalte gegenüber den neuen Medien, probieren sie aus, geben sich gegenseitig Tipps und praktizieren das «Learning by doing».

Der Computer hat heute Einzug in fast alle Lebens- und Arbeitsbereiche gehalten und dringt immer noch weiter vor. Es ist deshalb sinnvoll, sich um den kompetenten Umgang mit den neuen Medien zu kümmern. Mit dem Eltern-Portal SCHAU HIN! (www.schauhin.info) können Sie viele Fragen rund um Kinder und den Umgang mit Medien klären. Hier finden Sie Regeln zum Umgang mit dem Fernsehen, Internet, Handy und PC. Sie erfahren, wie Kinder den Computer klug nutzen können, ohne dabei zu vereinsamen. Sie können gemeinsam mit Ihren Kindern das Internet entdecken und erkennen, wie Sie die Medien in Ihrer Erziehung sinnvoll einsetzen können und warum Verbote meistens nicht der richtige Weg sind. Sie finden auch Adressen und Ansprechpartner für das persönliche Gespräch. Das Magazin SCHAU-HIN! gibt es nicht nur im Netz, sondern auch gedruckt als Eltern Spezial, das Sie kostenlos beziehen können. Auch Kinder finden auf der Homepage nützliche, aber dennoch unterhaltsame Programme, Spiele und Webseiten.

Das Internet – Tipps für Kinder und Jugendliche:
www.seitenstark.de: Die besten Kinderseiten im Netz
www.helles-koepfchen.de: Die Suchmaschine für Jugendliche
www.lizzynet.de: Online und interaktiv lernen – kostenloses Angebot für Mädchen
www.internet-abc.de: Hilfe im Online-Dschungel

Tipp: Tauschen Sie sich mit anderen Eltern aus. Sprechen Sie über Ihre Erfahrungen, ohne zu übertreiben oder zu verharmlosen. So erfahren Sie, was bei den anderen Kindern los ist. Bieten Sie Ihrem Kind Alternativen zu den elektronischen Medien an. (Zu den Alternativen können auch andere Medien zählen.) Nicht Medienabstinenz, sondern Medienkompetenz ist das Erziehungsziel.

Checkliste für alternative Angebote:

- auf den Spielplatz gehen
- in eine Bibliothek gehen
- Bücher zusammen anschauen und darüber reden
- Hörkassetten oder CDs anhören
- Geschichten erzählen oder erzählen lassen
- Theater mit Puppen spielen
- selbst Theater spielen
- Kindertheater besuchen
- Marionettentheater anschauen
- Ausstellungen anschauen
- Museen besuchen
- an Sportveranstaltungen teilnehmen
- regelmäßig Sport treiben
- Konzerte hören
- ein Instrument lernen und regelmäßig üben
- Freunde oder Verwandte besuchen
- kleine Geschenke basteln
- Schmuck für Feste basteln
- Bilder malen
- gemeinsame Spiele spielen
- Koch- oder Backrezepte ausprobieren
- Tagebuch schreiben
- Geschichten schreiben

3.7
Das Aufmerksamkeits-Defizit-Syndrom

Kommt Ihnen Folgendes bekannt vor? Der vier Jahre alte Jan ist ständig in Aktion. Keine Betätigung hält er länger als ein paar Minuten durch. Selbst bei Spielen gibt er sehr schnell auf. Dauernd möchte er etwas erzählen, fragen, Krach machen. Weil er so schusselig ist, fällt ihm oft etwas runter oder er stößt etwas um. Im Kindergarten ist es nicht anders. Mutter und Erzieherinnen fühlen sich gleichermaßen überfordert. Ständig müssen die beiden Streit schlichten, weil sich Jan einfach an keine Regeln hält.

Es gibt eine immer größere Gruppe von Kindern mit diesen und ähnlichen Verhaltensauffälligkeiten. Zwei Drittel dieser Kinder haben motorische Störungen, die man im Volksmund Zappelphilippsyndrom nennt. Der wissenschaftliche Begriff ADS bedeutet ausgeschrieben Aufmerksamkeits-Defizit-Syndrom und bezieht sich vorwiegend auf Kinder, die sich nicht konzentrieren können, und ADHS bedeutet Aufmerksamkeits-Hyperaktivitätssyndrom und beschreibt Kinder, die besonders überaktiv und impulsiv sind.

ADHS hat drei charakteristische Merkmale:

- Hyperaktivität: Sie zeigt sich durch permanentes Herumzappeln, zügelloses Laufen, Klettern, Verlassen des Sitzplatzes in Kindergarten und Schule.

- Impulsivität: Sie ist gekennzeichnet durch das ungefragte Herausplatzen mit Antworten, das störende Unterbrechen von Gesprächen, Spielen oder des Unterrichtsgeschehens und das nicht Abwarten können, bis man an der Reihe ist.

- Unaufmerksamkeit: Sie offenbart sich durch Vergesslichkeit, Desorganisiertheit, Verlieren von Gegenständen und vielen Flüchtigkeitsfehlern in Klassenarbeiten.

Kinder mit diesen hyperkinetischen Störungen sind genauso liebenswert wie andere, aber sie «nerven» ihre Eltern und Erzieher oft bis zur Weißglut. Sie «laufen» dauernd auf Hochtouren, sind eigensinnig, lassen sich leicht ablenken, wirken unorganisiert und chaotisch, springen von einer Aktivität zur anderen über, können nicht warten, haben ein schlechtes Zeitgefühl, hören nicht zu, schalten auf «Durchzug», fallen von einem Extrem in das andere, haben eine raue Schale, aber einen weichen Kern, wirken schnell orientierungslos, haben oft pfiffige Ideen und Phantasie beim Spielen und können überraschenderweise oft stundenlang konzentriert Computerspiele machen (Aust-Claus, 1999).

ADS ist kein Erziehungsfehler und keine gewollte Marotte der Kinder, es ist eine Störung mit neurobiologischen Besonderheiten in den Informations-Verarbeitungs-Prozessen des Gehirns. Eltern, welche vermuten, dass ihr Kind ein solches Syndrom hat, sollten sich intensiv damit befassen, um die starken Seiten ihres Kindes richtig fördern zu können. Immerhin haben laut ernsthaften wissenschaftlichen Untersuchungen ca. 8 % aller Kinder ein ADS mit unterschiedlichem Ausprägungsgrad. Es sind also durchschnittlich zwei Kinder in jeder Klasse und folglich über eine Million Kinder in Deutschland von diesem Syndrom betroffen.

Erwachsene, welche mit solchen Kindern zu tun haben und oft nicht mit ihnen klar kommen, bezeichnen sie häufig als chaotisch, aggressiv, überaktiv, störend, explosiv, faul, laut, schusselig, ungeduldig, vergesslich, zappelig, zerstreut, provozierend, gelangweilt und rücksichtslos.

Entsprechend häufig übersehen Erwachsene die guten Eigenschaften dieser Kinder, die es ihnen auch wirklich schwer machen, ihre positiven Seiten zu erkennen. Oft sind solche Kinder nämlich äußerst sensibel, ideenreich und kreativ.

Über die Ursachen von ADS und ADHS wird seit mehr als 100 Jahren geforscht. Seit es möglich ist, mittels moderner bildgebender Verfahren die unterschiedlichen Aktivitäten des Hirnstoffwechsels zu untersuchen, festigt sich die Meinung unter Wissenschaftlern, dass das Hyperkinetische Syndrom durch eine Fehlsteuerung des Dopamin-Stoffwechsels entsteht. Dabei handelt es sich in erster Linie um eine ererbte Eigenschaft und in zweiter Linie um eine durch Umwelteinflüsse verstärkte Entwicklung. Symptomverstärkend wirken Lebensmittelunverträglichkeit, übermäßiger Fernsehkonsum und eine unpassende Erziehung. Sicherlich ist es für Eltern eine Entlastung, wenn sie hören, dass es sich um eine ererbte Eigenschaft handeln kann. Unabhängig von der Diagnose machen Sie als Eltern sicher nichts falsch, wenn Sie für eine naturbelassene vitamin- und ballaststoffreiche Ernährung, einen gut kontrollierten Medienkonsum, der nicht in zu frühen Jahren einsetzt, und viel positive Zuwendung und ausreichend Bewegungsmöglichkeiten sorgen.

Im Säuglings- und im Kindergartenalter werden ADS-Kinder mit Hyperaktivität meist als besonders anstrengend erlebt. Jene ohne Hyperaktivität wirken dagegen sehr angepasst und fallen weniger auf.

Falls bei Ihrem Baby noch nicht ADHS diagnostiziert wurde und falls es nur zappelig ist, können drei Dinge helfen:

- Routine: Wickeln, Füttern, Spazieren gehen, Spielen, Schlafen legen, immer zur gleichen Tageszeit und in der gleichen Umgebung.

- Konsequenz: Zuerst genau überlegen, bevor Sie etwas ankündigen. Dann aber tun, was Sie angekündigt haben.

- Bewegungsmöglichkeiten: Lassen Sie Ihr Kind nicht zu lange im Laufstall allein und vermeiden Sie lange Autofahrten. Wichtig ist, dass es nach Herzenslust strampeln, krabbeln oder robben kann. Es muss sich seinen Möglichkeiten gemäß austoben können.

Die meisten ADS- und ADHS-Kinder werden erst in der Grundschule «auffällig» und zum «Problemkind», besonders dann, wenn es schlechte Lernleistungen und Zoff mit dem Lehrer oder den Mitschülern gibt.

Früher, als man den Begriff ADHS noch nicht kannte, nannte man solch ein Kind einen Zappelphilipp. 1844 schenkte der Frankfurter Nervenarzt Heinrich Hoffmann seinem dreijährigen Sohn Carl ein selbstgemachtes Bilderbuch. Auf Drängen von Freunden veröffentlichte er es mit dem Titel: «Lustige Geschichten und drollige Bilder mit 15 schön kolorierten Tafeln für Kinder von 3–6 Jahren» unter einem Pseudonym. Erst später outete er sich als Autor und nach einigen Veränderungen wurde «Struwwelpeter» zum Titel des Buches. Bereits 1876 erschien die 100. Auflage. Bis zum Erscheinen der Harry-Potter-Bücher war der Struwwelpeter mit inzwischen mehr als 120 Millionen Exemplaren das meistverkaufte Kinderbuch der Welt. Der Arzt Heinrich Hoffmann hatte zur damaligen Zeit seinen kleinen Patienten an Hand der Bildergeschichten die Wichtigkeit von angepasstem Verhalten erklärt. In den Geschichten werden fast alle Symptome aufgezählt, welche man unter dem Begriff ADHS subsummiert.

Auch heute noch sind viele Verse aus dem Struwwelpeter, dem Zappelphilipp, Paulinchen oder Hans-Guck-in-die-Luft bekannt. Erinnern Sie sich?

Der Zappelphilipp
«Ob der Philipp heute still
wohl bei Tische sitzen will?»
Also sprach in ernstem Ton
der Papa zu seinem Sohn,
und die Mutter blickte stumm

auf dem ganzen Tisch herum.
Doch der Philipp hörte nicht,
was zu ihm der Vater spricht.
Er gaukelt
und schaukelt
er trappelt
und zappelt
auf dem Stuhle hin und her.
«Philipp, das missfällt mir sehr!»

Es ist unter Fachleuten umstritten, ob es heute wirklich mehr hyperaktive Kinder gibt als früher. So setzt sich der Autor Thomas Armstrong in seinem Buch «Das Märchen vom ADHS-Kind» kritisch mit der oft falschen Diagnose von Aufmerksamkeitsstörungen und dem übermäßigen Gebrauch psychoaktiver Medikamente auseinander (Armstrong, 2002). Unabhängig von der Diagnose häufen sich die Klagen von Eltern, Erziehern und Lehrern. Mit der Industrialisierung, dem Straßenverkehr, dem Geburtenrückgang und der neuen Aufgabenverteilung in den Familien wurde der Aktionsradius von Kindern immer weiter eingeschränkt. Die Straßen sind gefährlicher geworden und die Spielflächen verschwinden von der Bildfläche. Dafür sitzen die Kids länger vor dem Fernseher oder Computer und verbringen insgesamt mehr Zeit in der Wohnung. Damit verengt sich die Erlebenswelt des Kindes immer mehr auf die Kleinfamilie. ADS- und ADHS-Kinder können auf diese Weise viele ihrer guten Anlagen nicht mehr entdecken und entfalten, wohingegen ihre Schwächen verstärkt werden. In Deutschland weisen über 500.000 Kinder zwischen sechs und 18 Jahren starke Symptome auf (spielen und lernen, 09/2004). Bei Mädchen dominiert die gestörte Aufmerksamkeit, bei Jungen die Zappelei. Auf drei bis sechs hyperaktive Buben kommt nur ein Mädchen. Warum das so ist, ist noch nicht geklärt.

Es gibt berühmte Menschen, die in ihrer Kindheit so beschrieben wurden, dass man sie heute mit großer Wahrscheinlichkeit als ADS- bzw. ADHS-Kinder bezeichnen würde.

Mozart wird als ungeduldig, impulsiv, ablenkbar, respektlos, aber auch kreativ, innovativ und gefühlsbetont beschrieben. Er war ständig in Bewegung. Nur beim Üben und Komponieren war er organisiert und konnte hier seine außerordentliche Begabung umsetzen. Am besten arbeitete er, wenn um ihn herum viele Menschen waren und Trubel herrschte. Er brachte mit fliegender Feder alles zu Papier, was er schon im Kopf hatte. Als Kind war er liebenswürdig und auffallend liebebedürftig. Er fing mit drei Jahren an, Klavier zu spielen, erhielt mit vier den ersten Klavierunterricht und begann mit fünf zu komponieren. Wolfgang besuchte nie eine Schule, sondern lernte Schreiben, Lesen, Rechnen und Sprachen von seinem Vater Leopold.

Auch der berühmte Thomas Alpha Edison würde heute wohl als ADHS-Kind eingestuft werden.

Magnus

Jeden Abend musste der 7-jährige Magnus ein Donnerwetter über sich ergehen lassen, weil sich wieder jemand über ihn beschwert hatte. Mal waren es die Nachbarn, welche sich über einen neuen Streich aufregten, mal waren es Eltern von Schulkameraden, welche es gar nicht lustig fanden, dass Magnus um Mitternacht Telefonterror machte, dann wieder empörten sich seine Lehrer, dass ein Unterricht in der Klasse mit Magnus nicht möglich sei.

Die Eltern versuchten es mit gutem Zureden, mit Verboten, mit Fernseh- und Computerverbot und mit Hausarrest. Aber all diese Maßnahmen konnten Magnus' grundlegendes Verhaltensproblem nicht ändern.

Bewährt hat sich bei Magnus eine Puppe. Sie erhielt den Namen: Cäsar. Cäsar war ab sofort der neutrale Beobachter und Berater in der Familie. Er durfte sogar mit an den Tisch sitzen. Wenn Magnus wieder etwas Dummes gemacht hatte, wurde Cäsar zur Beurteilung befragt. Von Cäsar nahm Magnus die Rüge und die Verbesserungsvorschläge viel lieber an als von seinen Eltern. Cäsar war nun der Prellbock. Magnus lernte mit der Zeit mit ihm alle seine Vorhaben durchzusprechen. Dadurch wurde er bedächtiger und freundlicher. Die Atmosphäre in der Familie entspannte sich und Magnus konnte seine guten Seiten entwickeln.

Bei ADS- bzw. ADHS-Kindern ist die Konzentrationsfähigkeit eingeschränkt.

Um diesen Kindern wirksam zu helfen, muss man ihrem Tagesablauf eine feste Struktur geben. ADS- bzw. ADHS-Kinder brauchen ein starkes Team von Bezugspersonen, auf die sie sich verlassen können.

ADS- bzw. ADHS-Kinder unterscheiden sich in zehn Auffälligkeiten gravierend von anderen Kindern (Aust-Claus, 1999). Alle im Folgenden aufgezählten Eigenschaften können auch bei den anderen Kindern vorkommen, der Hauptunterschied liegt in der Intensität und in der Häufigkeit.

ADS- bzw. ADHS-Kinder sind sehr häufig

1. unaufmerksam, lenken aber die Aufmerksamkeit auf sich
   - sie bleiben nicht bei einer Sache
   - sie lenken sich und andere von einer Aufgabe ab
   - sie sind laut, wenn andere still sind

2. chaotisch und wirken zerstreut
   - sie vergessen ständig alle Arten von Aufgaben
   - sie lassen ihre Jacken bei Freunden hängen
   - sie übersehen Termine
   - sie halten Vereinbarungen nicht ein
   - sie wirken unzuverlässig
   - sie hinterlassen überall Unordnung

3. hyperaktiv oder verträumt
   - sie zappeln und hampeln
   - sie fallen oft vom Stuhl
   - sie machen ihre Umgebung nervös
   - sie starren Löcher in die Luft
   - sie hören nicht, wenn sie angesprochen werden

4. impulsiv
   - sie machen unüberlegt, was ihnen gerade einfällt
   - sie leben Gefühle sofort aus
   - sie können nicht abwarten
   - sie wollen gerne bestimmen
   - sie können sehr beleidigend sein

5. halten keine Regeln ein
   - sie sind sehr eigensinnig
   - sie wollen ihren Willen durchsetzen
   - sie diskutieren gerne endlos
   - sie schieben Vorhaben auf

6. vergesslich
   - sie vergessen besonders alltägliche Dinge
   - sie verlieren oft ihre Sachen
   - sie können sich unspannende Sachen kaum merken
   - sie haben kein Gedächtnis für Fakten

7. Außenseiter
   - sie können sich schlecht in eine Gruppe einordnen
   - sie schätzen sich und die anderen falsch ein
   - sie haben wenige Freunde
   - sie verprellen oft ihre besten Freunde
   - sie spüren nicht, wie sie auf andere wirken
   - sie sind schnell beleidigt

8. arbeitsscheu
   - sie schieben Arbeit gerne weit von sich
   - sie haben keine Strategie

- sie haben oft keinen Überblick
- sie machen wozu sie gerade Lust haben

9. launisch
   - sie sind oft schlecht gelaunt
   - sie geraten schnell in Wut
   - sie stecken Enttäuschungen schnell weg

10. Klassenkasper oder Clown
    - sie überspielen ihr mangelndes Selbstwertgefühl
    - sie fordern auf diese Weise Aufmerksamkeit
    - sie fühlen sich innerlich einsam

Eltern von ADS- bzw. ADHS-Kindern leiden am meisten unter dem Zoff, den ihre Kinder bei folgenden Gelegenheiten regelmäßig heraufbeschwören: beim

- Hausaufgaben machen
- Zubettgehen
- Telefonieren
- Besuchen
- Aufträge erledigen
- Essen

Obwohl die obigen Feststellungen auf den ersten Blick deprimierend wirken, gibt es verschiedene Hilfen für diese Kinder. Ermahnungen helfen meist wenig, Schimpfen bringt noch weniger, im Gegenteil, oft kommt es dadurch erst recht zur Eskalation.

Aufpassen muss man allerdings, dass dem Kind nicht vorschnell Ritalin verabreicht wird. Der Psychotherapeut Hans-Reinhard Schmidt glaubt, dass viele Kinder in Deutschland mit Ritalin behandelt werden, obwohl sie nur schlampig untersucht wurden (STERN 33/2006). Die Duke University in Durham fand heraus, dass drei von vier ADS-Kindern falsch diagnostiziert wurden.

In vielen Fällen kann schon der Kinderarzt weiterhelfen. Außerdem gibt es in allen größeren Städten professionelle, staatliche, kommunale und kirchliche Erziehungsberatungsstellen. Niedergelassene Kinder- und Jugendpsychologen haben sich oft auf die oben beschriebene Problemlage spezialisiert und bieten begleitende Maßnahmen an. Bei kleineren Kindern kann schon eine Spieltherapie Wunder wirken. Fachleute bieten Yogakurse für Kinder an. Yoga kann den Kreislauf von Unruhe und frustrierendem Ermahnen unterbrechen. Es hilft der Wirbelsäule, beugt Haltungsschäden vor und entspannt den Körper. Wenn Kinder bei diesen Übungen auf ihren Atem achten sollen, hört ihr aufgeregtes Geplapper von alleine auf. Danach können Kinder wieder ruhig und still sitzen und sich auf ihr Spiel oder ihre Arbeit konzentrieren. Aber auch im umgekehrten Fall, wenn Kinder müde und missmutig sind, kann Yoga ihnen wieder auf die Beine zu helfen.

Bedenken Sie, wie wichtig es ist, das ADS bzw. ADHS-Syndrom ernst zu nehmen. Immerhin erreicht ein Drittel der betroffenen Kinder nicht den ihnen gemäßen Schulabschluss. Knapp ein Drittel muss eine Klasse wiederholen. Eine gute Zusammenarbeit zwischen Eltern und Lehrern ist somit die Grundvoraussetzung für eine erfolgreiche Schullaufbahn des Kindes.

Versuchen Sie den Lehrer Ihres Kindes für Ihr Anliegen zu gewinnen. Aber versetzen Sie sich auch in seine Lage. Er hat nicht nur Ihr Kind zu unterrichten. Seien Sie offen und ehrlich. Beschönigen Sie nichts, aber zeigen Sie Ihre Verantwortung für Ihr Kind. Fühlen Sie sich nicht durch seine andere Sichtweise angegriffen, sondern versuchen Sie ihn zu verstehen. Halten Sie sich an Vereinbarungen mit dem Lehrer. Sorgen Sie dafür, dass Ihr Kind in seiner Schultasche alles Notwendige dabei hat. Achten Sie darauf, dass Ihr Kind rechtzeitig in die Schule kommt. Versuchen Sie auch dann freundlich und kooperativ zu bleiben, wenn der Lehrer zuerst einmal seine schlechte Meinung über Ihr Kind kundtut. Werden Sie nicht aggressiv oder feindselig. Andernfalls könnte der Lehrer schnell zur Auffassung gelangen, dass das Verhalten des Schülers ein Abbild des Verhaltens seiner Eltern ist.

Für den Erfolg in der Schule sind notwendig:

- eine gute Lernmotivation
- Konzentrationsfähigkeit und Ausdauer
- adäquate Förderung
- emotionale Stabilität
- ein hohes Maß an Kreativität

Neurofeedback

Man kann es kaum glauben: Es ist möglich, nur mit Hilfe von Gedankenkraft Minigolf zu spielen. Elektroden werden auf Stirn, Wangen und Kopf geklebt. Dann kann das Spiel losgehen. Ein kleiner Patient, nennen wir ihn Laurin, sieht einen runden Ball über die Mattscheibe fliegen. Allein mit seiner Gedankenkraft schafft er es den Ball in das Loch zu lenken. Dazu braucht er keinen Schläger, er schafft das ganz allein mit seiner Vorstellungskraft. Die Methode heißt Neurofeedback und hilft u. a. ADHS-Kindern ihre Konzentrationsfähigkeit zu verbessern. Dabei werden Gehirnströme, auch als EEG-Wellen bekannt, von einem Computer in Echtzeit analysiert und in ihre Frequenzanteile zerlegt. Es macht bestimmte Körperfunktionen wahrnehmbar, die normalerweise unbewusst ablaufen. Dazu gehören beispielsweise die Muskelspannung, die Durchblutung und die Herzfrequenz. Das Ergebnis wird auf dem Computer-Monitor bildhaft dargestellt. Auf diese Weise wird die Frequenzverteilung, die vom jeweiligen Bewusstseinszustand abhängig ist zu Trainingszwecken genutzt. Der Bewusstseinszustand kann zum Beispiel wach, schläfrig, aufmerksam, gestresst oder entspannt sein. Ein positives Feedback wird vom Computer jeweils dann gegeben, wenn die EEG-Wellen des Gehirns als günstig erkannt werden.

Frequenzverteilung:

Beta-Wellen haben 13–21 Hertz und werden bei bewusster Konzentration gemessen,

Alpha-Wellen haben 8–12 Hertz und werden häufig beim Wachträumen fest gestellt,

Theta-Wellen haben 4–7 Hertz und zeigen sich bei innerer Unruhe und

Delta-Wellen haben 1–3 Hertz und kommen in Tiefschlaf vor.

ADHS-Kinder produzieren im Unterschied zu anderen Kindern verstärkt Theta-Wellen, aber weniger häufig Beta-Wellen.

Eingesetzt wird Neurofeedback bei Aufmerksamkeitsstörungen, Epilepsie und Schlaganfall. Die Methode ist in den USA seit zwei Jahrzehnten bekannt und beginnt sich jetzt in Europa zu verbreiten. Dabei wird Entspannung und Tiefenentspannung, Konzentration, Verminderung von Unruhe und Bewältigung von Stress trainiert.

3.8
Geschwister

Die Geburt eines Geschwisterchens ist für ein Kind zwischen 18 Monaten und 4 Jahren immer ein kleines Drama. Seit ein paar Jahren gibt es deshalb in größeren Städten wie Berlin, Hamburg oder Nürnberg in Krankenhäusern eine «Geschwisterschule», in der Kinder durch praktische Übungen auf ihre neue Rolle vorbereitet werden. Wenn eine Familie sich durch ein weiteres Kind vergrößert, so müsste sich laut Psychoanalyse beim älteren Kind sogar ein «Entthronungstrauma» einstellen, denn bald konkurrieren zwei Kinder um Zeit, Zuwendung und Zärtlichkeit ihrer Eltern. Dramatische Reaktionen der älteren Kinder versetzen Eltern in Angst und Schrecken. Kindertherapeuten füllen Patientenakten mit den verschiedensten Verzweiflungstaten der Kinder, die von Erstickungsversuchen über Bettnässen bis zum Füttern von Putzmitteln reichen. Einer Studie des Max-Planck-Instituts für Bildungsforschung nach verhalten sich Kinder die ersten neun Monate nach der Geburt eines Geschwisters noch überwiegend positiv. Aber kaum kann das Baby mehr als nur schlafen, weinen und trinken, fangen sie an unter der vermehrten Aufmerksamkeit für den Säugling zu leiden. Sie reagieren natürlich mit Eifersucht. Das ist sofort einsichtig, wenn jeder das Baby bewundert und das ältere Kind dabei übersieht. Dieses meint folgerichtig, man muss Baby spielen, um beachtet zu werden. Schnell erkennt es, dass es tatsächlich wieder Aufmerksamkeit bekommt, wenn es plötzlich wieder einnässt oder auf einmal wieder einen Schoppen verlangt. Allerdings kann diese Art von Aufmerksamkeit für das ältere Kind sehr verstörend und lästig sein. Es wird für dieses Verhalten nicht gelobt wie das Baby, sondern getadelt. Ihm wird dauernd gesagt, dass es ja das ältere und vernünftigere Kind sei. Bereits dieser kleine Einblick, erklärt Probleme, die in vielen Familien zwangsläufig auftreten.

Wie ist das mit Ihrer Liebe zu den Kindern? Liebe ist keine konstante, immer gleichbleibende Größe. Liebe ist Stimmungen unterworfen. Die Liebe ist auch nicht für jedes Kind dieselbe. Es ist unmöglich, alle Kinder gleich lieb zu haben. Eltern, die so etwas behaupten, erliegen einer Illusion.

Geschwister haben die gleichen Eltern, werden nach Meinung der Eltern mit dem gleichen Erziehungsstil erzogen, leben in der gleichen Wohnung, haben die gleichen Verwandten und Nachbarn und müssten sich demnach sehr ähnlich sein. Die meisten Eltern erzählen aber genau das Gegenteil. Wenn die Familie zwei Kinder hat, dann heißt es oft, sie könnten nicht unterschiedlicher sein. Ist das so, weil ihre Gene so verschieden sind? Oder liegt es daran, dass die Eltern die Kinder unbewusst doch unterschiedlich behandeln? Beides ist möglich, vielleicht ist es einfach auch das andere Umfeld, in das jedes weitere Kind hinein geboren wird.

In Deutschland wächst zwar inzwischen jedes vierte Kind ohne Bruder oder Schwester auf, doch die Lage in den Familien ist dadurch nicht leichter geworden, im Gegenteil, immer mehr Kinder müssen lernen, sich mit ihren nicht-biologischen «sozialen» Geschwistern in sogenannte Patchwork-Familien einzufügen. Bevölkerungswissenschaftler zählen mehr als 20 Typen möglicher Familienzusammensetzungen für ein Kind auf: Pendeln zwischen Vater und Mutter, Wohnen beim Vater und dessen zweiter Frau, Wohnen bei der Mutter und deren neuem Freund usw.

Wie beeinflussen sich Geschwister gegenseitig? Wieso sind leibliche Geschwister aufgewachsen mit dem gleichen Milchbrei und in der gleichen Wohnung – so verschieden? Sind die mittleren Kinder wirklich so stark benachteiligt? Haben es Einzelkinder schwerer oder leichter? Die Forschung steht noch am Anfang. Was die Forscher bereits wissen, widerspricht vielen überkommenen Überzeugungen und liebgewordenen Klischees (SPIEGEL 2/2006):

- Obwohl Geschwister das Erbgut derselben Eltern in sich tragen und in derselben Umgebung aufwachsen, unterscheiden sie sich in ihren Persönlichkeitsmerkmalen stärker voneinander als willkürlich auf der Straße aufgelesene Personen mit entsprechendem Alter, Geschlecht und ähnlicher sozialer Herkunft. Diese Feststellung gilt sogar für den Intelligenzquotienten.

- Sosehr Sie es auch beteuern mögen: Eltern behandeln ihre Kinder weder gleich, noch sind sie ihnen alle gleichermaßen lieb. Oft haben Vater und Mutter unterschiedliche Favoriten. In den USA – so das Ergebnis zweier Großstudien – bevorzugen die meisten Mütter das jüngste Kind.

- Geschwister erleben nie das Gleiche. Auch die gemeinsamen Rituale der Kindheit nehmen sie unterschiedlich wahr.

- Zank und Balgerei im Kinderzimmer sind normal und, solange sie nicht ausarten, wünschenswert: «Rivalität wirkt als Entwicklungsmotor; Eifersucht ist Mörtel für die eigene Identität», sagt Professor Hartmut Kasten, Wissenschaftler am Bayerischen Staatsinstitut für Frühpädagogik.

Erforschen Sie sich selbst einmal ehrlich. Ein Beispiel: An Kathrin schätzen Sie vielleicht besonders ihre einfühlsame Art, an Tobi seine ständig gute Laune und an Maxi seinen sportlichen Ehrgeiz. Sie mögen sie zwar alle drei, aber eben alle auf eine einmalige Art und Weise. Manchmal fällt es Ihnen vielleicht sogar schwer, etwas Gutes an Ihrem Sohn oder Ihrer Tochter zu finden, zu sehr fühlen Sie sich von ihm oder Ihr verletzt oder enttäuscht. Dann nehmen Sie sich die Zeit und forschen nach einer guten Eigenschaft. Wenn Ihnen nichts einfällt, fragen Sie jemanden, von dem Sie wissen, dass er eine gute Meinung von ihm oder ihr hat. Versuchen Sie Ihr Kind mit anderen Augen zu sehen.

Schon bei einem gemeinsamen Essen kann ein Außenstehender die großen Unterschiede in Verhalten und Benehmen sehen. Das eine Kind sitzt brav, ruhig und konzentriert am Tisch. Es benützt Messer und Gabel, isst gesittet und langsam und genießt offenkundig sein Essen. Das andere Kind stochert lustlos in seinem Essen herum, macht Flecken auf die Tischdecke und lässt sich keine Essensmanieren beibringen. Da beide Kinder in der Regel verschieden alt sind, brauchen sie auch eine verschiedene Behandlung. Alles andere wäre einfach ungerecht. Und so sind wir wieder bei unserer Ausgangsfrage: Unterscheiden sich zwei Geschwister wegen der verschiedenen Behandlung so stark voneinander? Dazu muss man wissen, dass ein Kind, welches seltsame Reaktionen zeigt, immer einen Grund dazu hat. Eltern schieben diese manchmal einfach auf die Launen. Oft kommt jedoch der Stimmungswandel eines Kindes durch ein Missverständnis zustande: Es ärgert sich darüber, dass die Eltern es plötzlich nicht mehr verstehen. Ein Kind drückt seine Empfindungen durch sein Verhalten aus. Es schimpft, bockt, verhält sich ablehnend oder es schreit. Eltern sollten versuchen herauszufinden, warum ihr Nachwuchs sich so verhält, aber sie sollten kein Drama daraus machen. Das Schlimmste ist, wenn Sie jetzt selbst anfangen, es anzuschreien. Eltern geben damit ein schlechtes Vorbild ab.

Hilfreich kann es auch sein, einmal darüber nachzudenken, ob das sich benachteiligt fühlende Kind vielleicht Recht hat. Passen Sie eine Gelegenheit ab, in der Sie mit Ihrem Kind allein und ungestört sprechen können. Versuchen Sie dann vielleicht so zu sprechen. «Ich habe bemerkt, dass du sehr unglücklich in unserer Familie bist und dich dauernd zurückgesetzt fühlst. Du hast immer das Gefühl, dass deine ältere Schwester mehr bekommt und mehr darf und dass dein jüngerer Bruder viel mehr Aufmerksamkeit bekommt als du. Vielleicht hast du Recht, und wir sind wirklich so zu dir, wie du das siehst. Weißt du, das Leben ist nicht immer gerecht. Eltern können sich nur um Gerechtigkeit bemühen. Und das tun wir. Wir können und wollen deine Geschwister nicht wegzaubern. Aber vielleicht hast du eine Idee, was dein Leben glücklicher machen könnte.» In diesem Gespräch können Sie viel über die Gefühle Ihres Kindes erfahren. Versuchen Sie eine gemeinsame

Lösung für das Problem zu finden. Aber stecken Sie Ihr Kind auf keinen Fall gegen seinen Willen in ein Internat. Für eine gelingende Erziehung und eine gute Beziehung zum Kind ist seine Kooperation absolut notwendig. Wie schlimm die Eifersucht zwischen Kindern ist, hängt sehr von den Gefühlen der Mutter ab. Wenn die Mutter stark unter diesen Eifersüchteleien leidet und dadurch vehement und emotional bei Streitigkeiten einschreitet, verstärkt sie möglicherweise dadurch die Kontroverse zwischen den Kindern. Fokussieren Sie sich nicht zu stark darauf, die Kinder gerecht zu behandeln, sondern versuchen Sie lieber mit Ihren Kindern ehrlich zu sprechen. Kinder verstehen viel mehr, als Erwachsene oft glauben.

Väter und Mütter urteilen selten objektiv. Sie betrachten ihre Kinder unbewusst voreingenommen und ordnen ihnen Eigenschaften zu, erklären zum Beispiel den Sohn zum Denker und die Tochter zur Kreativen. Wissenschaftler sagen: Kinder entwickeln sich u. a. verschieden, weil sie um die Zuneigung ihrer Eltern rivalisieren. Einfühlsame Eltern münzen die Rivalität ihrer Kinder in Erfolg um und zeigen jedem eine Möglichkeit, wie er konkurrenzlos glänzen kann.

In ihrem Buch über Kinderpsychologie stellt Rita Kohlmann Eigenschaften von Einzelkindern wie folgt zusammen (Kohlmann, 2006):

durch Untersuchungen nicht bestätigt

- unglücklich
- egozentrisch
- verwöhnt

durch Untersuchungen bestätigt

- kooperativ
- hartnäckig
- weit entwickelt
- leistungsorientiert
- kompetent
- lenkbar
- einzelgängerisch

Tipp: Falls Sie ein Einzelkind erziehen, lassen Sie es vom Krabbelalter an regelmäßig mit Gleichaltrigen spielen, dann hat es gute Chancen, sozial und kommunikativ erfolgreich zu werden.

Die Stellung in der Geschwisterreihenfolge.

In der Geschwisterreihe ist das älteste Kind immer eine gewisse Zeit lang Einzelkind. Es ist stark auf seine Eltern fixiert und spürt, wie sehr es im Zentrum der Familie steht.

Bei der Geburt eines zweiten Kindes fühlt sich das älteste häufig regelrecht «entthront». Aus diesem Grund fordert es oft mehr Aufmerksamkeit und versucht seine Bezugsperson dazu zu bringen, sich mehr mit ihm zu befassen. Manchmal stellt es sich kleiner und hilfloser dar, als es ist, um gleich viel Zuwendung zu erhalten wie das Baby. Manche Kinder beginnen wieder, in die Hose oder ins Bett zu nässen, um wieder Mittelpunkt zu sein. Früh merken die älteren Kinder aber, dass sie dem kleinen Wesen überlegen sind und mehr können: besser sprechen, schneller laufen und interessanter spielen. So liegt die Unsicherheit des größeren meistens auf der emotionalen Ebene. Es fragt sich, ob die Eltern es noch lieb haben, nachdem es aus dem Zentrum vertrieben worden ist. Manche Kinder fühlen sich dadurch herausgefordert. Sie versuchen die verloren geglaubte Liebe durch Beharrlichkeit und Ehrgeiz zurück zu erobern.

Das als zweites geborene Kind ist von Anfang an gewohnt, eine Schwester oder einen Bruder zu haben. Es hat das Gefühl der alleinigen Zuwendung nie erlebt. Das ältere stellt deshalb keine Gefahr für das jüngere dar. Allerdings muss es mit der unumstößlichen Tatsache fertig werden, an der Seite eines Geschwisters zu leben, das ihm in allem überlegen ist.

Kommt ein drittes Kind hinzu, dann wird aus dem zweiten automatisch das mittlere. In günstigen Fällen kann es durch diese Position profitieren. Andernfalls jedoch wird es als Sandwichkind bezeichnet, was bedeutet, dass es zwischen zwei Geschwistern «eingeklemmt» ist. Um sich aus dieser Rolle zu befreien, verhält es sich möglicherweise auffällig aggressiv, oder es versucht seine Rechte durch Tränen und Weinerlichkeit zu erpressen. Es entwickelt dann eine Rechthaberei, die sich bei den Jungen durch Kämpfen und bei den Mädchen durch ein zänkisches Wesen äußert.

3.9

Scheidungskinder

Dank der gegenwärtig vorherrschenden Familienmodelle verfügt jeder erwachsene Mensch in unserer Gesellschaft über eine Fülle von Entscheidungs- und Wahlfreiheiten. Für viele junge Menschen hat die alte Familientradition ausgedient. Sie probieren neue Modelle aus. Auch eine Ehescheidung ist heute nichts Besonderes mehr, wenigstens wenn kein Nachwuchs da ist. Laut Statistik wird in Deutschland jede zweite Ehe geschieden. Mit Kindern wird die Sache allerdings sofort komplizierter. Nun gehen nicht nur die Väter und Mütter auseinander, nun trennt sich zumindest ein Elternteil auch vom Kind. Es kann sogar passieren, dass Kinder sich für diese Situation schuldig fühlen, denn ihnen fehlt ihr Vater bzw. ihre Mutter sehr. Sie leiden unter der Abwesenheit des anderen Elternteils. Die meisten Kinder haben nämlich den Wunsch nach einer intakten Familie tief verinnerlicht. Als oberstes und verbindliches «Dogma» sollte bei einer Trennung für Paare mit Kindern deshalb gelten, dass Kinder unter dem Auseinandergehen so wenig wie möglich leiden. Trotz der verständlichen Versuchung sollte der bleibende Elternteil über den weggegangenen nicht schlecht reden. Sich verletzt fühlende Exfrauen oder -männer dürfen auf keinen Fall ihre Kinder dazu benützen, um die Gegenseite mit ihrem Hass fertig zu machen oder einen Sorgerechtsentzug zu erwirken. Es braucht viel innere Größe, um den Kindern ehrlich zu gestehen, dass und warum man sich auseinander gelebt hat, und das alles ohne den anderen schlecht zu machen. Vieles werden Kinder erst später begreifen. Aber sie sind jetzt schon dankbar, wenn die Scheidung mit möglichst wenigen Beschuldigungen gelingt. Ältere Jungen und Mädchen sollten sich im Fall einer Trennung entscheiden dürfen, bei wem sie bleiben möchten. Diese Entscheidung liefert oft für einen Elternteil ein böses Erwachen. Bis zu diesem Termin war er sich der Zustimmung seines Kindes sicher. Auch da gilt es wieder, menschliche Reife zu zeigen und nicht Hass zu sähen.

Das Wechselmodell

Etwa fünf Prozent der getrennten Eltern praktizieren das bewährte, sogenannte Wechselmodell, bei dem das Kind abwechselnd eine Woche bei der Mutter, dann eine Woche beim Vater verbringt. Damit wird das Problem umgangen, das viele Scheidungskinder erleben, nämlich am Wochenende den Superpapa und während der Woche die gestresste Mutter. Der US-Forscher Robert Bauserman von der Gesundheitsbehörde in Maryland hat 33 Studien ausgewertet und kam zu dem Ergebnis, dass bei dem Wechselmodell die Vorteile überwiegen (Focus 42/2005). Diese Kinder zeigten ein stabileres emotionales und soziales Verhalten und bessere Schulergebnisse als andere Scheidungskinder. Die Eltern fühlen sich gleichberechtigt, gehen freundlicher miteinander um und die Kinder müssen nicht Partei ergreifen.

Halbgeschwister fühlen sich besonders dann zusammengehörig, wenn sie gemeinsame Erlebnisse miteinander teilen. Eltern sollten ihnen deshalb besonders viel Zeit widmen und gemeinsame Rituale suchen, wie Picknicks oder besondere Mahlzeiten, Feste, Wochenenden und Urlaub.

Um Eltern von ihren durch unsere westliche Kultur verursachten Schuldgefühlen zu entlasten, ist ein Blick über den Tellerrand unserer Lebensweise hilfreich. Nur in einem Fünftel der menschlichen Kulturen gelten unsere Familienmaßstäbe.

Teil 4
Elternkurse

4.1

Erziehungsberatung

Immer mehr Eltern sind ratlos. Meistens haben sie sich bewusst für ein Kind entschieden, haben es gewünscht, herbeigesehnt und geplant. Und wenn es endlich da ist, behandeln sie ihr Kind zunächst mit aller Liebe und Fürsorge, zu der sie fähig sind. Nicht viel später sind sie entsetzt über die respektlosen Reaktionen dieses kleinen, ihnen anvertrauten Wesens. Es schreit, quengelt, stiehlt die Nachtruhe, ist frech und gehorcht ganz und gar nicht. Alles ist so anders als in ihrer Phantasie. Plötzlich müssen erwachsene Menschen, die bereits gezeigt haben, dass sie sich in ihrem Beruf durchsetzen und behaupten können, um ihre Autorität bei Kleinkindern kämpfen. Ihr Weltbild steht Kopf. Es ist nicht nur die große Enttäuschung darüber, dass ihr eigenes Kind ihre liebevollen Bemühungen mit Füßen tritt und sich weder um das elterliche Vorbild noch um das elterliche Befinden schert, sondern es ist diese massive nervliche und seelische Belastung, die Eltern an den Rand des Zusammenbruchs führt. Knallhart erfahren sie, dass sie nicht wissen, wie sie mit ihrem Kind umgehen sollen. Sie wissen nicht viel über Erziehung und über die Entwicklungsstufen ihres Kindes. Was sie lesen und hören, klingt oft höchst widersprüchlich.

Moderne Eltern lehnen die veralteten, harten und autoritären Erziehungsregeln ihrer Vorfahren mit Recht ab. Dieser Trend wird durch verschiedene Studien belegt. So wurden im Rahmen der Kampagne ‹Mehr Respekt vor Kindern› 6000 Eltern, Kinder und Multiplikatoren in der Familien- und Jugendarbeit über den Erziehungsalltag in Deutschland befragt. Festgestellt wurde, dass sich in den letzten Jahren das Leitbild einer gewaltfreien Erziehung immer mehr durchgesetzt hat und dass eine wachsende Zahl von Eltern auf körperliche Strafen verzichtet. Noch 1996, so ein Ergebnis der Studie, empfanden zwei Drittel der Eltern leichte Körperstrafen als legitim, heute sind es weniger als die Hälfte. Die ‹leichte Ohrfeige› hielten 1996 noch achtzig Prozent für vertretbar und mit dem Recht vereinbar, heute sind es sechzig Prozent.

Diese veränderte Erziehungsauffassung fand auch in einem neuen Gesetz ihren Niederschlag.

> **«Kinder haben ein Recht auf gewaltfreie Erziehung. Körperliche Bestrafungen, seelische Verletzungen und andere entwürdigende Maßnahmen sind unzulässig» (§ 1631, II BGB).**

Seit 1.1.2001 besitzt jedes Kind das Recht auf eine gewaltfreie Erziehung und somit auf ein Leben ohne physische und psychische Gewalt. Mit diesem gesetzlich verankerten Anspruch der Kinder reagierte der Gesetzgeber auf einen Bewusstseinswandel in der Gesellschaft. Bei diesem Denkansatz geht es nicht mehr um Sanktionen und Diskriminierung, sondern um Angebote für Erziehende, mit denen ihre erzieherische Kompetenz gestärkt und die Werthaltungen und Einstellungen zum Kind in Richtung Stärkung der Persönlichkeit und Förderung des Sozialverhaltens verändert werden sollen, was das Entstehen vieler Konfliktpotenziale bereits im Ansatz verhindert.

Aus diesem Grund wurden in 36 Orten 500 Vor-Ort-Aktionen durchgeführt. Außerdem nutzten 20.000 Mütter und Väter Kurse, Workshops und Seminare zum Thema Erziehung, die im Rahmen der Kampagne ‹Mehr Respekt vor Kindern› angeboten wurden.

Zahlreiche Studien belegen es: Alle Formen von Gewalt in der Erziehung, seien es Ohrfeigen oder Schläge, haben, je öfter sie vorkommen, umso negativere Folgen für die Entwicklung eines Kindes. Körperliche Strafen bewirken nicht – oder nur kurzfristig – das Verhalten, das die Erziehenden sich wünschen, schaden aber dem Kind. Eine Erziehung, die ein Kind verletzt, wird ihr Ziel nie erreichen.

Mit Hilfe von Gewalt erzogene Kinder entwickeln häufig ein geringes Selbstwertgefühl, leiden unter Ängsten oder Zwängen, werden selbst gewalttätig oder reagieren mit Schlafstörungen, Bettnässen und Lernstörungen.

Gewaltfrei soll sie also sein, die Erziehung, darüber besteht eine große Übereinstimmung. Aber wie diese nun funktionieren soll, das ist das große Rätsel, vor dem viele Eltern stehen. Unterschiedliche, sich teilweise widersprechende Rezepte und Konzepte geistern durch Presse und Medien. Zwischen drei und fünf Millionen Zuschauer schalten wöchentlich die «Super Nanny» bei RTL ein, schauen freiwillig zu, wie «Super-Katja» und «Super-Nadja» kreischenden, spuckenden, schlagenden Kindern und ihren überforderten Eltern den Weg ins geregelte Familienleben zu weisen versuchen – Kindererziehung als Kampfeinsatz (Thimm, 2005). Die hohen Zuschauerzahlen täuschen darüber hinweg, dass diese Erziehungsshow eine der umstrittensten Sendungen im deutschen Fernsehen ist. Der Kinderschutzbund wendet ein (www.kinderschutzbund-nrw.de), die Serie «Die Super Nanny» werde weder in ihrer Form noch in ihren Inhalten dem Bedürfnis nach Unterstützung bei der Erziehung unter Beachtung der Kinderrechte und der Menschenwürde gerecht. Kritisiert bzw. hinterfragt werden die Vorbereitung der Familie auf die Filmarbeit, der zeitliche Rahmen bei der Fernsehaufzeichnung, die Beteiligung der Familienmitglieder beim zu lösenden Problem, die selektive Darstellung von Familie und die Missachtung der Privatsphäre, die Botschaft der Serie und das theoretische Erziehungsmodell, die Handlungen und das Vokabular.

Die ehemalige Familienministerin Renate Schmidt schlug in dieselbe Kerbe, als sie im März 2005 im Magazin «Stern» folgende Meinung über die RTL-Sendung «Super Nanny» vertrat: «Ich habe genau eine Folge gesehen und schaue sie mir nie wieder an. Was passiert mit den vorgeführten Kindern, wenn sie am nächsten Tag in den Kindergarten oder die Schule gehen? Wem sind die ausgesetzt? Jedes Kind hat seine eigene Würde. Die wird durch solche Sendungen in einem Ausmaß verletzt, das nicht hinnehmbar ist.» Des weiteren schilderte sie noch ihre Meinung über die Einstellung der Menschen in Deutschland zu den Müttern. Schmidt, die mit 17 Jahren zum ersten Mal schwanger wurde, möchte heutzutage keine junge Mutter sein. ‹Wenn sich eine Frau mit drei Kindern in Amerika um einen Job bewirbt, denkt der Personalchef: Die engagiert sich auf jeden Fall, die bringt was mit, die kann organisieren, die wollen wir. Bei uns fragt er: Wie wollen Sie das machen? Und wenn die Kinder krank werden?

Natürlich widersprach der RTL-Kommunikationsdirektor M. Kons kurz nach Veröffentlichung des Interviews der Ministerin und verteidigte die Super Nannys mit ihrer intensiven, professionellen und einfühlsamen Art, die Familien helfen, wieder glücklich und harmonisch unter einem Dach zusammenzuleben. Er stellte auch klar, dass immer wieder Eltern um die Hilfe einer Super Nanny bitten, Eltern die vorher bei Beratungsstellen gewesen seien und dabei nicht weiter gekommen seien. RTL betonte zudem, dass die BBC in Großbritannien für das Format «Supernanny» gerade die höchste Fernsehauszeichnung, den «Royal Television Society Award» erhalten habe.

Für die Zuschauer ist es auf jeden Fall wichtig zu beachten, dass es einem privaten Sender naturgemäß mehr um die Einschaltquote, als um die Hilfe für die gezeigten Personen gehen muss. Es ist inzwischen bekannt, dass es ein Heer an Psychologen gibt, die ihr Geld mit der Betreuung von Talk-Show-Opfern verdienen. Über die weitere Betreuung der in den Reality-Shows gezeigten Familien ist bisher nichts bekannt geworden.

Kontroverse hin oder her, eines macht der Erfolg der Sendung deutlich: Es gibt eine große Sehnsucht nach einfachen Rezepten. So gerne wollen Eltern ihre Kinder ohne Schimpfen, Schreien und Ausrasten erziehen, aber es gelingt ihnen nicht. Folge: Der Markt für Elternkurse steigt täglich.

Die bekanntesten Erziehungskurse wurden wissenschaftlich auf ihre Wirkung untersucht. Die Auswertung der Datenlage ergibt kurz gefasst folgende überraschenden Erkenntnisse:

■ Eltern haben – anders als vor allem Verhaltensgenetiker früher immer wieder behauptet haben – einen enormen Einfluss auf die Entwicklung ihrer Kinder.

■ Es lässt sich ziemlich genau bestimmen, worin eine gute und effektive Erziehung besteht.

■ Eltern können diese effektive Erziehung lernen.

> **Methoden, die helfen, Streit und Stress weitgehend aus dem Familienalltag zu verbannen, kann sich grundsätzlich jeder aneignen, sofern er Liebe und Anteilnahme als Grundvoraussetzung mitbringt. Wichtig ist den Zwangsprozess des ewigen Strafens durch ein Anreizsystem für erwünschtes Verhalten zu ersetzen.**

Kaum ein Verhaltensforscher bestreitet heute mehr die Funktion der Familie als Schmiede der Persönlichkeit.

Zwar gibt es kein Geheimrezept, das Ihnen garantiert aus jeder erzieherischen Notlage heraus hilft, aber es gibt doch die berechtigte Hoffnung, dass Sie mit Hilfe der erprobten Erziehungsregeln, Ihre Handlungskompetenz erweitern und in vielen Erziehungssituationen mit diesem Wissen im Hinterkopf eher mit Gelassenheit reagieren. Bei vielen Erziehungsproblemen spielen unbewusste Faktoren eine große Rolle. Deshalb ist es ein großes Anliegen von Erziehungskursen, unbewusste Verhaltens- und Reaktionsweisen zuerst einmal bewusst zu machen, um sie dann durch stete Beobachtung und Übung zu verbessern. Immerhin verändern rund 70 Prozent der Eltern nach einem guten Training dauerhaft ihr Verhalten (Kucklick, 2002). Forscher halten die Wirksamkeit von Elternausbildung für inzwischen so hinreichend belegt, dass sie vorschlagen, in Zukunft solche Kurse bereits an Schulen anzubieten, spätestens aber werdenden Eltern während der Schwangerschaft. Das könnte langfristig Verhaltensstörungen, Kriminalität und Schulproblemen vorbeugen.

Noch immer sind Liebe und Vorbild die besten Voraussetzungen zur gesunden Entwicklung eines jungen Menschen. Mit einer vertrauensvollen Bindung an eine Bezugsperson lassen sich viele Probleme verhindern. Liebe allein reicht allerdings nicht aus, um sich im Erziehungsdschungel zurecht zu finden.

An den Universitäten hat sich die pädagogische Psychologie als Wissenschaftszweig etabliert. Es wird geforscht und evaluiert, wie sich die verschiedensten Erziehungsstile auf die Entwicklung von Kindern auswirken. In einem gewissen Rhythmus pendeln die pädagogischen Theorien von einem Extrem ins andere. Die Thesen reichen von «Erziehung bringt nichts, Kinder entwickeln sich sowieso wie ihre Peer-Group» bis zu man sollte «Kinder gegen ihren Willen festhalten».

Erziehungsberatung gehört in Deutschland zu den ältesten Formen institutioneller Beratung und kann inzwischen auf rund hundert Jahre Erfahrung zurückblicken (Vossler, 2005). Die ersten Institutionen wurden auf private Initiative von Medizinern in deutschen Großstädten eingerichtet. Die damaligen Pädagogen hatten als wichtigstes Erziehungsziel die Anpassung eines Kindes an die gegebene Ordnung, wobei systematisches und gewaltsames Strafen üblich war. Eltern standen damals noch nicht vor der Frage, welche Erziehung denn nun die richtige sei. Sie konnten viel stärker auf ihre Erfahrungen in der Großfamilie und auf Familientraditionen zurückgreifen und sich gewiss sein, dass das gesamte gesellschaftliche Umfeld mit ihnen an einem Strang zieht und dieselben Erziehungsziele verfolgt. Durch die fortschreitende Industrialisierung und Urbanisierung vergrößerten sich die Städte und breite Bevölkerungsschichten waren von Wohnungsnot und Verelendung bedroht. Dazu kam die Entwicklung der Humanwissenschaften und der Psychoanalyse, welche die Überzeugung stärkten, dass Beratung Einfluss auf normabweichendes Verhalten nehmen könnte. Zur Zeit des Nationalsozialismus wurde die Erziehungsberatung ganz im Sinne der ideologischen Ziele von Staat und Partei systematisch gleichgeschaltet und funktionalisiert. Kurz nach dem Krieg war der Wiederaufbau der Erziehungsberatungsstellen in Deutschland wieder von politischen und gesellschaftlichen Aufträgen mitbestimmt. Gemäß dem Vorbild der US-amerikanischen «child guidance clinics» wurden in Großstädten Beratungsstellen mit multidisziplinärem Team eingerichtet, mit denen die Besatzungsmacht im Sinne der Reeducation-Bemühungen Einfluss auf das deutsche Erziehungswesen nehmen wollte. Kriegsbedingte Schwierigkeiten wie eine Million Kriegswaisen, schwierige familiäre und materielle Verhältnisse, überfüllte Kindergärten, fehlende Lehrer usw. setzten Menschen besonderen Belastungen aus. Der einsetzende Wiederaufbau und die Modernisierungsprozesse führten zu neuer Orientierungssuche und zu einem steigenden Beratungsbedarf. Bereits damals wurde ein Werteverfall in der Gesellschaft konstatiert.

Auf diesem Hintergrund war der Gesetzgeber daran interessiert, das institutionalisierte Beratungswesen auszubauen. Heute werden die Erziehungsberatungsstellen in der Bundesrepublik sowohl von öffentlichen als auch von freien Trägern unterhalten, in denen Fachkräfte aus unterschiedlichen Fachrichtungen wie Psychologie, Sozial- bzw. Heilpädagogik, Pädagogik und Medizin in einem multidisziplinären Team zusammenarbeiten.

Offenkundig haben sich die Lebensbedingungen der Kinder und Jugendlichen in den letzten hundert Jahren verbessert. Dennoch haben sich die Beratungsfälle nach der amtlichen Kinder- und Jugendhilfestatistik in Deutschland zwischen 1991 und 2003 mehr als verdoppelt. Gemäß den gesellschaftlichen

Veränderungen haben sich auch die Themen der Beratung verändert. So nimmt vor allem die Beratung bei Trennung und Scheidung einen immer breiteren Raum ein. Heute spricht man von Multiproblem-Familien, bei denen Schwierigkeiten in vielen Bereichen gleichzeitig vorliegen. Als Ursache dieser Entwicklung wird in den Sozialwissenschaften die Dynamik des Wandels unserer Lebensgewohnheiten genannt, die inzwischen fast alle Lebens- und Gesellschaftsbereiche erfasst hat.

Das sind einige Gründe für die allgemeine Verunsicherung von Eltern bei ihrer Erziehungsarbeit. Deshalb versuchen sie von überall her, Hilfe zu holen.

Wirksamkeit von Erziehungsratschlägen

In Analogie zu einer Aufgabenstellung, mit der sich Ernst Pöppel, Professor für medizinische Psychologie an der Universität München, beschäftigt hat, stellt sich die Frage: Warum bringen die vielen wohlgemeinten Erziehungsratschläge so oft nicht den gewünschten Erfolg? Es liegt an der nicht gehirngemäßen Darstellung und Darbietung dieser Ratschläge. Unser Gehirn erinnert sich nämlich am besten an Dinge, welche im visuellen oder episodischen Gedächtnis (und nicht im Faktengedächtnis) verankert wurden. «Das visuelle oder episodische Gedächtnis veranlasst den Menschen sein Verhalten zu ändern», sagt Ernst Pöppel. 50 Prozent aller sinnesverarbeitenden Nervenzellen in der Großhirnrinde sind mit den visuellen Informationen beschäftigt und schaffen so das sogenannte bildhafte oder episodische Gedächtnis. Erst wenn etwas Gesehenes oder selbst Erlebtes uns berührt, findet es Zugang ins bildhafte Gedächtnis, dann aber auf Anhieb (Psychologie heute, 04/2006). Das Faktengedächtnis braucht dem gegenüber die Wiederholung, um Fakten dauerhaft zu verankern. Wenn wir also oft gesagt bekommen, warum und wie wir konsequent bleiben, Grenzen setzen, bei Stress ruhig bleiben und nicht schlagen oder schreien sollen, so bleibt sicherlich einiges davon in unserem Faktengedächtnis – doch es wird nicht im bildhaften Archiv unserer persönlichen Erinnerungen abgelegt. Unser ganzes Wissen über Erziehung bleibt dann so abstrakt in unserem Gehirn, als habe es nichts mit uns persönlich zu tun. Folglich resultiert daraus auch keine Verhaltensänderung. Unsere Gefühle müssen mit angesprochen werden. Um dies zu gewährleisten etablierten sich eine ganze Reihe von Elternkursen, teilweise mit wissenschaftlicher Begleitung. In letzter Zeit vervielfachte sich die Anzahl der Elternbildungsangebote. Je nach Ausgangslage ist es wirklich sinnvoll, solch ein Angebot zu nutzen. Man sollte sich jedoch, bevor man solch einen Kurs besucht, der kosten- und zeitaufwändig sein kann, genau über die Inhalte und Zielsetzung informieren. Wichtig für das Gelingen und für die Nachhaltigkeit ist die innere Einstellung der Teilnehmer. Sie müssen mit der Absicht kommen, an ihrem Erziehungsverhalten etwas verändern zu wollen. Die Kursleiterin muss als glaubwürdiges Modell der vorgestellten Methode wahrgenommen werden. Wenn sie selbst ständig erzählt, wie sehr ihr eigenes Erziehungsbemühen versagt hat, wird sie unglaubwürdig und ihre Theorie wird keine Früchte tragen. Die Teilnehmer sollten nach einer gewissen Anwärmzeit offen über ihre Schwierigkeiten reden und bereit sein, ihr Thema in einem Rollenspiel aufzuarbeiten. Die vorgestellten Verbesserungsmethoden werden zu Hause ausprobiert und in der nächsten Kurssitzung miteinander besprochen. Es lohnt sich, all diese schwierigen Hürden zu nehmen und sich zu überwinden, etwas Schmerzhaftes aus seinem Privatleben preiszugeben. Der Lohn besteht zunächst darin zu hören, dass andere Eltern ebenfalls schwerwiegende Probleme haben, aber er besteht auch darin, wirkliches Handwerkszeug vorgestellt zu bekommen, um die nächste Krisensituation zu bewältigen oder gar zu verhindern.

Bevor nun die bekanntesten der derzeitig angebotenen Elterntrainings mit ihren Inhalten und Zielen vorgestellt werden, soll zunächst in einem separaten Kapitel das Basiswissen über die wichtigsten Eckpfeiler einer guten Erziehung vermittelt werden.

4.2
Die fünf Säulen der Erziehung

Um Eltern auf der Suche nach der richtigen Erziehung zu unterstützen, hat ein Forschungsprojekt an der Fachhochschule Köln fünf Dimensionen eines entwicklungsfördernden sowie eines entwicklungshemmenden Erziehungsverhaltens herausgearbeitet (Tschöpe-Scheffler, 2003). Die Wissenschaftler wollten keine Erziehungsregeln oder Rezepte für den Umgang mit schwierigen Kindern aufstellen, sondern Strukturelemente aufzeigen, mit deren Hilfe, Eltern ihr Verhalten und ihre Einstellung zum Kind überprüfen können. Dabei werden auch altbekannte Eckpfeiler einer guten Erziehung wieder in Erinnerung gerufen.

Wenn Eltern folgende fünf Grundbedingungen erfüllen, dann haben sie das richtige Fundament für eine gute Erziehung gelegt.

Entwicklungsförderndes Verhalten

■ Emotionale Wärme

Emotionale Wärme ist die wichtigste aller Voraussetzungen für eine gelingende Erziehung. Eltern können ihre Zuneigung in vielen verschiedenen Situationen durch ihre Präsenz und ihre echte Anteilnahme zum Ausdruck bringen. Sie zeigen ihr Interesse an den Erlebnissen des Kindes und geben Trost bei den verschiedensten Kümmernissen. Durch Lächeln und eine zugewandte Haltung äußern sie ihre Sympathie und durch Körperkontakt (jedoch keinem erzwungenen!) ihr Wohlwollen. Mit Freundlichkeit schaffen sie eine wohltuende Atmosphäre.

Unter der Überschrift: «Früher Stress bremst das Gehirnwachstum» zitiert Walter Braun in seinem Artikel (Psychologie heute 11/2004) Studien, die nachweisen konnten, dass Liebe nicht nur die emotionale Reifung prägt, sondern auch die Gehirnstruktur beeinflusst. Wissenschaftler fanden bei rumänischen Waisenkindern ein «schwarzes Loch», wo normalerweise der orbitofrontale Kortex sein sollte, also der Teil des Gehirns, der für die Entwicklung von Empathie und die Verarbeitung von Emotionen, für die Erfahrung von Schönheit und Genuss sowie die Fähigkeit, klug mit anderen umzugehen, zuständig ist. Freundliches Lächeln, Augenkontakt und das Gefühl, umsorgt zu sein, erzeugen Wohlbehagen und setzen gleichzeitig in einem Gehirnbereich Hormone frei, der sich in den ersten Jahren formt und für eine reife Sozialentwicklung entscheidend ist. Je mehr positive soziale Interaktionen stattfinden, umso besser vernetzt ist der präfrontale Kortex. Eine Studie an der Universität Wisconsin konnte beweisen, dass die Art und Weise, wie Menschen auf Stress reagieren, bereits im Kindesalter festgelegt wird. Babys, die vom gestressten oder depressiven Müttern aufgezogen wurden, waren später überdurchschnittlich anfällig, auf schwierige Situationen mit massiver Ausschüttung von Stresshormonen zu reagieren. Kinder, welche vergleichbare Situationen erst in der späteren Kindheit erlebten, zeigten nicht solch überstarke Reaktionen.

Damit ist die Frage beantwortet, ob man ein hilflos schreiendes Baby hochnehmen sollte oder nicht. Es ist eine unbestrittene Tatsache, dass Babys ihren eigenen Stress nicht abbauen können. Das Fazit aus den aktuellsten Erkenntnissen kann nur lauten, dass ein Baby in den ersten Lebensjahren eine Person braucht, die ihm vertraut ist, die spürt, wie es dem Kind geht, die es anlächelt und zärtlich zu ihm ist.

■ Achtung und Respekt

Eltern anerkennen die Entwicklungsfortschritte ihres Kindes. Sie tun das nicht nur durch ihr stummes Wahrnehmen, sondern durch verbales Lob und durch ihre anerkennende Mimik. Sie bringen ihm Wertschätzung entgegen und geben ihm eine positive Rückmeldung zu seinem Tun. Diese Wertschätzung kann sich auf die verschiedenste Weise ausdrücken, indem ein vom Kind gemaltes Bild aufgehängt wird, eine Bastelei einen Ehrenplatz in einer Vitrine bekommt oder ein Flötenvorspiel mit Beifall belohnt wird. Eltern spenden so viel Lob wie möglich und helfen, wo immer es nötig ist. Sie haben Respekt vor der Persönlichkeit und den Leistungen ihres Kindes, erklären altersgemäß alles, was das Kind weiterbringt, unterstützen es, seine Wahrnehmungen richtig zu bewerten und einzuordnen, und nehmen sich Zeit für die Belange ihres Kindes.

■ Kooperation

Eltern sollten so oft wie möglich versuchen ihr Kind zur Kooperation zu bewegen. Kooperation heißt hier: miteinander handeln, verhandeln und aushandeln, einverstanden sein, die Meinung des anderen akzeptieren. Kooperation steht im Gegensatz zu der früheren Tradition von «Befehl und Gehorsam», als nur das Wort des Erwachsenen galt und ein Bestandteil der autoritären Erziehung war. Dieser oft verheerend wirkende Erziehungsstil ist glücklicherweise überholt. Heute wollen Eltern vor ihrer Handlung das Einverständnis ihres Kindes einholen. So entsteht gegenseitiges Vertrauen. In diesem Punkt hat sich die Erziehung im letzten Jahrhundert am meisten gewandelt. Die Kommunikation zwischen Eltern und Kindern hat sich geändert. Bei der Kooperation beteiligt der Erziehende sein Kind altersangemessen an der Entscheidung. Der Erwachsene erklärt seinen eigenen Standpunkt und bezieht die Meinung seines Kindes in die Entscheidungsfindung mit ein. Kooperation hat aber auch Grenzen. Verständnisvolle Eltern, welche ihre Kinder kooperativ erziehen wollen, übersehen manchmal, dass sie ihr Kind sehr überfordern. So können Verkäufer Geschichten erzählen, wie 3-jährige Kinder beim Schuhe kaufen gefragt werden, ob sie den oder jenen Schuh bevorzugen, statt dass Eltern darauf achten, dass sie einen für den kindlichen Fuß anatomisch passenden Schuh auswählen. Ein so kleines Kind kann diesen Weitblick noch nicht haben. Kooperation muss also altersgemäß und sinnvoll sein.

■ Struktur und Verbindlichkeit

Schon Babys brauchen einen strukturierten Tagesablauf, denn er gibt ihnen den notwendigen Halt und die Sicherheit im Leben. Wenn Eltern gewisse Reihenfolgen einhalten, lernt schon das Baby, was als nächstes drankommt. Gute Gelegenheiten, um Rituale einzuüben, bieten sich beim Aufwachen, beim Füttern, beim Wickeln, Spielen, Spazieren gehen und beim Einschlafen. Machen Sie die Routine dadurch noch deutlicher, dass Sie alles, was Sie gerade tun, Ihrem Baby erklären. Zum Beispiel: «Jetzt hebe ich dich aus deinem Bett», «jetzt ziehe ich dir die Strampelhose aus», «jetzt wechsle ich dir die Windeln» usw. Auch wenn das Baby die Worte noch nicht versteht, bemerkt es mit der Zeit an der Art und Weise, wie Sie mit ihm sprechen und was als Nächstes kommt. Kinder brauchen klare Regeln. Sie müssen die Erfahrung machen, dass die Einhaltung dieser Regeln auch eingefordert wird. Deshalb ist eine konsequente Erziehung so wichtig für sie. Wenn sie keine Konsequenzen erleben, halten sie sich künftig auch an keine Regeln mehr. Sie brauchen Regeln, um Orientierung in ihr Leben zu bringen. Das spätere Leben fordert ebenfalls die Einhaltung von Regeln, und selbst der eigene Körper bleibt nur gesund, wenn gewisse Grundregeln eingehalten werden. Diese Regeln werden bei regelmäßiger Anwendung zu Ritualen und Gewohnheiten und erleichtern damit den Eltern die Erziehung und dem Kind die Orientierung. Es macht Erfahrung mit der Verlässlichkeit seiner Eltern und dadurch wird wiederum das Vertrauen gefestigt. Das gibt Handlungssicherheit und Selbstvertrauen. Leider ist gerade dieser wichtige Pfeiler einer guten Erziehung in vielen Familien verloren gegangen.

■ Allseitige Förderung

Um Kinder in jede mögliche Richtung zu fördern, sollten Eltern eine anregungsreiche Umgebung anbieten. Gedacht ist dabei u. a. an ein freundliches, fantasievolles Kinderzimmer mit altersgemäßen Spielsachen und eine kinderfreundliche Wohnung. Noch wichtiger ist allerdings der fördernde Umgang mit dem Kind, der die Neugierde und Wissenslust des Kindes unterstützt. Leider besitzen viele Kinder heutzutage eher zu viele als zu wenige Spiele und Spielsachen. Oft gehören ihnen Spiele, von denen ihnen noch nie jemand die Spielregeln erklärt hat. Oder Spielzeug wird geschenkt, aber es gibt niemanden, der sich die Zeit nimmt, mit den Kindern zu spielen.

Außerdem fördern Sie ihr Kind, wenn Sie Fragen über Lebens- und Weltzusammenhänge geduldig beantworten.

Besuche von Kinderveranstaltungen, wie z. B. Kindertheateraufführungen, Kindermusicals, Opern, Besuche in der Bibliothek usw., dienen ebenfalls der Förderung.

Das Kind sinnliche Erfahrungen machen zu lassen und darüber zu sprechen sind weitere Bausteine der Förderung. Dazu dient Wissen in Form von Büchern, Filmen oder einem Museumsbesuch. Viele Museen haben sich heutzutage speziell auf die jungen Besucher vorbereitet.

Auch Tage der offenen Türe bei Betrieben erweitern den kindlichen Horizont.

Um das entwicklungsfördernde Verhalten noch deutlicher heraus zu arbeiten, wird im Folgenden erklärt, mit welchem Verhalten Eltern die Entwicklung ihres Kindes behindern oder aufhalten können.

Entwicklungshemmendes Verhalten

Emotionale Kälte und emotionale Überhitzung

Emotionale Kälte spüren zu müssen, ist eine schlimme Erfahrung für Kinder. Desinteresse an den Belangen der Kinder, Distanz, Vermeiden von Körperkontakt sind Zeichen emotionaler Kälte. Kinder spüren, wenn sie ignoriert werden, wenn Erwachsene sich unfreundlich abwenden und eine zurückweisende Haltung einnehmen. Solche psychischen Tragödien können sich beispielsweise bei unglücklich verlaufenden Scheidungen oder Trennungen abspielen. Kinder fühlen sich dann selbst im Zentrum des Geschehens. Geht ein Elternteil aus der Familie fort, fühlt das Kind sich verlassen. Es können sich sogar Schuldgefühle beim Kind aufbauen, die suggerieren, Vater oder Mutter seien nur wegen ihm weggegangen. Solche Schuldgefühle können sich im Inneren verheerend auf die Seele und die Entwicklung des jungen Menschen auswirken. Eltern, die sich trennen, müssen ihren Kindern ganz klar machen, dass sie nicht schuld sind an der Trennung, dass es Unstimmigkeiten zwischen den Eltern sind, die zum Auseinandergehen führten. Väter oder Mütter sollten Kinder auch nicht nach einem für die Kinder so wichtigen gemeinsamen Wochenende mit dem weggegangenen Elternteil ausfragen. Solches Nachhaken zwingt ein Kind zum Lügen, weil es merkt, dass es nur Negatives über den Weggezogenen erzählen darf. Kinder gelangen so in ein psychisches Dilemma, vor dem verantwortungsbewusste Eltern sie leicht bewahren können.

Fast genauso schädlich wie die emotionale Kälte ist die emotionale Überhitzung, die sich in Überbehütung und Einengung zeigt. Solchen Kindern werden eigenständige Erfahrungen verwehrt, weil die Eltern überängstlich sind. Sie dürfen sich kaum alleine beschäftigen und keinen Schritt unbeaufsichtigt vor die Haustüre machen. Mütter mit diesem Erziehungsverhalten werden typischerweise als «Glucken» bezeichnet. Durch diese Art der Erziehung werden Kinder sehr abhängig und man kann geradezu von einer fürsorglichen «Belagerung» sprechen. Natürlich gehören Kinder beaufsichtigt, doch bei der emotionalen Überhitzung handelt es sich um die übertriebene und überängstliche Aufsicht, die auch das Kind überängstlich und unselbständig machen kann.

■ Missachtung

Kinder, deren Persönlichkeit und Verhalten ständig missachtet wird, die erniedrigende Kommentare über ihr Aussehen oder ihre Handlungen erdulden müssen, deren Zeichnungen, Basteleien und sonstige Fortschritte dauernd abgewertet und gering geschätzt werden, leiden selbstverständlich sehr unter dieser Missachtung. Bloßstellende Äußerungen vor anderen, die Eltern unbewusst manchmal entschlüpfen, gehören in dieses Ressort. Durch den dadurch ausgelösten psychischen Druck versuchen Erwachsene, Kinder in ihre Zielvorstellungen zu zwängen. Das Nörgeln und die negative Rückmeldung ersticken aber das kindliche Selbstvertrauen im Keim. Dauernder Tadel und destruktive Strafe entmutigen jedes Kind. In einer Atmosphäre der Demütigung durch Diskriminierung, sowie unnötiger Beschimpfungen und Beleidigungen kann kein Kind gedeihen. Missachtung ist eine Vernachlässigung der seelischen Grundbedürfnisse eines Kindes. Folge einer derartigen Erziehungspraxis sind Minderwertigkeitsgefühle und Versagensängste.

■ Dirigistisches Verhalten

Manche Eltern möchten ihr Kind dauernd steuern. Sie können den eigenen Willen des Kindes kaum aushalten oder dulden. Sie geben ihm keine Gelegenheit Verantwortung einzuüben, was wiederum zur oben erwähnten Überbehütung führt. Durch die ständige Kontrolle des Verhaltens und durch unsinnige Verbote untergraben sie die Entfaltung ihres Kindes. Ihre Kommunikation läuft über Befehle, Vorgaben und Anordnungen. Der kindliche Freiraum wird eingeschränkt und sie werden dauernd fremdbestimmt. Kinder können so keine eigene Persönlichkeit entwickeln. Unternehmungen werden häufig gegen den Willen des Kindes durchgesetzt. Durch strenge Kontrolle, angedrohten Liebesentzug und durch viele Verbote schränkt der Erwachsene das eigenständige Denken und Handeln und damit die Entfaltungsmöglichkeit des Kindes ein. Seine Argumente werden von vornherein nicht in Betracht gezogen. Ihm wird wenig zugetraut, Kreativität wird ihm nicht ermöglicht. Es erhält keine Gelegenheit, Verantwortung zu übernehmen. Auf diese Weise nimmt sich das Kind selbst als inkompetent und unfähig wahr.

■ Chaos und Beliebigkeit

Erzieherinnen erzählen, dass immer mehr Kinder keine regelmäßigen Essens- und Schlafenszeiten mehr haben. Die Kinder kommen müde in den Kindergarten, ihr Magen knurrt laut und sie stopfen in der Pause irgendwelche ungesunden Snacks und Süßigkeiten in sich hinein, weil gemeinsames Essen am häuslichen Esstisch ihnen fremd ist und sie zu Bett gehen, wann immer es ihnen gefällt.

Wenn der Erziehende unsicher und inkonsequent ist und aus einer gefühlten Ohnmacht heraus zum Nichtstun oder Geschehenlassen neigt, im nächsten Augenblick aber wieder fordernd und bestimmend reagiert, hat das Kind keine klare Orientierung. Es gibt für solch ein Kind weder ein Verlassen auf die Reaktion seines Erziehers noch auf eine geregelte Tagesstruktur. Grenzen werden beliebig gesetzt und wieder aufgehoben, auf ihre Einhaltung wird keinen Wert gelegt. Genauso widersprüchlich sind die emotionalen Reaktionen, denen das Kind ausgesetzt ist. Mal erlebt es Nähe und Kontakt, dann grundlos Ablehnung und Unnahbarkeit. Mit einem derartigen Erziehungsstil kann ein Kind kein Vertrauen zu Menschen entwickeln. Es wird selbst unberechenbar in seinen Reaktionen und hat große Schwierigkeiten, Freunde zu finden.

■ Einseitige (Über-)Förderung und mangelnde Förderung

Überehrgeizige Eltern können auch zu viel des Guten tun, ohne sich dessen bewusst zu sein. Meist hat der Erzieher ein ehrgeiziges Ziel. Legendär sind die berühmt-berüchtigten Eislaufmütter. Das Kind soll dadurch zu einer übertriebenen, ihm nicht gemäßen Leistung angehalten werden. Eltern, welche ihr Kind von einem Kurs zum nächsten kutschieren und einen Terminplan für all die Aktivitäten ihres Kindes brauchen, stehen in der Gefahr, ihr Kind einseitig zu überfordern, aber auch zu über-fördern. Es ist wichtig, dass Kinder ihre Begabungen selbst entfalten dürfen und nicht von außen gezwungen und gedrängt werden. Denn häufig baut sich bei solchen Kindern ein regelrechter Hass auf ihre Eltern oder auf die von ihnen verlangte Tätigkeit auf.

Andererseits werden einem Kind bei einer mangelnden Förderung wichtige Welt- und Lebenszusammenhänge vorenthalten. In einer sehr anregungsarmen Umgebung und mit Erwachsenen, welche die Lernbegierde des Kindes nicht unterstützen, kann die Entwicklung eines Kindes weitgehend gehemmt werden.

■ Gewalt in der Erziehung

Erziehungsmaßnahmen mit psychischer und physischer Gewalt mit Schlägen, stundenlangem Schweigen oder Wegsperren sind inzwischen erfreulicherweise verpönt. Dennoch kommen sie in den Familien noch vor und viele Eltern betrachten körperliche Züchtigungen immer noch als normales Erziehungsmittel. Fest steht, dass eine Erziehung mit Gewalt und übertriebener Strenge bei den geschlagenen Kindern eine Bereitschaft zur Gewaltausübung fördert. Kurz zusammengefasst bedeutet elterliche Gewaltanwendung, dass Eltern Aggressionen oder Fehlverhalten ihres Kindes selbst durch eine «Aggression» bestrafen. Als Begründung geben sie an, dass sie nur so ihrem Kind das Einhalten von Regeln beibringen können. Doch was lernt es in Wirklichkeit daraus? Es lernt, dass Gewalt zum Ziel führt. Es lernt sich zu fügen und Angst vor den Eltern zu entwickeln oder es kalkuliert die Strafen in sein Verhalten einfach ein. So können Strafen nicht nur die Beziehung zu den Eltern, sondern auch die Persönlichkeit des Kindes zerstören.

Ein Kind wird durch extreme Gewalteinwirkung in seiner Selbstachtung und in seinem Selbstbewusstsein gebrochen. Es kann dadurch später auffällig aggressiv oder unsicher werden. Psychische Gewalt wird häufig so subtil angewendet, dass sie sogar für die Eltern selbst nicht als Gewalt wahrgenommen wird. So beschreibt eine Mutter ihren Erziehungsstil selbst stolz als gewaltfrei, während ihr Sohn erzählt, dass seine Mutter als Erziehungsmaßnahme manchmal tagelang nicht mehr mit ihm spricht, wenn sie mit seinem Verhalten nicht zufrieden ist. Er leidet sehr unter dieser Erziehungsmaßnahme. Strafe ist ihrem Wesen nach auf Diskriminierung ausgerichtet und wendet sich gegen das Selbstwertgefühl des Bestraften.

Da Eltern, ob sie wollen oder nicht, ein Vorbild für ihre Kinder sind, wird auch das Bestrafen und die Aggression eine Vorlage für ihr späteres Verhalten. Falls Eltern sich verbal gegen Gewalt aussprechen, sie familienintern aber anwenden, lernen Kinder daraus, dass Menschen, welche die Macht haben, Gewalt auszuüben, diese auch ausüben werden, und dass man ihren Worten nicht trauen darf. Ein Erziehungsstil, der überwiegend aus Bestrafung besteht, weckt bei Kindern vielleicht zunächst Widerstand, mit dem sie aber, als von den Eltern Abhängige nicht durchkommen. Solche Kinder können schwerlich Selbständigkeit und Selbstsicherheit entwickeln.

Wie ein Kind eine Ohrfeige oder Schläge erlebt, kann man am besten nachvollziehen, wenn man sich auch als Erwachsener in die Lage des Kindes hineinversetzt und sich vorstellt, wie es ist, von seiner wichtigsten Bezugsperson, von der man auch noch abhängig ist, eine körperliche Züchtigung zu erfahren. Körperliche Bestrafungen sind auch seelische Verletzungen und damit keine geeigneten Mittel zur Erziehung. Sie sind entwürdigend und können einen Teufelskreis der Gewalt in Gang setzen. Gewalt ist ein gelerntes Verhalten, das von Generation zu Generation weiter gegeben werden kann. Es ist wissenschaftlich erwiesen, dass bei selbst erlittener Gewalt Jugendliche und Erwachsene sehr viel häufiger dazu neigen, selbst Gewalt anzuwenden, als gewaltfrei erzogene Menschen. Der Verzicht auf Gewalt in der Erziehung ist deshalb ein Beitrag dazu, den Frieden in der Welt zu fördern.

4.3
Triple P

Manchmal geraten Eltern mit ihren Kommunikationsabläufen und wieder-
holten Erziehungsschwierigkeiten in eine Sackgasse, aus der sie sich selbst
nicht mehr befreien können. Sie suchen nach einer Möglichkeit, ihre Kinder
gewaltfrei zu erziehen und trotzdem ihre Erziehungsziele zu erreichen. Das
erscheint mitten in einem Konfliktknäuel oft wie das Durchschlagen des
berühmten gordischen Knotens.

Inzwischen hat der Elternkurs Triple P einen großen Bekanntheitsgrad
erreicht. Wir wollen hier klären, was sich hinter diesem Markennamen genau
verbirgt.

Die Kurzbezeichnung Triple P bedeutet «Positive Parenting Program»
(siehe auch www.triplep.de) und ist in Australien von Matthew Sanders und
seiner Arbeitsgruppe in langjähriger Forschung an der Universität Queens-
land, Brisbane, bei der Behandlung von schwer verhaltensgestörten Kindern
entwickelt worden. Triple P ist ein Präventionsprogramm zur Unterstützung
von Familien bei der Erziehung von Kindern im Alter von 2 bis 12 Jahren.

Er wird in allen großen Städten von privaten Anbietern oder Institutionen
wie der Caritas oder von Volkshochschulen angeboten. Die theoretischen
Grundlagen basieren auf sehr verschiedenen Ansätzen, einem systemtheoretischen Ansatz, das heißt die Familie wird als System gesehen, dessen Mitglieder
sich gegenseitig und das ganze System beeinflussen, einem kommunikationstheoretischen Ansatz nach Paul Watzlawik und einem gesprächstherapeuti-
schen Ansatz, der auf C. Rogers gründet. Es finden sich in diesem Konzept
auch Prinzipien der humanistischen Psychologie von Thomas Gordon und
Inhalte der Individualpsychologie von Alfred Adler und von anderen.

Es soll nicht verschwiegen werden, dass Triple P in Deutschland kontrovers
diskutiert wird, um nicht zu sagen, umstritten ist. Kritisiert wird das rigide
Konditionierungsprogramm mit gezieltem Lob, Punktekarten und Belohnungen für Wohlverhalten und sofortige Konsequenzen für Fehlverhalten. Tatsächlich lässt dieses Konzept für Spontaneität und Einfühlungsvermögen in

kindliche Motive wenig Spielraum und erfordert von Müttern und Vätern eine große Selbstdisziplin. Wenn sie in ihrem Kursbuch blättern, finden sie dort Checklisten, Aktivitätspläne und Verhaltenskurven. Sie werden dazu angehalten, ihr Kind distanziert zu sehen und zu behandeln. Das ist nicht jedermanns Sache, hat aber ganz sicher dort seine Berechtigung, wo bereits massive Verhaltensauffälligkeiten das Zusammenleben schwer bis unerträglich machen.

Andererseits erhoffen sich manche Eltern konkrete Empfehlungen und Handlungsanweisungen nach Kochbuch-Art. Durch den Kurs verändert sich besonders die elterliche Wahrnehmung. Plötzlich stellen Eltern fest, dass sie ihrem Kind besonders dann Zeit widmen, wenn es nervt und mit den Füßen stampft, und dass es dann sogar spielen darf, statt sich an den Tisch zum Mittagessen zu setzen. Nun wundern sie sich auch nicht mehr, dass sie es waren, die genau dieses Verhalten verstärkt und belohnt haben. So können sie mit dem Verhaltenstagebuch lernen, die Negativspirale zu stoppen und umzudrehen. Durch den Perspektivenwechsel bekommen sie ganz neue Erkenntnisse. Zuvor waren sie gefangen in ihrem ständigen Streit und sahen keinen Ausweg mehr. Durch Punktesammeln belohnt, ziehen sich die Töchter Alexa und Julia mit ihren 5 und 7 Jahren plötzlich ganz alleine an und sitzen morgens ohne Murren und ohne Verspätung am Frühstückstisch. Selbst der «Stille Stuhl» wird von den Kindern akzeptiert. «Ich bin so nervös, ich muss dringend auf den «Stillen Stuhl», stell gleich mal den Timer auf 5 Minuten» hat Alexa kürzlich ihre Mutter aufgefordert. Auch Grundschullehrer, selbst ohne Kinder, haben diesen Kurs schon absolviert und davon profitiert. Schauen wir ihn uns nun genauer an.

Von der Qualität des kontrollierten und inzwischen international verbreiteten Programms überzeugt führte Prof. Dr. Kurt Hahlweg, Technische Universität Braunschweig, Triple P Ende der 90er Jahre in Deutschland ein. Auch hier zeigte sich die hohe Wirksamkeit von Triple P.

Unterrichtet wird der Kurs ausschließlich von ausgebildeten und lizensierten Trainern, die alle zwei Jahre an einem Auffrischungskurs teilnehmen müssen. Triple P bietet in Deutschland den Elternkurs als Präventionsmaßnahme zur Unterstützung bei der Kindererziehung an.

Triple P basiert auf den folgenden Grundforderungen:

- Sorge für eine sichere und interessante Umgebung
- Schaffe eine positive und anregende Lernatmosphäre
- Verhalte dich konsequent
- Erwarte nicht zuviel von dir und den Kindern
- Beachte auch deine eigenen Bedürfnisse

Die Ziele des Kurses werden so beschrieben:

- Verhinderung von Problemen in emotionalen, verhaltens- und entwicklungsbezogenen Bereichen

- Förderung der Entwicklung, Gesundheit und sozialen Kompetenz der Kinder

- Verhinderung von Missbrauch und Gewalt gegen Kinder

- Schaffung einer gewaltfreien, schützenden und fördernden Umgebung der Kinder

- Ersetzung von ungünstigen Erziehungspraktiken durch Erziehungskompetenz

- Vergrößerung der Zuversicht und Zufriedenheit in der Familie

- Steigerung der Unabhängigkeit und des Wohlergehens von Familien

Diese Ziele sollen in 8 Wochen erreicht werden. Angefangen wird mit vier wöchentlichen zweistündigen Gruppensitzungen und anschließend folgen vier zwanzigminütige individuelle Telefonkontakte. Eine Gruppe besteht aus fünf bis zwölf Elternpaaren und einem Trainer mit möglichst einem Co-Trainer.

In den verschiedenen Sitzungen werden mit Rollenspielen, mittels Videoaufzeichnung, Gesprächen und Erzählungen die Grundprinzipien positiver Erziehung eingeübt, Ursachen kindlichen Verhaltens erklärt, systematische Verhaltensbeobachtung gelernt. Später steht die Entwicklung positiver Beziehungen zu Kindern auf dem Stundenplan. Das nächste Mal wird besonders das Problemverhalten von Kindern beleuchtet und in der letzten Sitzung werden Risikosituationen und Überlebenstipps für Familien behandelt.

Erster Schritt – Beobachten und Zählen

Beobachtet wird das tatsächliche Tun, das erwünschte und das unerwünschte Verhalten. Gezählt wird, wie oft ein Kind etwas Bestimmtes tut. Wenn man gestresste Eltern nach dem Verhalten ihres Kindes fragt, erhält man oft eine unklare Beschreibung: «Irgendwie ärgert er mich jeden Morgen beim Anziehen» oder «er schafft es, dass jedes Einkaufen im Chaos endet» oder «bei jedem Gespräch mit einem Bekannten gibt es ein Geschrei». Es wird zuerst die Wirklichkeit ins Visier gerückt. Was läuft genau ab? Beschreiben Sie die Szene von Anfang bis Ende. Wie oft schreit das Kind? Wie oft nimmt es Sachen weg? Wie sieht die Störung genau aus? Wichtig ist dabei auch die Beobachtung des eigenen Verhaltens. Wie verhalte ich mich, während mein Kind das tut? Schreie ich es an? Mache ich böse Bemerkungen? Lasse ich es links liegen? Ziehe ich es weg oder lächle ich es an? Streichle ich es? Gebe ich ihm ein zustimmendes Zeichen? Zum Beobachten und Zählen gehört es auch, positive Dinge wahrzunehmen, nicht nur am Negativen hängen zu bleiben. Was macht mein Kind gut? Wie oft? Wie reagiere ich darauf?

Zweiter Schritt – Benennen

Es wird wieder mit ganz konkreten Beispielen geübt. Nicht: «Norman, benimm dich ordentlich», sondern «Norman, hör auf, deinem Bruder den Traktor wegzunehmen», oder «Alessa, lass die Nathalie auch mitspielen.» Bereits wenn man auf diese Weise spricht, verschwinden viele Probleme, weil das Kind plötzlich weiß, was es genau tun oder unterlassen soll. Mit Anweisungen wie: «Sei höflich», «Sei anständig» usw. versteht es nicht genau, was gemeint ist. Diese Aufforderungen sind zu vage und unklar. Um ein kleines Kind effektiv anzusprechen, ist es notwendig, sich auf Augenhöhe mit ihm zu begeben, weil es sich sonst nicht angesprochen fühlt. Außerdem sollten die Worte ruhig, langsam und deutlich ausgesprochen werden.

Eltern berichten von sensationellen Überraschungen bei den Reaktionen ihres Kindes, wenn es auf diese Art und Weise angesprochen wird. Diese Methode ist so einfach und wirkungsvoll, dass sich Eltern nach den ersten Erfolgen fragen: Warum bin ich darauf nicht selbst gekommen. Die Empfehlungen zur Verhaltensänderung der Eltern wirken auf den ersten Blick oft viel zu simpel. Umso größer ist das Erstaunen, dass sie wirklich positive Ergebnisse bringen. Viele Eltern fragen sich in solch einem Kurs, wo denn die Probleme sind, wenn das Erziehen so einfach ist.

Die Schwierigkeit liegt in der Praxis. Das selbst in der Kindheit Erlebte und nun bei der eigenen Erziehung wieder eingesetzte falsche Kommunikationsverhalten muss ersetzt werden durch diese neuen Regeln. Besonders schwierig wird dieses neue Verhalten eben genau in emotional belasteten Situationen. Deshalb ist es notwendig, die neue Beobachtungs- und Sprechweise jeden Tag von neuem in den unterschiedlichsten Situationen einzuüben. Man darf, wenn das Kind einen Zornausbruch hat, nicht mit der alten Routine reagieren. Wer das schafft, trägt viel zu einer ruhigeren Atmosphäre in der Familie bei.

Dritter Schritt – Loben und Belohnen

Gewünschtes Verhalten wird durch lobende Worte und zustimmende Gesten kommentiert und damit gefördert, nicht übertrieben, aber konsequent. In diesen Kursen wird immer wieder überraschend festgestellt, wie selten Eltern loben und damit positive Verstärkung geben. Dabei wirkt das oft wie ein Wunder. Den Eltern ist dieses Verhalten allerdings nicht bewusst. Sie haben kein Problem mit dem Lob, aber sie setzen es nicht ein, wie man an Videosequenzen aufzeigen kann. Viele sind selbst mit strafenden Erziehungsmaßnahmen aufgewachsen und sind daher gewohnt, mit Verboten und Maßregelungen zu reagieren.

Ein Ziel von Triple P ist jedoch genau dies: Zwangsprozesse in Belohnungs-prozesse verwandeln. Auch Loben muss in solch einem Fall geübt werden. In einem Rollenspiel sollte eine Mutter ihre Tochter loben. Sie schaute die Zeich-nung ihrer Tochter lange an und presste dann heraus: «Das hast du ja ganz schön gemalt, aber zeig mir mal die Zeichnung von Kathrin.» Klar, dass da noch Übungsbedarf zum passenden Loben besteht.

Manchmal äußern Teilnehmer der Kurse die Sorge, dass sie durch die starke Vorgabe und die straffe Struktur zu stark gegängelt würden und auf ihre spezi-fischen Bedürfnisse keine Rücksicht genommen würde. Diese Sorge ist unbe-gründet, weil die Erfahrung gezeigt hat, dass sich Eltern von allen angebote-nen Methoden diejenigen heraussuchen, die ihnen entsprechen und die bei ihnen funktionieren. Da dies in jeder Familie andere Maßnahmen sind, indi-vidualisiert sich die Triple-P-Methode von alleine.

Vierter Schritt – Strategien

Die Strategien im Umgang mit Problemverhalten stoßen am meisten auf Widerspruch. Verzicht auf Sätze wie: «Wenn du dich nicht schnell genug anziehst, darfst du heute Abend nicht fernsehen» oder «Wenn du deinen Bru-der noch einmal schlägst, darfst du nicht mit zum Tierpark.» Strafandrohun-gen mit Wenn-Dann-Sätzen sind die häufigsten und beliebtesten letzten Waf-fen von Eltern – und bringen meist nicht das erhoffte Resultat, sondern enden meist in einem Gezeter. Triple P empfiehlt statt dessen «logische Konsequen-zen». Max streitet sich mit Ina um das Fernsehprogramm – also bleibt der Fernseher aus. Felix will sich nicht anziehen, also geht er im Schlafanzug in den Kindergarten. Nicht reden: tun. Diese Methode hat tatsächlich eine Kehr-seite. Kinder lernen schnell und durchschauen Eltern oft schneller als diese ahnen. Vielleicht lernt das Kind seine Eltern zu manipulieren. Es empfiehlt sich also, diese Methode nicht zu oft, nicht zu stur und vor allem nicht un-überlegt einzusetzen.

Die Methoden «Stiller Stuhl» bzw. «Auszeit» sind die letzten Mittel beim Umgang mit einem widerspenstigen Kind. Kinder, die sich absolut nicht beru-higen oder gehorchen wollen, können je nach Alter für zwei bis zehn Minuten in eine Ruhezone zum Abkühlen. Diese Maßnahme soll Brüllen und Schlagen ersetzen. Faustregel für den «Stillen Stuhl» bzw. die «Auszeit»: Das Kind muss so viele Minuten ruhig sein, wie es alt ist, also ein vierjähriges Kind muss 4 Minuten auf den «Stillen Stuhl» sitzen bzw. in sein Zimmer gehen, ein sechs-jähriges sechs Minuten usw. Mit diesen Maßnahmen sollen weitere Eskalatio-nen verhindert werden. Wie sehr diese Methoden wirken, wird mir immer wie-der voller Erstaunen von Eltern berichtet. Meiner Erfahrung nach kann man sie anwenden, bis das Kind zwölf oder dreizehn Jahre alt ist. Es hat sich bewährt, ab dem siebten Lebensjahr zu Hause den «Stillen Stuhl» durch die «Auszeit» zu ersetzen. Das Zimmer sollte allerdings karg eingerichtet sein, am besten nur Bett und Stuhl enthalten. Das Kind soll sich ja wirklich beruhigen und mit sich und der Sache beschäftigen und nicht mit einem Fernsehprogramm oder einem Computerspiel. Ich persönlich finde es auch nicht gut, ein Kind in die Toilette einzusperren. Weder die Toilette als Ort, noch das Einsperren als Methode ist meines Erachtens notwendig. Wenn Sie anfänglich mit sehr kurzen Zeiten das «Abkühlen lassen» üben, geht das Kind auch später ohne Murren in sein Zimmer und bleibt die vereinbarten Minuten dort. Das geht auch mit dem Timer. Man kann bereits kleinen Kindern klar machen, dass es sich um keine Strafmaßnahme handelt, sondern um eine Maßnahme, die dem Kind hilft, mit den eigenen Gefühlen und Gedanken klar zu kommen.

Selbst in Grundschulklassen machen Lehrer gute Erfahrungen mit dem «Stillen Stuhl». Eine «Auszeit» ist hier nicht möglich, da kein Kinderzimmer zur Verfügung steht.

Ein Grund für den Erfolg von Triple P ist sicher die Tatsache, dass Kinder das Verhalten der Eltern oft nachahmen. Eltern, die schreien, werden angeschrieen; wenn Kinder geschlagen werden, dann schlagen sie auch selbst; wenn Eltern strafen, werden sie selbst von ihren Kindern bestraft.

In dem Artikel «Was ist die ideale Erziehung?» schreibt Christoph Kucklick (GEO, 04/2002): Eltern «prosozialer» Kinder unterscheiden sich von anderen nicht dadurch, dass sie liebevoller oder strenger oder motivierender sind. Sie erziehen anders, weil sie all dies gleichzeitig sind: zugeneigter und strikter und fördernder. Sie schenken viel Liebe; sie setzen klare Regeln und bestehen konsequent auf deren Einhaltung und sie fördern die Persönlichkeit und die Kreativität ihres Kindes. Diesen Erziehungsstil nennt man autoritativ. Autoritative Eltern sind keine Übermenschen. Sie reden viel und ermuntern zum Reden. Sie unterscheiden streng zwischen Verhalten und Persönlichkeit. Sie beantworten nie schlechtes Benehmen mit Angriffen auf die Person. Sie verlangen von ihren Kindern ein hohes Maß an Kooperation und angemessenen sozialen Umgangsformen. Diese Mischung aus Anspruch und Anteilnahme macht autoritativ erzogene Kinder lebenstüchtiger. Sie verfügen über ein größeres Selbstbewusstsein, sind seltener depressiv, ängstlich oder aggressiv, sie absolvieren die Schule meist ohne Probleme und konsumieren kaum Drogen.

Zur weiteren Untermauerung des oben Gesagten zitiere ich Herrn Professor Dr. Urs Fuhrer von der Otto-von-Guericke-Universität in Magdeburg (Fuhrer, 2007). Er beschreibt den erwähnten Erziehungsstil so: «Autoritative Eltern kombinieren Herzenswärme und Liebe mit der Förderung des kindlichen Autonomiestrebens, und all das geschieht innerhalb klar definierter, der Entwicklung des Kindes angemessener Grenzen, auf deren Einhaltung konsequent bestanden wird. [...] Autoritativ erzogene Kinder verfügen im Vergleich zu Kindern, deren Eltern andere Erziehungsmuster ausüben, über das höchste Maß an geistigen und sozialen Kompetenzen und zeichnen sich durch das geringste Problemverhalten aus. Wenn diese Kinder ins Jugendalter kommen, zeigen sie ein hohes Selbstwertgefühl, vielfältige soziale Fertigkeiten, besitzen hohe moralische Haltungen, zeigen eine hohe Hilfsbereitschaft und die besten Schulleistungen.»

Erziehungsfehler

Unüberlegte Belohnung

Wenn ein Kind zum Beispiel wütend wird, um einen Wunsch durchzusetzen, und die Eltern geben ihm stattdessen Süßigkeiten oder ein Spielzeug, um es von seiner Wut abzulenken, belohnen sie unbewusst sein Verhalten. Das Kind wird später wieder einmal einen Wutanfall bekommen, um einen Wunsch durchzusetzen. Langes Diskutieren ist auch ein Fehler, denn es schenkt Aufmerksamkeit und ist deshalb eine Art von Belohnung, die das Kind immer wieder einfordern wird.

Killerbotschaften

Beleidigende Äußerungen schwächen das Selbstwertgefühl des Kindes und lösen Widerstand oder Wut aus. Es muss Eltern immer darum gehen, erwünschtes Verhalten zu verstärken, nie darum, die Persönlichkeit ihres Kindes anzugreifen.

Eskalation

Kinder lernen sehr schnell, dass sie durch eine Änderung ihres Verhaltens einen Wunsch durchsetzen können. Sie müssen etwa nur lauter schreien oder heftiger stampfen und die Eltern erfüllen ihren Wunsch. Damit wird das Fehlverhalten des Kindes belohnt, auch dann, wenn Eltern hinterher schimpfen oder beleidigt sind.

Ineffektive Anweisungen sind

- zu viele Anweisungen auf einmal – Kinder können nicht gleichzeitig mehrere Anweisungen (die sich möglicherweise noch widersprechen) befolgen.

- Anweisungen zur falschen Zeit – Eine Anweisung erfolgt beispielsweise, während ein Kind gerade einen spannenden Film sieht.

- überfordernde Aufträge – Ein dreijähriges Kind soll die Spülmaschine ausräumen, obwohl es dazu noch nicht in der Lage ist.

- zu ungenaue Anweisungen – Die Anweisung lautet: «Sei nicht so albern.» Das Kind weiß dann nicht, was es tun soll.

- wirkungslose Strafandrohungen – Die Strafe wird nur angedroht, aber nicht ausgeführt. Kinder lernen schnell, die Androhung zu ignorieren, wenn keine Kontrolle folgt.

- im Zorn erteilte Strafen – Eltern können im Zorn ihre eigene Kontrolle verlieren und dem Kind Schaden zufügen.

- stimmungsabhängige Strafmaße – Kinder wissen nie, woran sie sind, wenn sie etwas angestellt haben. Mal gibt es für eine Kleinigkeit zwei Wochen Fernsehverbot und mal für ein schlimmeres Delikt nur eine kleinen Denkzettel.

4.4

Starke Eltern – Starke Kinder

Der Elternkurs «Starke Eltern – Starke Kinder» (SESK) hat einen hohen Bekanntheitsgrad erreicht und wird in Deutschland in den meisten Städten vom Kinderschutzbund angeboten. Die Grundlagen dieses Kurses wurden vom damaligen Direktor Toivo Rönkä des Finnischen Kinderschutzbund entwickelt und in den 80er Jahren den Eltern angeboten. Die jetzige Kurskonzeption wurde später von Paula Honkanen-Schoberth und Lotte Jennes-Rosenthal vom Aachener Kinderschutzbund durch Anpassung an deutsche Verhältnisse entwickelt und erprobt. Die vielen positiven Erfahrungen bei der Arbeit mit den Eltern führten zur Erstellung eines Handbuches und zur Ausbildung von Multiplikatorinnen, die dann wiederum Elternkurse auf der Basis des Handbuches durchführen. So wurden die Kurse auf Bundes-, Länder- und kommunaler Ebene weiter verbreitet. Inzwischen werden sie auch von Familienbildungseinrichtungen und Volkshochschulen als zertifizierte Kurse mit eingetragenem Markenzeichen angeboten.

Die theoretischen Grundlagen dieses Kurses sind verschiedenen psychologischen Schulen entnommen (Tschöpe-Scheffler, 2003). So beinhaltet er einen systemtheoretischen Ansatz, das heißt er berücksichtigt die Familie als System, einen kommunikationstheoretischen Ansatz nach Paul Watzlawick, gesprächstheoretische Ansätze nach C. Rogers, Prinzipien der humanistischen Psychologie nach Thomas Gordon, Elemente aus der Individualpsychologie von Alfred Adler und familientherapeutische Konzeptionen nach S. Minuchin und de Shanzer u. a.

Die Rahmenbedingungen der Elternkurse SESK sind standardisiert vorgeschrieben und in allen Kursangeboten gleich bleibend. Dadurch wird die hohe Qualität des Angebots sichergestellt. Ein Elternkurs umfasst 8 bis 12 Kurseinheiten und mindestens 16 Stunden. Es ist also nicht möglich, den Kurs an einem Wochenende zu absolvieren. Die Gruppengröße darf 16 Teilnehmer nicht übersteigen. Die Teilnahme ist grundsätzlich freiwillig und kann nicht angeordnet werden. Bei jeder Kurssitzung gibt es einen Theorie-

und einen Praxisteil mit anschließender Wochenaufgabe, bei welcher Eltern bestimmte Verhaltensweisen bei ihrer Erziehung erproben oder beobachten sollen.

Paula Honkanen-Schoberth nennt als Leitziele des Elternkurses die Stärkung der Erziehungskompetenz der Eltern, die Stärkung des Selbstvertrauens der Eltern, die Verbesserung der Kommunikationsfähigkeit, die Verhinderung von psychischer und physischer Gewalt, die Thematisierung der Rechte und Bedürfnisse von Kindern und die Stärkung der Mitbestimmungsmöglichkeiten der Kinder im Familiensystem (Honkanen-Schoberth, 2002). Wichtig ist ihr der Blick auf die vorhandenen Ressourcen von Eltern und Kindern und nicht auf ihre Fehler und Defizite.

Inhalt

Das Erziehungsmodell ist in fünf aufeinander aufbauende Stufen gegliedert:

- Klare Werte – Welche Erwartungen haben Eltern an sich und an ihre Kinder?

- Klare Identität des Erziehenden – Kenne ich mich selbst?

- Stärkung des Selbstvertrauens durch Übungen – Wie kann ich meinem Kind helfen?

- Klarheit in der Kommunikation – Wie muss ich sprechen, damit mein Kind mir zuhört? Wie muss ich zuhören, damit mein Kind mit mir spricht?

- Fähigkeit zur Problemlösung und Verhandlungskompetenz – Wie lassen sich die Bedürfnisse der Eltern und der Kinder abgleichen?

Die Gespräche, Überlegungen und Übungen in den Kleingruppen bleiben nicht auf die übergreifenden Themen fixiert, sondern orientieren sich an allen Belangen des Alltags.

Die 12 Abende stehen jeweils unter einem Leitgedanken, der durch einen Vortrag, durch Rollenspiele und Gruppenarbeit vertieft wird.

1. Abend: Achte auf die positiven Seiten des Kindes!

2. Abend: Vorbild dringt tiefer als Worte!

3. Abend: Zum Wachsen braucht man Anerkennung, Liebe und Vertrauen!

4. Abend: Wenn du dich verstecken willst, verstecke dich nicht zu gut, irgendwann musst du dich selbst wieder finden!

5. Abend: Sprache schafft Wirklichkeit!

6. Abend: Hör dem Kind mehr zu, dann verstehst du es besser!

7. Abend: Keiner kann für den anderen dessen emotionale Probleme lösen!

8. Abend: Alle Gefühle als solche sind erlaubt und akzeptiert!

9. Abend: Verändere zuerst dein Verhalten und erwarte nicht, dass der andere den ersten Schritt tut!

10. Abend: Je mehr Macht du in einer Konfliktsituation anwendest, desto weniger bleibenden positiven Einfluss hast du auf den anderen!

11. Abend: Wenn man Beschlüsse, die einen selbst betreffen, mitentscheiden kann, ist man auch eher bereit, sie einzuhalten!

12. Abend: Wenn du es eilig hast, mach einen Umweg!

Der Ablauf der einzelnen Abende wird jeweils von der Bedürfnisstruktur der Eltern, von der Flexibilität und Erfahrung der Kursleiterin mitgestaltet.

Sigrid Tschöpe-Scheffler (2003) hat mit ihrem Erziehungsteam Elternkurse und Elterntrainings wissenschaftlich durchleuchtet, sie auf den Prüfstand gestellt und kann mit dem positiven Prüfergebnis Eltern ermutigen, einen Elternkurs zu besuchen. Nach intensiven Tiefenbefragungen von Eltern und Kindern stellte sie eine signifikante Verbesserung der Erziehungskompetenz der Teilnehmer fest.

Nach den 12 Abenden können Eltern nachweisbar besser unterscheiden, welche ihrer Erziehungsmaßnahmen zur physischen oder psychischen Gewalt führen und damit einen Eingriff in die Integrität ihrer Kinder darstellen. Deshalb versuchen Kurseltern auf das als entwicklungshemmend erkannte Verhalten, wie Ohrfeigen, Beschimpfung, Beleidigung, Demütigung und autoritäres dirigistisches Verhalten zu verzichten.

Eine wichtige Voraussetzung für ein erfolgreiches Elterntraining ist die Zuversicht der Eltern in ihre eigene Entwicklungs- und Erziehungsfähigkeit. Aber der Erfolg im Training ist noch keine Garantie für einen Erfolg im Alltag. Es gibt auch Kinder, welche im Aufmerksamkeitstraining sehr gute Ergebnisse hatten, aber nicht den entsprechenden Erfolg in der Schule. Es scheint Eltern auch leichter zu fallen ihr entwicklungshemmendes Verhalten zu erkennen und langsam abzubauen, als ein entwicklungsförderndes Verhalten anhaltend stabil aufzubauen. Loben, Verträge aushandeln, Kinder in Entscheidungen mit einzubeziehen, Grenzen setzen und konsequent bleiben, fällt Eltern in der Realität des Alltags wesentlich schwerer als in der geschützten und beobachteten Zeit des Kursbesuches. Entlastend wirkt auf Eltern auf jeden Fall die Botschaft, dass sie nicht perfekt sein brauchen, dass es reicht, eine hinreichend gute Mutter oder ein hinreichend guter Vater zu sein.

Falls Sie sich schon mit dem Gedanken tragen, einen Elternkurs SESK mitzumachen und Ihnen nur noch ein kleiner Anstoß dazu fehlt, möchte ich

Ihnen diesen geben. Machen Sie den Kurs mit, Sie werden es nicht bereuen und am Ende erstaunt sein, wie viel man als Eltern noch dazu lernen kann. Ein weiterer Gesichtspunkt ist die Tatsache, dass starke Kinder in der Regel clean bleiben, das heißt später nicht zu Drogen o. ä. greifen. Sie betreiben mit diesem Kurs also auch eine Suchtprävention für Ihr Kind. Die Erfahrung lehrt, dass vor allem solche Kinder später suchtgefährdet sind, die in ihrer Kindheit vor allem Konsum und Passivität kennen gelernt haben. Ein weiterer Grund für Suchtgefährdung ist die mangelnde Kommunikationsfähigkeit. Auch diese wird in dem Kurs angegangen und in Übungen verbessert.

4.5
STEP – Das Elterntraining

Die vier Buchstaben stehen für »Systematic Training for Effective Parenting«. Das Konzept stammt aus den USA, wo es schon seit 30 Jahren erfolgreich angewendet wird. Mehr als 4 Millionen Eltern haben inzwischen STEP-Kurse besucht. Es gibt schon über 60 unabhängige Begleituntersuchungen aus Amerika, die signifikante Veränderungen im Elternverhalten nachweisen. In den USA wird Familien von straffällig gewordenen Kindern der Besuch eines STEP-Kurses gerichtlich verordnet. Seit dem Jahr 2000 gibt es das Elternhandbuch in deutscher Sprache. Es kam nach Deutschland durch die Düsseldorfer Schulpsychologin Linda Pliska. Gemeinsam mit den Lehrerinnen Roxana Petcov und Trudi Kühn übersetzte sie das Elternhandbuch und verbreitete STEP in eigenen Kursen. STEP bietet neben dem Kursmodell ein didaktisches Selbstlernkonzept mit Elternhandbuch und Video an, das man auch ohne Kursbeteiligung im Selbststudium erarbeiten kann. Das Trainerhandbuch ist nur ausgebildeten STEP-Trainern zugänglich.

STEP ist an Eltern, Alleinerziehende, Stief- und Pflegeeltern adressiert und an alle Personen, die sich beruflich mit Kindern beschäftigen.

STEP ist ein systematisches Training für Eltern, welche ihre Kinder zu kooperativen, selbstbewussten, verantwortungsvollen und glücklichen Menschen erziehen wollen. Wie sehr Mütter und Väter Unterstützung brauchen, zeigt sich immer wieder an den Kursabenden, wenn sie von ihren Chaostagen berichten. Sie berichten über Machtkämpfe, die sie regelmäßig verlieren, von fehlender Rücksichtnahme und Resignation und einer giftigen Atmosphäre in der Familie, in der jeder jeden anschreit. Was ist zu tun, wenn Kinder sich partout nicht anziehen wollen, wenn sie die Ohren auf Durchzug stellen, wenn sie maßlose Forderungen stellen und sich über nichts mehr freuen können? Eltern fühlen sich hilflos ihren Kindern ausgeliefert. Doch wenn Eltern aktiv werden müssen, gibt es viele Möglichkeiten des Einschreitens, nicht nur Schreien und Schimpfen. Sie bekommen bei STEP einen Leitfaden, mit dem sie jede Situation entschärfen können: Problemfrage stellen, zuhören, mit dem Kind Lösungswege suchen und einen davon in die Tat umsetzen. Zerreißproben wie exzentrische Schlaf- und Essgewohnheiten, Trotz, Zerstörungswut, Lügen, Angriffslust, Ungehorsam und vieles andere mehr können durch die STEP-Strategien wirksam angegangen werden, wenn Eltern das gesamte Arsenal möglicher Reaktionen kennen und im richtigen Augenblick die richtige Methode anwenden.

In den USA zählt STEP zu den führenden Elternkursen, in Deutschland wird er durch Klaus Hurrelmann, Professor für Sozial- und Gesundheitswissenschaften der Universität Bielefeld betreut. Er sagt: «Im STEP-Elterntraining findet sich vieles aus dem magischen Erziehungsdreieck (Anerkennung, Anregung, Anleitung) wieder. STEP setzt genau hier an. Man soll das Kind lieben, aber nicht erdrücken; man soll das Kind stimulieren, aber nicht jagen; und man soll das Kind führen, aber nicht gängeln, sondern stark machen. STEP ist ein zutiefst demokratisches und humanes Konzept. Es zielt darauf ab, Menschen unterschiedlicher Generationen feste und klar strukturierte Regeln für den Umgang miteinander an die Hand zu geben. Die Grundüberlegungen dahinter lassen sich aber auch auf Partnerbeziehungen übertragen. Eltern können das ‹Beziehungshandwerk› lernen. Durch die Teilnahme an STEP-Kursen verhalten sich Eltern effizienter und humaner.»

Der Kurs dauert 10 Abende à zwei Stunden. Anschließend werden Elternstammtische abgehalten. Eltern müssen Wochenaufgaben bewältigen und das Handbuch durcharbeiten. Kontakt: www.instep-online.de.

Eltern lernen im STEP-Kurs das Verhalten der Kinder aus einer neuen Perspektive zu betrachten und ändern dann bewusst ihre Reaktion und ihre Haltung. Sie lernen Kinder zu ermutigen, ihre Stärken zu fördern und ihre Bemühungen zu sehen und anzuerkennen. Sie lernen den Kindern richtig zuzuhören. Sie lernen ihre Kinder so zu unterstützen, dass sie selbst mit ihren Problemen fertig werden. Sie lernen, wie sie ihre Kinder zu einem kooperativen Verhalten anleiten können. Sie lernen, Disziplin sinnvoll und zuverlässig auszuüben und Grenzen so zu setzen, dass Kinder innerhalb dieser Grenzen Entscheidungsfreiheit bleibt. Sie lernen, Konsequenzen folgen zu lassen und dabei freundlich und bestimmt zu bleiben.

STEP ist leicht zu erlernen, das ist wie oben erwähnt, auch ohne Kurs nur mit Buch und Video möglich. Man kann es individuell in jeder Familie einsetzen und dem Alter der Kinder anpassen.

Die Pädagogin Trudi Kühn, Mitherausgeberin des STEP-Programms in Deutschland, sieht einen der größten Fehler in der Erziehung darin, dass Eltern zwischen zwei Erziehungszielen schwanken (Familie & Co, 5/2005). Mal sind sie autoritär und dann praktizieren sie wieder Laissez-faire. Dadurch verunsichern sie ihre Kinder und die Kinder spüren, dass ihre Eltern selbst unsicher sind und nützen das aus. Daraus resultieren fast alle Probleme der

Eltern. Sie sind sich oft nicht über ihr Handeln im Klaren und entscheiden einfach nach Tagesstimmung. Damit verwirren sie ihre Kinder. Dazu kommt die fälschliche Meinung vieler Eltern, dass sie mit ihrem notwendigen Nein-Sagen dem Kind ihre Liebe entziehen. Ein weiterer Fehler ist, dass Eltern oft überfürsorglich sind und dabei übersehen, wie wichtig es ist, Kindern mehr Freiräume zu gewähren, je älter sie werden. Auf die Frage von «Familie & Co» (5/2005) «Wenn Sie Eltern nur einen einzigen, wichtigen Rat geben dürften – welcher wäre das?», antwortete Trudi Kühn «Entscheidend in der Erziehung ist, die Kinder als eigenständige Wesen zu lieben und sie als solche wert-zuschätzen. Das tun wir, indem wir echtes Interesse an ihnen und ihrem Leben zeigen, sie liebevoll-konsequent auf ihrem Weg ins Leben mit Ermutigung, Grenzen und Regeln begleiten und sie aus den Folgen ihrer Entscheidungen lernen lassen: Wir geben Liebe, Freiräume und Orientierung.»

Die Inhalte des Kurses sind auf sieben Kapitel angelegt. In jedem Kapitel werden praktische Beispiele gegeben und theoretische Grundlagen erklärt. Karikaturen lockern den Text auf. Eltern erhalten Ratschläge für die Umset-zung der Kapitelinhalte.

Kapitel 1: Wir lernen, uns und unsere Kinder besser zu verstehen
Kapitel 2: Unsere persönlichen Wertvorstellungen, Überzeugungen und Gefühle
Kapitel 3 Wir ermutigen unsere Kinder und uns selbst
Kapitel 4: Wir hören unseren Kindern zu und reden mit ihnen
Kapitel 5: Wir helfen unseren Kindern zu kooperieren
Kapitel 6: Sinnvolle Disziplin
Kapitel 7: Was machen wir, wenn …?

Iris Mainka veröffentlichte in der ZEIT (2004, Nr. 44) einen Artikel mit dem Titel: Erziehen üben! Darin berichtete sie über Erfahrungen, die Mütter in Erziehungsseminaren machen. Unter anderem schrieb sie: «Ein Seufzer geht durch den Raum, und er besagt: Ach, wenn das alles im Alltag, unter Zeit-druck zwischen Arbeiten, Einkaufen, Wäschewaschen, Putzen, Hausaufgaben nur nicht so schwer wäre… Dieses ‹Wahlmöglichkeiten geben›; das Nachden-ken darüber, welches Ziel ein Kind mit seinem Verhalten verfolgt; das ‹aktive Zuhören›, das ‹Ermutigen›, anstatt zu loben; das geduldige ‹Erforschen von Alternativen›. Das sind nur einige der Handlungsoptionen, die Step empfiehlt. Sätze wie: Hast du schon wieder…; Kannst du nicht endlich mal…; Immer machst du…; Wenn du nicht… – Sätze, die man ebenso oft wie erfolglos auf seine Kinder nieder regnen lässt, gehören nicht in den virtuellen Koffer, den vorbildliche Eltern nach Auffassung der Step – Leute bereithalten sollten. Die-ser Koffer enthält im Übrigen ein Handwerkszeug, das sich für jede Art zwi-schenmenschlicher Beziehung eignet. Und manches kommt einem aus anderen Zusammenhängen bekannt vor. Kindererziehung nach Lehrbuch scheint gar nicht so anders zu funktionieren als, sagen wir, modernes Konfliktmanagement in der Chefetage.»

Teil 5
Die Grundschule

5.1
Der Übergang vom Kindergarten in die Schule

Eltern sehen dem Übergang ihres Kindes vom Kindergarten in die Schule mit gemischten Gefühlen entgegen, entweder weil sie selbst schlechte Erfahrungen mit dieser Institution gemacht haben oder einfach deshalb, weil damit ein sehr schöner Abschnitt im Leben von Eltern und Kind zu Ende geht. Eltern und Kind müssen Abschied nehmen von lieben Lebensgewohnheiten, von einer heilen Spielwelt, von Erzieherinnen, Spielkameraden und vertrauten Räumlichkeiten. Abschied nehmen kann schwer sein und der Schritt in die ungewisse Zukunft kann Ängste wecken. Die Kinder verlassen ihre Spielwelt und treten in eine für sie neue Lernwelt ein. Sie müssen sich methodisch und inhaltlich mit neuen Lehr- und Lernformen vertraut machen. Das wichtigste Ziel der Grundschulzeit ist die Vermittlung der Kulturtechniken Lesen, Schreiben und Rechnen. Dabei wird die Sprache zum wichtigsten Medium in der Kommunikation. Während im Kindergarten das spielerische Erproben und Lernen den Alltag bestimmt hat, wird der Unterricht in der Grundschule mit der Zeit immer stärker durch verbale Vermittlungsformen geprägt. Ein starker Einschnitt bedeutet für die Kinder auch der bisher nicht gekannte Sitzzwang. Damit einhergehend müssen neue Verhaltensregeln eingeübt werden, die manchen Kindern sehr schwer fallen. Besonders die sehr bewegungsfreudigen Kinder haben mit dieser neuen Herausforderung stark zu kämpfen. Die Lernphasen, in denen die Kinder auf ihrem Platz sitzen bleiben müssen, werden sukzessive verlängert. Gleichzeitig wird damit die Konzentrationsfähigkeit der Kinder gefördert und ein neues Hörverhalten gefordert. Nun müssen sie ihre Kontakt- und Äußerungswünsche während des Unterrichts zurückstellen und erhalten weniger Gelegenheiten, ihre Wünsche und individuellen Bedürfnisse spontan zu äußern und zu befriedigen.

Für Unruhe und Besorgnis sorgt bei manchen Kindern und deren Eltern die Bewertung ihrer schulischen Arbeiten. Sie müssen nun lernen, mit Lob und Kritik an ihren Bemühungen zurecht zu kommen. Oft wird diese Kritik auch falsch verstanden, besonders dann, wenn ein Kind bis dato nie korrigiert worden ist. Solche Kinder haben es dann auch schwer, sich mit vorgeschriebenen Aufgaben zu beschäftigen. Sie fühlen sich ihrer Freiheit beraubt und reagieren explosiv auf jede Form von Anweisungen. Hier gilt es, behutsam die richtige Weichenstellung für das zukünftige schulische Verhalten zu stellen, um das Kind nicht in eine bockige Abwehrhaltung hinein zu manövrieren.

Ganz unbewusst steigern sich nun die Erwartungen der Eltern an die Lern- und Leistungsbereitschaft ihrer Kinder. Natürlich spüren Kinder diese Veränderung und richten ihr Verhalten darauf aus. Die Leistungsbewertung kann das Verhältnis zwischen Kindern und Eltern in verschiedene Richtungen beeinflussen, je nachdem, ob eine positive oder negative Sichtweise zugrunde liegt. Gerade jetzt am Start in eine neue Lebenswelt ist es wichtig, dass sich Eltern nicht aufgrund von enttäuschten Leistungserwartungen von ihren Kindern abwenden. Dies schadet den Kindern in doppelter Hinsicht: Sie fühlen sich in der Schule minderwertig und zu Hause abgelehnt.

Mit der Schule beginnt für die Kinder ein neues Leben in einer neuen Gruppe, die jetzt Klasse heißt, in der sie ihren Platz erst finden müssen. Eltern können diesen Prozess sehr hilfreich begleiten.

5.2
Schulreife

Schulreife Kinder freuen sich häufig auf die Schule, weil es ihnen im Kindergarten inzwischen zu langweilig geworden ist. Sie möchten jetzt richtig lernen und empfinden es als lästig, wenn sie immer spielen «müssen» und von den Jüngeren genervt werden. Sie haben Unterschiedliches über die Schule gehört und verbinden dadurch schon im Vorfeld Freude oder Angst mit dieser Institution. Verstärkt werden diese Gefühle durch die Eltern, wenn sie schon im Voraus dauernd über die Schule reden. Besser ist es, die Kinder auf die Schule neugierig zu machen, ohne die Institution zu erwähnen.

Was ein Kind in der Schule leistet, hängt ganz wesentlich von seiner vorschulischen Entwicklung und seinen Erfahrungen in seiner Familie, im Kindergarten oder in der Vorschule ab. Bereits dort geschieht Grundlegendes für die Zukunft der Kinder. Es ist nicht die richtige Vorbereitung auf die Schule, wenn Eltern ihre Sprösslinge schon zum Lesen und Rechnen zwingen. Anders ist es, wenn Kinder aus eigenem Antrieb rechnen, schreiben und lesen möchten. Wenn Sie Kindern Anregungen vermitteln, die ihre Lust auf Neues wecken, dann geben Sie ihnen die beste Förderung.

Einem Bericht des National Center for Clinical Infant Programs (Goleman, 1997) zufolge hängt der Schulerfolg weniger vom Faktenwissen oder einer vorzeitigen Lesefähigkeit ab als von emotionalen und sozialen Fähigkeiten.

Das Kind sollte zum Zeitpunkt der Einschulung

- selbstsicher und aufgeweckt sein
- wissen, was für ein Verhalten erwartet wird
- den Impuls zu schlechtem Betragen zügeln können
- fähig sein, seine Bedürfnisse zu äußern
- mit anderen Kindern auskommen

Die wichtigste aller Fähigkeiten ist natürlich die Lernfähigkeit, die sich wiederum aus sieben verschiedenen Bausteinen zusammensetzt. Allesamt sind dies Elemente der emotionalen Intelligenz.

1. Selbstvertrauen

Das Kind sollte ein Gefühl für seinen Körper entwickelt haben und sein Verhalten kontrollieren können. Es sollte das Gefühl haben, dass es die ihm gestellten Aufgaben bewältigen kann und dass ihm, falls die Aufgabe zu schwierig wird, seine Eltern beistehen werden.

2. Neugier

Es sollte Lust an der Lösung von Problemen haben, gerne etwas entdecken wollen und das Glücksgefühl erlebt haben und immer wieder erleben wollen, wenn es die Antwort auf eine Frage gefunden hat.

3. Intentionalität

Es sollte die Erfahrung gemacht haben, dass es eine Wirkung gezielt hervorrufen kann, und den Wunsch haben, Wirkungen zu erzielen. Es sollte ein Gefühl für seine Kompetenz und sein Können entwickelt haben.

4. Selbstbeherrschung

Es sollte in der Lage sein, sein eigenes Handeln altersgemäß zu zügeln und zu kontrollieren, Handlungen aufzuschieben oder gleich zu erledigen, wie es die Situation von ihm fordert.

5. Verbundenheit

Es sollte sich auf andere verlassen können, ihnen vertrauen und sich von anderen verstanden und angenommen wissen. Im Gegenzug muss es andere verstehen, ihnen helfen und ihnen entgegenkommen.

6. Kommunikationsfähigkeit

Es sollte den Wunsch und die Fähigkeit haben, sich mit anderen verbal und nonverbal auszutauschen. Es sollte über Vorstellungen, Ideen, Pläne und Gefühle reden können. Es sollte zwischen Anweisungen und Gesprächen unterscheiden können.

7. Kooperationsbereitschaft

Es sollte die Fähigkeit und den Wunsch haben, mit anderen zusammen zu arbeiten und zu spielen und seine Bedürfnisse mit anderen abzustimmen.

Viele Grundschulen unterstützen seit vielen Jahren selbständige Lern- und Erfahrungsprozesse der Kinder, sei es durch offenen Unterricht, durch Projektunterricht, durch Wochenplanarbeit oder durch die Arbeit mit jahrgangs-übergreifenden Gruppen (spielen und lernen, 08/05).

Sieben Kriterien für die Qualität einer Schule:

- Die Anzahl der Kinder in einer Klasse
- Die Ausstattung und Gestaltung der Klassenräume und des Schulhofes
- Die Berücksichtigung der emotionalen und sozialen Entwicklungsbeson-derheiten der Kinder
- Die Gestaltung des Deutsch- und Mathematikunterrichts
- Die Berücksichtigung der unterschiedlichen Arbeitshaltungen der Kinder
- Die Möglichkeiten der Elternmitarbeit bei der Schulentwicklung

Eltern sollten allerdings auch die richtige Grundeinstellung zum Lernen mit-bringen. Dazu gehört, dass die Kinder mit einem Frühstück ihren Tag begin-nen dürfen, dass sie sich auf regelmäßige Mahlzeiten verlassen können, dass sie an den Wochenenden nicht zu allen möglichen Vergnügungen ihrer Eltern mitgeschleppt werden und dass sie nicht auf dem Sofa für das Endlosfern-sehprogramm geparkt werden. Sie müssen immer wieder in ihre Grenzen gewiesen werden, brauchen Lob für ihre Bemühungen, eine Stimmung, in der Leistung als etwas Positives wahrgenommen wird, und die Gewissheit, dass Anstrengung sich lohnt.

Hochbegabung

Manche Eltern lassen ihre Kinder schon recht früh einen Intelligenz-Test machen. Das mag in Einzelfällen eine gute Entscheidung sein. Aber überlegen Sie sich die Konsequenzen schon im Voraus gut. Immerhin ergab eine Lang-zeitstudie der Middlesex University London, dass Menschen, die schon als Kinder von ihrem hohen IQ wussten, später häufiger unter Neurosen, Schlaf-losigkeit oder allgemeiner Unzufriedenheit litten als Hochbegabte, die ihren Intelligenzquotienten nicht kannten. Es ist also häufig besser, das Kind gar nicht erst testen zu lassen, denn das Testergebnis lässt sich in den seltensten Fällen vor dem Kind verheimlichen. «Eltern haben immer die Pflicht, ein wiss-begieriges Kind zu fördern. Egal, ob es einen IQ von 130 hat oder einen von 110», sagt Elsbeth Stern.

Sieht ihr Kind gut?

Haben Sie sich schon ab und zu gefragt, ob Ihr Kind gut genug sieht? Die Seh-fähigkeit Ihres Kindes können Sie auch selbst ein wenig testen. Fragen Sie doch einfach auf ihrem nächsten Spaziergang spielerisch, was auf dem ent-fernten Verkehrszeichen zu sehen ist. Lassen Sie dabei das Kind jedes Auge abwechselnd abdecken. In kurzer Zeit erhalten Sie so einen Hinweis auf eine mögliche Fehlsichtigkeit. Malt oder schreibt Ihr Kind zu dicht auf dem Papier? Auch das kann ein Hinweis auf Kurzsichtigkeit sein. Lassen Sie das Sehvermögen im Zweifelsfall immer von einem Augenarzt überprüfen.

Viele Fachleute glauben an einen Zusammenhang zwischen vielem Lesen in jungen Jahren und Kurzsichtigkeit. Natürlich sollten Sie Ihr Kind nicht aus diesem Grund vom Lesen abhalten. Aber achten Sie auf eine gute Beleuchtung, einen ausreichenden Abstand zwischen Buch und Augen, eine gute Körperhaltung und genügend Abwechslung durch Spielen und Toben an der frischen Luft. Draußen stellt sich das Auge ganz von allein auf die verschiedensten Entfernungen ein.

Wenn der Augenarzt eine Kurzsichtigkeit festgestellt hat, ist eine Brille unumgänglich. Kinder gehen mit dieser Diagnose sehr gelassen um, wenn sie von den Erwachsenen nicht allzu sehr bedauert werden und eine schöne, altersgerechte Brille bekommen. Da viele Kinder-Idole heute Brillen tragen wie Harry Potter, ist es für Kinder manchmal geradezu erstrebenswert, auch eine Brille zu bekommen.

Hört ihr Kind gut?

Sind Sie sicher, dass Ihr Kind gut hört? Der Einschätzung der Fördergemeinschaft «Gutes Hören» nach gibt es in Deutschland eine halbe Million Kinder mit Hörproblemen. Damit sind Schulprobleme schon vorprogrammiert. Um dem Unterricht folgen zu können, muss das Kind als Voraussetzung den Lehrer ohne Einschränkung verstehen können. Oftmals erschwert die Akustik im Klassenzimmer das Hören. Lassen Sie, falls Sie Zweifel an der Hörfähigkeit Ihres Kindes haben, unbedingt einen Hörtest machen.

5.3

Emotionale Intelligenz und Schulerfolg

Goleman beschäftigt sich in seinem Bestseller «Emotionale Intelligenz» (Goleman, 1996) mit der sogenannten «Intelligenz der Gefühle», weil ihm auffiel, dass die durch einen IQ-Test gemessenen Fähigkeiten nur zu einem kleinen Teil zum allgemeinen Lebenserfolg beigetragen hatten. Für Goleman ist die emotionale Intelligenz eine Metafähigkeit, die dazu beiträgt, die eigenen Stärken sinnvoll einzusetzen. Es ist ihm wichtig, die menschliche Intelligenz um das Spektrum von emotionalen Fähigkeiten zu erweitern. Eine Längsschnittstudie mit 450 Jungen, die überwiegend aus Familien stammten, die in einer zu jener Zeit verwahrlosten Wohngegend (Somerville, Massachusetts) stammten, ergab, dass genauso viele Kinder später arbeitslos wurden, ob sie nun einen IQ über 100 oder einen unter 80 hatten.

> **Das wichtigste Ergebnis von Golemans Forschung ist die Erkenntnis, dass die emotionale Intelligenz im Gegensatz zum IQ lebenslang trainierbar und lernbar ist.**

Seiner Meinung nach beruhen Schwächen in der emotionalen Intelligenz oft auf eingeübten Gewohnheiten aus der Kindheit, die man mit einiger Mühe später wieder verändern kann.

Wichtig ist mir an dieser Stelle die Tatsache, dass Schulerfolg nicht zu verwechseln ist mit Lebenserfolg.

Ob ein Leben glückt, ein Mensch sein eigenes Leben als geglückt oder erfolgreich bezeichnet, korreliert nur bedingt mit dem Erfolg in der Schule. Diese beiden Dinge müssen unbedingt getrennt betrachtet werden. Allein aus dieser Sichtweise entsteht bei Eltern und Schülern eine spürbare Entspannung.

Natürlich ist es legitim und richtig, alles zu tun, damit das eigene Kind eine schöne und erfolgreiche Schulzeit erlebt. Eltern wünschen sich das und viele Gründe sprechen dafür, dass damit eine gute Zukunft vorbereitet wird. Es gibt viele Möglichkeiten, wie Eltern helfen können, dass es den Kindern in der Schule gut geht. Aber Eltern sind nicht für alles verantwortlich und nicht an allem schuld. Unglückliche Umstände, die man nicht in der Hand hat, können einen Strich durch die Rechnung machen. Deshalb ist es immer wichtig, die Schule nicht zu eng und zwanghaft als unbedingte Vorbedingung für ein gelingendes Berufsleben zu sehen.

Jeder kennt oder weiß von Menschen, die in der Schule versagten und im Leben Erfolg an Erfolg reihten, und Menschen, welche Spitzenergebnisse in der Schule erzielten und das Leben nicht auf die Reihe brachten.

Wenn Sie sich diese Lebenswege vergegenwärtigen, können Sie die schulische Zukunft viel gelassener auf sich zukommen lassen. Die Zukunft ist offen und lässt immer Entwicklungen in positive Richtungen zu. Bedenken Sie das, wenn Sie von Ängsten oder Sorgen bezüglich der schulischen Zukunft Ihres Kindes bedrängt werden. Je mehr Sie das Thema Schule mit Gelassenheit angehen, desto stressfreier wird Ihre Erziehung.

Beim Nachdenken über den Begriff Erfolg fällt auf, welche ambivalenten Bedeutungen er hat. Wie soll man den Begriff Erfolg allgemeingültig definieren? Das ist nicht möglich. Für jeden bedeutet er etwas anderes. Er kann sogar total gegensätzlich gesehen werden.

Was bedeutet für Sie Erfolg in der Schule?

Ist es der Besuch einer bestimmten Schulart? Sind es die guten Noten? Ist es ein super Schulabschluss? Ist es die Tatsache, dass Ihr Kind die Schule bis zum Schluss durchhält? Oder dass Ihr Kind sich in der Schule wohlfühlt? Dass es gerne dorthin geht? Dass es beliebt ist?

Sie sehen an den möglichen Antworten auf diese Fragen, wie verschieden Schulerfolg interpretiert werden kann. Noch komplizierter verhält es sich mit dem Erfolg im Leben.

Da ich seit vielen Jahren am Gymnasium alle Klassen von Klasse 5 bis Klasse 13 unterrichte, habe ich viele Gelegenheiten gehabt, die Schullaufbahn von Schülern zu beobachten. Es hat mich von Anfang an immer interessiert, mit welchen Eigenschaften ein Schüler gute Noten erzielt. Tatsächlich sind es Faktoren der emotionalen Intelligenz:

Die Arbeitshaltung

Unter Schulpsychologen ist es schon seit Jahrzehnten ein offenes Geheimnis, dass die Arbeitshaltung viel, aber nicht alles über den Schulerfolg aussagt. Dass diese Ansicht richtig ist, wird durch die neuen Forschungen über die emotionale Intelligenz bestätigt.

Die Arbeitshaltung ist zwar einerseits die innere Einstellung des Schülers zum Lernen und zum Unterricht, andererseits aber auch das sichtbare Verhalten beim Lernen. Zur Arbeitshaltung gehört das sorgfältige Arbeiten, wie zum Beispiel die ordentlich geschriebenen Hausaufgaben. Ich kann es nicht verstehen, wie sehr manche Grundschüler beim Schreibenlernen schlampen dürfen.

Sie schreiben in der ersten Klasse unleserliche krakelige Buchstaben und Lehrer oder Eltern meinen: «Das legt sich dann später schon irgendwie.» Tatsächlich wird das schlechte, unleserliche Schreiben so eingeübt und kann gar nicht ohne Weiteres wieder aufgegeben werden. Klar ist, dass die ersten Buchstaben und Kringel, die ein Schulanfänger schreibt, noch nicht gestochen scharf aussehen können. Es gehört Übung und Lob dazu. Loben Sie Ihr Kind für seine Bemühungen und spornen Sie es dadurch an, dass es unermüdlich probiert, die vorgegebene Aufgabe zu erfüllen. Aber loben Sie es nicht für Dinge, die wirklich nicht gut gelungen sind. Wenn beispielsweise ein Buchstabe nicht ordentlich geschrieben wurde und unleserlich ist, ist Lob nicht angebracht. Wenn Sie Ihr Kind für schlechtgeschriebene Buchstaben loben, kann es nicht wissen, dass es noch nicht gut schreiben kann und dass seine Schrift nicht so bleiben darf. Es hat ja noch keine Übersicht. Es übt so lange, bis es das kann, was von ihm verlangt wird. Loben Sie es für jeden Fortschritt, aber so, dass es weiß, dass es noch nicht am Ziel ist. Ihr Kind freut sich, wenn es sieht, dass sich die Eltern für seine Arbeit und seine Fortschritte interessieren. Das ist eine große Motivation. Wenn es signalisiert bekommt, dass es etwas noch besser machen kann, dann wird es unter den richtigen Rahmenbedingungen so lange weiter üben, bis das Ziel erreicht ist. Demotivieren würden Sie Ihr Kind, wenn Sie ständig kritisierten. Lob gebührt der Anstrengung und den Fortschritten. Und die Motivation, es besser zu können, entsteht durch die Hoffnung, es noch besser zu lernen.

Ganz am Anfang des Schreibenlernens liegen die Ursachen für manche unleserliche Schrift, die in der Schullaufbahn noch viele Schwierigkeiten bringen wird und zwar nicht nur mit Lehrern, welche das Geschriebene nicht lesen können. Oft kann dann ein Kind selbst nicht mehr lesen, was es da geschrieben hat. Besonders das Schreiben von ordentlichen und leserlichen Ziffern ist wichtig. Im Rechnen verwandelt sich sonst beispielsweise eine schlecht geschriebene 4 in der nächsten Zeile in eine 9 und der Rest der Aufgabe wird damit falsch. Lassen Sie Ihr Kind vorlesen, was es geschrieben hat, vor allem, wenn Sie mit der Schrift nicht zufrieden sind. Nehmen Sie einen Text, der vor ein paar Tagen geschrieben wurde, so dass nicht jedes Wort im Kurzzeitgedächtnis verankert ist und womöglich auswendig gesagt und nicht gelesen wird. Wenn nun Ihr Kind die eigene Schrift nicht mehr gut entziffern kann, hat es selbst den klaren Beweis dafür, dass es das leserliche Schreiben noch üben muss. Lassen Sie es einfach überlegen, welche Folgen das unleserliche Schreiben haben kann. Geschichten, die sich aus der unleserlichen Schrift ergeben, regen seine Fantasie an und vermitteln die Einsicht in das weitere Üben. Wenn ihm selbst keine Geschichte einfällt, können Sie ihm auch folgende Geschichte erzählen:

Alexander war ein aufgeweckter Junge. Er ging in die erste Klasse. Er war sehr beliebt in seiner Klasse. Er freute sich jeden Tag auf die Schule und seine Klassenkameraden. Seine Eltern liebten ihn sehr und waren sehr nett zu ihm. Sein liebstes Hobby war Inline skaten. In jeder freien Minute fuhr er mit seinen Freunden draußen herum. In der Schule freute er sich am meisten auf alles, was mit Bewegung zu tun hatte: Sport, Turnen und Bewegungsspiele. In jeder großen Pause sauste er mit seinen Freunden im Pausenhof herum und spielte Ball oder Fangen. Das Stillsitzen im Unterricht fiel ihm schwer, aber er riss sich zusammen. Er wollte Lesen und Schreiben unbedingt lernen, weil er dann mit seinem Computer auch mehr anfangen konnte. Es ärgerte ihn immer, wenn da etwas Schriftliches erschien und er es nicht lesen konnte. Inzwischen hatten sie in der Schule bereits alle Buchstaben durchgenommen und er konnte alles entziffern. Wenn da nur nicht die dumme Schreiberei gewesen wäre. Schreiben mochte er nicht so besonders. Er machte seine Hausaufgaben jeden Tag. Seine Mutter lobte ihn immer dafür. Die Lehrerin in der Schule war zufrieden damit, dass er die Hausaufgaben hatte. Sie sagte ihm aber nicht, dass er nicht auf der Linie schrieb, sie wollte ihn nicht kritisieren und ihn auf keinen Fall demotivieren. Beim Vorbeigehen sagte sie nur: «Alexander, bei dir wird es auch noch gut. Warte nur ab». Damit war Alexander zufrieden. Abwarten machte ihm nichts aus. Seine Mutter beachtete seine Schreibweise nicht. Sie glaubte auch, dass das von alleine besser würde. Mit der Zeit musste er schneller schreiben und seine Schrift wurde immer unleserlicher. Er schrieb über und unter der Linie und seine Wörter fingen mit großen Buchstaben an und wurden dann immer winziger. Die ganze Schrift sah wie ein Wellensalat aus. So ging es jahrelang weiter.

Eines Tages, als er schon 10 Jahre alt war, durfte er mit seinen Großeltern ans Meer fahren. Er freute sich riesig darüber. Was er nicht gewusst hatte, war, dass es dort auch einen tollen Inlineskate-Platz gab. Nun wollte er sich seine Inliner unbedingt schicken lassen. Seine Großmutter verlangte von ihm, seiner Mutter einen Brief zu schreiben. Alexander schrieb den Brief, aber er wartete vergebens auf seine Inliner. Jeden Tag passte er den Briefträger ab, aber die Inliner kamen nicht. Er wurde immer trauriger und enttäuschter. Seine Ferien gefielen ihm nicht mehr. Alle seine Freunde fuhren rasant auf dem Skaterplatz herum, nur er stand unglücklich am Rand und schaute zu. Was war passiert? Na klar, seine Mutter konnte seinen Brief nicht entziffern und ihm deshalb seinen Wunsch nicht erfüllen. Als er nach Hause kam und diese Erklärung hörte, beschloss er schöner zu schreiben. Endlich hatte er das erkannt und eingesehen. Nun war es aber ein sehr mühsames Üben. Er hätte es viel leichter gehabt, wenn er von Anfang an schön geschrieben hätte.

Die Ausdauer

Erfolg ist sehr häufig eine Frage der Ausdauer. Mit der Ausdauer wächst das Können und die Freude am Können und mit dem Können wächst die Lust am Weiterarbeiten und Weiterforschen und damit wird wieder die Ausdauer unterstützt. So setzt sich langsam aber sicher eine Erfolgsspirale in Gang. Heute wird sehr häufig mehr auf die Begabung oder die Intelligenz eines Schülers geschaut, was sehr schnell zu der bequemen Ausrede führt: «Ich bin halt nicht so begabt wie Leonie.» Das ist schade und verschleudert wertvolle Ressourcen. Hartnäckigkeit und Ausdauer haben viele Erfolge hervorgebracht. So hat Nikolaus Kopernikus (1473–1543) fast sein halbes Leben lang an seinem «heliozentrischen Weltbild» (die Sonne steht im Mittelpunkt des Weltalls und nicht die Erde) gearbeitet. Er benötigte 30 Jahre, um sein Buch «De Revolutionibus Orbium Coelestium» (Von den Bewegungen der Himmelskörper) fertigzustellen. Der spätere Mathematikprofessor Andrew Wiles war seit seinem 10. Lebensjahr besessen davon, ein von dem französischen Mathematiker Pierre de Fermat vor 350 Jahren gestelltes mathematisches Problem zu lösen. 30 Jahre später war es ihm gelungen und die Fachwelt horchte auf. Thomas Edison ist ein weiteres bekanntes Vorbild für seine Ausdauer. Er interessierte sich für alles und war der erfolgreichste Erfinder aller Zeiten. Er hatte u. a. die elektrische Glühlampe, ein Tonaufnahmegerät, einen Filmprojektor und über tausend Erfindungen patentieren lassen. Er sagte einmal: «Ich habe niemals aufgegeben. Ich habe nur tausend Wege gefunden, wie etwas nicht funktioniert.» Edison meinte, dass viele Menschen nur deshalb scheiterten, weil sie gar nicht bemerkten, wie nahe sie am Erfolg wären.

Längst haben Studien bewiesen, dass Ausdauer mit größerer Wahrscheinlichkeit zu einem Erfolg führt als Hochbegabung (Psychologie heute, 05/2006). Oft sprechen Experten von der «Zehnjahresregel», die besagt, dass es mindestens eine Dekade harter Arbeit und Übung bedarf, um auf einem Gebiet wirklich erfolgreich zu sein, gleichgültig, ob es sich um die Führung eines Geschäftes handelt oder um das Schreiben eines Fernsehkrimis. Das Gute daran ist, dass man die Hartnäckigkeit im Gegensatz zur Begabung trainieren und stärken kann.

5.3.1
Gewalt in der Schule

«Die Jugend liebt heutzutage den Luxus. Sie hat schlechte Manieren, verachtet die Autorität, hat keinen Respekt vor den älteren Leuten und schwatzt, wo sie arbeiten sollte. Die jungen Leute stehen nicht mehr auf, wenn ältere das Zimmer betreten. Sie widersprechen ihren Eltern, schwadronieren in der Gesellschaft, verschlingen bei Tisch Süßspeisen, legen die Beine übereinander und tyrannisieren ihre Lehrer.» Raten Sie mal, wann dieser Text erschienen ist? Sie werden es kaum glauben, er ist mehr als 2400 Jahre alt und wurde von Sokrates (470–399 v. Chr.) geschrieben.

Wir sollten also nicht allzu entrüstet über das derzeitige Verhalten unserer Jugendlichen reagieren. Was uns so sehr schockiert, hat immerhin eine lange Tradition.

Gewalt in der Schule hat sich nicht erst seit dem Massaker in Erfurth zu einem Dauerbrenner auf Elternabenden und in den Medien entwickelt. In regelmäßigen Abständen erscheinen Titelblätter von Illustrierten und Magazinen mit alarmierenden Schlagzeilen. Jedes Kultusministerium in Deutschland geht dieses Thema mit jeweils verschiedenen Konzepten an. Tatsächlich wäre es notwendig, dass sich mehr Erwachsene ihrer Erziehungs- bzw. Vorbildfunktion für Kinder und Heranwachsende bewusst wären.

5.4
Steigerung des Lernerfolgs

Seit vielen Jahren geistert die Forderung durch Elternabende und Presse, dass Unterricht Spaß machen soll. Und jeder weiß doch aus Erfahrung, dass er das selbst nicht oft erlebt hat. Wenn sich Menschen an Spaß in der Schule erinnern sollen, dann fallen ihnen meistens die kleinen Missgeschicke eines Lehrers oder eines Mitschülers ein, die sie damals zum Lachen brachten, oder ein gelungener Streich, der einen Lehrer zum Schwitzen brachte und eine Klasse in einen Ausnahmezustand versetzte. Fragt man Schüler heute, ob ihnen die Schule Spaß macht, erhält man auch heute noch meistens eine ausweichende oder negative Antwort. Viele Menschen haben die Erfahrung gemacht, dass Gefühle einen starken Einfluss auf die Gedächtnisleistung haben. Dabei gibt es neuerdings sogar Rückendeckung aus der Hirnforschung. Manfred Spitzer, Diplompsychologe, Philosoph und Professor für Psychiatrie an der Universität Ulm schreibt in seinem Buch «Lernen» (Spitzer, 2002) von Lernversuchen unter Forschungsbedingungen, in denen er nachweisen konnte, dass in guter Stimmung besser gelernt wird als in neutraler oder schlechter Stimmung. Andererseits gibt es genügend Beispiele von berühmten Persönlichkeiten, die ihren Erfolg hauptsächlich ihrem enormen Fleiß zuschreiben, also ihrem großen Arbeitseinsatz, den sie unabhängig von ihrer wechselnden Tagesbefindlichkeit diszipliniert und ausdauernd gebracht haben.

Spaß am Lernen allein kann also nicht der dauerhafte Antriebsmotor für Erfolg sein. Spaß ist eine Emotion, die schon per definitionem nicht lange anhält. Niemand hat den ganzen Tag über Spaß an etwas. Es ist also sicherlich der falsche Ansatz, auf Spaß einen Lernerfolg aufbauen zu wollen. Als Anstoß für eine tiefere Beschäftigung mit einem Lerngegenstand ist Spaß eine mögliche Vorbedingung, als Impulsgeber zum Durchhalten von Durststrecken auch, aber nicht als ständiger Unterrichtsbegleiter.

Unabhängig von solchen Forderungen kann jedes Kind, das sich in der Schule verbessern möchte, sein Lernverhalten unter die Lupe nehmen (Löhle, 2005). Die Tatsache, dass man eine effektive Art zu lernen einüben kann, hat viele Schulen dazu veranlasst, Kurse zum Thema «Das Lernen lernen» einzurichten. Dieser Begriff beschreibt allerdings kein feststehendes Konzept. So haben diese Kurse verschiedene Schwerpunkte und Module. Dennoch haben sich verschiedene Kerngedanken weitgehend durchgesetzt. Es folgen nun Strukturelemente und Prinzipien des Lernens, die Sie als Erziehungsberechtigter in den Lernalltag übernehmen können, um den Lernerfolg Ihres Kindes zu steigern. Genauer beschrieben werden folgende Mosaiksteine des Schulerfolgs:

- Mitarbeit
- Lernplanung
- Hausaufgaben
- Hausheft
- Pausen
- Rechtschreibung
- Aus Fehlern lernen
- Arbeitsplatz
- Konzentration

Mitarbeit

Die wichtigste Voraussetzung für Erfolg in der Schule ist das Interesse des Schülers. Er zeigt es dadurch, dass er aufpasst, streckt, Fragen beantwortet, Fragen stellt und sich am Unterricht beteiligt. Diese Verhaltensweisen fließen in die Mitarbeitsnote bzw. in die verbale Beurteilung ein. Sie geben Auskunft über Motivation, Lernverhalten und Einstellung Ihres Kindes zum Lernen in der Schule. Aus vielen Untersuchungen über Schullaufbahnen von Schülern ist bekannt, dass diese Bewertungen die besten diagnostischen Größen in der Beurteilung der jetzigen Situation mit einer gewissen Vorhersagewahrscheinlichkeit sind.

Sie fragen sich jetzt berechtigterweise «Was kann ich zu Hause tun, um die Mitarbeit meines Kindes zu fördern? Mein Kind sitzt doch in der Schule und ich bin nicht bei ihm. Das ist Sache des Lehrers und der Schule, damit habe ich nichts zu tun». Tatsächlich können Sie einiges zur Förderung der Mitarbeit Ihres Kindes tun. Es beginnt mit Ihrem Interesse am Schulalltag. Bereits, wenn Sie Ihr Kind fragen, was *es* in der Schule getan hat, in dieser oder jener Unterrichtsstunde, signalisieren Sie, dass Sie sich für *seine* Beteiligung am Unterricht interessieren. Lassen Sie es erzählen und hören Sie gut zu. Fragen Sie am Ende der Erzählung genauer nach. Fragen Sie auch, wie oft es gestreckt hat und wie oft es antworten durfte.

Manches Kind erzählt enttäuscht, dass es oft vergeblich gestreckt hat. Es schlussfolgert, dass der Lehrer es nicht mag. Möglicherweise hört es aus diesem Grund auf, sich zu melden. Hier können Eltern einhaken und diese gedankliche Schieflage des Kindes zurechtrücken. Das Kind sieht sich im Mittelpunkt des Geschehens. Es kann sich nicht vorstellen, was es für einen Lehrer bedeutet, wenn er zwanzig bis dreißig Kinder in einer Klasse unterrichten muss. Er stellt eine Frage und zehn Kinder wollen antworten. Er kann nicht jedes einzelne Kind antworten lassen, sonst kommt er mit seinem Unterrichtsstoff nicht vorwärts. Eltern können an dieser Stelle den Kindern klar machen, dass Strecken an sich wichtiger ist als antworten zu dürfen. Deshalb sollten Sie es zum aktiven Mitmachen ermuntern. Manchmal nimmt ein Lehrer ein Kind besonders häufig dran und wieder mutmaßt das Kind, dass das eine bevorzugt, das andere benachteiligt wird. Ein Lehrer zählt in der Regel nicht mit, wie oft er einen Schüler aufruft. Er hat ja außer der Stoffvermittlung noch zahlreiche andere Tätigkeiten zu erledigen: Er muss Streit schlichten, die «Nebentätigkeiten» seiner Schüler im Auge haben, auf Ordnung achten, Aufgaben kontrollieren, für Ruhe sorgen, bei den Schulanfängern oft noch versäumte Erziehungsaufgaben übernehmen, an die Tafel schreiben, durch die Reihen gehen usw. Das heißt, er wird auch dann, wenn er sich noch so sehr bemüht, niemals jedem Schüler gerecht werden können. Wenn Eltern ihrem Kind solche Zusammenhänge klar machen, dann fühlt es sich nicht so schnell übergangen. Falls das allerdings zu oft geschieht, soll es nach der Unterrichtsstunde zum Lehrer gehen und sagen, wie oft es gestreckt hat und dass es nicht dran gekommen sei. Der Lehrer wird sich wahrscheinlich in der nächsten Stunde an dieses Gespräch erinnern und das Kind aufrufen.

Ann-Sophie meldete sich nicht mehr

Der Klassenlehrer rief bei Ann-Sophies Eltern an und erzählte ihnen, dass Ihre Tochter sich seit einiger Zeit im Unterricht nicht mehr gemeldet hat. Manchmal versuchte er, sie aus der Reserve zu locken. Er fragte sie an Stellen, an denen er ganz sicher war, dass sie die Antwort wusste, aber sie sagte nichts. Sie bekam einen roten Kopf und blieb stumm. Die Eltern waren dem Lehrer für dieses Gespräch sehr dankbar, weil ihnen ihre Tochter nichts davon erzählt hatte. Ann-Sophie war auch zu Hause ein ruhiges Kind. Den Eltern war keine Veränderung im Verhalten der Tochter aufgefallen. Bei der nächsten Gelegenheit jedoch befragten die besorgten Eltern die Tochter, was eigentlich vorgefallen wäre. Das Gespräch gestaltete sich schwierig, aber nach geduldigem Abwarten und Tränen abwischen kam die Wahrheit zutage: Ann-Sophie war von Mitschülern mehrmals lautstark ausgelacht worden, weil sie sich versprochen hatte. Einmal ging es im Unterricht um das Thema Erdbeben. Ann-Sophie meldete sich zum Vorlesen und las statt Erdbeben, Erdbeeren. Die Klasse wieherte vor Lachen. Kurz darauf las sie statt: Mein Vater wollte das Auto abschließen – Mein Vater wollte das Auto abschießen. Und wieder lachten die Kinder Tränen. Bei den nächsten zaghaften Meldungen wurde sofort hinter ihr gekichert. Sie gab auf. Die Eltern waren froh, dass hinter der Verweigerung ihrer Tochter nur eine Lappalie steckte. Sie konnten Ann-Sophie erklären, dass die Kinder von alleine mit dem Auslachen aufhören würden, wenn sie merkten, dass Ann-Sophie sich nicht aufregen und sogar selbst mitlachen würde. Sie übten die neue Reaktionsweise zu Hause noch mit Hilfe einer Puppe und ließen Ann-Sophie auf gespielte Beleidigungen reagieren. Nicht lange danach erzählte Ann-Sophie, dass sie jetzt keine Angst mehr hätte. Sie konnte sogar einer Mitschülerin bei einem ähnlichen Problem helfen.

Was auch immer hinter solch einer Mitarbeitsverweigerung steckt, nehmen Sie die Sache ernst. Fragen Sie nach. Auch wenn Ihr Kind Ihnen nicht gleich eine Antwort gibt, bleiben Sie am Ball. Fordern Sie es auf, sein Verhalten zu ändern. Fragen Sie, wie oft es in diesem oder jenem Unterricht gestreckt hat.

Lernplanung

Eine Zeitlang war es in, die Kindheit zu verklären und Kinder von Anstrengungen fern zu halten. Manche Eltern meinten sogar, Anstrengungen würden den Kindern ihre Kindheit rauben. Inzwischen gibt es eine spürbare Abkehr von dieser Meinung. Nicht zuletzt durch das schlechte Abschneiden in der Pisa-Studie und die Erkenntnis, dass eine gute Ausbildung einen gewissen Schutz vor Arbeitslosigkeit gibt, ist bei vielen Eltern ein Umdenken eingetreten. Eine gute Lernplanung ist eine weitere Grundbedingung für effektives Lernen und eine entspannte Familienatmosphäre. Sie beinhaltet Grobplanung (Planung in Wochen- und Monatsschritten) und Feinplanung (Planung für jeden Tag).

Grobplanung

Dazu eignet sich am besten ein Kalenderblatt, bei dem auf beiden Seiten die Monate eines Schulhalbjahres aufgelistet sind. Hier kann man alle wichtigen Termine eintragen: Tests, Klassenarbeiten, Arzttermine, Geburtstage, Sport- und Musikstunden usw. So sehen Sie auf einen Blick, an welchen Tagen keine oder kaum Lernzeit übrig ist. Mit Hilfe des Kalenders ist das Kind leicht zu überzeugen, dass es unbedingt *heute* lernen soll, weil es ja selbst sieht, welche Tage zum Lernen noch übrig bleiben.

Feinplanung

Damit ist die Planung für den jeweiligen Tag gemeint. Sie schreiben Ihrem Kind auf einen kleinen Zettel, was es heute nacheinander und wie lange tun soll. Sogar die Reihenfolge können Sie so je nach Altersstufe und Klasse festlegen: lesen, schreiben, auswendig lernen und rechnen. Erklären Sie Ihrem Kind die Reihenfolge.

Es soll am Anfang etwas machen, das es gerne tut, um einen einfachen Einstieg ins Lernen zu haben. Danach folgt etwas Anstrengenderes, denn jetzt ist es schon im Lernen drin. Nach einer motorischen Anstrengung ist eine motorische Ruhepause notwendig und Zeit für eine größere geistige Anstrengung. Zu guter Letzt kommt das, was möglicherweise am längsten dauert, weil man im Voraus nicht abschätzen kann, wie lange bestimmte Aufgaben (Rechenaufgaben, Aufsätze usw.) dauern werden.

Regina plant selbständig

Regina hat ohne die geringste Mithilfe ihrer Eltern lernen müssen. Ihre Eltern kamen mittellos als Aussiedler nach Deutschland. Sie war sehr lernbegierig und strebsam. Ich zeigte ihr die Methode der Grob- und der Feinplanung und half ihr dabei zwei Wochen lang. Danach war sie sich weitgehend selbst überlassen. Ich kontrollierte ihr Lernverhalten nur noch sporadisch. Sie hat die Zettel für ihre Feinplanung sorgfältig geschrieben, mit Datum versehen und jede erledigte Aufgabe abgehakt. So konnte sie ihren Eltern abends immer belegen, was sie wann gelernt hatte. Ich begleitete sie von Klasse 5 bis 13 und konnte ihr ab und zu einen Lerntipp geben. Die Feinplanung hat sie bis zum Schluss beibehalten und ein sehr gutes Abitur gemacht. Jetzt studiert sie Medizin.

Kinder lieben diese Art von Feinplanung, weil sie dabei sehen, dass ihre Eltern sich für ihre Arbeit interessieren und weil sie der Einteilung durch die Eltern vertrauen. Sie können diese Zettel auch sorgfältig als Tabelle vorbereiten und das Kind eintragen lassen, wie lange es für die jeweiligen Aufgaben gebraucht hat. Dadurch bekommen Sie ein Lernprotokoll und können sehen, an welcher Stelle Ihr Kind am längsten verweilt, evtl. sogar träumt. Es kann auch sehr hilfreich sein, wenn Kinder frühzeitig lernen, mit der Uhr zu arbeiten. Sie entwickeln dann dadurch ein Zeitgefühl und müssen nicht den ganzen Nachmittag an ihren Aufgaben sitzen. Auch in Klassenarbeiten ist es vorteilhaft, wenn man schon gelernt hat, auf Zeiteinteilung zu achten.

Hausaufgaben

Feste Hausaufgabenrituale können helfen, zu einem bestimmten Arbeitsrhythmus zu finden und damit den Hausaufgabenstress zu vermindern. Es ist sehr hilfreich, wenn Kinder sich von Anfang an feste Lernzeiten angewöhnen. Besonders Schulanfänger haben großes Selbstmitleid, wenn sie jetzt lernen müssen, statt spielen zu dürfen. Eine festumrissene Lernzeit verhindert tägliche Debatten um Beginn und Dauer des Lernens. Bei manchen Kindern dauert die Debatte ums Lernen länger als die reine Lernzeit, die darauf folgt.

Auch der Kampf um den Beginn der Hausaufgaben kann zu einem täglichen Ritual werden. Manche Kinder möchten sofort nach dem Mittagessen mit den Hausaufgaben beginnen, weil sie sie einfach hinter sich bringen möchten, um dann über ihre Freizeit verfügen zu können und nicht dauernd an die Hausaufgaben denken zu müssen. Hindern Sie Ihr Kind nicht daran, diesen Rhythmus beizubehalten. Achten Sie auf die Effektivität Ihres Kindes und seine individuelle Leistungsfähigkeit und nicht auf irgendwelche Ratgeber, die Ihre persönliche Situation nicht kennen. Auch ich habe in dieser Beziehung immer wieder dazu gelernt. Die Erfolgsquote von Schülern, die sich konträr zu den Ratschlägen von Experten oder ängstlichen Eltern verhielten, hat mich überzeugt. Wenn ein Kind mit seiner persönlichen Lernzeit Erfolg hat, dann lassen Sie es so weiter machen. Idealerweise beginnt ein Kind eine Stunde nach dem Mittagessen mit den Hausaufgaben. Falls es diszipliniert genug ist und sich nicht durch Fernsehen oder anderes ablenken lässt, ist auch gegen einen Beginn um 17 Uhr nichts einzuwenden. Der individuelle Tagesrhythmus sollte aber nicht durch Lust und Laune, sondern durch die beste Aufnahmefähigkeit bestimmt sein.

Leon lernt zu spät

Von Anfang an macht Leon seiner Mutter Schwierigkeiten bei den Hausaufgaben. Er fängt jeden Tag zu spät an. Vor fünf ist er zu nichts zu bewegen. Er kommt von der Schule nach Hause und will zunächst nichts mehr mit Schule zu tun haben. Die Lehrerin erzählt der Mutter, dass Leon in der Schule eifrig mitmacht und immer voll bei der Sache ist. Er bringt auch gute und interessante Beiträge, ist konzentriert und beteiligt sich am Unterricht weit mehr als der Durchschnitt der anderen Schüler in der Klasse. Dadurch verbraucht er auch mehr Kraft und Energie als die anderen Schüler. Es ist für die Lehrerin also keine große Überraschung, dass Leon erst am späten Nachmittag, etwa ab 17 Uhr, wieder lernen möchte. Sie gibt der Mutter den Rat, Leon nicht mehr vorher zu bedrängen, sondern ihm das nachmittägliche Spielen mit bestem Gewissen zu genehmigen und zu beobachten, ob Leon wirklich zwischen 17 und 19 Uhr seine Aufgaben erledigt.
Die Mutter beherzigt den Rat und eine erstaunliche Entspannung der Atmosphäre tritt ein. Tatsächlich gibt es keine Reibungspunkte mehr. Leon erledigt seine Aufgaben gewissenhaft und ohne Kampf mit der Mutter. Er hat seinen eigenen Rhythmus gefunden.

Wichtig ist bei dieser Geschichte natürlich, dass Leon seine Aufgaben wirklich macht. Es gibt auch Schülertypen, welche dieses Aufschieben dazu benutzen, um die Hausaufgaben gänzlich zu vermeiden. In solch einem Fall wäre es besser, wenn Sie einen Anfang am frühen Nachmittag durchsetzen und ihn zur festen Struktur im Tagesablauf werden lassen.

Zu einem wichtigen Ritual sollte auch das Packen der Schultasche werden. Hausaufgaben sind grundsätzlich erst dann beendet, wenn alle notwendigen Sachen eingepackt sind. Das hat viele Vorteile. Das Kind beendet seine Hausaufgaben mit einem echten Abschluss. Noch ist es sowieso mit Schule beschäftigt und das Einpacken kostet deshalb keine extra Mühe. Es schaut sich den Stundenplan für den nächsten Tag an, überprüft damit automatisch noch einmal, ob es auch alle Hausaufgaben gemacht hat, packt dann ein, stellt den Rucksack für den nächsten Morgen bereit und hat jetzt Zeit für andere Dinge. Außerdem entfällt das hektische Suchen und Packen am nächsten Morgen, mit dem Risiko, gemachte Hausaufgaben zu Hause liegen zu lassen. So ist das Kind bestens für den nächsten Tag gerüstet und kann ihn stressfrei und ruhig beginnen!

Hausheft

Aus dem Heft eines Schülers kann man sehr viel ablesen. Wenn ein Schüler zu mir in die Lernberatung kommt, lasse ich mir immer gleich zu Beginn möglichst viele seiner Hefte zeigen. Ich sehe, wie sauber er schreibt, wie leserlich, ob er schlampig durchstreicht, Seiten anreißt oder herausreißt, ob der Einband ordentlich ist, wie er zeichnet, ob man erkennen kann, wo er die Arbeit gemacht hat, zu Hause oder in der Schule und ob er seine Fehler verbessert. Sehr viel kann ich über Sorgfalt und Arbeitshaltung aus den Heften erkennen. Wenn man Hefte aus verschiedenen Fächern anschaut, kann man sogar oft feststellen, welches Fach ein Schüler lieber mag und welches weniger gerne. Natürlich ist auch manchmal der Einfluss des Lehrers zu erkennen, ob er Hefte kontrolliert und wichtig nimmt oder ob ihm die Hefte seiner Schüler egal sind. Ich weiß aus eigener Erfahrung, dass es oft zeitlich nicht möglich ist, laufend alle Schülerhefte zu kontrollieren und die Schüler im Blick zu haben. Hier ist also wieder eine Möglichkeit für Eltern, ihren Kindern zu helfen. Wenn Sie von der ersten Grundschulklasse an Interesse an den Heften Ihres Kindes zeigen, wenn Sie kritisieren, korrigieren, aber auch loben und ermuntern, tun Sie viel dafür, dass es seine eigene Arbeit ernst nimmt und gerne macht. Sie können ein wichtiger Motor für gute Heftführung sein. Das Heft ist nicht nur Ausdruck der Arbeitshaltung, sondern auch ein wichtiges Arbeitsmittel.

Vor einem Test oder einer Klassenarbeit ist oft das Lernen aus dem Heft angesagt. Dort steht zwar weniger als im Buch, dafür aber das Wichtigste. Es sind die Schwerpunkte des Unterrichts, welche dem Lehrer sichtlich wichtig sind.

Manche Kinder oder deren Eltern nehmen jedoch ein ordentliches Heft zu wichtig. Sie arbeiten zu viel mit dem Tintenkiller. Ich möchte das am Beispiel von Mathematik-Hausaufgaben klar machen.

Valerian führt ein zu perfektes Mathematikheft

Wahrscheinlich irritiert Sie diese Überschrift. Aber das gibt es tatsächlich. Zuviel an Perfektion vermindert nachweislich den Lernerfolg. Das soll am folgenden Beispiel gezeigt werden:

Wenn in der Schule die Hausaufgaben korrigiert werden, dann nimmt Valerian, der keine Fehler im Heft haben will, sofort seinen Tintenkiller, löscht die falsche Antwort und schreibt die richtige Lösung darüber. Nun sieht die Seite wieder schön aus. Es ist nichts Durchgestrichenes und nichts Falsches auf dieser Seite. Dafür bekommt er auch viel Lob von seinen Eltern. Sie sind stolz auf seine Ordnungsliebe und fördern seine ordentliche Heftführung sehr.

Doch ein super geführtes Heft kann das Lernen erschweren!

Weil Valerian jetzt beim Lernen auf die Klassenarbeit nicht mehr feststellen kann, welche von den vielen Aufgaben er richtig hatte und bei welchen sich Fehler eingeschlichen hatten, sieht er nicht, was er noch nicht kann. Beim Üben für die Klassenarbeit wählt er einfach zufällig irgendwelche Aufgaben aus und hat dann den Eindruck, dass er alles im Griff hat. In der Klassenarbeit macht er dann unter Umständen die gleichen Fehler noch einmal. Hätte er die falsche Antwort stehen lassen und sie so durchgestrichen, dass man sie noch hätte lesen können, ein «f» für falsch dahinter gesetzt und dann die richtige Antwort noch dazu geschrieben, dann hätte er genau diesen Aufgabentyp üben können. Er hätte dann mit Sicherheit eine bessere Note bekommen als beim wahllosen Üben irgendwelcher Aufgaben.

Auch hier können Sie als Eltern helfend eingreifen. Machen Sie Ihrem Kind klar, dass eine gute Heftführung bedeutet, sauber und ordentlich zu schreiben und Fehler akkurat durchzustreichen. Für das spätere Lernen ist es auch wichtig, ob eine Aufgabe allein und selbständig gemacht wurde oder ob sie von der Tafel abgeschrieben wurde. Im ersteren Fall könnten sich Fehler eingeschlichen haben. Bei der von der Tafel abgeschriebenen Lösung ist die Wahrscheinlichkeit groß, dass sie richtig im Heft steht. Deshalb kann der Schüler die von der Tafel abgeschriebene Aufgabe als Beispielaufgabe oder als Prototyp dem häuslichen Üben zugrunde legen.

Rechtschreibung

In vielen Familien sind die unzähligen Fehler in der deutschen Rechtschreibung ein Dauerthema. Sofort wenn dieses Thema angesprochen wird, gibt es Zoff. Dabei wurden wirksame Methoden entwickelt, mit denen Schüler Erfolgserlebnisse erfahren können.

Die Karteikarten-Methode

Für die deutsche Rechtschreibung, das Vokabellernen, aber auch für andere Fächer hat sich die Karteikarten-Methode bewährt. Man kann diese Methode aber auch schon für das Schreiben lernen einführen und sich damit von Anfang an manchen Kummer ersparen. Die Effektivität dieses Verfahrens kommt daher, dass Schreibweisen oder Wörter, die Ihr Kind sich wirklich sehr schwer merken kann, so lange geübt werden, bis sie wirklich sitzen, und andererseits Schreibweisen oder Wörter, die es sich relativ schnell merken kann, nicht unnötig oft wiederholt werden.

Schreiben Sie einfach von Anfang an alle Wörter, die Ihr Kind falsch geschrieben hat auf ein Karteikärtchen. Schreiben Sie unbedingt richtig, damit sich die richtige und nicht die falsche Schreibweise ins visuelle Gedächtnis einprägt. Unter den Stellen, wo falsch geschrieben wurde empfiehlt es sich, einen kleinen roten Strich anzubringen. Die im Handel erhältlichen Lernkarteikästen sind bereits in 5 Fächer eingeteilt. Sie können sich aber auch selbst so einen Karteikasten basteln.

Legen Sie nun alle neu geschriebenen Kärtchen in das erste Fach. Danach fragen Sie Ihr Kind die Wörter ab. Lassen Sie es dabei die Wörter schreiben und laut buchstabieren. Alle Wörter, die jetzt richtig geschrieben werden, dürfen in das zweite Fach wandern, die weiterhin falsch geschriebenen Wörter wandern zurück in das erste Fach.

Am nächsten Tag nehmen Sie die Kärtchen aus dem zweiten Fach, fragen ab, legen die gekonnten Wörter in das dritte Fach, die nicht gekonnten zurück ins erste Fach. Dann fragen Sie den Inhalt der Kärtchen aus dem zweiten Fach ab und legen die gekonnten ins dritte Fach und die nicht gekonnten zurück ins erste Fach.

Am dritten Tag nehmen Sie die Kärtchen aus dem dritten Fach, fragen ab, legen die gekonnten ins vierte Fach, die nicht gekonnten müssen zurück ins erste Fach usw.

Bei diesem Verfahren wandern alle Kärtchen durch alle fünf Fächer des Karteikastens, bis sie danach endlich außerhalb in einem extra Karton gesammelt werden. Ein halbes Jahr später können Sie diese Wörter noch einmal abfragen und Sie werden staunen, dass Ihr Kind nun wirklich die meisten richtig im Gedächtnis behalten hat.

Wenn Sie mit Ihrem Kind auf diese Weise die richtige Rechtschreibung geübt haben, hat es schon eine gute Vorübung für das spätere Vokabel lernen gemacht. Beim Vokabel lernen braucht es Sie dann nicht mehr. Man geht dabei genau gleich vor.

Die Lückentext-Methode

Mit dem Computer lassen sich heute auch sehr schnell Lückentexte herstellen bei denen Ihr Kind genau das übt, was es am wenigsten kann. Wenn es beispielsweise sehr häufig nicht weiß, ob es ein Dehnungs-h schreiben muss, dann könnte ein Übungstext so aussehen:

Füge «n» oder «hn» ein: Ich wo…..e in einer schö....en Wo......ung.

Mein Bruder se....t sich nach einer Se....depause.

usw.

Ein anderer häufiger Fehler ist i oder ie.

Füge i oder ie ein: Am l.....bsten male ich Fl....ger.

Schw....r....ge Aufgaben hasse ich. l...ber sp....le ich draußen.

Sie können es sich noch einfacher machen, indem Sie eine Seite eines altersgemäßen Übungstextes kopieren, am besten mit der Vergrößerungsfunktion an einem Kopierer, und dann einfach Buchstaben weglöschen, von denen Sie aus Erfahrung wissen, dass Ihr Kind genau diese oft falsch schreibt. Löschen Sie mit Tipp-Ex oder kleben Sie die Buchstaben mit weißen Papierstreifen zu.

Eine andere für Eltern stressfreie Methode des Diktatübens finden Sie unter der Überschrift «Die Konzentration» am Ende dieses Kapitels.

Pausen

Pausen sind wichtig. Man liest in fast jedem Lernratgeber, wie wichtig sie beim Lernen für das Kind sind. Das ist sicherlich in der Theorie richtig. Meine Erfahrung ist eine andere. Es gibt sehr viel mehr Kinder, welche mit einer Pause nicht richtig umgehen können, als solche, welche die Pause wirklich zur Erholung nutzen. Sie gehen an den Kühlschrank oder an den Süßigkeitenschrank, naschen mehr als ihnen gut tut, setzen sich vor den Fernseher oder Computer und finden kein Ende mehr. Bis der Erziehungsberechtigte endlich merkt, dass das Kind nicht mehr an seinem Schreibtisch sitzt, ist oft schon viel Zeit vergangen. Jetzt ist das Kind mitten in einem Spielfilm oder einem Computer-Spiel und macht ein Riesengezeter, wenn es mittendrin aufhören soll. Weil mir dieses Verhalten von sehr vielen Eltern bestätigt wurde, empfehle ich seit einiger Zeit keine Pausen mehr. Ich finde es für das Kind zuträglicher, wenn es seine Hausaufgaben am Stück und ohne Unterbrechung, aber mit einer durchdachten Feinplanung macht. Durchdachte Feinplanung heißt Abwechslung in der Arbeitsstruktur und bedeutet, dass immer nach einer anspannenden Arbeitsphase eine entspannende Aufgabe kommt. Zum Beispiel ist eine Zeichnung für das Fach Bildende Kunst keine wirklich ermüdende

Arbeit. Den meisten Kindern macht eine derartige Aufgabe Freude und entspannt sie. Man kann sie gut zwischen zwei schwierigere Aufgaben – wie Wörter lernen oder Text übersetzen – schieben. Auch in anderen Fächern gibt es manchmal leichte Aufgaben wie Abschreiben oder Abmalen, die man gut als Puffer zwischen zwei anstrengende schieben kann. Auf diese Art und Weise entsteht ein Pauseneffekt, ohne dass man wirklich eine Pause einlegt mit der Gefahr, nicht früh genug wieder an den Schreibtisch zurückzukehren. Es gibt heute einfach zu viele Ablenkungsmöglichkeiten für Kinder. Sie finden dann nicht mehr so leicht in ihren Arbeitsrhythmus zurück. Ehrlich gesagt geht es uns Erwachsenen doch genauso. Wir lassen uns doch auch gerne einmal ablenken und bereuen hinterher, unsere Arbeit so lange unterbrochen zu haben.

Aus Fehlern lernen

Vielen Eltern und Schülern ist nicht ganz klar, was für hervorragende Lernquellen Fehler sind. Man übergeht sie am liebsten und macht sich keine Gedanken darüber. Man möchte auch das Selbstvertrauen des Kindes nicht zerstören. Natürlich ist es richtig, ein Kind nicht für Fehler zu schimpfen, es hat die Fehler ja nicht absichtlich gemacht. Wenn Sie Ihr Kind ein Diktat mit 120 Wörtern schreiben lassen und es 15 Fehler macht, hat es immer noch 105 Wörter richtig geschrieben. Das ist auch eine Leistung. Leider werden in der Schule aber nicht die 105 richtigen Wörter belohnt, sondern die Note wird auf Grund der 15 Fehler festgesetzt und das wäre in diesem Fall wohl die Note Sechs.

Nina macht zu viele Fehler im Diktat

Nina und ihre Eltern waren traurig, denn sie bekam im Diktat regelmäßig eine schlechte Note. Dabei übten sie seit einiger Zeit jeden Tag ein Diktat mit mindesten 120 Wörtern. Nina reagierte mit der Zeit allergisch auf das Wort Diktat und hasste alles, was mit dem Fach Deutsch zu tun hatte. Es gab jetzt jeden Abend ein «Theater», bis sie endlich bereit war, zu schreiben. Nach dem Diktat warf sie ihren Füller hin und rannte weg. Sie interessierte sich nicht für das Ergebnis. Es war eben schlecht, na und? Ninas Reaktion ist leicht verständlich. Sie hatte ihre Leistung, nämlich das Schreiben, erbracht. Das hatte sie angestrengt. Das Ergebnis war wie immer schlecht. Nun änderte die Mutter ihre Strategie. Sie versprach ihr, keine langen Diktate mehr zu diktieren. Sie erklärte die Tochter zur «Fehlerfischerin». Darüber musste Nina lachen, ab sofort wurde mit Humor geübt. Sie nahm die alten Diktate und diktierte nur noch fehlerhafte Wörter und falsch geschriebene Satzbestandteile. Das dauerte viel kürzer und brachte mehr Erfolg. Nina interessierte sich plötzlich für die Fehler, die sie heraus fischen sollte. Später nutzte sie noch die Karteikarten-Methode und die Noten wurden immer besser.

Ein Kind muss lernen, dass Fehler seine Freunde sind, dass jeder entdeckte Fehler dabei hilft, es richtig zu machen. Es steckt ein Lernprinzip in den Fehlern. Wer Fehler nicht erkennt, kann aus ihnen nichts lernen und wird sie immer wieder machen. Fehler gehören zum Lernen wie das Salz zur Suppe. Man kann sich nicht verbessern, wenn man nicht weiß, was man verbessern soll. Man muss deshalb die Fehler ganz genau anschauen. Oft steckt eine eigene Logik in dem Fehler. Es kann sehr hilfreich sein zu verstehen, warum man einen bestimmten Fehler gemacht hat. Bei der Fehlersuche darf man natürlich nie übersehen, was gelungen ist. Eltern und Lehrer sollten verständnisvoll mit den Fehlern umgehen, sie behutsam korrigieren und den Kindern keine Angst einjagen. Wenn ein Kind Fehler überwunden und etwas Neues gelernt hat, dann hat es damit auch sein Selbstvertrauen gestärkt.

Ein Artikel im SPIEGEL (12/2006) titelt «Schon wida ferpend». Pädagogen streiten um die rechte Methode, Lesen und Schreiben zu lehren. Neue Studien zeigen: Das beliebte «freie Schreiben» schadet vor allem den schwächeren Schülern. Dabei geht es um eine in ganz Deutschland verbreitete Methode, das Schreiben zu lehren und zu lernen. Die Kinder dürfen schreiben, wie sie wollen, alles ist richtig. So wird von einem Mädchen berichtet, das schon mit fünf Jahren lesen konnte und in den ersten drei Schuljahren Sätze und Geschichten schreiben durfte, ohne dass jemand sie mit Korrekturen belästigte. In der vierten Klasse hatte sie dann Schwierigkeiten, Rechtschreibregeln zu befolgen und den Überblick zu bewahren. In der pädagogischen Fachwelt wird noch heftig über Nutzen und Schaden dieser Methode diskutiert. Für die Leiterin der Abteilung Grundschulpädagogik an der Humboldt-Universität Berlin sind die Nachteile allerdings offenkundig: «Die Schüler entwickeln alle ihre eigene Orthografie. Und hinterher müssen sie sich das mühsam wieder abgewöhnen.» Erfunden wurde die Methode «Lesen durch Schreiben» von dem Schweizer Pädagogen Jürgen Reichen, der es Kindern damit ermöglichte, unbekümmert und frei von Fehlerangst loszuschreiben. Die Erwachsenen sollen ausdrücklich nicht mit ihren Verbesserungen stören. Seiner Theorie nach bringen sich die Kinder so das Schreiben spielerisch irgendwann ganz von alleine bei.

Diese Methode hat etwas Faszinierendes. Ist doch toll, wenn Kinder sich selbst etwas beibringen, sich dabei wohl fühlen, sich entfalten dürfen und die Erwachsenen damit keinerlei Mühe haben. Leider ist der Preis für diese wunderbare Zeit sehr hoch. Die Kinder brauchen, nachdem sich ihre eingeübten Fehler im Gehirn verankert haben, hinterher sehr viel Übung und Korrektur, um nun die richtige Rechtschreibung zu lernen. Ohne beständige, fachkundige Unterstützung sind sie dann überhaupt nicht mehr in der Lage, die richtige Orthographie zu lernen. Jeder Sportler weiß, dass man am Beginn eines Sports die richtigen Grundlagen erwerben muss. Eine am Anfang falsch eingeübte Schlägerhaltung beim Tennis kann einen Spieler ganz schnell um ein bis zwei wertvolle Jahre zurückwerfen oder eine aussichtsreiche Karriere verhindern. So ist es doch jedem unmittelbar einsichtig, dass eine Korrektur am Anfang lange nicht so frustrierend ist wie eine Korrektur, wenn schon alles im Gehirn verankert ist.

Der Grundschuldidaktiker Wilfried Metze plädiert dafür, mit dem Schreiben nicht zu früh zu beginnen. Die Kinder müssen zuerst durch vielerlei Leseübungen herauskriegen wie Sprechlaute, Buchstaben und Wörter zusammenhängen und das Leseprinzip verstehen. Es ist schlimm, wie in Deutschland eine Modewelle die nächste ablöst oder von der Kultusbürokratie verordnet wird ohne gesicherte Resultate durch wissenschaftliche Studien. Auch sehr motivierte und engagierte Lehrer werden hier oft allein gelassen, nicht gehört oder einfach übergangen.

Der Arbeitsplatz

Gute Rahmenbedingungen können das Lernen stark erleichtern. Wobei auch hier meine obige Bemerkung gilt: Was bei Ihnen zu Hause erfolgreich praktiziert wird, sollten Sie nicht aufgrund von irgendwelchen Ratgebern ohne Not ändern.

Linda lernt am liebsten im Wohnzimmer.

Familie Schneider hat zwei Kinder und war vor kurzem ins neue Haus umgezogen. Dort wurden zwei schöne Kinderzimmer eingerichtet. Für die Zweitklässlerin Linda wurde ein passender Schreibtisch gekauft und Frau Schneider freute sich schon auf ihre ungestörten Nachmittage. Leider wurde nichts daraus, denn Linda lief ihr dauernd nach. Sie setzte sich mit ihren Aufgaben ins Wohnzimmer in die Nähe ihrer Mutter und ließ sich absolut nicht dazu bewegen, in ihrem eigenen Zimmer zu lernen. Zuerst war Frau Schneider vom Verhalten ihrer Tochter sehr enttäuscht. Die hohen Investitionen waren wohl völlig unnötig gewesen und die Tochter schien unselbständiger und anhänglicher zu sein als ihre gleichaltrigen Mitschüler. Nach Gesprächen mit anderen Eltern und einigen Lehrern fand Frau Schneider jedoch heraus, dass die Ratschläge stark differierten und dass es wohl in jeder Familie anders aussah. Da gab es Kinder, die sich gerne in ihr Zimmer zurückzogen und andere, die genauso wie Linda im Wohnzimmer mit einem ihrer Geschwister oder in der Nähe eines Erwachsenen ihre Aufgaben erledigen wollten. Frau Schneider beschloss, sich keine weiteren Sorgen zu machen und einfach das Verhalten ihrer Tochter zu akzeptieren. Ein paar Jahre später zog sich Linda dann zum Lernen in ihr Zimmer zurück. Sie war nun zuverlässig und selbständig.

Im Fall Linda gehörte die Nähe der Mutter zum optimalen Lernen. Offenbar gab sie ihr Sicherheit und Unterstützung. Solch eine Unterstützung kann genauso gut von einer anderen erwachsenen Person oder den Geschwistern kommen. Wichtig ist, dass dem Kind nicht zu viel geholfen wird. Es sollte nicht die Erfahrung machen, dass es die Hausaufgaben nicht allein machen kann, dass es ständig Hilfe braucht oder dass alle Bemühungen immer unzureichend sind. Ihr Kind lernt immer mit und wählt aus den Erfahrungen diejenigen aus, die ihm das Leben einfach machen.

Zur optimalen Lernumgebung gehört im Normalfall ein aufgeräumter Schreibtisch. Falls die Unordnung auf dem Schreibtisch zu einer täglichen Auseinandersetzung in ihrer Familie führt, gibt es nur einen Ausweg. Hören Sie sofort auf – mit dem Streit. Sie haben ja gemerkt, dass der Streit nicht zu Ihrem gewünschten Ergebnis führt. Ihr Kind hat also auch etwas gelernt, nur leider etwas anderes, als Sie es sich erhofft haben. Es hat gelernt: Meine Mutter (mein Vater) regt sich furchtbar über mein Durcheinander auf dem Schreibtisch auf – aber sie regt sich auch wieder ab. Ich brauche nur lange genug warten, dann hört die Schimpferei von alleine wieder auf. Dieses Lernen war von Ihnen nicht beabsichtigt. Wahrscheinlich haben Sie sich das noch nicht einmal klar gemacht. Tatsächlich kann diese Erfahrung noch weitere Folgen nach sich ziehen. Ihr Kind könnte zum Beispiel daraus Folgendes lernen: Wenn ich später, als vereinbart nach Hause komme, dann muss ich eben den Gefühlsausbruch meiner Mutter durchstehen, dann ist alles wieder gut. Fazit: Streit und Gefühlsausbrüche bringen selten den gewünschten Erfolg. Möglicherweise haben sie sogar negative Auswirkungen. Außerdem schaffen Sie eine ungute Atmosphäre. Kann sein, dass Ihr Kind, wenn es später an zu Hause zurückdenkt, sich erinnert, wie oft zu Hause eine gereizte Atmosphäre herrschte. In diesem Fall ist es für die häusliche Atmosphäre besser, Sie geben auf. Sie können in der Erziehung nicht alles erreichen. Finden Sie sich damit ab und schaffen Sie eine fröhliche, heitere Atmosphäre. Damit erreichen Sie mehr bei Ihren Kindern, als durch das sture Festhalten an einem Erziehungsziel, das sie mit Streit und Diskussionen nicht erreicht haben. Falls Sie von einem bestimmten Erziehungsziel nicht abweichen können, lesen Sie doch noch einmal den 4-Stufenplan zum Umgang mit Widerstand.

Konzentration

Das erste, was Sie Ihrem Kind mitgeben können, ist eine ungestörte Zeit, in der es sich seinem Spiel konzentriert widmen kann. Das beginnt schon in früher Kindheit und gilt in verstärktem Maße in den folgenden Jahren. Manche Eltern meinen, ihr Kind könne sich nicht konzentrieren. Glücklicherweise ist dieses Phänomen nicht so sehr verbreitet, wie es beklagt wird. Denken Sie doch in Ruhe darüber nach, bei welchen Gelegenheiten sich Ihr Kind in eine

Tätigkeit oder Aufgabe vertieft hat. Sicherlich fallen Ihnen dazu immer mehr Gelegenheiten ein. Es ist also nicht so, dass es sich grundsätzlich nicht konzentrieren *kann*. Wahrscheinlich hat es Schwierigkeiten in Situationen oder bei Aufgaben sich zu konzentrieren, bei denen es schon Misserfolgserlebnisse hatte. Es gibt keine bessere Motivation als den Erfolg. Versuchen Sie Ihrem Kind Erfolgserlebnisse zu vermitteln. Manchmal muss man nur die Lernschritte vergrößern oder verkleinern und die Motivation und damit ist die Konzentrationsfähigkeit wieder da.

Jonathan will nicht Diktat üben

Jonathan hat eine tiefe Abneigung gegen das Üben von Diktaten. Seine Mutter ficht häufig einen Kampf mit ihm aus. Oft verliert sie ihn, weil der Streit so lange dauert, bis sie entnervt aufgibt. Manchmal bekommt sie ihren Sohn aber so weit, dass er sich endlich an den Tisch setzt und schreibt. Natürlich ärgert er sich über seine schlechten Diktatnoten, kann das aber nicht vor seinen Kameraden zugeben. Seine Erklärung und Entschuldigung: Ich kann mich einfach nicht konzentrieren. Ich mache lauter Leichtsinnsfehler. Wenn ich mich konzentrieren könnte, würde ich kaum Fehler machen.
Nun versucht es seine Mutter mit einer neuen Methode, auf die sie von seiner Lehrerin aufmerksam gemacht wurde. Sie kopiert einen Diktattext auf ein DIN A 4 Blatt und legt dieses Blatt mit der Schrift nach unten vor Jonathan. Er kann nur die weiße Rückseite des Blattes sehen. Nun darf er das Blatt umdrehen und einen vollständigen Satz bis zum Punkt einmal durchlesen. Dann dreht er das Blatt um und schreibt diesen Satz auf die weiße Rückseite. Mit dem nächsten Satz macht er es genauso usw., bis er den ganzen Text auf die Rückseite geschrieben hat.
Danach korrigiert die Mutter sein Diktat und spricht mit ihm die Fehler durch. Inzwischen hat Jonathan die Methode so gut gelernt, dass seine Mutter nicht mehr daneben sitzen muss. Beide können ihre Zeit nun besser einteilen und es gibt keinen Streit mehr beim Diktieren. Jonathan hat seine Konzentrationsfähigkeit gesteigert und macht auch nicht mehr so viele Fehler im Diktat.

Die Konzentrationsfähigkeit lässt sich verbessern durch:

- Konzentrationsspiele
- Rechnen von langen Kettenaufgaben
- Denksportaufgaben
- Sudoku
- Spiele wie: Ich packe in meinen Rucksack … Jeder Teilnehmer wiederholt alles, was vor ihm gesagt wurde und nennt einen neuen Gegenstand

- Entspannungstechniken
- Die oben beschriebene Diktatübung
- Regelmäßiges Üben eines Musikinstrumentes
- Regelmäßiges Sporttraining
- Malübungen
- Ballett usw.

Konzentrationsfähigkeit kann sich auch plötzlich einstellen. Ein Beispiel: Gerade hat sich Ihr Kind noch mit den Hausaufgaben herumgequält und auf dem Bleistift herumgebissen, in der nächsten Minute löst es voller Begeisterung ein Preisrätsel. Was ist passiert? Das Kind hatte Lust, das Rätsel zu lösen, seine Neugier wurde geweckt, und damit stieg automatisch seine Hirnaktivität. Die Lust auf das Rätsel wurde von den Botenstoffen Acetylcholin und Dopamin gesteuert. Dopamin bewirkt, dass das Lernen, Begreifen und Können uns begeistert und in Hochstimmung versetzen kann. Genauso können negative Denkschemata und Stress unser Denken blockieren. Dann kann es zu dem aus Prüfungssituationen gefürchteten bekannten Blackout kommen.

5.5
Umgang mit Frust

Eltern sehen ihrem Kind schon von weitem an, wie es sich fühlt. Ein Blick aus dem Fenster auf das heimkehrende Kind genügt. Seine Körperhaltung drückt seine Stimmung aus. Gesenkter Kopf, hängende Arme, schlurfender Schritt, alles deutet auf ein frustriertes Kind hin. In diesem Augenblick wissen die

Eltern, dass das übliche Programm ablaufen wird. Das Kind wird so reagieren, wie immer, wenn es frustriert ist. Es gibt zwei grundlegend verschiedene Reaktionstypen. Der eine Typ wirft die Schultasche in eine Ecke, knallt die Türen zu, will nicht angesprochen werden, verbittet sich jede Frage und zieht sich zurück. Der andere fängt, kaum hat er die Wohnungstür hinter sich geschlossen, zu schimpfen an und braucht jetzt sofort unbedingt jemanden, der ihm zuhört und möglichst nicht widerspricht. Er kann jetzt auch keine guten Ratschläge brauchen. Er muss sich sofort entladen.

Patricks Wut auf den Klassenlehrer

Patrick hatte eine riesige Wut im Bauch. Er kam aus der Schule nach Hause und war unausstehlich und unansprechbar. Seine Mutter bekam keine Antwort auf ihre Fragen. Nur böse Blicke und ein unverständliches Knurren. Sie wusste aus Erfahrung, dass Patrick jetzt zuerst einige Zeit ungestört bleiben musste. Er setzte sich vor den Fernseher und die Mutter ließ ihn in Ruhe. Als er sich ein wenig abgelenkt und beruhigt hatte, wollte er seiner Mutter alles erzählen. Sie setzten sich zusammen an den Tisch. Patrick erzählte: *«Es war in unserer Mathestunde bei Herrn Mack. Die Klasse war wieder sehr laut und Herr Mack war schon sehr gereizt. Mein linker Nachbar hat etwas zu mir gesagt, ich habe mich stark zu ihm rüber gebeugt, da hat mein rechter Nachbar meinen Stuhl etwas nach hinten gezogen und ich bin beim Hinsitzen auf den Boden gefallen. Das hat Herr Mack gesehen und hat mir voller Groll eine Strafarbeit und eine Stunde Nachsitzen verpasst. Den beiden anderen ist nichts passiert. Nur mich hat er bestraft. Er hasst mich. Immer bin ich der Dumme!»* Auf diese Art und Weise steigerte sich Patrick weiter in seine Wut hinein. Es dauerte nicht lange, dann hatte auch seine Mutter einen Zorn auf den Mathelehrer, weil er offenkundig die beiden anderen Schüler bevorzugt hatte.

Der Fall «Patrick» steht stellvertretend für unzählige andere Fälle, in denen sich ein Kind vom Lehrer ungerecht behandelt fühlt.

Wie sollen Eltern in solch einem Fall reagieren?

Es ist völlig in Ordnung, wenn Eltern sich bei einem solchen Gespräch vom Kind überzeugen lassen und es zunächst einmal liebevoll bedauern. So fühlt sich ihr Kind verstanden und angenommen. Sie brauchen sich dazu auch nicht zu verstellen. Sie versetzen sich einfach in die Lage Ihres Kindes und können es nachvollziehen, wie es diese Behandlung in der Schule empfunden hat. Ein Kind braucht Geborgenheit und das Gefühl, alles erzählen zu dürfen. Wenn Sie ihm sofort widersprechen, wird es Ihnen bald nichts mehr erzählen.

Aber wenn sich durch den Gleichklang ihrer Gefühle ein gegenseitiges Verständnis eingestellt hat, sollten Sie nicht auf lange Sicht bei dieser Haltung bleiben. Falls für Sie die Geschichte an dieser Stelle beendet ist, kann Folgendes geschehen. Ihr Kind glaubt weiterhin, dass es im Recht ist, dass der Mathelehrer ungerecht sei und weiß, dass auch Sie so denken. Es fühlt sich gestärkt in seiner Antihaltung gegen den Lehrer. Nun hat es zusätzliche Entschuldigungen, wenn es im Unterricht nicht mehr aufpasst. Es braucht sich nicht mehr anzustrengen. Seine Eltern werden ihm glauben, dass die schlechten Leistungen durch den «blöden» Lehrer verursacht sind. Da das Kind immer mitdenkt und ähnliche Szenen auch bei anderen Lehrern vorkommen können, ist es möglich, dass bald weitere Lehrer vom Kind und von dessen Eltern abgelehnt werden.

Bedenken Sie, Ihr Kind muss weiter in die Schule, in die Klasse und zu diesem Lehrer gehen. Es hat keine Wahl. Wenn Sie in einem Geschäft unfreundlich bedient werden und den Verkäufer unsympathisch finden, können Sie das

Geschäft wechseln. Ihr Kind kann das mit der Schule nicht tun. Es ist gezwungen, weiter dorthin zu gehen. Aus diesem Grund ist es sehr wichtig, dass der Lehrer positiv gesehen wird. Dazu müssen Sie noch einmal das Gespräch auf diese Schulszene bringen. Stellen Sie am besten Fragen, die Ihr Kind zum Nachdenken bringen. «Hat dein Lehrer ganz sicher gesehen, was deine Nachbarn angestellt haben?» Falls Ihr Kind darauf beharrt: «Begründe deine Sicherheit. Was hat er zu den Nachbarn gesagt?» «Soll ich mal mit dem Lehrer reden?» «Wenn ich nicht mit dem Lehrer reden soll, dann bist du offensichtlich doch nicht so sicher, dass er dir die Strafarbeit gegeben hat, weil er dich nicht mag.» Schließen Sie mit Ihrem Kind ein Abkommen. Es soll sich im Unterricht ordentlich verhalten und beobachten, wie es den anderen Schülern ergeht. Meistens stellt sich in kürzester Zeit heraus, dass der Lehrer nichts gegen den Schüler hat.

Was wollen Lehrer? In erster Linie möchten sie den Schülern etwas beibringen. Sie wollen, dass Schüler etwas lernen. Dazu brauchen Sie gewisse Rahmenbedingungen: Aufmerksamkeit und Interesse. Natürlich muss der Lehrer seinen Unterricht so abwechslungsreich gestalten, dass die Schüler auch gerne still sind und sich nicht gegenseitig stören.

Wenn Sie diese Spielregeln Ihrem Kind klarzumachen versuchen, haben Sie viel dafür getan, dass es wieder gerne zur Schule geht, und das wiederum ist die beste Voraussetzung für Erfolg in der Schule. Es ist immer besser, ein wenig weiter zu denken und vorzubeugen, als sich nur mit einer kurzfristigen Entspannung zufrieden zu geben.

5.6
Elternarbeit in der Schule

Wir brauchen Eltern,
die ihre Kinder zur Wissbegierde erziehen.
Horst Köhler

Die meisten Eltern sind an den Fortschritten ihrer Kinder interessiert. Als Eltern sind sie aufgefordert, sich aktiv am Schulleben zu beteiligen. Ihre Mitwirkung ist im Schulgesetz verankert. Sie können sich zum Elternvertreter der Klasse Ihres Kindes wählen lassen und damit ein wichtiger Ansprechpartner für andere Eltern sein. Sie erfahren dadurch mehr von den anderen Eltern. Sie sind auch der Ansprechpartner für die Lehrer und erfahren manche Schulentscheidungen vor den anderen Eltern. Sie können eine Eltern-AG gründen, Elternabende gestalten und unter ein Thema stellen. Sie können Referenten zu einem Thema einladen und Eltern-Kind-Nachmittage organisieren. Sie können für die Schüler Arbeitsgemeinschaften anbieten, beispielsweise eine Koch-AG, eine Internet-AG oder eine Chinesisch-AG. Falls es noch keinen Unterstützungsverein für Ihre Schule gibt, können Sie einen gründen. Versuchen Sie eine lebendige Schule mitzugestalten, in der der Elternwille respektiert wird. Erarbeiten Sie einen offenen Fragebogen, um Wünsche und Anregungen aller am Schulleben Interessierten in Erfahrung zu bringen. Sie können sich bei der Gestaltung des Fragebogens an folgenden Leitfragen orientieren.

Was ist wichtig für unsere Schule?

- Wissensvermittlung, die ein vernetztes Denken fördert und stärkt
- Die Vermittlung von Allgemein- und fachlichem Wissen
- Eine Schul- und Hausordnung, die einheitliche Regelungen vorgibt
- Themenorientiertes Arbeiten in kleineren Gruppen
- Präsentation der Unterrichtsergebnisse
- Stützen und Fördern (Lese-Rechtschreib-Schwäche-Kurs)

- Teamarbeit
- Gute Kommunikation zwischen Eltern und Schule
- Soziales Engagement
- Schule präsentiert sich in der Gemeinde

Welche Grundsätze soll unsere Schule haben?

- Gemeinsam sind wir stark – gemeinsam schaffen wir Vieles
- Die Schule soll offen, tolerant, mobil und freundlich sein
- Höflichkeit, Hilfsbereitschaft und Aufmerksamkeit gegenüber anderen pflegen

Was wollen wir verwirklicht haben?

- Stärkung des Schulprofils (Sport- und Umweltwochen, Schüleraustausch, Projektunterricht)
- Verlässlichkeit der Veranstaltungen im Schuljahr (Open-Air-Kino, Tag der offenen Tür für die Grundschulen, Anmeldung der fünften Klassen, Abschlussfeier)
- Hausaufgabenbetreuung und Fördermaßnahmen
- Kooperation mit dem Schulträger
- Tatkräftige Hilfe bei Sanierungs- und Renovierungsmaßnahmen
- Finanzielle Unterstützung für sozial schwächere Familien
- Schul- und Pausenhofgestaltung
- Kooperation der Elternbeiratsvorsitzenden und Fördervereinsvorsitzenden der Schulen im Schulzentrum

Eltern und Lehrer

In Deutschland gibt es ca. 39 Millionen Haushalte. In 6,3 Millionen Familien leben Schulkinder. Davon wiederum haben 3 Millionen ein Schulkind, 2,6 Millionen zwei Schulkinder, 600000 drei Schulkinder und 100000 vier und mehr Schulkinder.

Nicht nur Eltern klagen über Schulprobleme, auch Lehrer können ihre liebe Not mit den Eltern haben (Focus 19/2005). Es ist an der Tagesordnung, dass Eltern schlecht über die Schule und Lehrer reden, auch in Anwesenheit von Lehrern. Jedes Schulkind hat mindestens einen Erziehungsberechtigten, der auf seine Weise mit dem Thema Schule umgeht. So kann ein Vater aggressiv auftreten, eine Mutter sich in die Unterrichtsmethoden einmischen, jemand das zu schnelle Tempo beklagen oder die langsame Vorgehensweise, die einem Kind nicht gerecht wird. Diese unterschiedlichen Ansichten und Verhaltensweisen werden auf jedem Elternabend deutlich und können den Lehrern das Unterrichten sehr schwer machen.

Wenn Eltern sich zu Elternstammtischen verabreden, bei denen der Klassenlehrer nicht eingeladen ist, um seine Sicht darzustellen, und wenn dann noch den ganzen Abend lang über den Unterricht und die Lehrer hergezogen wird, ist oft jede vertrauensvolle Zusammenarbeit unterminiert. Lehrer fühlen sich hintergangen und nicht für voll genommen. In den folgenden Elterngesprächen spüren Lehrer Gegenwind und Konfrontation.

Die ZEIT titelte in ihrer Ausgabe vom 20. Oktober 2005 mit der Schlagzeile «Eltern gegen Lehrer. Der neue Klassenkampf». In diesem Artikel wird die derzeitige Situation der Verteidigungshaltung von Lehrern gegen Eltern in vielen Situationen beschrieben. Eine kleine aber durchsetzungsstarke Minderheit von Eltern gehen gegen Lehrer in Elternversammlungen derart rigoros vor, dass sich die übrige Elternschaft inzwischen für die Institution Schule einsetzen muss. Eltern spüren, dass es oft andere Eltern sind, welche die Atmosphäre durch eine lähmende Mischung von übertriebenem Ehrgeiz und präventiver Verzagtheit vergiften. Die allgemeine Verunsicherung geht so weit, dass selbst fortschrittliche Hilfsangebote wie Förderstunden für leistungsschwache und Extraunterricht für hochbegabte Schüler von den Eltern erst einmal sabotiert werden. Eltern reagieren nicht selten auf Kritik an ihren Kindern übertrieben empfindlich, während die betroffenen Schüler mit der Kritik konstruktiv umgehen können und sie durchaus als Hilfe zur eigenen Verbesserung verstehen. Die überehrgeizigen Eltern machen die Sache zum Problem, nicht die Kinder. Oft fühlen sich Lehrer an Elternabenden auf der Anklagebank. Sie müssen sich zu den Vorwürfen der Erziehungsberechtigten wie vor einem Tribunal rechtfertigen. Es wird ihnen vorgeworfen, sie traumatisierten und demotivierten durch ihre Rotstiftbemerkungen die Schüler. Die Hausaufgaben seien zu schwierig, zu lang oder einfach unnötig. Sie werden über Waldorf- oder Montessori-Pädagogik belehrt und immer mehr in die Ecke getrieben. Die übereifrigen Eltern sind oft dieselben, die ihren Kindern die Schultasche bis ins Klassenzimmer nachtragen und damit ihren Kindern den schwierigen Weg zur Selbständigkeit blockieren oder unmöglich machen. Diese Kinder haben auch bei den Kameraden in ihrer Klasse einen schwierigen Stand und werden oft ausgegrenzt, was wiederum ganz einfach dem Lehrer angelastet wird.

Besser und hilfreicher ist ein Zusammentreffen von Eltern und Lehrern in lockerer Umgebung. Die Idee, sich in einem Lokal zu einem Stammtisch zu treffen, hat sich bewährt, weil dadurch ein schulferner Ort aufgesucht wird, an dem man in angenehmer Atmosphäre über alles Mögliche reden kann. Am besten geht die Einladung an alle in der Klasse tätigen Lehrer und an alle Erziehungsberechtigten, so dass sich niemand übergangen, aber auch niemand zu dem Zusammentreffen genötigt fühlt. In einer derartigen Umgebung gibt es weniger Berührungsängste. Man spricht über Hobbys und Ereignisse und kommt sich dann auf der menschlichen Ebene näher. Gemeinsamkeiten können entdeckt und besprochen werden. Sorgen von Seiten der Erziehungs-berechtigten können genauso angesprochen werden wie die Gründe für bestimmte Maßnahmen von Lehrerseite. Auf dieser Basis können gute Ideen entstehen.

Eltern einer Klasse vermissen einen Klassenausflug

Familie Ritter ist enttäuscht vom Klassenlehrer ihrer Tochter Sabrina. Sabrina ist erst seit diesem Schuljahr in ihrer neuen Klasse, weil der Vater einen beruflichen Aufstieg gemacht hat und die Familie deshalb umziehen musste. Sabrina hat sich noch nicht gut eingelebt. Kein anderes Kind ihrer Klasse wohnt in ihrer Nähe. Weil sie schüchtern ist und auch noch einen anderen Dialekt als ihre Mitschüler spricht, hat sich noch keine Freundschaft ergeben. Sie geht schon nicht mehr gerne zur Schule und zieht sich immer mehr zurück. Immer öfter erzählt sie, wie blöd sie die anderen Kinder findet. Frau Ritter ruft beim Klassenlehrer Herrn Weidig an und fragt, wann denn der Klassenausflug stattfindet. Als Antwort bekommt sie kurz angebundene Folgendes zu hören: «*Dieses Jahr findet kein Ausflug statt.*»
Frau Ritter bespricht ihr Problem mit dem Elternvertreter der Klasse. Sie kommen auf die Idee eines Elternstammtisches. Sie sprechen einen Termin mit dem Klassenlehrer ab, laden dann alle Lehrer und alle Erziehungsberech-tigten der Klasse ein. Als Treffpunkt geben sie ein zentral gelegenes, bekann-tes und beliebtes Lokal an.
Zum Treffen finden sich zwei Drittel der Eltern und vier Lehrer ein. Es wird ein angenehmer Abend, an dem man sich gegenseitig besser kennenlernt. Eltern erfahren von den Lehrern erstaunliche Begebenheiten in der Klasse und verstehen plötzlich besser, weshalb Herr Weidig zunächst keinen Ausflug mit den Schülern machen wollte. Sie hatten nicht gewusst, wie undiszip-liniert sich die Klasse im Unterricht verhält. Die Eltern sind betreten. Sie überlegen nun miteinander Lösungsmöglichkeiten und versprechen, ihren Kindern die Sichtweisen der Lehrer zu erläutern und auf sie einzuwirken.
Danach wird das Thema Klassenausflug diskutiert. Schließlich sind zwei Erziehungsberechtigte, welche Erfahrung mit Jugendgruppen haben, bereit, zum Klassenausflug als Begleitpersonen mitzugehen. Es werden Ausflugsziele besprochen, die den Schülern zur Abstimmung vorgestellt werden sollen.
Bereits nach diesem ersten Elternstammtisch verbessert sich das Klima in der Klasse sichtlich. Der Ausflug wird ein schönes Gemeinschaftserlebnis und Sabrina findet eine nette Freundin und ist seither in die Klassengemeinschaft integriert.

Oft beginnt die Zusammenarbeit zwischen Elternhaus und Schule hoffnungs-voll. Die ersten Elternabende an der Grundschule sind meistens gut besucht und noch ohne gegenseitige Vorwürfe. Die Eltern erscheinen fast in vollstän-diger Klassenstärke. Doch es dauert manchmal nicht lange, dann ist die an-fängliche Harmonie verflogen. Enttäuschte Elternerwartungen sind die Ursa-che für Frustrationen, welche sich immer weiter aufschaukeln können.

Anlass für Reibungspunkte können folgende Verhaltensweisen von Erzie-hungsberechtigten sein:

1. Sie reden abfällig über Lehrer
2. Sie machen an Elternabenden Stimmung gegen Lehrer
3. Sie zweifeln die Kompetenz des Lehrers an
4. Sie entschuldigen das Fehlverhaltens ihres Kindes
5. Sie mischen sich in die Unterrichtsmethoden ein
6. Sie verwöhnen ihr Kind
7. Sie vernachlässigen ihr Kind
8. Sie stellen unangemessene Forderungen
9. Sie drohen mit Beschwerden

Zu 1: Erziehungsberechtigte reden abfällig über Lehrer

Die schlechte Meinung eines Erziehungsberechtigten über einen Lehrer ist eine ernstzunehmende subtile Einflussnahme auf das Unterrichtsgeschehen. Für Schüler ist die Schule eine Pflichtveranstaltung. Erkennbar ist dies immer daran, wie sehr sich eine Klasse freut, wenn man einen Stundenausfall ankün-digt. Es entsteht dann oft ein derartiger Tumult und Jubel, dass man das eigene Wort nicht mehr versteht. Unterricht bedeutet Arbeit für Schüler und keine Freizeit, selbst dann, wenn sie ihre Lehrer mögen und gerne zur Schule gehen. Das war früher auch nicht anders. Wenn zu Hause abfällig über Lehrer gesprochen wird, so fühlt sich der Schüler in seiner ablehnenden Einstellung bestärkt. Er hat nun genügend Rückendeckung, wenn er nicht in die Schule gehen oder keine Hausaufgaben machen möchte. Er denkt sich: Meine Mutter oder mein Vater mögen den Lehrer auch nicht, sie haben also Verständnis dafür, dass ich nicht lerne. Diese Gedanken sind nicht sichtbar. Auch das Ver-halten des Schülers wird nicht sofort auffällig. Aber mit der Zeit wird mögli-cherweise eine Lernstörung erkennbar. So fördern und unterstützen Eltern ungewollt den Lernunwillen ihres Kindes. Es braucht sich auch nicht mehr anzustrengen. Die Schuld für schlechte Ergebnisse kann es ja auf den Lehrer schieben. Es weiß, dass die Eltern die Schuld ebenfalls dem Lehrer geben.

Diese Geschichte kann sich sogar zu einem regelrechten Teufelskreis ent-wickeln. Wenn der Schüler mit der Rückendeckung seiner Eltern eine gute Entschuldigung für seine Faulheit entdeckt hat, dann wird er sich freuen, wenn seine Eltern auch über einen weiteren Lehrer abfällig reden. Jetzt gibt es schon zwei Fächer, in denen er es sich bequem machen kann. Er fühlt sich von seinen Eltern immer in Schutz genommen. Es gibt Schüler, welche dieses Spielchen immer weiter treiben. Am Ende glauben die Eltern, dass ihr Kind nur schlechte Lehrer hat.

In dieser Situation sollten Gespräche mit Eltern der Kinder stattfinden, die sich in der Klasse wohl fühlen. So können sie sich ein genaueres Bild über die Vorgänge in der Schule machen.

Es ist nicht zu leugnen, dass es auch in diesem so wichtigen Beruf Fehlbesetzungen gibt wie in jedem anderen Beruf auch. Aber es ist sehr unwahrscheinlich, dass an einer Schule wirklich ausschließlich schlechte Lehrer unterrichten.

Zu 2: Erziehungsberechtigte machen an Elternabenden Stimmung gegen Lehrer

Lehrer haben eine gewisse Macht. Sie können Schülern Angst einjagen, sie bloßstellen und unangemessene Noten geben. Diese Gesichtspunkte bewegen manche Eltern, ihren Unmut gegen einen Lehrer nur hinter seinem Rücken kundzutun. Bei Elternabenden schimpfen sie, so lange der Lehrer den Raum noch nicht betreten hat, manchmal sogar in Anwesenheit eines anderen Kollegen, dem diese Situation in der Regel außerordentlich peinlich ist. Er kann diesen Konflikt nicht lösen. Er hat keine Weisungsbefugnis, kann also seinen Kollegen nicht zu irgendeiner Handlung zwingen, möchte aber auch die anwesenden Eltern nicht vor den Kopf stoßen. Ein guter Ausweg wäre hier, den angegriffenen Lehrer zu einer Aussprache einzuladen. Am besten ist immer ein Gespräch miteinander und nicht übereinander. Manchmal kommen Vorwürfe für einen Lehrer so unvermittelt und aus dem Hinterhalt, dass er sich völlig überrumpelt fühlt. Wenn er noch neu im Beruf ist und wenig Erfahrung hat, kann es sein, dass er den aggressiven Eltern zu schnell nachgibt und erst hinterher beim Überdenken der Situation seine bisherige Handlungsweise richtig findet.

Zu viele Hausaufgaben

Zu einem Elternabend einer zweiten Grundschulklasse haben sich fast alle Eltern eingefunden. Zuerst geht es ganz friedlich zu. Frau Hailer, die Klassenlehrerin, redet über den Stand der Klasse, bespricht Formalitäten und weitere Pläne. Sie wirkt heiter und gelassen. Plötzlich ergreift Frau Molle, die Elternvertreterin der Klasse, eine sehr dominante Persönlichkeit, das Wort. Sie greift Frau Hailer heftig an, weil die Kinder über das letzte Wochenende angeblich viel zu viele Hausaufgaben bekommen hätten. Ihre Tochter sei am Freitagnachmittag drei Stunden daran gesessen und habe nicht spielen können. Hausaufgaben über das Wochenende seien außerdem nicht zulässig.

Die anderen Eltern halten sich mit ihrer Meinung zurück. Niemand meldet sich zu Wort. Frau Hailer hat sich immer viel Mühe beim Korrigieren der Hausaufgaben gegeben und sah das bisher als eine freiwillige aufwändige Zusatzleistung an. Nun erschrickt die erfahrene und erfolgreiche Lehrerin sichtlich und ringt nach Worten. Da sie keine Hilfe aus den Reihen der Eltern erhält, fühlt sie sich allein gelassen und meint, alle Eltern seien gegen diese zusätzliche Übung am Wochenende. Sie entschuldigt sich nach diesem Angriff sehr für ihr Verhalten und verspricht, nie mehr Hausaufgaben über das Wochenende aufzugeben.

Nach der Veranstaltung und im vertraulichen Gespräch stellt sich dann heraus, dass viele Eltern durchaus zufrieden mit der Menge der Hausaufgaben waren, den Angriff ihrer Elternvertreterin für überzogen und unangebracht hielten und ihre Kinder die Aufgaben auch viel schneller bewältigt hatten. Sie finden Hausaufgaben über das Wochenende in Ordnung, weil die Kinder dann etwas Sinnvolles zu tun haben und bis zum Montag nicht so viel wieder vergessen. Leider kam diese Ansicht nicht zur Sprache.

Frau Hailer hielt sich an ihr Versprechen und gab nichts mehr über das Wochenende auf. Auf Grund der heftigen Attacke hatte sie den Eindruck, dass die Eltern ihre Arbeit nicht schätzten. Es entstand eine unnötige Distanz.

Eltern sollten sich gut überlegen, was sie möglicherweise anrichten, wenn sie in einer Elternversammlung Stimmung gegen einen Lehrer machen. Die Gefahr besteht, dass der Lehrer zwar ihren Antrag annimmt, aber künftig weniger Engagement zeigt. Frustrationen von Lehrern haben häufig ihre Ursache in unsachlichen Vorwürfen.

Zu 3: Erziehungsberechtigte zweifeln die Kompetenz des Lehrers an

Dies ist ein sehr empfindlicher Punkt bei Eltern-Lehrer-Kontakten. Wenn Eltern einem Lehrer auf irgendeine Weise signalisieren, dass er inkompetent und seiner Aufgabe nicht gewachsen sei, dann haben sie damit oft schon die Grundlage für eine fruchtbare Zusammenarbeit zerstört. Lehrer haben eine profunde Ausbildung erhalten und mussten durch eine Vielzahl von Prüfungen beweisen, dass sie fachlich, methodisch und didaktisch auf dem neuesten Stand sind. In einem zweiten Ausbildungsabschnitt werden sie in die Praxis eingeführt, von Mentoren bei ihrer Arbeit beobachtet, bewertet und beraten. Es ist ein langer Weg bis zur selbständigen Arbeit mit Klassen.

Natürlich ist es schwierig, den vielen Schülern, welche in einer Klasse sitzen, gerecht zu werden. Es wird immer Schüler geben, die sich mit der Materie bzw. mit dem Lehrer schwer tun. Das liegt in der Natur der Sache. Ein Anzweifeln der Kompetenz trägt aber nicht zur Lösung eines Problems bei. Sollte es Beweise oder Gründe für Inkompetenz bei einem Lehrer geben, vielleicht weil er sich über Jahrzehnte hinweg nicht weitergebildet hat oder weil er durch eine Krankheit beeinträchtigt ist, dann ist die Schulleitung oder im Extremfall die Schulaufsicht einzuschalten. Dieser Weg ist aber nur dann zu beschreiten, wenn es keine andere Lösungsmöglichkeit gibt und wenn genügend sachliche Beweise vorliegen.

Da durch diese Vorgehensweise im allgemeinen die Vertrauensbasis für eine gute Zusammenarbeit zerstört ist, sollte man Druck ausüben, damit die Klasse nicht zu lange einer unerträglichen Situation ausgesetzt ist. Hier gilt es dann wirklich am Ball zu bleiben und auf eine möglichst rasche Lösung zu drängen. Ein weiteres Hinauszögern ist nicht mehr angebracht.

Zu 4: Erziehungsberechtigte entschuldigen das Fehlverhaltens ihres Kindes

Von vielen Grundschullehrern hört man, dass Kinder immer weniger zur Selbständigkeit erzogen werden. Auch Eltern mit üppigem Zeitbudget sind von diesem Vorwurf nicht ausgenommen. Darüber hinaus wird das Fehlverhalten der Kinder von den Eltern vehement verteidigt. Es gibt verschiedene Gründe für diese Haltung. Manche Eltern haben in Deutschland ständig ein schlechtes Gewissen, weil sie glauben, dass sie durch ihren beruflichen Einsatz zu wenig Zeit für ihre Sprösslinge haben. Häufig neigen Mütter zu dieser Ansicht. Die vermeintlich entgangene Zuwendungszeit wird dann mit anderen Verhaltensweisen kompensiert. So glauben Eltern intuitiv, dass sie von ihrem Kind mehr geliebt werden, wenn sie bei allen Fehlern hinter ihm stehen. Manchmal führen auch Beziehungsprobleme der Eltern zu solch einer fatalen Ansicht. Mit folgendem Beispiel soll gezeigt werden, wie weit falsch verstandene Elternliebe gehen kann.

Gefährliches Verhalten im Schullandheim

Christian, 12 Jahre alt, ist ein bekannter Spitzbub in seiner Klasse. Er hat sich längst den Ruf eines Rowdies erworben. Er ist nicht wirklich beliebt in seiner Klasse und glaubt sich durch extreme Aktionen die Bewunderung seiner Klasse erkaufen zu können. Viele Mitschüler haben Angst vor ihm. Seine Eltern leben getrennt, seine Mutter wird mit ihm schon lange nicht mehr fertig. Abends bleibt er bis spät in die Nacht hinein, solange es ihm gefällt, auf der Straße.

Auch im Winter-Schullandheim hält sich Christian an keine Regeln. An einem Tag entfernt er sich mit zwei Kameraden von der Klasse. Sie fahren abseits auf einem verbotenen Weg zur Hütte. Obwohl ein gut sichtbares Schild mit einer Lawinenwarnung aufgestellt ist, wählen die drei Buben genau diesen Weg. Glücklicherweise passiert nichts. Die aufsichtsführenden Lehrer sind über dieses Verhalten entsetzt, weil die Schüler eindringlich davor gewarnt wurden, lawinengefährdete Strecken zu befahren: wegen der Gefährdung des eigenen Lebens, aber auch wegen der Gefahr eine Lawine loszutreten und dadurch ahnungslose Menschen zu gefährden. All dies haben die Buben mutwillig in den Wind geschlagen. Christian ist von den drei Buben der uneinsichtigste. Er wehrt sich gegen jede Art von Strafmaßnahme.

Nun erscheint der Vater in der Schule. Normalerweise kümmerte er sich nie um seinen Sohn und hielt sich aus der ganzen Erziehung heraus. Jetzt braucht sein Sohn seine Hilfe und er kommt.

Eine eigens einberufene Elternversammlung zur Rückschau auf das Winter-Schullandheim nutzt Christians Vater als Publikum für seine Attacken gegen die aufsichtsführenden Lehrer: Sie sollen nicht so kleinlich sein und so erziehen, dass die Schüler sich nicht einfach anpassen. Er finde es schrecklich, wie brav die heutige Jugend sei. Er sei sehr stolz auf seinen Sohn, der Mut zur eigenen Meinung gezeigt habe. Zwei, drei zaghafte Gegenstimmen werden von Christians Vater schnell und wortgewaltig zum Verstummen gebracht. Nun ergreift niemand von den Eltern mehr das Wort. Die Lehrer haben keine Chance, den Vater zur Einsicht zu bewegen, obwohl es sich bei diesem Sachverhalt eindeutig um einen Gesetzesverstoß handelte!

Lehrer sind auch auf die Unterstützung der Elternschaft angewiesen.

Es gibt auch weniger spektakuläre Entschuldigungen für das Fehlverhalten von Schülern, beispielsweise

- wenn ein Schüler keine Lust hat, die Schule zu besuchen, und Eltern ihr Kind wegen Krankheit entschuldigen

- wenn ein Schüler nicht auf eine Klassenarbeit vorbereitet ist und Eltern eine Entschuldigung schreiben, damit er nicht mitschreiben muss

- wenn Eltern mit einer Entschuldigung dafür sorgen wollen, dass ein Schüler keine Strafarbeit machen muss

- wenn Eltern die Strafarbeit für ihr Kind anfertigen

- wenn ein Schüler schlägt und Eltern dieses Verhalten gutheißen

- wenn ein Schüler einen anderen mobbt und Eltern ihn dabei unterstützen

Diese Liste ließe sich beliebig fortsetzen.

Alle diese Beispiele klingen auf den ersten Blick harmlos. Beim genaueren Hinsehen stellt man jedoch fest, dass damit ein gefährlicher Anfang gemacht ist. Kinder lernen immer mit. Manchmal lernen sie aus einer Geschichte etwas vollkommen anderes, als Eltern beabsichtigt haben. In den oben genannten Beispielen wollen Eltern einem Kind kurzfristig aus der Patsche helfen. Wahrscheinlich möchten sie auch Nerven und Kraft sparen, die sie aufbringen müssten, wenn ihr Kind die selbst verursachte Situation durchstehen müsste. Mit dieser Verhaltensweise ist eine kurzfristige Entspannung eingetreten. Eine schnelles und herzliches Einverständnis zwischen Erziehungsberechtigten und Kind ist entstanden, bei der sich beide wohl und zusammengehörig fühlen. Auf lange Sicht jedoch kann sich diese Entschuldigungspraxis wie ein Bumerang auswirken. Was einmal ging, geht auch in der nächsten schwierigen Situation wieder. Kinder können sich so zu «Tyrannen» oder «Erpressern» entwickeln. Sie verlangen das immer wieder von ihren Eltern, was diese aus der Not heraus ein einziges Mal zugestanden haben. Derartige Verhaltensweisen können sich so einschleichen, dass der Erziehungsberechtigte später nicht mehr weiß, wieso sein Kind in bestimmten Situationen ein riesiges Theater macht, bis es bekommt, was es will.

Zu 5: Erziehungsberechtigte mischen sich in die Unterrichtsmethoden ein

Alle Erziehungsberechtigte sind selbst einmal in die Schule gegangen. Jeder hat seine eigenen Erfahrungen mit dieser Institution gemacht. Viele davon waren möglicherweise negativ. Da der Mensch dazu neigt, negative Erlebnisse siebenmal besser einzuspeichern als positive, überlagern diese negativen Erinnerungen häufig die guten. Manche Eltern sind bestrebt, ihr Kind vor allen negativen Erlebnissen zu schützen. Mit diesem Verhalten rauben sie ihm wichtige Erfahrungen.

Es ist sehr bequem an der Unterrichtsmethode eines Lehrers herumzukritisieren. Es ist auch noch relativ einfach, für sich privat die richtige Unterrichtsmethode herauszufinden. Zu Hause ist individuelle Betreuung möglich. In der Schule sind aber in jeder Klasse bis zu 33 Schüler. Für das eigene Kind kann durchaus eine Methode ungeeignet sein, welche für die anderen sehr gut passt. Kinder haben unterschiedliche Temperamente, sind schnell oder langsam im Erfassen von Schulstoff, haben verschiedene Interessen und sind ungleiche Lerntypen. Was sie dann zu Hause vom Unterricht berichten, entspricht oft genau den negativen Erwartungen der Erziehungsberechtigten. Es dauert nicht lange, dann entwickelt sich eine Aversion gegen einen Lehrer und seine Unterrichtsmethode. Leider gibt es kein Geheimrezept, das verrät, wie man es jedem Kind im Klassenverband und jedem Erziehungsberechtigten recht machen kann und wie ein Lehrer die Fähigkeiten jedes einzelnen Schülers am besten entfalten kann.

Natürlich soll der Lehrer ausgeglichen und freundlich auf die Schüler zugehen und sich den einzelnen zuwenden, aber doch wieder nicht so intensiv, dass andere dadurch zu kurz kommen. Es ist nicht einfach, all dies unter einen

Hut zu bekommen. Theoretisch sehen das die meisten Erziehungsberechtigten auch ein. In der Praxis können sie es aber immer wieder nicht lassen, dem Lehrer Vorschriften zu machen. Das sieht dann für den Lehrer teilweise widersprüchlich und verwirrend, aber auch anmaßend aus.

Im Sportunterricht

Ein Teil der Eltern wünscht mehr Leichtathletik und weniger Turnen für Ihre Kinder, der andere genau das Gegenteil. Die einen wünschen mehr Spiele, die anderen weniger Spiele in der gleichen Unterrichtsstunde.

Im Deutschunterricht

Der Lehrer soll mehr Diktate üben, mehr Aufsätze schreiben und anspruchsvollere Lektüre lesen lassen, gleichzeitig aber nicht so viel Wert auf Rechtschreibung legen und keinesfalls ein Gedicht auswendig lernen lassen. In der gleichen Elternversammlung kann sich auch eine Fraktion für genau das Gegenteil stark machen.

Im Mathematikunterricht

Der Pädagoge soll ausführlicher erklären, mehr üben lassen, schneller vorwärts gehen, nicht so komplizierte oder viel anspruchsvollere Aufgaben auswählen, nicht über die Köpfe hinweg sprechen, auf jede Frage eingehen, mehr Stoff in weniger Zeit bearbeiten lassen und mehr oder weniger Tests schreiben lassen.

Im Englischunterricht

Der Englischlehrer soll die Schüler mehr sprechen lassen, die Aussprache ständig korrigieren, nicht so oft Fehler bemängeln, mehr Grammatik erklären, weniger Grammatikübungen machen, besser erklären, nicht so am Buch kleben, aktueller unterrichten, die historischen Hintergründe besser beleuchten.

Im Biologieunterricht

Der Biologielehrer soll nicht so viel auswendig lernen lassen, aber die Schüler sollen trotzdem alle Bäume der Heimat kennen, nicht so viel ins Heft zeichnen lassen, nicht so viele Hausaufgaben geben, praktische Übungen im Freien durchführen, nicht eklige Tiere anfassen und mehr oder weniger Tests schreiben lassen.

Im Geografieunterricht

Der Geografielehrer soll nicht so viele Filme zeigen, den Unterricht anschaulicher gestalten, mehr ins Heft zeichnen und schreiben lassen, mehr über fremde Länder erzählen, weniger Faktenwissen fordern, mehr topographische Zusammenhänge verlangen und weniger abfragen.

Die Liste ließe sich fortsetzen.

Lehrer erfahren in der Praxis sehr schnell, dass sie niemals allen Anforderungen gerecht werden können.

Zu 6: Erziehungsberechtigte verwöhnen ihr Kind

Mit der rapiden Zunahme der Ein- und Zweikindfamilien ist die Gefahr des Verwöhnens gewachsen. Es ist offensichtlich, dass Eltern einem oder zwei Kindern mehr Zuwendung und Hilfe geben können als mehreren. Die Pisa-Studie ergab u. a, dass die Schulleistungen mit der Anzahl der Kinder im Haushalt abnehmen. In der Regel haben Einzelkinder mehr Taschengeld, häufiger einen eigenen Fernseher und einen Computer in ihrem Zimmer. Wenn auf der anderen Seite nichts von ihnen gefordert wird, dann können die typischen Verhaltensweisen und Charaktermerkmale von verwöhnten Kindern entstehen. Dazu gehören Egoismus, Launenhaftigkeit, Trägheit, Leistungsverweigerung, Angeberei und Arroganz.

Für die Klasse und die Lehrer können solche Kinder ein großes Problem sein. Sie sind häufig unzufrieden und nicht zu gemeinsamen Aktionen zu bewegen. Bei einer Diskussion über ein Ausflugsziel treten sie für das teuerste, am weitesten entfernte mit den größten Attraktionen ein. Sie sind oft nicht bereit, selbst etwas zum Gelingen einer Unternehmung beizutragen. Sie lassen sich bedienen und bewundern. Bei einer Wanderung setzen sie sich auf den Weg und wollen die Klasse zur Umkehr zwingen.

Grundschullehrer berichten, dass heute Kinder, die in die erste Klasse eingeschult werden, immer weniger Grundfähigkeiten mitbringen. Eltern tragen die Schultasche bis an die Klassentür, helfen die Jacke auszuziehen und hängen sie an den Haken. So gibt es heute Kinder, welche die Schuhe nicht binden und nicht selbständig zur Toilette gehen können. Diesen Kinder mangelt es jedoch materiell an nichts. Sie sind gut gekleidet und haben alle notwendigen Schulsachen von Markenartiklern. Die Eltern gehen auch liebevoll mit ihnen um. Leider haben sie versäumt, ihnen wichtige Grundfertigkeiten beizubringen. Die Einsicht fehlt auch in vielen Kindergärten, dass Kinder von Anfang an lernen sollen. Kinder freuen sich, wenn sie etwas gelernt haben. Sie wollen lernen.

Verwöhnen hat, wie wir gesehen haben, verheerende Auswirkung auf das Lernverhalten von Kindern. Ohne nachzudenken meinen Eltern vielleicht, dass sie ihren Kindern das geben, was sie sich selbst in diesem Alter gewünscht haben. Oft arbeiten sie noch zusätzlich, um ihren Kindern noch mehr Materielles ermöglichen zu können. Bei gründlicher Betrachtung ist dies aber tatsächlich ein bequemer Weg. Es ist einfacher, einem Kind die Wünsche zu erfüllen, als ihm geduldig zu erklären, dass es dieses oder jenes jetzt nicht gibt. Geduldig mit dem Kind Fertigkeiten zu üben, verlangt mehr Anstrengung, als es vor den Fernseher zu setzen oder ihm ein Spiel zu kaufen. Die Kinderzimmer sind heute überfüllt mit Spielsachen. Aber wer nimmt sich noch die Zeit, mit den Kindern wirklich zu spielen? Selbst das Spielen in der Schule kommt oft nicht mehr gut an, weil manche Kinder lieber konsumieren als sich bewegen. Sie haben die Grundeigenschaften, Bewegungsdrang und Neugier schon verloren. Tun Sie alles dafür, um diese wichtigen Eigenschaften Ihres Kindes zu wecken und zu fördern.

Zu 7: Erziehungsberechtigte vernachlässigen ihr Kind

Auf den ersten Blick sehen Vernachlässigung und Verwöhnung wie zwei gegensätzliche Pole aus. Tatsächlich gibt es aber, wie wir unter Punkt 6 gesehen haben, durchaus Gemeinsamkeiten. Wenn ein Kind zu sehr materiell verwöhnt wird, wird es emotional oft gleichzeitig vernachlässigt. Man spricht geradezu von der Wohlstandsvernachlässigung. Vernachlässigten Kindern sieht man das heutzutage äußerlich nicht mehr unbedingt an. Sie fallen nicht auf. Man muss genau hinschauen, um die Vernachlässigung zu sehen. Sobald Kinder in die Schule gehen, tun sie alles dafür, dass andere das nicht bemerken. Sie sind geschickt im Vortäuschen. Sie merken schnell, dass sie mit dem Makel, vernachlässigt zu sein, in der Klasse nicht gut ankommen, ausgelacht oder ausgegrenzt werden. Häufig lernen Lehrer die Eltern dieser Kinder nicht kennen, denn diese kommen nicht zu Elternsprechtagen oder Elternabenden. Die Vernachlässigung ist den Eltern häufig bewusst, sie haben auch ein schlechtes Gewissen deshalb, sie werden aber mit den eigenen Problemen nicht fertig. In solch einem Fall sollten sich die Eltern nicht scheuen, eine Beratungsstelle aufzusuchen. In jeder Stadt gibt es heute psychologische und pädagogische Beratungsstellen und Selbsthilfegruppen für fast jedes Problem.

Hilfreich kann auch ein Tipp von Mitschülern an den Klassenlehrer sein, der dann seinerseits Kontakt zu den Eltern bzw. zu einer Beratungsstelle aufnehmen sollte. Ein Gespräch zur rechten Zeit wird helfen, eine schlimme Entwicklung im Keim zu ersticken. Probleme sind in der Anfangsphase zu lösen, bevor sie sich zu großen Monstern entwickelt haben.

Zu 8: Erziehungsberechtigte stellen unangemessene Forderungen

Wir haben schon in Punkt 5 gesehen, wie widersprüchlich Forderungen von Eltern aussehen können. Richtig unangenehm können Eltern werden, wenn sie mit unangemessenen Forderungen auf Lehrer zugehen. So kann es sein, dass Eltern vom Lehrer verlangen, dass er sein Unterrichtsniveau herunterschraubt, nur damit das eigene Kind besser mitkommt. Immer wieder übersehen Eltern und auch Schüler, dass ein Lehrer nicht nur einen einzigen Schüler, sondern eine ganze Klasse zu unterrichten hat und dass er außerdem staatliche Vorgaben erfüllen muss. Er kann nicht beliebig das Unterrichtsniveau verändern, sonst bekommt er selbst Probleme. Er muss die Schüler zu den in Lehrplänen festgelegten Standards qualifizieren. Jeder Lehrer baut auf dem Gelernten der Vorjahre auf.

Auch das Umgekehrte ist möglich, dass Eltern zu viel vom Lehrer und von ihren Kindern fordern. Sie sollen lernen, lernen und nochmals lernen. Die Arbeitsmarktlage in Deutschland schlägt bis in die Erziehungsstile von Eltern kleiner Kinder durch. Kinder bekommen schon in der Grundschule einge-trichtert, wie sehr sie sich anstrengen müssen, um einmal einen Arbeitsplatz zu bekommen. Eltern setzen Kinder so unter Druck, dass diese schon sehr früh Angst vor der Schule entwickeln. Auch diese überzogenen Anforderun-gen sind für Lehrer spürbar, wenn beispielsweise ein Kind in jedem Test laut zu schluchzen beginnt, weil es irgendeine Aufgabe nicht bewältigen kann, oder wenn ein Kind jeden Morgen kreidebleich und mit angstvollen Augen das Klassenzimmer betritt. Lehrer haben auch in solch einem Fall nur wenige Möglichkeiten, auf die Situation angemessen zu reagieren.

Zu 9: Erziehungsberechtigte drohen mit Beschwerden

Dies ist natürlich für jeden Lehrer sehr unangenehm und vergiftet die Eltern-Lehrer-Beziehung noch zusätzlich. In berechtigten Ausnahmefällen ist es in Ordnung, wenn man Missstände nach oben meldet. Aber zuerst sollte man immer versuchen, den Sachverhalt mit der Lehrperson persönlich zu bespre-chen, und erst wenn sich keine Lösung abzeichnet, eine Stufe höher gehen. Allerdings ist es empfehlenswert, dem Lehrer diesen Schritt anzukündigen. So hat er noch Gelegenheit, das Problem zu lösen oder aus der Welt zu schaffen.

Wenn Eltern sich hinter dem Rücken des Lehrers beim Schulleiter beschwe-ren, ist das für den Lehrer noch unangenehmer und das Lehrer-Eltern-Ver-hältnis wird vergiftet. Leider schrecken Eltern manchmal nicht vor Mobbing zurück, um ihr Ziel zu erreichen. Doch es gibt sehr wenige Probleme, die Eltern nicht mit einem Lehrer zusammen lösen können. Der erste Weg sollte also immer direkt zum Lehrer sein. Wenn das nichts geholfen hat, kann man als nächstes den Elternvertreter oder den Vertrauenslehrer einschalten. Häufig lässt sich das Problem auf dieser Stufe ausräumen, weil diese Menschen wieder eigene Erfahrungen haben und neue Vorschläge zur Problemlösung beisteuern können. Erst wenn diese Möglichkeiten ausgeschöpft sind und das Problem zu schwerwiegend ist, um es einfach ruhen zu lassen, sollten Eltern den Weg zum Schulleiter einschlagen. Da der Schulleiter Weisungsbefugnis hat, kann er dem Lehrer gewisse Verhaltensweisen oder Sprechweisen verbieten. Dieses Vorgehen empfindet ein Lehrer dann möglicherweise als Maßregelung oder Demütigung und er wird einen latenten Groll gegen die Eltern und den Schü-ler hegen. Diese Folge müssen Eltern bei ihrem Vorgehen immer mit in Erwä-gung ziehen, um sich ganz sicher zu sein, dass sie mit der Beschwerde den richtigen Weg einschlagen.

5.8
Schwierigkeiten im Schulalltag

*Wir sind nicht nur verantwortlich
für das, was wir tun,
sondern auch für das, was wir nicht tun.*
Molière

Heutzutage ist es «in», auf Lehrer einzudreschen. Politiker beschimpfen Lehrer öffentlich als «faule Säcke» und ein «Lehrerhasserbuch» wird einfach auf Grund seines Titels über Nacht zum Bestseller. Es gehört zum guten Ton, Lehrer zu verunglimpfen. Ist es Neid oder Unwissen, wenn die Nachbarschaft einen in der Mittagszeit nach Hause eilenden Lehrer im Chor mit «Feierabend, Herr Meier» begrüßt? Jeder weiß, dass es heute schwieriger als früher ist, Kinder zu unterrichten und auch noch zu erziehen. Aber das laut zu sagen, traut sich niemand. Selbst bei Vorträgen, die von ihrer Thematik her gar nichts mit der Schule zu tun haben, gehören kämpferische Seitenhiebe auf die Lehrerschaft zum Standardprogramm. An dieser Stelle ist der Applaus garantiert.

Für die offenkundig missliche Situation gibt es viele Gründe. Der ehemalige Schulleiter des Elite-Internats Schloss Salem beschäftigt sich in seinem Buch (Bueb, 2006) mit dem Niedergang der Disziplin an deutschen Schulen und spricht von der «unheilvollen Psychologisierung der Pädagogik in der Nachkriegszeit in Deutschland». Tatsächlich findet man in der Psychologie zu vielen Themen widersprüchliche Studienergebnisse, die man je nach eigenem Standpunkt für seine Argumentation heranzieht. Manches falsch verstandene oder zurechtgebogene Resultat aus der psychologischen Forschung hat nicht nur in der Schule, sondern auch in der häuslichen Erziehung, in der privaten Lebensgestaltung bis hin zur Rechtsprechung zu Auswüchsen geführt. Man darf durch den Blick auf das Negative aber nicht die segensreichen Erkenntnisse aus dem Auge verlieren. Tatsächlich geht es in unseren heutigen Schulen freundlicher und schülergerechter zu, als früher. Ein Besuch in einem Schulmuseum lässt keinen Zweifel an der grundsätzlichen Verbesserung unserer Pädagogik.

Viele Menschen können sich an unschöne Szenen aus ihrer Schulzeit erinnern. Sie haben im Unterricht Worte gehört, die sie im Innersten verletzt haben. Sie haben sich bloßgestellt und missverstanden gefühlt, haben ein Stück ihres Selbstvertrauens verloren oder sind allergisch geworden gegen alles, was mit Schule zu tun hat.

Auf dem Nährboden der ehemals Verletzten gedeiht die späte Rache am deutschen Schulsystem im Allgemeinen und an den Lehrern im Besonderen. Deshalb sind so manche Veröffentlichungen mit Vorsicht zu genießen. Als Beispiel zitiere ich aus der dem Artikel: «Ohne Fleiß kein Preis – das gilt auch für Lehrer» (Die Zeit, Nr. 45, 2005). «Überraschung Nummer eins: Die Vorab-Berichte zur Pisa-Studie, die seit vergangenem Sonntag über Zeitungen, Radios und Fernseher verbreitet wurden, basieren auf einer Ente. Angeblich, so las man allerorten, entscheide die soziale Herkunft in Deutschland ‹immer stärker› über den Schulerfolg eines Kindes; die Chancenungleichheit habe seit der ersten Pisa-Studie noch zugenommen. In die Welt gesetzt wurde diese Fehlinformation von der Deutschen Presseagentur (dpa). Offensichtlich haben ein dpa-Redakteur oder sein Informant Statistiken falsch interpretiert (Pisa lässt grüßen!) und ihre Interpretation dann ungeprüft verbreitet …»

Tatsächlich hat sich die Lage nicht, wie fälschlich dargestellt wurde, verschlimmert. «Wer nur Alarmismus betreibt, der desavouiert die notwendige Kritik an der Ungerechtigkeit und fördert die Resignation gerade bei den Bildungsverlierern.»

Eltern bedrückt es, wenn sie miterleben müssen, wie negative Einflüsse aus der Schule das zerstören, was sie viele Jahre lang mühsam aufgebaut haben. Sie sehen, wie ihr Kind seine Freude am Lernen verliert, sein Mitgefühl einbüßt und seine Lebensfreude immer mehr abnimmt. Sie fühlen sich in dieser Situation oft genauso hilflos wie damals, als sie selbst Schüler waren. Was sollen sie tun? Prof. Kurt Singer befasst sich in seinem Buch «Die Würde des Schülers ist antastbar» (Singer, 1998) mit dieser Thematik und gibt Ratschläge, wie man in schwierigen Fällen mit dem Verursacher umgehen soll. Wenn Lehrer Kinder unfair behandeln, so muss das Folgen haben. Sie müssen mit ihrem Verhalten konfrontiert werden. Dazu gibt es viele Möglichkeiten.

■ Der Schüler sucht das Gespräch mit dem Lehrer

Sollte der Konflikt noch ganz neu und das Schüler stabil genug sein, ist es das Beste, wenn er selbst das Gespräch mit dem Lehrer sucht. Denkbar ist auch, dass Mitschüler zur «Verstärkung» an dem Gespräch teilnehmen. Oft stellt sich bei einem Gespräch das Missverständnis heraus. Der Schüler hat ein Wort, einen Satz oder eine Handlung eines Lehrers falsch interpretiert. Genauso gut kann natürlich der Lehrer den Schüler missverstanden und falsch reagiert haben. Auch die gesamte Unterrichtssituation in einer Klasse kann zu unqualifizierten Äußerungen führen. Schüler sind oft so mit sich selbst beschäftigt, dass sie die gesamte Klassensituation aus dem Auge verlieren. Sie sehen sich im Zentrum der Welt und erkennen nicht, dass die Klasse den Lehrer bis aufs Blut gereizt hat. Sie überhören und übersehen alle Signale des Lehrers, die darauf abzielen, dass die Störungen oder Disziplinlosigkeiten endlich aufhören.

■ Die Klasse bittet den Lehrer um ein Gespräch

Wenn das Einzelgespräch aus irgendwelchen Gründen nicht gefruchtet oder nicht stattgefunden hat, ist ein Klassengespräch angesagt. Dazu kann der Klassensprecher im Namen der Klasse auffordern. Vielleicht soll dadurch auch der einzelne Schüler geschützt bleiben. Wenn die Klasse selbst Angst vor diesem Gespräch hat und sich dem Lehrer ausgeliefert fühlt, kann sie einen Vertrauenslehrer als Verstärkung zu dem Gespräch bitten. Dabei sollen die Schüler genügend Zeit bekommen, um ihre Sicht der Dinge darzulegen. Wichtig ist, dass die Klasse auch den Lehrer fair behandelt und nicht einfach nur fertig macht. Lehrer haben für ihr Handeln meist auch ihre Gründe.

■ Eltern sprechen mit dem Lehrer

Wenn die Gespräche zwischen Schüler und Lehrer ausgereizt sind oder aus anderen Gründen nicht zustande kamen, sind die Eltern gefordert. Solch ein Gespräch kann für Eltern eine große Herausforderung sein, weil sie oft Angst haben, die Situation könnte sich für ihr Kind noch verschlechtern. Nicht zu unterschätzen ist auch die Möglichkeit des Lehrers, bei Kollegen Stimmung gegen diesen Schüler zu machen. Deshalb ist es wichtig, den Lehrer nicht nur anzugreifen. Wenn Sie versuchen, dem Lehrer Ihre Sichtweise möglichst sachlich zu schildern, haben Sie die beste Grundlage für ein konstruktives Gespräch geschaffen. Hören Sie dem Lehrer genau zu, möglicherweise liegt bei dem Streitfall auch ein Missverständnis vor. Alle Menschen neigen dazu, sich vorschnell aus ein paar Sätzen ein ganzes Gedankenkonstrukt zu bauen. Fragen Sie den Lehrer nach seiner Sicht und seinen Begründungen. Bitten Sie ihn darum, im Gespräch bleiben zu dürfen. Verkneifen Sie sich Drohungen. Sie sorgen meistens nur für eine Eskalation, selten aber für die Lösung des Problems.

■ Die Elternvertreter werden eingeschaltet

Wenn Eltern ihre Vertreter einschalten, ist das bereits ein Signal dafür, dass ein Problem nicht mehr von den betroffenen Personen gelöst werden kann. Falls die vorgeschalteten Schritte zur Konfliktlösung nicht eingehalten wurden, kann ein Lehrer auf einen entsprechenden Anruf sehr heftig reagieren. Er fühlt sich möglicherweise überrumpelt und hat dann das Gefühl, dass die direkt Betroffenen an der einvernehmlichen Lösung des Problems nicht interessiert sind. Das Procedere über die Elternvertretung kann ihn sehr kränken. Seine Kooperationsbereitschaft sinkt dann vielleicht und seine Verteidigungshaltung wird verstärkt. Also: die Elternvertreter erst dann einschalten, wenn zuerst ein Schüler-Lehrer- bzw. ein Eltern-Lehrer-Gespräch stattgefunden hat.

■ Ein Schulpsychologe oder Beratungslehrer wird zu dem Gespräch hinzugezogen.

Situationen können so konfliktgeladen oder schwierig sein, dass ein ausgebildeter Fachmann beteiligt werden sollte. Die Moderation liegt dann in seinen Händen. Dadurch soll auf die Einhaltung von Spielregeln geachtet und Ruhe ins Gespräch gebracht werden. Ein gut moderiertes Konfliktgespräch hinterlässt keine Scherben und dient der Versöhnung und der gegenseitigen Achtung.

■ Pädagogische Konferenz

Ein an der gesamten Schule virulentes Problem, das alle angeht und im kleinen Kreis nicht mehr gelöst werden kann, ist das richtige Thema für eine Pädagogische Konferenz. Teilnehmer an einer derartigen Konferenz sollten der Schulleiter, die Lehrer und zeitweise auch die betroffenen Personen sein.

Eltern können solche Maßnahmen anstoßen. Aber im Hinblick auf ein gutes Klassenklima ist eine faire Auseinandersetzung zwischen allen Beteiligten unabdingbar.

5.8.1
Gute Lehrer

Ein von seinem Lehrauftrag, von seinem Fach und von seinem Beruf begeisterter Lehrer ist der beste Garant für den Lernerfolg. Es sind nicht die Medien wie der Overhead-Projektor, der Beamer, die Tafel, die Kopien oder die Arbeitsblätter, sondern der Lehrer, der mit berechtigtem Lob nicht spart, der auf Schülerfragen eingeht, der einen freundlichen Blick für Schüler übrig hat und sich von kleinen Störungen nicht verunsichern lässt. Er muss seinen Lehrstoff altersgerecht und spannend präsentieren, ohne Tricks und ohne Show. Schüler durchschauen Schaumschlägerei sehr schnell.

Ein Blick nach Finnland

Ist es ein Zufall, dass Deutschland, wo das Image des Lehrers auf einem Tiefstand angekommen ist, zu den Verlierern der PISA-Studie gehört? In Finnland ist der Lehrberuf in der Gesellschaft sehr angesehen und gilt als anspruchsvoll und wichtig.

In der Stuttgarter Zeitung vom 07.12.05 berichtet Gerlinde Wick-Naber über das finnische Schulsystem unter dem Titel «Mehr Lehrer für deutlich weniger Schüler». Kennzeichen des finnischen Schulsystems ist unter anderem die günstigere Lehrer-Schüler-Relation. Wick-Naber beruft sich in ihrem Beitrag auf die Bildungswissenschaftlerin Thelma von Freymann, Expertin für das deutsche und das finnische Schulsystem. Diese stellt klar, dass es weder an den Lehrern noch am Schulsystem liegt, dass die Finnen in der Pisa-Studie besser abgeschnitten haben. Das liegt unter anderem daran, dass 40 Prozent aller finnischen Schulen weniger als 50 Schüler haben und jede noch so kleine Schule eine eigene Krankenschwester, einen Schulpsychologen und speziell ausgebildete Lehrer zur Förderung von eher schwachen Schülern hat. Obwohl das skandinavische Land nur einen Ausländeranteil von zwei Prozent hat, ist die Integration genau geregelt. Für Kinder aus Migrantenfamilien besteht Kindergartenpflicht. Kein Kind, das nicht über ausreichende Sprachkenntnisse und ein Grundwissen über die Landeskultur verfügt, darf eingeschult werden. Der Kindergarten ist kostenlos und an allen finnischen Schulen gibt es täglich eine warme Mahlzeit. «Der finnische Staat geht nicht wie der deutsche davon aus, dass alle Eltern ihre Kinder richtig erziehen», meint die Expertin. Die Lehrer können sich ausschließlich auf den Unterricht konzentrieren, sie müssen niemals Geld einsammeln oder Konflikte zwischen Schülern schlichten und viele andere den Unterricht unterbrechende bürokratische Tätigkeiten ausführen. Dafür gibt es eigenes Personal. Die Deutschen sollten auf keinen Fall das Gymnasium abschaffen, meint sie, denn mit diesem Bildungsangebot sind sie den Finnen voraus. Wenn sie dann noch in jede Grundschule und Hauptschule einen Speziallehrer zur Förderung der Schwachen einstellten, dann würde das nächste Pisa-Ergebnis ganz sicher besser ausfallen. Dass man in Finnland auf die Gesamtschule setzt, habe allein geographische Gründe. In dem nur äußerst dünn besiedelten Land könnte ein differenziertes Schulsystem wie das deutsche gar nicht mit genügend Kindern gefüllt werden.

Inzwischen hat Thomas Jahnke, Dozent für Mathematikdidaktik an der Universität Potsdam, die Pisa-Studie unter die Lupe genommen und ein Buch darüber geschrieben. Er kam bei seiner Analyse auf skandalöse Unregelmäßigkeiten (Psychologie heute, 4/07). So wurden in manchen Ländern Schüler von den Tests ausgeschlossen, zum Beispiel Migrantenkinder, die die Testsprache nicht beherrschten, Schüler mit einer Lese-Rechtschreib-Schwäche oder solche mit einer Rechenschwäche. Durch diese Mängel ist die aufwändigste Schulstudie aller Zeiten nicht mehr repräsentativ und wird ihrem eigenen Anspruch nicht gerecht. Außerdem bemängelt er, dass durch die Pisa-Studie «Bildung» auf das Geschick reduziert wird, an der richtigen Stelle ein Kreuzchen zu machen, ein Vorgang, der letztendlich zu einer von oben verordneten Verflachung führt.

Allgemein gilt, wenn die Rahmenbedingungen besser sind, dann können auch die Ergebnisse besser sein. In allen Ländern, welche bei internationalen Schulstudien besser abgeschnitten haben, hat das Bildungssystem einen höheren Stellenwert als bei uns. Wir alle können daran arbeiten, dass sich das wieder ändert.

Die Arbeit wäre für die Lehrer sicher viel einfacher, wenn sie ein ganzes Unterstützungssystem bestehend aus gesellschaftlicher Anerkennung, positiven Medienberichten unter der Mithilfe von Schulpsychologen, Ärzten und Sozialarbeitern hätten.

Ausblick

Erziehung ist und bleibt eine spannende Auseinandersetzung zwischen Erwachsenen und Kindern. Sie stellt uns jeden Tag vor neue Herausforderungen. Kinder erfinden täglich neue Tricks, um die Grenzen ihrer Eltern auszuloten. Sie erkennen sich selbst im Spiegel der Reaktionen ihrer Umgebung. Ich hoffe, ich konnte Ihnen Hintergründe von Entwicklungsschritten aufzeigen und vielfältiges Rüstzeug an die Hand geben, um mit den wichtigsten und schwierigsten Erziehungsproblemen fertig zu werden, ohne in die Mottenkiste autoritären Verhaltens greifen zu müssen. Mein Ziel war es, wissenschaftliche Erkenntnisse leicht verständlich aufzubereiten und Handlungsanweisungen daraus abzuleiten. Es ist meine feste Überzeugung, dass fundiertes Wissen die beste Voraussetzung für eine erfolgreiche Erziehung ist. Eltern sollen sich über ihren Erziehungsauftrag freuen, sich mit ihren Kindern gemeinsam weiter entwickeln und dabei mit sich selbst im Reinen sein. Auf der ganzen Welt wird im psychologischen und pädagogischen Bereich intensiv geforscht. Täglich werden neue Studienergebnisse veröffentlicht.

Meinen Ratgeber verstehe ich als Fundgrube für begründete Erziehungshandlungen und als Wegweiser durch das Gewirr sich widersprechender Ratschläge. Ich wünsche Ihnen von Herzen viel Freude und Erfolg und einen Rucksack voller Gelassenheit bei dieser großen Aufgabe!

Dank

Ohne die unermüdliche Unterstützung meines Ehemanns hätte dieses Werk nicht entstehen können. Besonderer Dank gebührt Barbara Engesser, die durch ihre kreative Korrektur und ihre wertvollen Ratschläge geholfen hat, Stil und Inhalt in Einklang zu bringen. Rainer Weishaupt versteht es in einzigartiger Weise mit seinen ausdruckstarken Illustrationen, verbale Botschaften auf die visuelle, einprägsame Ebene zu heben. Last but not least danke ich meiner Lektorin Monika Eginger und ihrem Team für ihre kompetente Betreuung. Sie hatte stets ein offenes Ohr für meine Anliegen und reagierte blitzschnell, wenn es notwendig war.

Literatur

Armstrong, T., (2002). Das Märchen vom ADHS-Kind. 50 sanfte Möglichkeiten, das Verhalten Ihres Kindes zu verbessern – ohne Zwang und ohne Pharmaka. Paderborn: Junfermann.

Aust-Claus, E., Hammer, P. (1999). Das ADS-Buch. Neue Konzentrations-Hilfen für Zappelphilippe und Träumer. Ratingen: Obertebrink Verlag GmbH.

Bauer, J. (2002). Das Gedächtnis des Körpers. Wie Beziehungen und Lebensstile unsere Gene steuern. Frankfurt am Main: Eichborn Verlag.

Bauer, J. (2005). Die Neurobiologie der Empathie. Warum wir andere Menschen verstehen können. Psychologie heute 8, 50–53.

Bettelheim, B. (1980). Kinder brauchen Märchen. München: dtv.

Birg, H. (2005). Die ausgefallene Generation. Was die Demographie über unsere Zukunft sagt. München: Verlag C. H. Beck.

Bueb, B. (2006). Lob der Disziplin. Eine Streitschrift. Berlin: List Verlag.

Butzkamm, W., Butzkamm, J. (1999). Wie Kinder sprechen lernen: kindliche Entwicklung und die Sprachlichkeit des Menschen. Tübingen, Basel: Francke.

Chomsky, N. (1977). Reflexionen über die Sprache. Frankfurt am Main: Suhrkamp.

Csikszentmihalyi, M. (2001). Kreativität. Wie Sie das Unmögliche schaffen und Ihre Grenzen überwinden. Stuttgart: Klett-Cotta.

Cube, F. v. (1988). Fordern statt verwöhnen. Die Erkenntnisse der Verhaltensbiologie in Erziehung und Führung. München: Piper Verlag.

Damasio, A. (2002). Ich fühle, also bin ich. Berlin: List Verlag.

Dinkmeyer, D. (2004). STEP – das Elternbuch. Die ersten 6 Jahre. Weinheim: Beltz Verlag.

Dinkmeyer, D. (2004). STEP – das Elternbuch. Kinder ab 6 Jahre. Weinheim: Beltz Verlag.

Eliot, L. (2001). Was geht da drinnen vor? Die Gehirnentwicklung in den ersten fünf Lebensjahren. Berlin: Berlin Verlag.

Ende, M. (2005). Momo. Stuttgart: Thienemann Verlag.

Frick, J. (2005). Die Droge Verwöhnung. Beispiele, Folgen, Alternativen. Bern: Verlag Hans Huber.

Frick, J. (2007). Die Kraft der Ermutigung. Grundlagen und Beispiele zur Hilfe und Selbsthilfe. Bern: Verlag Hans Huber.

Fuhrer, U. (2007). Erziehungskompetenz. Was Eltern und Familien stark macht. Bern: Verlag Hans Huber.

Fuld, W. (2004). Die Bildungslüge. Warum wir weniger wissen und mehr verstehen müssen. Berlin: Argon Verlag.

Gardner, H. (1994). Abschied vom IQ. Stuttgart: Klett-Cotta.

Gelb, M., J. (2004). Das Leonardo-Prinzip. Düsseldorf: Econ Verlag GmbH.

Gilbert, S. (2001). Typisch Mädchen! Typisch Jungen! Praxisbuch für eine geschlechtsgerechte Erziehung. Düsseldorf: Walter Verlag.

Goleman, D. (1996). Emotionale Intelligenz. München: Carl Hanser Verlag.

Gray, J. (2000). Kinder sind vom Himmel. Fünf Freiheiten, die Kinder stark machen. München: Wilhelm Goldmann Verlag.

Gray, J. (2004). Die Mars und Venus-Diät. München: Wilhelm Goldmann Verlag.

Grüsser, S., Thalemann, R. (2006): Computerspielsüchtig? Rat und Hilfe. Bern: Verlag Hans Huber.

Harris, J. (2000) Ist Erziehung sinnlos? Die Ohnmacht der Eltern. Reinbek bei Hamburg: Rowohlt.

Hofmann, E. (2003): Progressive Muskelentspannung. Göttingen: Hogrefe.

Hoffman, D. (2001). Visuelle Intelligenz. Wie die Welt im Kopf entsteht. Stuttgart: Klett-Cotta.

Hoffmann, B. (2003). Medienpädagogik. Eine Einführung in Theorie und Praxis. Paderborn: Verlag Ferdinand Schöning.

Honkanen-Schoberth, P. (2002): Starke Kinder brauchen starke Eltern. Der Elternkurs des Deutschen Kinderschutzbundes. Stuttgart: Urania

Kläsener, C., Korte M. (2004). Gute Noten. Wie Eltern den Schulerfolg ihrer Kinder fördern können. Berlin: Argon Verlag.

Knobel, R. (2005). Surfen macht smart. Migros-Magazin, 31.

Kohnstamm, R. Praktische Kinderpsychologie. Die ersten 7 Jahre. Eine Einführung für Eltern, Erzieher und Lehrer. Bern: Verlag Hans Huber.

Kucklick, C. (2002). Die hohe Kunst des Helfens. GEO, 4.

Künast, R. (2004). Die Dickmacher. Warum die Deutschen immer fetter werden und was wir dagegen tun müssen. München: Riemann

Lindgren, A. (2002). Das entschwundene Land. München: dtv

Löhle, M. (2005). Lernen lernen. Ein Ratgeber für Schüler. Göttingen: Hogrefe Verlag.

Markowitsch, H. (1998). Gedächtnisstörungen. Stuttgart: Kohlhammer.

Montessori, M. (1997). Kinder sind anders. München: dtv

Millner, M. (1996). Das Beta-Kind. Fernsehen und kindliche Entwicklung aus kinderpsychiatrischer Sicht. Verlag Hans Huber: Bern.

Ogger, G. (2003). Die EGO-AG. Überleben in der Betrüger-Wirtschaft. München: Bertelsmann Verlag.

Paulus, J. (2005). Tanzende Gedanken. bild der wissenschaft, 1.

Piaget, J. (1954). Das moralische Urteil beim Kinde. Zürich: Rascher

Piaget, J. und Inhelder, B. (1980). Die Psychologie des Kindes. Stuttgart: Ernst Klett Verlag.

Plewnia, U. & Vernier, R. & Wittlich, S. (2005). Die Störer aus der zweiten Reihe. Focus, 19.

Postmann, N. (1983). Das Verschwinden der Kindheit. Frankfurt am Main: S. Fischer Verlag.

Reich, L. (2004). Der Nürnberger Trichter ist kontraproduktiv. Welt des Kindes, Heft 3

Roth, G. (2001). Fühlen, Denken, Handeln. Wie das Gehirn unser Verhalten steuert. Frankfurt am Main: Suhrkamp Verlag.

Schmidt-Traub, S. (2001). Selbsthilfe bei Angst im Kindes- und Jugendalter. Ein Ratgeber für Kinder, Jugendliche, Eltern und Erzieher. Göttingen: Hogefe-Verlag.

Seligman, M. (2001). Pessimisten küsst man nicht. Optimismus kann man lernen. München: Droemer Knaur.

Singer, K. (1998). Die Würde des Schülers ist antastbar. Reinbek bei Hamburg: Rowohlt Taschenbuch Verlag GmbH.

Singer, W. (2001). Lernen, bevor es zu spät ist. Süddeutsche Zeitung, 172.

Sonnenmoser, M. (2004). Spaß ist, wenn man etwas kann. Psychologie heute, 12.

Spitzer, M. (2002). Lernen. Gehirnfoschung und die Schule des Lebens. Heidelberg: Spektrum Akademischer Verlag GmbH.

Spitzer, M. (2005). Vorsicht Bildschirm. Elektronische Medien, Gehirnentwicklung, Gesundheit und Gesellschaft. Stuttgart: Ernst Klett Verlag GmbH.

Thimm, K. (2005). Abends in die Elternschule. Der Spiegel, 29.

Tschöpe-Scheffler, S. (2003). Elternkurse auf dem Prüfstand. Wie Erziehung wieder Freude macht. Opladen: Leske + Budrich

Tschöpe-Scheffler, S. (2003). Fünf Säulen einer guten Erziehung. Psychologie heute, 6, 44–47.

Vossler, Dr. A. (2005). Erziehungsberatung im Spiegel gesellschaftlicher Umbrüche. ajs informationen, III.

Wagner, B. (2006). Die Kraft der inneren Bilder. Psychologie heute, 4, 52–53.

Wunsch, A. (2000). Die Verwöhnungsfalle. Für eine Erziehung zu mehr Eigenverantwortlichkeit. München: Kösel Verlag.

Zoller, E. (1994). Die kleinen Philosophen. Vom Umgang mit schwierigen Kinderfragen. Zürich: verlag pro juventute.

CD

Klein-Heßling, J., Lohaus, A. (2003). Bleib Locker. Entspannungs-CD. Göttingen: Hogrefe. ISBN 3-8017-1769-0.

Speck, V. (2005). Progressive Muskeltenspannung für Kinder. Göttingen: Hogrefe. ISBN 3-8017-1880-8.

Sachwortregister

Anzeigen